修訂十六版

民法概要

Outline of Civil Code

鄭玉波　著

黃宗樂

楊宏暉　修訂

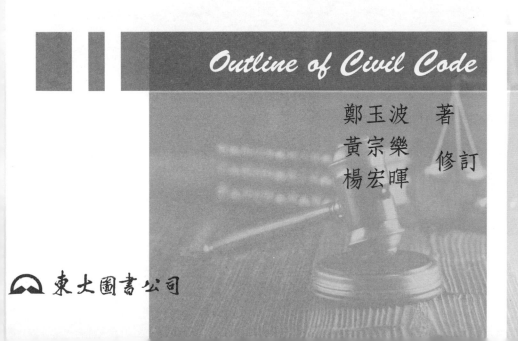

東大圖書公司

修訂版序

　　鄭玉波先生著《民法概要》一書，自民國六十九年八月初版發行以來，由於取材適切、敘述扼要、簡明易懂，深受讀者喜愛，各校競採為教科書，影響頗為深遠。

　　本書為保持常新，提供正確資訊，民法各編一有修正，本書亦隨即修訂，總則編曾於七十一年一月四日修正；親屬編曾分別於七十四年六月三日、八十五年九月二十五日、八十七年六月十七日、八十九年一月十九日、九十一年六月二十六日修正；繼承編曾於七十四年六月三日修正，本書均一一加以修訂。

　　債編於八十八年四月二十一日修正，本書爰予以修訂。此次修正幅度不小，修訂工作亦較為艱巨，幸蒙當時擔任玄奘人文社會學院法律學系民法講師、中興大學法律學系博士班研究生曾國修君鼎力幫忙，始克如期完成，特此致謝。又，原版經發現有疏漏或未盡其宜之處，亦一併訂補之，而使本書更臻於完善。

　　九十六年三月及五月間，物權編（擔保物權包括抵押權章、質權章及留置權章）、親屬編（婚姻章、父母子女章）又各有重大修正，本書隨即詳加修訂，並全部重新排版。

　　繼承編（遺產之繼承章）又於九十七年一月二日修正公布，而總則編（禁治產之規定）及親屬編（監護章）復於九十七年五月二十三日修正公布，自公布後一年六個月施行，本書爰就各修正部分一一加以修訂，以利新制之宣揚與推行。

　　物權編（通則章及所有權章）又於九十八年一月二十三日修正公布，而親屬編（承認調解及和解離婚）與繼承編（改以「繼承人負限定責任」為原則）復分別於九十八年四月二十九日、九十八年六月十日修正公布，本書爰就各修正部分一一加以修訂，以保持常新。

　　債編又於九十九年五月二十六日、物權編（用益物權包括地上權章、

永佃權章、地役權章及典權章與占有章)又於九十九年二月三日、一百零一年六月十三日修正公布,而親屬編與繼承編復於九十八年十二月三十日、一百零三年一月二十九日、一百零四年一月十四日、親屬編更於九十九年一月二十七日、九十九年五月十九日、一百零一年十二月二十六日、一百零二年十二月十一日、一百零三年一月二十九日修正公布,總則編於一百零四年六月一日修正公布,本書爰就各修正部分一一加以修訂,以提供最新訊息。

茲總則編(第十四條)於一百零八年六月十九日修正公布;親屬編(第九七六條)於一百零八年四月二十四日修正公布、(增訂第四章第三節成年人之意定監護,第一一一三條之二至第一一一三條之十)於一百零八年六月十九日公布,本書爰加以修訂、增補。又,租賃住宅市場發展及管理條例於一百零六年十二月二十七日、司法院釋字第七四八號解釋施行法於一百零八年五月二十二日公布,本書亦略為述及。

一百十年一月十三日修正民法的成年年齡調降為十八歲(第十二、十三條),連帶影響親屬編相關條文的修改,此一制度上的重大變革,已自一百十二年一月一日起施行,再度驅動本書的修訂工程,並附帶將一百十年一月二十日修訂之債編的法定利率上限(第二〇五條)及親屬編的剩餘財產差額分配規定(第一〇三〇條之一),一併予以修訂。

本書著者、先師鄭玉波先生仙逝,倏忽三十載。鄭先生,日本京都帝國大學畢業,歷任政治大學、臺灣大學教授、中國文化大學法學院長、司法院大法官,精研法學,著作等身,望重士林,乃我國民商法大師。先師楊日然先生於「民商法理論之研究・鄭玉波先生七秩華誕祝賀論文集」壽序中稱道(〔 〕乃宗樂所加):

　　立德、立功、立言,世謂之三不朽。　先生獻身法學教育,曾任教於省立法商學院、聯勤財務學校、國立政治大學,現任國立臺灣大學教授、司法官訓練所講座、空中行專電視主講教授、私立〔中國〕文化大學法學院院長,經師人師,垂數十年,教澤廣被,作育英才無數,此立德也。先生曾任司法院第四屆大法官,現任民法〔研究〕修正委員會委員,司憲

釋憲，訂法修法，對我國法治建設，有卓越貢獻，此立功也。　先生仁智
兼備，著述等身，至目前已付梓者，有民法總則、民法債編總論、民法債
編各論、〔民法物權、公司法〕、票據法、〔海商法、保險法論〕、〔法學緒論〕、
法諺、民商法問題研究等近三十種，達千萬言，文筆流暢，淺顯易懂，內
容嚴謹，足以久傳，此立言也。是世所謂三不朽者，　先生均兼備矣，其
德業將垂諸久遠，實可斷言。

誠令人敬仰贊歎！
　　先生生前，宗樂有幸忝列門牆，仰霑化雨；先生故後，有幸擔當先生
遺著之修訂，溫故而知新，實乃人生之一大福緣也。
　　師恩山高，永誌不忘。
　　此次修訂，仍承三民書局及東大圖書同仁的鼎力幫忙，併此致謝。

黃宗樂、楊宏暉　敬序

中華民國一百十二年七月一日

民法概要

目 次

第 *7* 章　權利之行使　101

第二編　債　105

第 *1* 章　通　則　105

第 *2* 章　各種之債　209

第三編　物　權　

第 *1* 章　通　則　

第 *2* 章　所有權　

第 *3* 章　地上權

緒論

第一章　私法與公法

一、法律之意義

何謂法律？有廣義與狹義之分。廣義的法律，乃指以保障群眾安寧，維持社會秩序為目的，而通過國家權力以強制實行之一種社會生活規範而言。所謂社會生活規範，即吾人於團體生活中，所應遵守之規律，此種規律不以法律為限，他如道德、宗教等亦均屬之，法律不過為其中之一種而已。法律既為一種社會生活規範，自然不能離開社會而存在，法諺有：「有社會斯有法律；有法律斯有社會」(Ubi Societas, ibi jus; Ubi jus, ibi Societas)之說，足以表明法律與社會之關係如何密切。

其次狹義的法律，乃指我憲法第一七〇條所規定者而言，按該條規定為：「本憲法所稱之法律，謂經立法院通過，總統公布之法律。」是乃專指成文法，且限於中央政府所制定之法律，範圍甚狹。至於中央政府制定法律，須依據中央法規標準法之規定為之，自不待言。

二、私法與公法

法律有私法與公法之分，乃法學上傳統的分類，惟其區別標準，迄無定論，本書作者原係認「生活關係說」為通說，認為吾人所營之社會生活，其關係（廣義的）可分兩種，一為基於國民一分子之資格，所營之「國民的生活關係」，例如：納稅、服兵役、應考試、服公職，以至於因犯罪而接受刑事之制裁等均是。一為基於社會一分子之立場，所營之「社會的生活關係」（狹義的社會生活關係），例如：買賣、租賃、結婚、繼承等均是。社會生活關係既分為二，則為社會生活關係之規範，自亦應分為二種。即規律國民的生活關係之法律，謂之公法；規律社會的生活關係之法律，謂之私法。不過，目前國內通說係採「新主體說」（又稱特別法規說或歸屬說），認為應以法規歸屬的主體作為區分標準，如屬公權力主體或其機關所執行之職務法規，即屬公法，像是涉及納稅之稅捐稽徵法、服兵役之兵役法、罰鍰之行政罰法、刑罰之刑法等；至於對任何人都可適用，包含國家、公權力主體或私人，均有發生權利義務之可能者，則為私法，如規範買賣、

租賃等關係之民法，即為適例。

⌗ 習 題

一、何謂法律？試從廣義、狹義說明之。

二、何謂公法、私法？試分別舉例說明之。

第二章　民法與民法典

第一節　民　法

一、民法之意義

民法之意義可分形式的意義與實質的意義兩者。前者即指民法法典而言，其詳當於次節專論之。後者則指規律吾人之財產及身分關係之普通的私法而言。申述之如下：

㈠民法者普通的私法也

民法為私法，私法乃公法之對稱，已如前述。惟法律有普通法與特別法之分，民法應屬於普通法，亦即應為普通的私法。若商事法（如公司法、票據法、海商法、保險法等），則為特別的私法。特別法優於普通法；普通法補充特別法。

㈡民法者規律吾人財產及身分關係之私法也

吾人基於社會一份子之立場所營之生活關係，其出發點有二：一為維持個人之生存；一為謀求種族之綿延。欲維持個人之生存，必須享受物資之利益（衣、食、住、行），因而乃有經濟生活，人與人之間，遂發生財產關係，如債權關係、物權關係，民法即以之為對象而規律之；其次欲謀求種族之綿延，必度親屬之生活（夫妻、父母子女），於是人與人之間，乃發生身分關係，如親屬關係、繼承關係，民法亦以之為對象而規律之。規律前者謂之財產法，規律後者謂之身分法。

由於上述可知民法所規律之對象，雖為普通問題，但為人生最基本之問題。蓋財產關係在乎保身，身分關係在乎保種，二者不可偏廢，有民法以規律之，始能趨於正軌，而日益發展，國家社會亦因之而日趨文明與繁榮，民法之重要性，於茲可見。

二、民法之原則

吾人近世之社會生活，人與人之關係，多建立於平等的契約關係之上，與往昔封建社會以階級的身分關係為基礎者有所不同，因此近代民法乃以

自由平等為理念，而演成三大原則：

(一)所有權絕對原則

在私有財產制度之下，所有權為神聖不可侵犯之權利，其行使固有自由，其不行使尤有自由，雖國家亦不得干涉，是謂所有權絕對原則 (Unantastbarkeit des Eigentums)，由法國「人權宣言」第一七條而來，成為民法上大原則之一（民法第七六五條）。

(二)契約自由原則

在私法關係中，一切權利之取得，義務之負擔，純任由個人之意思，自由為之，他人不得干涉，從而契約之訂立與否，方式如何，內容如何，均有自由，是為契約自由原則 (Prinzip der Vertragsfreiheit)，亦為民法大原則之一（民法第一五三條）。不僅契約如此，即單獨行為（如遺囑）、合同行為（如法人章程之訂立），亦有自由，因之此一原則，遂演成「私法自治原則」(Grundsatz der Privatautonomie)。

(三)過失責任原則

過失責任原則 (Prinzip der Kulpahaftung) 即加損害於他人者，如有故意或過失，始負損害賠償責任，亦即行為人惟對於自己之故意或過失行為負責，若無過失則不負責者是也。

以上三大原則乃十八世紀個人主義法律思想之產物，保障個人之財產，激發自由競爭，促成資本主義之發達，固有足多；然其另一面導致勞資之對立，貧富之不均，釀成社會問題不少，乃其美中不足之處。時至今日，法律思想已進入社會本位，昔日之極端尊重個人自由者，於今則改以社會之公共福利為前提矣，因此上述之三大原則，雖未廢止，但現今民法之理念，卻注重下列三點：

(一)公共利益之尊重

公益應重於私益，此點日本民法第一條第一項即有：「私權應遵公共福祉。」是為此一理念之明文化，可見今後民法之解釋與適用，應循之方向在於公共利益之尊重，我民法民國七十一年修正，於第一四八條第一項增設「權利之行使，不得違反公共利益」之規定，頗值重視。

㈡誠實信用之強調

誠實信用原則，我民法原於第二一九條規定：「行使債權，履行債務，應依誠實及信用方法。」雖早已明文化，但因列於債編，似不足以涵蓋全部民法，因而民法於民國七十一年修正已將其列入民法總則編第一四八條第二項矣（詳後述）。

㈢權利濫用之禁止

民法第一四八條第一項有：「權利之行使，不得以損害他人為主要目的。」之規定，是為禁止權利濫用原則。蓋權利之如何行使，權利人雖有自由，但仍應顧及他人之利益，若權利之行使，於權利人自己無益，而其主要目的，係在損害他人時，則不為合法之行使，故民法上明文禁止之。

三、民法之法源

法源二字，意義甚多，於此則用作「法律存在之形式」之意。民法之法源即民法存在之形式，亦即民法以何種形式存在之謂。民法存在之形式，大致為下列三種：

㈠成文民法

成文民法除現行民法法典之外，尚包含公司、票據、海商、保險及其他特別民事法在內。因我國係採取民商統一法制，與民商分立國家之法制不同，故在民商分立國之商法，在我國則屬於特別民事法，而列為民法範圍之內。

㈡習慣民法

民法，與刑法之採取嚴格的罪刑法定主義者有所不同，刑法則法無明文不為罪，民法則法律所未規定者依習慣，無習慣者依法理（民法第一條）。因民法除成文民法之外，尚有習慣民法之存在，不過其適用次序後於成文法而已。

㈢法　理

法理乃多數人所承認之共同生活原理是也，例如正義、衡平、利益之較量等等均是。惟法理雖屬抽象的原理，但亦非空洞的想像，法官適用法理上應參照下列各項：①法院判決先例或大法庭裁定；②中國固有法而與

民國國體不牴觸者；③外國法；④外國判例（以上兩者須不背我國公共秩序或善良風俗者，始可參照）；⑤學說（學說亦為法理之一，外國法院判例，常引用學說，我國最高法院六十一年臺上字第二七六號判決，見司法院公報六十二年四月第四期第四頁，亦有此例）。

四、民法之效力

民法之效力即民法支配力，其所及之範圍如何？

㈠及於時之效力

法律之效力在時間上，應有其始，亦有其終，依中央法規標準法第一四條規定：「法律特定有施行日期，或以命令特定施行日期者，自該特定日起發生效力。」我現行民法之施行日期，係分三期。總則編以民國十八年十月十日為施行日期，債編、物權編以民國十九年五月五日為施行日期，親屬、繼承編以民國二十年五月五日為施行日期，因之民法各編即由各該日期起發生效力。

惟法律之施行，有一重大原則，即「法律不溯既往原則」(Prinzip der Nichtrückwirkung) 是也。依此原則，法律自其生效之日起，以後發生之事項，始有其適用，其生效前發生之事項，除該法律有特別規定外，當然不能適用。我民法亦採此原則，於民法總則施行法第一條規定：「民事在民法總則施行前發生者，除本施行法有特別規定外，不適用民法總則之規定，其在修正前發生者，除本施行法有特別規定外，亦不適用修正後之規定。」其餘各編施行法第一條亦均同此旨。

其次，中央法規標準法第二一條規定：「法規有左列情形之一者廢止之：一、機關裁併，有關之法規無保留之必要者；二、法規規定之事項已執行完畢，或因情勢變遷，無繼續施行之必要者；三、法規因有關法規之廢止或修正，致失其依據，而無單獨施行之必要者；四、同一事項已定有新法規，並公布或發布施行者。」以上四點均為法規廢止之原因，至於廢止之程序，依同法第二二條規定：「法律之廢止，應經立法院通過，總統公布。命令之廢止，由原發布機關為之。依前二項程序廢止之法規，得僅公布或發布其名稱及施行日期；並自公布或發布之日起，算至第三日起失效。」

又同法第二三條規定：「法規定有施行期限者，期滿當然廢止，不適用前條之規定；但應由主管機關公告之。」現行民法未定有施行期限，祇能遇有新法公布施行時，始能廢止。此即所謂「新法改廢舊法原則」(Lex posterior derogat legi priori) 是。斯時該舊民法之效力，即歸終了。對於其後發生之事項，祇能適用新法，而非舊法效力之所及，法諺有所謂「法律不後及原則」(Grundsatz der Nichtnachwirkung)，即指此而言。

㈡及於人之效力

法律之效力及於何人？有兩大主義，一為屬人主義，即以人為標準，而決定其效力所及之人，亦即凡屬具有本國國籍之人，不問其現在居住於國內或國外，均為其本國法律效力之所及是；一為屬地主義，即以地為標準，而決定其效力所及之人，亦即凡居住於該國領域內之人，則不問其為本國人或外國人，均為其本國法律效力之所及。此兩種主義，應以屬人主義為主，屬地主義為輔。我民法之效力，當然及於本國人民，但依涉外民事法律適用法之規定，亦有時及於居住我國領域內之外國人。應注意者，我憲法第七條規定：「中華民國人民，無分男女、宗教、種族、階級、黨派，在法律上一律平等。」我民法對人之效力，亦應貫徹此原則，自不待言。

㈢及於地之效力

民法之效力應及於我國之全部領域。

五、民法之解釋

適用民法之際，如有疑義發生，則應探求其真義，以期適用正確，此即民法之解釋是也。

㈠解釋之機關

在我國法律之最高有權解釋機關為司法院（大法官會議）。依我憲法第七八條規定：「司法院解釋憲法，並有統一解釋法律及命令之權。」此項解釋權，原由大法官會議行使之（憲法第七九條第二項，司法院組織法第三條），現則由憲法法庭代之，由司法院大法官組成憲法法庭審理法規範及裁判的憲法審查，因此民法之疑義，應以憲法法庭之判決為最高的、統一的有權解釋。

㈡解釋之方法

解釋之方法如下：

1.**文理解釋**：依據法律條文之文義或字義而為解釋，是為文理解釋。

2.**論理解釋**：斟酌法律之立法理由，及其他一切情事，依推理作用，而闡明法律之真義，是為論理解釋。

易言之，論理解釋乃不拘泥於文字，而依一般論理法則，確定法律之意義者是也。其方法可細分為：甲、擴張解釋，乙、限縮解釋，丙、反對解釋，丁、類推解釋等等。

㈢解釋之準則

民法之解釋應依據之準則：①解釋之順序，應先為文理解釋，而後為論理解釋。②解釋之態度，對於一般規定，應從廣義解釋，法諺有「法律規定未加區別者，吾人亦不得加以區別」(Ubi lex non distinguit, nec nos distinguere debemus) 之說，解釋法律應予參照，例如法條中所謂債權人，其中「人」字，不僅指自然人，法人亦包括在內；為自然人時男女老幼均包括之，吾人不可解釋為僅指自然人或僅指法人而言也。至於例外規定，則應從嚴格解釋 (Exceptio est strictissimae interpretationis)。

第二節　民法典

一、民法典之制定

民法典指成文的法律，而題名為民法者而言。我國歷代法制雖備，獨缺民法法典，清末變法圖強，編成大清民律草案一種，是為第一次民法草案。清光緒三十三年設立修訂法律館，草擬大清民律，宣統三年八月全部完成。但未及施行，而清室覆亡。

民國成立後，設立法典編纂會，後改為法律編查館，最後又改為修訂法律館，參照前清民律草案，於民國十四年至十五年間，完成民律草案五編，是為我國第二次民法草案，此草案雖經司法部通令各級法院作為條理引用，然終未正式公布施行。

國民政府奠都南京，設立法制局，著手編纂民法法典，終於完成現行

之民法，其編別、公布及施行日期如下：

　　第一編　總　則　民國十八年五月二十三日公布，同年十月十日施行（施行法亦同日施行）。

　　第二編　債　　　民國十八年十一月二十三日公布，民國十九年五月五日施行（施行法亦同日施行）。

　　第三編　物　權　民國十八年十一月三十日公布，民國十九年五月五日施行（施行法同日施行）。

　　第四編　親　屬　民國十九年十二月二十六日公布，民國二十年五月五日施行（施行法同日施行）。

　　第五編　繼　承　民國十九年十二月二十六日公布，民國二十年五月五日施行（施行法同日施行）。

　　民法自公布施行以來已有多年，其間我國社會已因世界潮流之進步，而發生變化，於是民法已有不足適應現時社會之勢，例如對於公害問題，消費者保護問題，民法均欠缺適當的規定，因此司法行政部（現改為法務部）於民國六十三年七月成立民法研究修正委員會，從事研究修正。現民法總則已經修正完成，總統於七十一年一月四日明令公布，並於七十一年七月一日明令自七十二年一月一日起施行。其次，債編亦已修正完成，總統於民國八十八年四月二十一日及八十九年四月二十六日明令公布，並明定自八十九年五月五日起施行。再者，民法親屬及繼承兩編於七十四年六月三日修正公布後，復於八十五年九月二十五日、八十七年六月十七日、八十八年四月二十一日、八十九年一月十九日、九十一年六月二十六日修正公布親屬編部分條文。九十六年又有重大修正，即物權編已就擔保物權部分修正完成，總統於九十六年三月二十八日明令公布，自公布後六個月施行；親屬編，總統於九十六年五月二十三日明令公布施行，第九八二條之規定自公布後一年施行。繼承編又於九十七年一月二日修正公布，而總則編及親屬編復於九十七年五月二十三日修正公布，自公布後一年六個月施行。物權編又於九十八年一月二十三日修正公布，而親屬編與繼承編復分別於九十八年四月二十九日、九十八年六月十日修正公布。茲債編與物

權編又分別於九十九年五月二十六日、一百十年一月二十日、九十九年二月三日、一百零一年六月十三日修正公布，而親屬編與繼承編復於九十八年十二月三十日、一百零三年一月二十九日、一百零四年一月十四日、一百零四年六月十日、親屬編更於九十九年一月二十七日、九十九年五月十九日、一百零一年十二月二十六日、一百零二年十二月十一日、一百零三年一月二十九日、一百零八年四月二十日、六月十九日修正公布。總則編於一百零四年六月十日、一百零八年六月十九日、一百十年一月十三日修正公布。目前，親屬編，仍在繼續研究修正中，將來修正完成，民法必然面目全新也。另附帶一提者，一百零八年五月二十二日公布「司法院釋字第七四八號解釋施行法」，針對同性伴侶之結合關係，在民法親屬編之外，另以特別法規範其身分關係，而準用民法親屬編與繼承編之相關規定，以彰顯對現代多元社會的尊重，併此敘明。

二、民法典之體制

我國民法典之體制，有下列兩個特點：

(一)編　次

我國民法典之編次係採取德國式，共分五編，有如上列。惟第二編不稱「債權」，而僅稱之為「債」，是其特點。

(二)制　度

我國民法法典係採取民商統一法制，與德、日等，採民商分立法制者，有所不同。所謂民商統一法制，即民法法典之外，別無商法法典之存在，亦即於民法法典之外，不設獨立之商法法典，對於商法法典中應規定之事項，依其性質分兩部分處理：①凡性質上便於與民法法典合一規定者，則編入民法法典之中，如我民法債編之經理人、代辦商、交互計算、行紀、倉庫、運送營業、承攬運送等事項，在民商分立法制之國家中，本應列於商法法典之內，但我民法則均列入各種之債章是。②其性質不宜編入民法法典者，則制定單行法規，而作為民事特別法，如我國之公司、票據、海商、保險等法，在民商分立之國家，均編入商法，在我國則制定單行法是。

■ 習　題

一、近代民法乃以自由平等為理念，並演成三大原則，試問此三大原
　　則為何？試申述之。

二、試詳述民法之法源。

三、何謂「法律不溯既往原則」？又何謂「新法改廢舊法原則」？

四、適用民法之際，遇有疑義，應由何機關解釋？又其解釋方法為何？

第三章　權利與義務

一、權　利

　　民法上最重要之概念，厥為權利，有謂權利係主觀的法律；法律乃客觀的權利，權利與法律關係之密切，由此可知。茲將權利之意義及分類，分述之如下：

㈠權利之意義

　　權利者乃吾人享受特定生活利益，法律上所賦予之力也。析述之為：

　　1.**權利者乃法律上所賦予之力也**（**學說上謂之法力說**）：法律上之力與普通所謂實力之力不同。實力之力乃吾人之腕力，法律上之力，乃法律上賦予吾人者，受法律之支持與保障，亦即以法律為後盾，如有侵害之者，法律必予救濟之（參照民法第一八、一八四條）。

　　2.**權利者乃吾人享受特定生活利益，法律上所賦之力也**：法律賦予吾人以力，其目的何在？在乎使吾人享受特定生活利益，藉以維持吾人之生存而已（法律為社會生活規範，前已言之）。所謂特定生活利益，例如法律賦予吾人以所有權，則吾人基於所有權，即得對於所有物自由使用、收益、處分，並得排除他人之干涉是（民法第七六五條）；又如法律賦予吾人以債權，則吾人基於債權，即得向債務人請求給付是也（民法第一九九條）。

　　由於上述，則可知權利之構成要件有二：①特定生活利益（權利學說上曾有利益說者以此），②法律上之力。惟此兩要件，係一般的抽象言之，若具體言之，不但特定生活利益，每因權利之不同而不同，即法律上之力，亦因權利之差異而差異也。

㈡權利之分類

　　權利首應分為公權與私權，民法上之權利，屬於私權，故以下僅就私權加以分類，而公權從略。惟無論如何，分類應先有分類之標準，所謂「區別標準」是。區別標準不同，則權利之分類亦不同矣。

　　1.**財產權與非財產權**：私權以其內容（即特定生活利益）為區別標準，可分為財產權與非財產權兩者。前者乃不與權利主體之人格或身分相終始，

而具有經濟的利益之權利是。有債權、物權、準物權（如漁業權）及無體財產權（如著作權）四種。後者乃與權利主體之人格或身分，有不可分離關係者是也。尚可分人格權及身分權兩種。

2.**請求權、支配權、形成權與抗辯權**：私權以其效力（法律上之力）為區別標準，可分為請求權、支配權、形成權與抗辯權四種。①請求權乃請求他人為特定行為（作為、不作為）之權利。具有請求力，如他方不應其請求，則得提起訴訟，而聲請法院強制執行（民法第一九九條）。②支配權亦稱管領權，乃權利人得直接支配其標的物者是，如有妨害其支配者，則得依法排除之（參照民法第七六五、七六七條）。③形成權乃依自己之行為，使自己或與人共同之法律關係發生變動者是也。例如撤銷權（民法第九三條）、承認權（民法第一七〇條）、選擇權（民法第二〇八條）均屬之。④抗辯權乃對抗請求權之權利，其效力在乎消極的防禦，而不在乎積極的攻擊，與請求權恰好相反，例如時效完成之抗辯權（民法第一四四條）、同時履行抗辯權（民法第二六四條）及先訴抗辯權（民法第七四五條）均屬之。

以上四種權利分別與下列之問題有關，應予注意：

請求權→消滅時效

支配權→取得時效

形成權→除斥期間

抗辯權→永久性

3.**主權利與從權利**：私權以兩權利之相互關係為區別標準，可分為主權利與從權利兩種。主權利乃得單獨存在之權利，例如債權是；從權利乃隨主權利之存在而存在之權利，亦即從屬於主體之權利，而不得單獨存在之權，例如抵押權是。從權利具有從屬性，不但須先有主權利之成立而始成立是為發生上之從屬性；而且隨主權利之移轉而移轉（民法第二九五條）是為移轉上之從屬性；更因主權利之消滅而消滅（消滅上之從屬性）。

此外私權尚可分為①絕對權與相對權；②專屬權與非專屬權；③既得權與期待權。因較為次要，姑從略。

二、義 務

義務乃權利之對待名詞，一般言之，享權利須盡義務；有義務斯有權利。茲將義務之意義及分類分述如下：

㈠義務之意義

義務者乃法律上所課之作為或不作為之拘束也。析述之為：

1.**義務者拘束也**：拘束云者乃不能由被拘束之人任意變更或免除者是也。亦即不問義務人之意思如何，而必須遵守之謂。

2.**義務者法律上所課作為或不作為之拘束也**：義務之內容，作為或不作為而已。就債務言之（義務之一種），以作為為內容者有之，如金錢借貸之返還是；以不作為為內容者亦有之，如不競業義務是（民法第一九九條第三項、第五六二條）。此等作為或不作為之義務乃法律上之所課，倘不遵守，法律上必加以制裁（參照民法第二二七條）。

㈡義務之分類

義務之分類如下：

1.**積極義務與消極義務**：義務以其內容為區別標準，可分為積極義務與消極義務兩者。前者即以積極的作為為內容者是也。此種義務以作為為義務之履行；以不作為為義務之違反。後者乃以消極的不作為為內容者是也。此種義務以不作為為義務之履行；以作為為義務之違反。

2.**主義務與從義務**：義務以兩義務之關係為區別標準，可分為主義務與從義務，前者乃得單獨存在之義務，如一般債務是；後者乃從屬於主義務，而不能單獨存在之義務，如保證債務是。從義務須有主義務之成立而成立；亦得因主義務之移轉而移轉（民法第三〇四條）；且因主義務之消滅而消滅（民法第三〇七條）。

▚ 習 題

一、試述權利之構成要件。

二、試分別解釋請求權、支配權、形成權與抗辯權。

三、何謂義務？

本論

第一編　總　則

第一章　法　例

我民法總則編第一章標題為「法例」，法例者係全部民事法規所適用之通例，不獨民法總則，即民法其他各編，以至於所有民事特別法，除另有特別規定外，均適用之。

民法總則法例章規定之事項有三：

一、民法之法源及其適用之次序

民事，法律所未規定者依習慣；無習慣者依法理（民法第一條）。可知民法之法源有三：

㈠法　律

指成文法而言，包括民法法典，及其他成文的特別民事法（如公司法、票據法、海商法、保險法）在內。

㈡習　慣

一事項於社會上反復行之，即成為習慣。習慣亦為社會生活規範，而為吾人所遵循，故民法列為法源之一。惟此之所謂習慣，須具備下列要件：①須有外部要素：即該習慣確屬存在與慣行，亦即於一定期間內，就同一事項，反復而為同一行為是；②須有內部要素：即須人人確信其為法律，甘願受其拘束而無爭議者是；③須為法律所未規定之事項：若該事項法律已有明文規定，除該法律規定應許優先適用習慣（例如民法第四五〇條第二項但書規定之習慣）外，則不得適用習慣；④須有法律之價值：有法律效力之習慣，須有法律之價值始可。民法第二條：「民事所適用之習慣，以不背於公共秩序或善良風俗者為限。」即指此而言。有以上四要件，習慣乃得適用。

㈢法　理

法理亦稱理法，乃吾人共認之共同生活原理，例如正義、衡平是。此

等原理由於人性之本然而來，故或稱為性法，或自然法。關於法理之詳述，請參照本書緒論第二章第一節，茲不復贅。

以上三者適用之次序，以法律為先，其次為習慣，最後為法理。此點乃民事與刑事不同之所在，刑事因採取「罪刑法定主義」（刑法第一條），祇能適用法律，不得適用習慣與法理，而民事除法律外，尚得適用習慣與法理。良以民事係在解決吾人之身分及財產上之法律問題，而法律之規定有限，無法肆應層出不窮之問題，而此等問題又非解決不可，不若刑事如法無明文即無罪了事矣，因而勢必以習慣與法理為補充之適用。

■ 案例研析 ■

某甲乃一鉅富，死後留有無數財產及 A、B 兩棟別墅，分別由其子丙、丁繼承。某丁欲移居澳洲，乃將該 B 別墅賣與戊。此時丙出面反對，並主張丁與戊間之買賣關係無效，理由是該地有賣繼承之不動產時，親屬有優先承購之習慣，試問：丙之主張是否有理由？

■ 擬 答

民法第一條規定：「民事，法律所未規定者，依習慣，無習慣者，依法理。」關於親屬優先承購之問題，民法並無規定，所以依民法第一條之規定，此時習慣即有補充之效力。然民法第二條規定：「民事所適用之習慣，以不背於公共秩序或善良風俗者為限。」即主張之習慣需非有背於公序良俗者始可。在本例中該地雖有親屬得優先承購之習慣，然該習慣實質上乃對於所有權之權能加以限制，且對於經濟上之流通亦有妨礙，足長把持之風，對於社會經濟毫無助益。解釋上應認此習慣有背於公序良俗，故該習慣依第二條規定不能適用。是故丙之主張，應為無理由。

二、使用文字之準則

法律行為須使用文字者有之，不以使用文字為必要者有之，前者謂之要式行為；後者謂之不要式行為。在要式行為之使用文字，有出於法律之規定者（如民法第四二二條所定之字據、第七三〇條、第七五六條之一所

定之書面及第七〇九條之三所定之會單），有出於契約之約定者。其出於法律之規定者，依民法第三條第一項：「依法律之規定，有使用文字之必要者，得不由本人自寫，但必須親自簽名。」以昭鄭重。申言之，依法律之規定使用文字時，本人親自書寫固可，由他人代寫亦無不可，惟須親自簽名耳。不過此乃原則，法律規定得由他人代簽名之時亦非無有，如民法第五五三條規定，經理人得代其商號簽名是。

其次此項簽名，依民法第三條第二項規定：「如有用印章代簽名者，其蓋章與簽名生同等之效力。」因我國社會習慣上，向以蓋章為主要之憑信，較簽名尤為普遍，故法律上承認其效力。又同條第三項規定：「如以指印、十字或其他符號代簽名者，在文件上，經二人簽名證明，亦與簽名生同等之效力。」此乃謀實際上之便利而然，惟時至今日，無人不會簽名，此等規定，適用之機會無多矣。

三、確定數量之標準

法律行為之標的，常涉及種類、品質及數量之問題，所謂「類、質、量」是也。其中數量問題，倘記載有疑義時，須依下列標準確定之：

㈠以文字為準者

民法第四條規定：「關於一定之數量，同時以文字及號碼表示者，其文字與號碼有不符合時，如法院不能決定何者為當事人之原意，應以文字為準。」蓋文字比較號碼為鄭重，且不易改竄也。

㈡以最低額為準者

民法第五條規定：「關於一定之數量，以文字或號碼為數次之表示者，其表示如有不符合時，如法院不能決定何者為當事人之原意，應以最低額為準。」以最低額為準者，偏向於債務人之利益也。

以上兩者係民事上確定數量之標準，但票據法第七條規定：「票據上記載金額之文字與號碼不符時，以文字為準。」應較民法之規定優先適用。其與民法規定之不同處在民法上以「如法院不能決定何者為當事人之原意」為前提，而後始以文字為準，在票據法上則逕以文字為準，以資簡化。

◪ 案例研析 ◪

　　志明是機車行的老板，向春嬌經營的機車材料行訂貨。某次志明收到春嬌送來的帳單，裡面記載：「……貨款總共參萬肆千伍百陸拾元（34,650元），請於八十三年五月一日前付清為荷……。」請問：志明究竟應付春嬌多少貨款？

◪ 擬 答

　　文字與號碼表示不符者，甚屬常見。為了避免爭議，民法第四條規定：「關於一定之數量，同時以文字及號碼表示者，其文字與號碼有不符合時，如法院不能決定何者為當事人之原意，應以文字為準。」據此依本條規定，在此情形下首先需探求春嬌之真意來決定貨款是多少。如無法探求春嬌真意時，則以文字表示為準；亦即志明需給付春嬌貨款參萬肆千伍百陸拾元。

第二章　人

第一節　總　說

　　構成法律關係之主要因素，不外為「人」、「物」及「行為」三者。此三者中以人為首，因法律關係乃人與人之關係，無人即無法律關係之可言，故民法總則第二章即規定「人」。人在法律關係中屬於主體，所謂權利義務之主體是也。惟法律上所稱之人，與一般所稱之人，其涵義不同。一般所稱之人僅指自然人而言，法律上所稱之人，則包括法人在內。亦即法律上所稱之人，有自然人與法人兩種。

　　應注意者一法律關係之構成，須有兩方當事人始可，故法律上之人，最少須有「二人」，若一人則無法律關係之可言（參照民法第三四四條）；但最多不過「三人」，即除雙方當事人外，尚有第三人之存在（你、我、他），所謂不得對抗第三人（參照民法第八七條），即其適例。惟以上所謂「二人」或「三人」云者，並非以人之數目為標準而言，乃以人之不同立場而論，因一方當事人為單一人者，固屬平常，為多數人者亦非無有，例如民法第二七一條以下所定多數人之債，其一方之債務人或債權人即均為多數是也。

第二節　自然人

　　自然人乃指具有血肉之軀及靈魂之自然界之人類而言。自然人創造法律，而為法律所規範，在法律上人人平等，無分男女、宗教、種族、黨派，均得為權利義務之主體（參照憲法第七條）。民法就自然人之權利能力、行為能力、人格權及住所四項，自第六條至第二四條設有規定，茲分述之：

第一款　權利能力

一、權利能力之意義

　　權利能力乃享受權利與負擔義務之資格，故亦稱人格。其全稱本應為「權利義務能力」，惟因現行民法仍係以權利為本位之立法，故僅稱權利能

力,但應包括義務能力在內,自不待言。權利能力,自然人與法人均有之,本款先就自然人之權利能力加以論述。至法人之權利能力容後於法人節述之。

二、權利能力之發生

權利能力之發生有關之問題如下:

㈠權利能力之始期

民法第六條規定:「人之權利能力,始於出生……。」本條所謂人,專指自然人而言。自然人之權利能力因出生而開始,亦即一經出生,不論何人一律平等的無條件的取得權利能力,而享有人格。至於何謂出生?學說甚多,一般採獨立呼吸說,其要件為:①胎兒須與母體分離,所謂「出」是也;②脫離後能獨立呼吸,所謂「生」是也。二者兼備,始得謂之出生,出生始能取得權利能力。否則出而未生,謂之死產,不能取得權利能力;若生而未出,尚屬胎兒,胎兒之權利能力,另如下述。

㈡胎 兒

民法第七條規定:「胎兒以將來非死產者為限,關於其個人利益之保護,視為既已出生。」所謂胎兒指已受孕,而尚未出生之母體內之人胎而言。胎兒事實上尚未成為完全之人,但總不能謂之非人,故法律上不能不予以人的待遇。惟胎兒究竟能否保持其生命而出生,尚未可知,於是法律上乃以「將來非死產」為條件,關於胎兒個人利益之保護,視為既已出生。例如,胎兒在出生前,其父死亡,此時其父之遺產,胎兒亦有繼承權。不過該胎兒之應繼分,應暫予保留(民法第一一六六條),一俟將來胎兒是否非死產,始能確定。易言之,若將來非死產(即保持其生命而出生),則該應繼分確定,歸胎兒所得;若為死產,則該應繼分仍屬父之遺產,再分由其他繼承人繼承之。其次應注意者,上述條文,祇限於胎兒個人利益之保護,視為既已出生,若對於胎兒之不利益,則不能視為既已出生,例如對於父母之扶養義務,則不使胎兒負擔之。

㈢出生證明

人一出生既取得權利能力,則是否出生,及何時出生之事實,頗關重

要，因而對此事實，如有爭執，應由主張者負舉證責任（民事訴訟法第二七七條）。其證明方法，一般以戶籍所登載者為最有力之證據，然卻非絕對的證據，亦可另依醫師或助產士之證明，予以推翻。蓋出生乃一事實問題，當力求真實，戶籍上之誤載，當不得影響真實。

■ 案例研析 ■

某甲懷孕待產，其夫某乙馳車前往醫院，途中不幸發生車禍死亡，留有子丙、丁及女戊。請問：(1)某乙之遺產應如何繼承？(2)如該胎兒將來是死產或嚎哭兩聲後即告死亡，其繼承情形又有何不同？

擬 答

民法為保障胎兒之權益，特在第七條設有保障之規定：「胎兒以將來非死產者為限，關於其個人利益之保護，視為既已出生。」據此，胎兒於受胎後即取得權利能力，祇是以將來死產為條件，溯及的喪失其權利能力，因此胎兒亦得為遺產之繼承人。且民法第一一六六條第一項規定：「胎兒為遺產繼承人時，非保留其應繼分，他繼承人不得分割遺產。」因此，某乙之遺產應由其妻某甲、其子丙、丁、女戊及某甲腹中之胎兒平均繼承（參照民法第一一三八、一一四一及一一四四等條規定）。

又假使胎兒將來是死產，則溯及的喪失權利能力，故自始沒有取得繼承權，亦即其保留給某甲腹中胎兒之一份，仍為乙之遺產，應由其妻某甲與其子女丙、丁、戊四人再平均繼承。

若該胎兒於嚎哭兩聲後即死亡，僅係生存時間短暫，仍屬已經出生。依民法第六條規定：「人之權利能力，始於出生，終於死亡。」故胎兒一出生，即因有權利能力，而有繼承權，可與其他繼承人平均繼承。如其隨即死亡，其權利能力因而終止，則其自某乙所受分配之遺產成為胎兒之遺產，依法由其母甲單獨繼承（參照民法第一一三八條）。

三、權利能力之消滅

關於權利能力之消滅，應列述者如下：

㈠權利能力之終期

民法第六條規定：「人之權利能力，……終於死亡。」則死亡即為自然人權利能力之終期，其人格即因之而消滅。死亡既為權利能力之終期，則死亡之時期如何，頗關重要。至於何時始得謂之死亡，學說上見解亦多。但現以「心臟鼓動停止說」為通說，即該自然人心臟停止鼓動時，即為死亡之時。惟須注意，在屍體器官移植手術，病人之死亡得以腦死判定之；死亡以腦死判定者，應依中央衛生主管機關規定之程序為之（人體器官移植條例第四條）。

人一死亡，其權利能力歸於消滅，於是繼承開始（民法第一一四七條）。而由繼承人承受被繼承人財產上之一切權利義務（民法第一一四八條），故關於遺產之法律行為，自當由繼承人為之，被繼承人生前委任之代理人，其委任關係，原則上應歸消滅（五十一年臺上字第二八一三號判例）。

㈡死亡宣告

自然人除上述之真實死亡外，尚有死亡宣告之問題：

1.死亡宣告之意義

何謂死亡宣告？乃自然人失蹤，達一定期間，法院因利害關係人之聲請，宣告其為死亡之謂。何以如此？良以人既失蹤，其權利義務關係，多陷於停頓狀態，甚且無法確定。此種狀態，倘長久繼續，不但對於配偶、繼承人、債權人等利害關係人之影響甚大，對於社會公益（如其財產每因無適當之人管理而荒廢）亦有不利，因此法律上乃設有死亡宣告制度，俾其法律關係臻於確定，而免卻上述之影響。

2.死亡宣告之要件

民法第八條規定：「失蹤人失蹤滿七年後，法院得因利害關係人或檢察官之聲請，為死亡之宣告；失蹤人為八十歲以上者，得於失蹤滿三年後，為死亡之宣告；失蹤人為遭遇特別災難者，得於特別災難終了滿一年後，為死亡之宣告。」茲依此析述其要件如下：

⑴須其人已失蹤：所謂失蹤乃離去其住所，而生死不明之謂。若明知其尚生存，固不得為死亡宣告；若確悉其已死亡，亦不必為死亡宣告。

(2)須失蹤滿法定期間：一時生死不明，尚不能遽為死亡之宣告，必須自失蹤日起算，達一定期間而後可。所謂一定期間，依本條之規定應分兩種：①一般期間：一般期間為「七年」，乃除去下述特別情形者外，所適用之期間是也。②特別期間：特別期間分為三年及一年兩種，乃具有特別情形之失蹤人所適用之期間。申言之：「三年」乃八十歲以上失蹤人所適用；而「一年」乃遭遇特別災難（如天災事變）之失蹤人所適用，不過依現行民用航空法第九八條規定：「因航空器失事，致其所載人員失蹤，其失蹤人於失蹤滿六個月後，法院得因利害關係人或檢察官之聲請，為死亡之宣告。」是乃特別規定，其期間為六個月，且與民法一年之起算點不同，應優先於民法之規定而適用之。

(3)須經特定人之聲請：所謂特定人指利害關係人及檢察官而言，而利害關係人則指對於失蹤人之生死，在法律上有利害關係者。如其配偶、繼承人、受遺贈人、債權人及死亡保險之受益人等均是。死亡宣告必須經此等人或檢察官之聲請始可。

(4)須經公示催告程序：經特定人聲請後，法院須踐行公示催告程序（家事事件法第一五六條），然後為宣告。宣告死亡之裁定應確定死亡之時（家事事件法第一五九條）。

3.死亡宣告之效力

民法第九條規定：「受死亡宣告者，以判決內所確定死亡之時，推定其為死亡。前項死亡之時應為前條各項所定期間最後日終止之時；但有反證者，不在此限。」所謂推定即假定之意，與視為不同，並無擬制效力，自得由法律上有利害關係人提出反證以推翻之（五十一年臺上字第一七三二號判例）；但在有反證前，主張推定之事實（死亡）者，無庸舉證，自不待言（民事訴訟法第二八一條）。

4.死亡宣告之撤銷

死亡宣告與真實死亡不同，真實死亡則死者不可復生，死亡宣告後該受宣告之人尚生存或確定死亡之時不當者，則其本人、利害關係人或檢察官，得聲請撤銷或變更死亡宣告之裁定（家事事件法第一六〇條），撤銷或

變更宣告死亡裁定之裁定，不問對於何人均有效力；但裁定確定前之善意行為，不受影響（家事事件法第一六三條第一項）。

於茲應予附述者，即失蹤人失蹤後，未受死亡宣告前，其財產應如何管理之問題。依民法第一○條規定：「失蹤人失蹤後，未受死亡宣告前，其財產之管理，除其他法律另有規定者外，依家事事件法之規定。」家事事件法第四編第八章第一四二條至第一五三條設有失蹤人財產管理事件之規定，其詳請參照該法，於茲不贅。

㈢死亡證明

自然人死亡為一重要之法律事實，其是否已死，及死亡之時期如何，如有爭執，自當由主張之者負舉證責任。但法律上就此設有兩種推定：①受死亡宣告者以判決內所確定死亡之時，推定其為死亡。於是主張其死亡者，自不必舉證；倘有否認者，則須提出反證。②民法第一一條規定：「二人以上同時遇難，不能證明其死亡之先後時，推定其為同時死亡。」是為同死之推定。此二人指在繼承上其死亡之先後，互有利害關係者而言，若死亡之二人各不相干，自勿庸計較其死亡之孰先孰後矣。其次此二人既推定其同時死亡，則其彼此互不繼承，又此種推定不僅真實死亡適用，在死亡宣告之情形，法院確定死亡之時，亦應適用之。惟應注意者，以上兩種推定，均得以反證推翻之，自不待言。

■ 案例研析 ■

某甲自七十三年六月三日起音訊全無，生死不明。甲有妻乙、子丙、女戊，乙至八十二年五月二日向法院聲請死亡宣告，試問：⑴法院應宣告甲於何時死亡？宣告死亡後對乙、丙、戊有何影響？⑵若甲於失蹤後，在臺中購置房屋乙棟，該買屋行為是否有效？

■ 擬 答

一個人失蹤後，其法律關係即陷於不確定狀態，無法進行或結束。此種狀態長期繼續，對於利害關係人及社會秩序均有不良影響，因此民法第

八條第一項規定：「失蹤人失蹤滿七年後，法院得因利害關係人或檢察官之聲請，為死亡之宣告。」而死亡時間之推定，依民法第九條第一項規定：「受死亡宣告者，以判決內所確定死亡之時，推定其為死亡。」同條第二項規定：「前項死亡之時，應為前條各項所定期間最後日終止之時。但有反證者，不在此限。」依上述說明解答如下：

(1)甲於七十三年六月三日失蹤，法定失蹤期間為七年，依第八條第一項規定，乙為利害關係人，得聲請為死亡宣告。其次，依第九條第二項規定，法院應於判決書上宣告推定甲於八十年六月三日下午十二時死亡。甲被法院宣告死亡時，繼承即告開始，甲之財產上之一切權利義務由乙、丙、戊繼承。

(2)死亡宣告之效力，僅是在結束失蹤人原住居所地為中心的法律關係，而不在剝奪失蹤人之權利能力。因此甲在臺中之購屋行為應屬有效。

第二款　行為能力

一、行為能力之意義

行為能力指得為法律行為之能力而言。所謂法律行為乃以意思表示為要素之行為，例如買賣、贈與、租賃、保險、遺囑等均屬之。得為此等行為之資格，謂之行為能力。行為能力與前述權利能力有所不同：權利能力乃得享受權利或負擔義務之資格；行為能力乃得獨立的依自己之意思取得權利或負擔義務之資格；權利能力屬於靜態的，行為能力屬於動態的；權利能力人人有之，行為能力則非人人具有，即有行為能力者有之，無行為能力者亦有之。

行為能力應分兩種，即一般的行為能力與特別的行為能力是。前者本款以下所論述者是。後者如訂婚能力（民法第九七三條），結婚能力（民法第九八〇條），收養能力（民法第一〇七三、一〇七四條），被收養能力（民法第一〇七六條）及遺囑能力（民法第一一八六條第二項）等均是。此等特別行為能力，於為身分行為時須具有之，不適用民法總則所設行為能力之規定，而須適用各該特別能力之規定。當另於親屬、繼承編中述之，於

茲不贅。

二、行為能力之有無

關於行為能力之有無，可分三種情形述之：

㈠有行為能力人

此之所謂有行為能力人指具有完全之行為能力者而言，依民法之規定，尚分兩種：

1.**成年人**：民法第一二條規定：「滿十八歲為成年。」則年滿十八歲之人，無論男女，均取得行為能力。以呼應近年來各國法律有降低成年年齡之趨勢，例如德國民法原以滿二十一歲為成年，但現已改為十八歲為成年是。日本民法原規定滿二十歲為成年，現亦已修改為滿十八歲為成年。

2.**未成年已婚者仍無完全行為能力**：民法第一三條第三項原規定：「未成年人已結婚者，有行為能力。」係因我民法原規定結婚年齡為男滿十八歲，女滿十六歲（舊民法第九八〇條），可知雖非成年人亦得結婚。結婚後需要獨立自主，以維持其共同生活，故民法對於未成年已婚之人，提早賦與行為能力。但因民法第九八〇條已將男女之結婚年齡同明定為十八歲，與民法第一二條相同，故配合刪除民法第一三條第三項，職是之故，參酌修法的刪除意旨，應可推知若未成年人結婚，縱未撤銷（民法第九八九條參照），仍未取得完全行為能力。

㈡無行為能力人

無行為能力人亦分兩種：

1.**未滿七歲之未成年人**：民法第一三條第一項規定：「未滿七歲之未成年人，無行為能力。」因此時尚屬孩提之童，知識淺薄，故民法不予以行為能力，而使其法定代理人代為法律行為（參照民法第七六條）。

2.**受監護宣告之人**：所謂受監護宣告之人，乃因精神障礙或其他心智缺陷，致不能為意思表示或受意思表示，或不能辨識其意思表示之效果，而由法院為監護之宣告，使之成為無行為能力是也。民法第一四條第一項規定：「對於因精神障礙或其他心智缺陷，致不能為意思表示或受意思表示，或不能辨識其意思表示之效果者，法院得因本人、配偶、四親等內之親屬、

最近一年有同居事實之其他親屬、檢察官、主管機關、社會福利機構、輔助人、意定監護受任人或其他利害關係人之聲請，為監護之宣告。」可知監護之宣告，須具備下列要件：①須因精神障礙或其他心智缺陷，致不能為意思表示或受意思表示，或不能辨識其意思表示之效果：此乃監護宣告之原因，亦即實質要件。②須因本人、配偶、四親等內之親屬、最近一年有同居事實之其他親屬、檢察官、主管機關、社會福利機構、輔助人、意定監護受任人或其他利害關係人之聲請：此乃監護宣告之形式要件。合於上列要件，法院始得受理，而依家事事件法第四編第十章之規定為監護之宣告。此外，受輔助宣告之人有受監護之必要者，法院得依第一四條第一項規定，變更為監護之宣告（民法第一五條之一第三項）。

受監護宣告後成為受監護宣告之人，依民法第一五條規定：「受監護宣告之人，無行為能力。」則一經受監護之宣告，其人即成為無行為能力人，而不得自為法律行為。監護之宣告係剝奪人之行為能力，非具上述之法定原因不可。因而如其法定原因一旦消滅，即應撤銷其監護之宣告，民法第一四條第二項規定：「受監護之原因消滅時，法院應依前項聲請權人之聲請，撤銷其宣告。」使恢復為有行為能力人。

㈢限制行為能力人

1.**滿七歲以上之未成年人**：民法第一三條第二項規定：「滿七歲以上之未成年人，有限制行為能力。」所謂限制行為能力，即其行為能力有時有之，有時無有，與完全有行為能力不同，與完全無行為能力亦異。易言之，此種人係有不完全之行為能力是也。當其有行為能力時，則得獨立有效為法律行為（民法第八五條）；當其無行為能力時，則為法律行為時，須得其法定代理人事先之允許，或事後之承認（民法第七七條本文、第七九條）。其詳容於法律行為章中述之。

2.**受輔助宣告之人（部分限制行為能力人）**：所謂受輔助宣告之人，乃因精神障礙或其他心智缺陷，致其為意思表示或受意思表示，或辨識其意思表示效果之能力，顯有不足，而由法院為輔助之宣告，使之為重要法律行為時，應經輔助人同意是也。民法第一五條之一第一項規定：「對於因精神

障礙或其他心智缺陷，致其為意思表示或受意思表示，或辨識其意思表示效果之能力，顯有不足者，法院得因本人、配偶、四親等內之親屬、最近一年有同居事實之其他親屬、檢察官、主管機關或社會福利機構之聲請，為輔助之宣告。」可知輔助之宣告，須具備下列要件：①須因精神障礙或其他心智缺陷，致其為意思表示或受意思表示，或辨識其意思表示效果之能力，顯有不足：此乃輔助宣告之原因，亦即實質要件。②須因本人、配偶、四親等內之親屬、最近一年有同居事實之其他親屬、檢察官、主管機關或社會福利機構之聲請：此乃輔助宣告之形式要件。合於上列要件，法院始得受理，而依家事事件法第四編第十一章之規定為輔助之宣告。此外，法院對於監護之聲請，認為未達第一四條第一項之程度者，得依第一五條之一第一項規定，為輔助之宣告（民法第一四條第三項）。又，受監護之原因消滅，而仍有輔助之必要者，法院得依第一五條之一第一項規定，變更為輔助之宣告（民法第一四條第四項）。

　　受輔助宣告之人為下列行為時，應經輔助人同意；但純獲法律上利益，或依其年齡及身分、日常生活所必需者，不在此限。①為獨資、合夥營業或為法人之負責人。②為消費借貸、消費寄託、保證、贈與或信託。③為訴訟行為。④為和解、調解、調處或簽訂仲裁契約。⑤為不動產、船舶、航空器、汽車或其他重要財產之處分、設定負擔、買賣、租賃或借貸。⑥為遺產分割、遺贈、拋棄繼承權或其他相關權利。⑦法院依前條聲請權人或輔助人之聲請，所指定之其他行為（民法第一五條之二第一項）。受輔助宣告之人未得輔助人同意而為第一五條之二第一項所列之行為之效力，準用第七八條至第八三條規定（民法第一五條之二第二項）。輔助人同意受輔助宣告之人為第一五條之二第一項第一款行為之效力，準用第八五條規定（民法第一五條之二第三項）。第一五條之二第一項所列應經同意之行為，無損害受輔助宣告之人利益之虞，而輔助人仍不為同意時，受輔助宣告之人得逕行聲請法院許可後為之（民法第一五條之二第四項）。受輔助之原因一旦消滅，即應撤銷其輔助之宣告，民法第一五條之一第二項規定：「受輔助之原因消滅時，法院應依前項聲請權人之聲請，撤銷其宣告。」

第三款 人格權

一、人格權之意義

人格權乃以該權利人自己人格為標的之權利。例如生命、身體、健康、名譽、姓名等權利是。人格權既以人格為標的，屬於非財產權，具有專屬性，不得繼承、轉讓，提供擔保或由他人代位行使。

二、人格權之種類

人格權乃一概括的名詞，若具體言之，民法上規定為下列十類：

㈠姓名權

姓名乃某人之一種人為的、無形的一種區別符號，在人群中欲找出某人，則惟有此一符號最為有用，他若相貌、衣著、性格等特徵，皆不若姓名之最易區別，故人皆有姓名，而為「無名氏」者尟矣。姓名既為吾人之特有的區別符號，故法律上賦與姓名權，而使他人不得冒用或濫用之（民法第一九條）。

㈡生命權

生命權即以人之生命為標的之權利。人之生命最為尊貴，故此一權利亦最為重要，他人不得侵害之，否則除在刑法上構成殺人罪以外，民法上構成侵權行為，而對於法定之人應負損害賠償責任（民法第一九二、一九四條）。

㈢身體權

身體權乃以人之肉體的組織為標的之權利。人之身體應保護其安全，他人不得侵害之，故法律上賦與身體權（民法第一九三、一九五條）。

㈣健康權

健康權乃以人之生理的機能為標的之權利。人之生理的機能，亦應保護其安全，以免他人之侵害，法律上亦賦與權利，以資保護（民法第一九三、一九五條）。

㈤名譽權

名譽權乃人之社會上對其自己之評價為標的之權利。亦為重要人格權

之一，法律上保障之（民法第一九五條）。

(六)自由權

自由權乃以人之身體活動不受不當的拘束或干擾為標的之權利。不自由，毋寧死，世有名言，可見自由對吾人之重要性，故法律上賦與自由權，以保護之（民法第一七、一九五條）。

(七)信用權

信用權乃以人之經濟活動上的評價為標的之權利。民法債編修正以前，實務曾認為經濟信用亦為名譽權之一種，但經濟上評價並不當然及於人格評價，故法律獨立賦與權利以保障之（民法第一九五條）。

(八)隱私權

隱私權 (Privacy) 乃以人之私生活或工商業所不欲人知之事實，不受干擾或被他人得知為標的之權利。此一權利於科技發達，資訊傳遞迅速之現代社會尤屬重要，故法律賦與權利，以資保護（民法第一九五條）。

(九)貞操權

貞操權乃以人之性尊嚴與性自主為標的之權利。無論男女皆有性自主之決定權，不受他人不法干涉，否則除在刑法上構成妨害性自主罪（刑法第十六章）以外，民法上亦構成貞操權之侵害（民法第一九五條）。

(十)其他人格權

以上九種人格權乃我民法上所明文例示者，此外如肖像權、意思決定自由權等等亦屬人格權，此等人格權法律上雖未一一列舉，但仍得依民法第一八條之規定保護之，其侵害情節重大者並得請求非財產上之損害賠償（民法第一九五條）。又著作權亦兼具人格權之性質，稱為著作人格權（著作權法第一五～二一條），著作權法第八五條設有著作人格權保護之特別規定，應優先於民法之規定而適用之。

三、人格權之保護

(一)一般規定

人格權受侵害時，得請求法院除去其侵害；有受侵害之虞時，得請求防止之。前項情形，以法律有特別規定者為限，得請求損害賠償或慰撫金

（民法第一八條）。所謂請求法院除去其侵害，例如發行刊物，侵害他人名譽時，該受害人得請求法院判令該期刊物停止發行是。所謂有受侵害之虞時，例如他人準備向某少婦拍照，則該少婦得請求其免拍是。所謂損害賠償，指財產的損害之賠償而言，所謂慰撫金，乃精神的損害之賠償。民法第一九四條及第一九五條所謂「被害人雖非財產上之損害，亦得請求賠償相當之金額。」即指此而言。

任何人格權遭受侵害時皆得請求法院除去其侵害，但得請求損害賠償者，則以法律有特別規定為限。所謂法律特別規定，如民法第一九條、第一九二條至第一九五條等規定是也。

㈡特別規定

民法總則就人格權所設之特別規定有三：

1.**姓名權之保護**：姓名權受侵害時，得請求法院除去其侵害；並得請求損害賠償（民法第一九條）。例如某無限公司之股東甲，業已退股，但該公司仍以甲之姓名列為公司名稱（甲某某無限公司），則甲得請求法院判令該公司除去甲之姓名，若已發生損害（如公司法第六八條所定），並得請求該公司賠償之。

2.**權利能力及行為能力之保護**：權利能力及行為能力，不得拋棄（民法第一六條）。權利能力乃享受權利之資格，行為能力乃取得權利之資格，均已見前述，此二者乃吾人最基本之資格，若許拋棄，則幾乎淪為奴隸，故法律明文禁止之，以資保護。

3.**自由之保護**：自由雖屬由自，但法律仍禁止其任意處分，即：①自由不得拋棄（民法第一七條第一項），例如：自請入獄即為拋棄自由，法不許之；②自由之限制，以不背於公共秩序或善良風俗者為限（民法第一七條第二項），例如甲與乙約定互不競業，即屬營業自由之一種限制，在法律上非無效力；但如約定終身不競業者，即對於公共秩序有所違背，因而此種約定即無效力可言。又如某甲著作轉讓某圖書公司出版，約明某甲不再撰寫同類著作出版，此約定固亦有效力；但如約定某甲畢生不得再撰寫是類著作出版，則其約定即有背公共秩序（有礙學術之進步，於社會公眾不利），

某甲得不受其拘束是。

第四款 住 所

一、住所之意義

　　住所乃吾人法律關係之中心地域。在法律上賦與種種效果，故住所就法律關係言之，頗為重要。

二、住所之種類

㈠意定住所

　　意定住所乃依當事人之意思所設定之住所。民法第二〇條第一項規定：「依一定之事實，足認以久住之意思，住於一定之地域者，即為設定其住所於該地。」可知住所之設定，須具備兩要件：①主觀要件：即須有久住之意思。久住之意思者，未預定居住之期間，而擬長久居住者是也。有此意思即可，事實上果住多久，則非所問。不過此意思有無之認定，須依一定事實（例如大部財產均置於是）為之，不能純由當事人任意左右。②客觀要件：即須住於一定之地域。例如住於臺北市是。具備上述兩要件，即為設定住所於該地，至是否已報戶籍，亦非所問。惟住所以一個為限，是為住所單一主義，一人同時不得有兩住所（同條第二項）以免法律關係趨於複雜。又意定住所既由當事人之意思所設定，自亦得由當事人之意思而廢止，因而民法第二四條乃規定：「依一定之事實，足認以廢止之意思，離去其住所者，即為廢止其住所。」

㈡法定住所

　　法定住所即法律上規定之住所，與當事人之意思無關，尚有狹義的法定住所與擬制住所之分：

1.狹義的法定住所

　　通常所謂法定住所，多指此而言。有下列各項：

　　⑴無行為能力人及限制行為能力人之住所：無行為能力人及限制行為能力人，以其法定代理人之住所為住所（民法第二一條、第一〇六〇條、第一〇九一條、第一一一〇條）。

⑵夫妻之住所，由雙方共同協議之，未為協議或協議不成時，得聲請法院定之。法院為前項裁定前，以夫妻共同戶籍地推定為其住所（民法第一○○二條）。

2.擬制住所

擬制住所乃因住所不明或有其他特殊情形，法律上為之擬制之住所，有下列兩種：

⑴居所視為住所：居所乃無久住之意思，而有暫住之事實之處所，居所本非住所，但依民法第二二條規定：①住所無可考者，其居所視為住所；②在我國無住所者，其居所視為住所；但依法須依住所地法者不在此限。所謂依法係指依涉外民事法律適用法而言，例如該法九十九年修正前之第一條第一項規定：「人之行為能力，依其本國法。」而其第二八條復規定：「依本法適用當事人本國法時，如其國內各地方法律不同者，依其國內住所地法；國內住所不明者，依其首都所在地法。」此種情形，即不能以在我國之居所為其住所矣。

⑵選定居所視為住所：民法第二三條規定：「因特定行為選定居所者，關於其行為，視為住所。」例如某甲因經商在臺北選定居所，則關於該經商所生之債權債務關係，即以其選定之居所視為住所是。

三、住所之效果

㈠為確定失蹤之標準（民法第八條）。

㈡為確定債務履行地之標準（民法第三一四條第二款）。

㈢為確定審判籍之標準（民事訴訟法第一條、刑事訴訟法第五條）。

㈣為送達之處所（民事訴訟法第一三六條、刑事訴訟法第五五條）。

㈤為確定國際私法上準據法之標準（涉外民事法律適用法第三、四、一二、二八、四五、四七、四八、五○條）。

第五款　外國人

外國人乃無中華民國國籍之自然人。民法總則施行法第二條規定：「外國人於法令限制內，有權利能力。」即外國人在我國，亦有權利能力，但

須受法令之限制而已。例如土地法第一七條所定之土地，即不得移轉、設定負擔或租賃於外國人，則外國人即無資格享有各該權利是。至於外國人之行為能力則依其本國法（涉外民事法律適用法第一○條）。

第三節　法　人

第一款　通　則

一、法人之意義

　　法人乃法律上賦與權利能力之一種團體人。此種團體，或為多數人之組織體，或為多數財產之集合體。前者謂之社團；後者謂之財團，二者如法律上賦與權利能力（人格），即成為法人。因此法律上之所謂人，除自然人之外，尚有法人之存在。法人亦參加社會活動，而有社會作用，故法律上設有關於法人之規定。

二、法人之種類

㈠公法人與私法人

　　法人以其成立所依據之法律係公法抑係私法為區別標準，可分為公法人與私法人兩者，前者依據公法而成立，如國家、地方自治團體（直轄市、縣）是。後者依據私法而成立，為民法上之法人、公司法上之法人（公司）、銀行法上之法人（銀行）均是。本書所論以私法人為限。

㈡社團法人與財團法人

　　法人依其成立之基礎係人的集合抑係物的集合為區別標準，可分為社團法人與財團法人兩者。前者乃多數人之集合，其成立之基礎在於人；後者乃多數財產之集合，其成立之基礎在於物，亦即物之人格化是也。我民法上之法人以此二者為限。

㈢公益法人與營利法人

　　法人以存在之目的係為公益抑為營利，可分為公益法人與營利法人兩者。前者之存在目的係為公益，如農會、工會、私立學校、慈善機關是；後者存在之目的係為營利，如公司、銀行是。營利法人取得法人資格須依

特別法之規定（民法第四五條），如公司取得法人資格須依公司法之規定是。

茲將以上三大分類，綜合列如下表。

$$
法\ 人
\begin{cases}
公法人——國家、地方自治團體 \\
私法人
\begin{cases}
社團法人
\begin{cases}
公益法人（農會、工會）\\
營利法人（公司、銀行）
\end{cases}\\
財團法人——公益法人（私立學校、慈善機關）
\end{cases}
\end{cases}
$$

三、法人之成立

法人之成立，須具下列之要件：

㈠須經設立

法人不能自行成立，須由自然人設立，至是否須經公力干預，則有五種主義：①放任主義：法人之設立，法律不加干涉，而聽任自由設立者是；②特許主義：法人之設立，須經特別立法或經元首命令始准設立者是；③許可主義：法人之設立，須經行政機關許可者是；④準則主義：法人之設立，法律上設有一定準則，設立人依照該準則設立之即可者是；⑤強制主義：法人之設立，法律上予以強制者是也。

以上五種主義，我國法律對於公益社團法人或財團法人採許可主義(民法第四六、五九條)；對於營利社團法人則採取準則主義（公司法第一條）；對於特殊法人有採取特許主義者，如對於中國國際商業銀行之設立，專制定中國國際商業銀行條例是。亦有採取強制主義者，如商業同業公會之設立是（商業團體法第八條），惟放任主義為我國法律所不採。

㈡須依據法律

法人之成立，須依據法律，無論何種法人均須如此，民法第二五條規定：「法人非依本法或其他法律之規定，不得成立。」此乃不採取放任主義之結果。

㈢須經登記

法人之成立，須經登記，所謂登記，乃將法定事項登載於特定機關之公簿，以為公示者是也。民法第三〇條規定：「法人非經向主管機關登記，不得成立。」此之所謂主管機關，依民法總則施行法第一〇條第一項規定：

「依民法總則規定法人之登記，其主管機關為該法人事務所所在地之法院。」按現在情形，即指地方法院而言。地方法院設有登記處，而申請登記須依照「非訟事件法」及「法人及夫妻財產制契約登記規則」之規定為之。此之登記，指設立登記而言。又以上法人登記乃民法上之法人登記，若特別法有規定者，則依特別法之規定，例如公司登記，須向經濟部為之（公司法第三八七條），而不向法院登記，斯應注意。

四、法人之能力

㈠權利能力

法人之權利能力，始於成立，終於解散後清算完結。其範圍較自然人為小，民法第二六條規定：「法人於法令限制內，有享受權利，負擔義務之能力。但專屬於自然人之權利義務，不在此限。」所謂專屬於自然人之權利義務，指性質上法人無法具有者而言，例如夫妻同居請求權，或親屬互負之扶養義務，法人即不得享有或負擔是，亦即法人之權利能力就此方面言，則小於自然人是。

㈡行為能力

法人亦得為法律行為，故法人亦有行為能力，不過法人本身乃一法律上之組織體，不能自行活動，須以自然人為其代表。代表者誰？依民法第二七條第一項中規定：「法人應設董事」。而同條第二項中又規定：「董事就法人一切事務，對外代表法人。」可見法人之代表人乃董事是也。

㈢侵權行為能力

侵權行為能力亦稱責任能力，乃侵害他人權利時，能負損害賠償責任之資格也。依民法第二八條規定：「法人對於其董事或其他有代表權之人因執行職務所加於他人之損害，與該行為人連帶負賠償之責任。」則法人具有侵權行為能力，應勿庸疑。

五、法人之機關

法人之機關者乃法人之代表或執行機關也。法人之機關，其主要者為董事，但亦得設監察人，無論社團法人或財團法人均有之。此外社團法人尚有社員總會乃其意思機關（最高機關），而財團則無有，除於次款社團中

述之外，茲僅就董事及監察人說明之：

(一)董　事

1.**董事之意義**：董事乃法人所必設之代表及執行機關。所謂必設，謂法人非設董事不可（民法第二七條第一項），雖董事在特別法上亦有稱「理事」者（如農會法第一九條、工會法第一七條、商業團體法第二一條、漁會法第二○條），但不論其名稱如何，均為必設之機關則一。又董事為法人之代表機關（民法第二七條第二項），亦為執行機關（民法第二七條第一項），其地位非常重要。

2.**董事之任免**：法人須設董事幾人？董事之資格如何？法均無規定。其任免，在社團應經社員總會之決議（民法第五○條第二項第二款）；在財團得由捐助人定之。充任董事之個人與法人之關係，屬於一種委任（參照公司法第一九二條第四項）。其次董事有無報酬？民法亦無規定，得於法人章程中定之（公司法第一九六條第一項規定：董事之報酬，未經章程訂明者，應由股東會議定，不得事後追認）。

3.**董事之職權**：董事之職權有：①代表權：董事就法人之一切事務對外代表法人，董事有數人者，除章程另有規定外，各董事均得代表法人（民法第二七條第二項），且為全權代表，原則上其範圍並無限制，若加以限制雖無不可，但依民法第二七條第三項規定：「對於董事代表權所加之限制，不得對抗善意第三人。」藉以保護交易之安全。②執行權：董事就法人之事物，對內有執行權，例如聲請登記（民法第四八條第二項、第六一條第二項），召集總會（民法第五一條第一項），聲請破產（民法第三五條第一項）等均是。董事有數人者，法人事務之執行，除章程另有規定外，取決於全體董事過半數之同意（民法第二七條第一項）。

(二)監察人

1.**監察人之意義**：監察人乃法人得設之監察事務執行之機關。民法第二七條第四項規定：「法人得設監察人」，是監察人乃法人得設之機關，與董事之為必設者有所不同。

2.**監察人之任免**：監察人之人數、資格，法無規定，均得於章程中定之，

但解釋上董事不得兼任監察人。其任免在社團須經社員總會之決議，在財團得由捐助人定之。其與法人之關係及報酬之有無，均與董事同。

3.**監察人之職權**：民法第二七條第四項規定：「法人得設監察人，監察法人事務之執行。監察人有數人者，除章程另有規定外，各監察人均得單獨行使監察權。」又董事與法人有交涉時，解釋上監察人得代表法人。有時監察人得召集社員總會（民法第五一條第一項）。

六、法人之住所

法人亦應有其住所，作為其法律關係之中心地域。民法第二九條規定：「法人以其主事務所所在地為住所。」如事務所祇一處，無主從之分時，即以該事務所為住所。

七、法人之消滅

(一)法人之解散

法人之解散乃法人人格消滅之程序，其原因如下：

1.**經撤銷許可者**：法人違反設立許可之條件，經主管機關撤銷其許可者（民法第三四條），即歸解散。

2.**經宣告破產者**：法人之財產，不能清償債務時，董事應即向法院聲請破產（民法第三五條第一項）。若經法院宣告破產，該法人即因之而解散。又不為前項聲請，致法人之債權人受損害時，有過失之董事，應負賠償之責任，其有二人以上時，應連帶負責（民法第三五條第二項）。

3.**經宣告解散者**：法人之目的或其行為，有違反法律、公共秩序或善良風俗者，法院得因主管機關、檢察官或利害關係人之請求，宣告解散（民法第三六條）。於是法人即因之而解散。

4.**存立時期屆滿**：社團法人及財團法人均得登記其存立時期（民法第四八條第一項第九款、第六一條第一項第八款），因而當該時期屆滿，法人亦當然解散。

法人解散，其人格並不即刻消滅，須至清算終結時，始完全消滅，此觀諸民法第四〇條第二項：「法人至清算終結止，在清算之必要範圍內，視為存續。」即可知之。

㈡法人之清算

清算乃清結已解散的法人之法律關係之程序。有關問題如下：

1.清算人

清算須有清算人，清算人由何人充之？依民法第三七條規定：「法人解散後，其財產之清算，由董事為之。但其章程有特別規定，或總會另有決議者，不在此限。」又第三八條規定：「不能依前條規定，定其清算人時，法院得因主管機關、檢察官或利害關係人之聲請，選任清算人。」可知清算人之產生，依下列次序：

⑴依章程之特別規定，在社團法人並得依總會之決議。

⑵無上述規定或決議時，由董事充之。

⑶不能依以上兩點定其清算人時，由法院選任之。

以上係清算人之產生。至於清算人職務之解除，依民法第三九條規定：「清算人，法院認為有必要時，得解除其任務。」例如清算人有不法或不當之行為，法院即得解除其職務，不問其產生之方式如何也。又除法院所選任之清算人外，均得由總會之決議，將其解任，自不待言。此外清算人亦得自行辭職。

2.清算事務

清算人應為何事？不外下列：

⑴了結現務：法人之事務，已著手而未完成者，清算人應了結之（民法第四〇條第一項第一款）。

⑵收取債權，清償債務：清算人應對於法人之債權及債務，加以清理。債權應予收取；債務則應予清償（同條同項第二款）。

⑶移交賸餘財產於應得者：清償債務之後，如尚有賸餘財產時，清算人應將該項財產移交於應得之人（同條同項第三款）。應得者為誰？民法第四四條第一項規定：「法人解散後，除法律另有規定外，於清償債務後，其賸餘財產之歸屬，應依其章程之規定，或總會之決議；但以公益為目的之法人解散時，其賸餘財產不得歸屬於自然人或以營利為目的之團體。」然若無前項法律或章程之規定，或總會之決議時，則其賸餘財產，屬於法人

住所所在地之自治團體（民法第四四條第二項），以充公益。

3.清算程序

清算之程序，除民法法人通則中有規定外，準用股份有限公司清算之規定（民法第四一條），蓋股份有限公司清算之規定（公司法第三二二條以下），比較詳備，故於茲法人之清算程序準用之。

依公司法第三三四條規定準用同法第八七條第三項規定之結果，清算人應於六個月內完結清算。清算完結，法人之人格始歸消滅（民法第四〇條第二項）。

八、法人之監督

法人，尤其民法上之法人有關公益，故國家機關應予以監督，以免逸出常軌，有礙社會秩序。監督之情形如下：

㈠業務監督

受設立許可之法人，其業務屬於主管機關之監督，主管機關得檢查其財產狀況，及其有無違反許可之條件與其他法律之規定（民法第三二條）。此之所謂主管機關應指主管法人目的事業之機關而言，如文化事業屬教育部主管，慈善事業屬內政部主管是。受設立許可法人之董事或監察人，不遵主管機關監督之命令，或妨礙檢查者，得處以五千元以下之罰鍰。前項董事或監察人違反法令或章程，足以危害公益或法人之利益者，主管機關得請法院解除其職務，並為其他必要之處置（民法第三三條）。

㈡清算監督

法人之清算屬於法院監督。法院得隨時為監督上必要之檢查及處分，法人經主管機關撤銷許可或命令解散者，主管機關應同時通知法院。法人經依章程規定或總會決議解散者，董事應於十五日內報告法院（民法第四二條）。若清算人不遵法院監督命令，或妨礙檢查者，得處以五千元以下之罰鍰，董事違反前條第三項之規定者亦同（民法第四三條）。

九、法人之登記

法人非經向主管機關登記，不得成立，前已言之。此之所謂登記指設立登記而言，此外尚有所謂變更登記、解散登記、清算人任免或變更登記

及清算終結登記等等（非訟事件法第八二條以下，法人及夫妻財產制契約登記規則第二〇條）。依民法第三一條規定：「法人登記後，有應登記之事項，而不登記，或已登記之事項有變更，而不為變更之登記者，不得以其事項對抗第三人。」可見設立登記為法人之成立要件，變更登記僅為對抗要件而已。

■ 案例研析 ■

甲企業股份有限公司之董事某乙，不顧公司財務困難之窘境，反向股東某丙極力宣稱公司獲利驚人，某丙調查後，明知為假，仍額外出資，期望公司起死回生。不料乙收受該筆款項後，即將丙出資一事，置於一旁，某丙遂往公司找乙理論，爭執之下，反遭乙打傷。試問：(1)甲公司應否對乙未處理丙之出資一事負責？(2)甲公司應否對乙打傷丙一事負責？

■ 擬 答

按民法第二八條規定：「法人對於其董事或其他有代表權之人因執行職務所加於他人之損害，與該行為人連帶負賠償之責任。」所謂執行職務，應係執行法人目的事業之職務上行為。是故：

(1)丙另行出資，乙即應將之載入股東名簿，發行股單以及為其他行為，解釋上此屬公司事業執行之一部，應認乙係執行職務。乙之行為，係過失不法侵害丙之權利（民法第一八四條第一項前段參照），對丙造成損害。故依前述第二八條規定，甲公司應與乙連帶負損害賠償責任。

(2)乙在公司打傷丙，雖係因出資一事而起，惟毆打行為，難謂為執行公司事業之職務。故無前述第二八條之適用，即甲公司毋庸為此負責。

第二款 社 團

一、社團之成立

社團指社團法人而言，因本節總標題為法人，而社團乃法人之一類別，故簡稱社團時，當然指社團法人也。社團法人如何成立？自亦須依照前款

通則中所述之三步驟為之：

㈠須經設立

社團須經自然人設立，設立社團者應訂立章程（民法第四七條上段）。章程者乃法人之組織法，有如國家之有憲法然。

章程應記載之事項如下（民法第四七條下段各款）：

1.目的：即記明設立之宗旨是。

2.名稱：法人有名稱，有如自然人之姓名，應予記明。

3.董事之人數、任期及任免：設有監察人者，其人數、任期及任免。

4.總會召集之條件、程序及其決議證明之方法：總會指社員總會而言。召集之條件，如定期召集或臨時召集之條件；召集程序，如應於開會若干日前發通告或公告；決議證明之方法，如作成決議錄是。

5.社員之出資：如出資之標的（金錢或其他財產）、數額、方法等應記明之。

6.社員資格之取得與喪失：如取得社員資格之條件程序，及喪失社員資格之條件程序等須記載之。

7.訂定章程之年、月、日。

以上七款係社團法人章程中之必要記載事項，此外關於社團之組織及社團與社員之關係，以不違反第五〇條至第五八條之規定為限，均得以章程定之（民法第四九條）。

㈡須依據法律，公益社團並須經許可

社團之設立須依據法律，在一般公益社團須依民法之規定，在營利社團，其取得法人資格，須依特別法之規定。又公益社團，於登記前，應得主管機關之許可（民法第四六條）。

㈢須經登記

法人非向主管機關登記，不得成立（民法第三〇條），故設立社團須經登記，始得取得法人資格。應登記之事項如下（民法第四八條第一項）：

1.目的。

2.名稱。

3.主事務所及分事務所。主事務所及分事務所均須登記，若無分事務所，則祇登記主事務所即可。

4.董事之姓名及住所。設有監察人者，其姓名及住所。

5.財產之總額。

6.應受設立許可者，其許可之年月日。如不須受許可之法人，此項即勿庸登記。

7.定有出資方法者，其方法。此項有則登記，無則不登記。

8.定有代表法人之董事者，其姓名。

9.定有存立時期者，其時期。此項亦係有則登記，無則不登記。

其次應由何人聲請登記？向何機關登記？依民法第四八條第二項規定：「社團之登記，由董事向其主事務所及分事務所所在地之主管機關行之，並應附具章程備案。」此之所謂主管機關指地方法院而言（民法第三〇條、民法總則施行法第一〇條）。

二、社團之社員

(一)社員之意義

社員乃社團法人之基礎，且為社員總會之構成分子，其權利為社員權。社員有稱為會員者，在公司法則稱為股東。雖名稱不同，其意義無殊也。

(二)社員資格之取得

社員之資格，指社員之地位（社員權）而言，並非指為社員時，其個人應具備之何種資格也。社員資格如何取得，不外兩種情形：①參與設立：社團之設人，於社團成立時，當然取得社員資格。②入社：社團成立後，始加入社團而為社員者是也。

(三)社員資格之喪失

社員資格喪失亦有兩種情形：①退社：退社乃自動退出社團之謂。民法第五四條規定：「社員得隨時退社。但章程限定於事務年度終，或經過預告期間後，始准退社者，不在此限。前項預告期間，不得超過六個月。」②開除：社團有正當理由亦得開除社員，但須經總會決議（民法第五〇條第二項第四款）。已退社或開除之社員，當然喪失社員資格，對於社團之財

產無請求權；但非公益法人，其章程另有規定者，不在此限。前項社員，對於其退社或開除以前應分擔之出資，仍負清償之義務（民法第五五條）。

三、社團之總會

(一)總會之意義

社團總會亦即社員總會，乃社員所組織，而為社團之必設的最高意思機關也。民法第五〇條第一項規定：「社團以總會為最高機關。」即明示斯旨。

(二)總會之職權

總會之職權依民法第五〇條第二項之規定，有下列各項：

1. 變更章程。
2. 任免董事及監察人。
3. 監督董事及監察人職務之執行。
4. 開除社員，但以有正當理由時為限。

以上係總會之專屬職權，此外凡董事或監察人不能處理之事項，總會均得決議之。

(三)總會之召集

此可分下列兩點言之：

1. **召集權人**：總會由董事召集，董事即為總會之召集權人，每年至少召集一次，董事不為召集時，監察人得召集之（民法第五一條第一項）；但如有全體社員十分一以上之請求，表明會議目的及召集理由，請求召集時，董事應召集之；董事受前項之請求後，一個月內不為召集者，得由請求之社員，經法院之許可召集之（民法第五一條第二、三項）。可見社員有時亦得自行召集總會。

2. **召集程序**：總會之召集，除章程另有規定外，應於三十日前對各社員發出通知，通知內應載明會議目的事項（民法第五一條第四項）。

(四)總會之決議

此亦可分下列兩點言之：

1.決議之種類

總會之決議分：①普通決議及②特別決議兩種。前者民法第五二條第一項規定：「總會決議，除本法有特別規定外，以出席社員過半數決之。」後者乃於章程之變更及社團之解散之決議時用之，即民法第五三條第一項規定：「社團變更章程之決議，應有全體社員過半數之出席，出席社員四分三以上之同意，或有全體社員三分二以上書面之同意。」變更章程乃變更社團之基本法，允宜特別慎重，而以特別決議行之，同時依同條第二項規定：「受設立許可之社團，變更章程時，並應得主管機關之許可。」其次社團之解散，依民法第五七條規定：「社團得隨時以全體社員三分二以上之可決，解散之。」以上兩種決議，無論何者，每一社員均有平等之表決權（民法第五二條第二項）。社員表決權之行使，除章程另有限制外，得以書面授權他人代理為之；但一人僅得代理社員一人。社員對於總會決議事項因自身利害關係而有損害社團利益之虞時，該社員不得加入表決；亦不得代理他人行使表決權（同條第三、四項）。

2.決議之效力

總會為最高意思機關，其決議有拘束全體社員及董事等之效力，但民法第五六條規定：「總會之召集程序或決議方法違反法令或章程時，社員得於決議後三個月內請求法院撤銷其決議；但出席社員，對召集程序或決議方法，未當場表示異議者，不在此限。總會決議之內容違反法令或章程者無效。」

四、社團之解散

㈠社員之可決

社團得隨時以全體社員三分二以上之可決，解散之（民法第五七條）。

㈡事務無從進行

社團事務，無從依章程所定進行時，法院得因主管機關、檢察官或利害關係人之聲請解散之（民法第五八條）。

第三款　財　團

一、財團之成立

財團乃多數財產之集合，而法律賦與權利能力之一種公益法人，前已言之。其成立要件亦分三點：

(一)須經設立

財團亦須由自然人設立。此之設立，其設立人為一人即可，須捐助財產，財團即以此財產為基礎，設立人並應訂立捐助章程，但以遺囑捐助者，不在此限（民法第六〇條第一項）。章程應訂明：①法人之目的，②所捐財產。此兩者為必要記載事項，捐助章程中必須訂明（民法第六〇條第二項）。至以遺囑捐助設立財團法人者，如無遺囑執行人時，法院得依主管機關、檢察官或利害關係人之聲請，指定遺囑執行人（民法第六〇條第三項）。此外財團之組織及其管理方法，由捐助人以捐助章程或遺囑定之。捐助章程或遺囑所定之組織不完全，或重要之管理方法不具備者，法院得因主管機關、檢察官或利害關係人之聲請，為必要之處分（民法第六二條）。

(二)須受許可

財團法人係以公益為目的，故其成立除依據法律外，依民法第五九條規定：「財團於登記前，應得主管機關之許可。」

(三)須經登記

財團之設立須經登記，始能取得法人資格，依民法第六一條第一項規定，財團設立時，應登記之事項如左：

1. 目的。
2. 名稱。
3. 主事務所及分事務所。
4. 財產之總額。
5. 受許可之年月日。
6. 董事之姓名及住所。設有監察人者，其姓名及住所。
7. 定有代表法人之董事者，其姓名。

8.定有存立時期者，其時期。

其次財團之登記，由董事向其主事務所及分事務所所在地之主管機關行之，並應附具捐助章程或遺囑備案（同條第二項）。此點與社團法人同。

二、財團之管理

財團無社員總會之設，因而其管理須多受公力之干預，其情形如下：

㈠宣告董事行為無效

財團董事有違反捐助章程之行為時，法院得因主管機關、檢察官或利害關係人之聲請，宣告其行為為無效（民法第六四條）。

㈡變更財團組織

為維持財團之目的，或保存其財產，法院得因捐助人、董事、主管機關、檢察官或利害關係人之聲請，變更其組織（民法第六三條）。

㈢變更財團目的

因情事變更，致財團之目的不能達到時，主管機關斟酌捐助人之意思，變更其目的及其必要之組織，或解散之（民法第六五條）。

三、財團之解散

財團之解散，除適用法人通則中規定之解散原因外，如因情事變更，致財團之目的不能達到時，主管機關得斟酌捐助人之意思，解散之（民法第六五條下段）。此外捐助人於捐助章程中訂明遇有某種事由發生，即歸解散者，則財團自亦因之而解散。

第四款　外國法人

一、外國法人之認許

外國法人在我國法律上是否承認其存在，依民法總則施行法第一一條規定：「外國法人，除依法律規定外，不認許其成立。」可知外國法人在我國須經依法認許，始能成立，不過，公司法於一百零七年八月一日修法時，刪除外國公司的認許規定（第四條），故現行之外國公司，依公司法規定，無須認許，即可直接獲得承認，其於法令限制內，與本國公司有同一之權利能力。但其他之外國法人，如外國財團法人，仍須依財團法人法第六十

九條和第七十一條，以及民法總則施行法上開條文，須經認許後，始能成立。

二、外國法人之權利能力

經認許之外國法人，於法令限制內與同類之我國法人有同一之權利能力。前項外國法人其服從我國法律之義務，與我國法人同（民法總則施行法第一二條）。若未經認許其成立之外國法人，以其名義與他人為法律行為者，其行為人就該法律行為應與該外國法人負連帶責任（民法總則施行法第一五條）。

三、外國法人之登記、許可及撤銷

㈠登　記

外國法人在我國設事務所，須向主管機關登記，與我國法人應辦之登記手續同（民法總則施行法第一三條準用民法第三○條、第三一條、第四八條及第六一條規定）。

㈡許　可

外國法人為公益社團法人或財團法人時，尚應於登記前，取得主管機關之許可（民法總則施行法第一三條準用民法第四六條、第五九條規定）；然若為營利法人（如公司）時，則依特別法（如公司法）之規定僅登記即可（同時準用民法第四五條規定）。

㈢撤　銷

外國法人在我國所設之事務所如其目的或行為有違反法律或公序良俗之情事時，法院得因主管機關、檢察官或利害關係人之請求撤銷之（民法總則施行法第一四條、民法第三六條）。

習 題

一、自然人之權利能力與行為能力有何異同？試從其意義分別論之。

二、民法總則中對於「胎兒」，有何特別保護之規定？試舉例說明。

三、自然人權利能力之始期與終期各為何時？試說明之。

四、何謂死亡宣告？死亡宣告之要件及效力各如何？試說明之。

五、自然人死亡之時期，如有爭執，當由主張者負舉證責任；惟法律上就此設有兩種推定規定，試分別說明其內容及適用情形。

六、無行為能力人可分為哪兩種情形？試依民法規定加以說明。

七、何謂監護之宣告？監護宣告之要件及效力各如何？試說明之。

八、何謂輔助之宣告？輔助宣告之要件及效力各如何？試說明之。

九、人格權遭受侵害時，得請求非財產上損害賠償之情形如何？試依民法規定加以說明。

十、意定住所與法定住所有何異同？試從成立要件及法律效果分別論之。

十一、法人之成立，須具備何種要件？又何種法人的設立，採「立法特許主義」？

十二、法人是否具有權利能力、行為能力、侵權行為能力？試分別說明之。

十三、社團法人與財團法人有何不同？試逐項說明之。

第三章　物

第一節　物之意義及種類

一、物之意義

物者乃人力所支配之有體物或自然力，而為一種權利客體者是也：

㈠物乃一種權利客體

權利有主體，亦有客體。主體乃權利之所屬；客體乃權利之所在。主體為人，客體主要者為物（一權利亦可為他一權利之客體，如以債權為標的物之權利質權是），故物為一種權利客體。

㈡物乃人力所能支配之有體物或自然力

一般所稱之物，其範圍甚廣，但法律上所稱之物，僅以人力所能支配之有體物或自然力為限。所謂人力所能支配之有體物，例如書籍、房屋是；所謂人力所能支配之自然力，例如電力、水力是。

依上所述則人雖有體，但不屬於物之範圍，不過由人體分離之物，如頭髮、血液等，在不違背公序良俗之原則下，亦得以之為物而處分之。

二、物之種類

物有法律上之分類及學理上之分類。法律上之分類，則物可分：①不動產與動產，②主物與從物，③原物與孳息。此三者容於次節以下另述之。

至於學理上之分類如下：

㈠單一物、結合物與集合物

以物之形態為區別標準，可分單一物、結合物與集合物。所謂單一物乃形態上獨立成一體者是也，馬、牛屬之；所謂結合物乃由數物結合而成一體之物是也，手錶、車、船屬之。此兩者在法律上同樣處理，每一物有一權利（一物一權主義 Eine Sache ein Recht）。其次所謂集合物乃多物所集合者是也，羊群、圖書館屬之。集合物其中每一物仍各得單獨為一權利之客體，但亦得該集合物之總體為一權利之客體，如工礦財團，即依舊工礦抵押法得為一個抵押權之客體是。

㈡融通物與不融通物

以物得否為交易之標的為區別標準，可分為融通物與不融通物。前者得為交易之標的，物在原則上均屬融通物。後者不得為交易之標的，限於下列三者：

1.**公有物**：公有物乃公法人所有之物，尚分兩種：①供公的目的所使用之物，如軍船、軍用飛機是（國有財產法第四條所稱之公用財產及同法第五條所列之財產，即屬此之公有物）。②供財政目的所用之物，如公有之有價證券是（國有財產法第四條所稱之非公用財產，即屬此之公有物）。此兩者在①不得為交易之標的，②得為交易之標的。故公有物之為不融通物者以①為限，②則不與焉。不過①之目的一旦廢止，仍得變為融通物。

2.**公用物**：此之公用物指供一般公眾使用之物而言，如道路、河川、公園是。

3.**禁制物**：指法令上禁止交易之物，如鴉片、猥褻書畫是。

㈢消費物與非消費物

以物經一人一次使用後，能否以同一目的再次使用為區別標準，可分為消費物與非消費物。前者如金錢、米、麵、油、鹽是。後者如房屋、衣服及其他用具是。前者可成立消費借貸（民法第四七四條）；後者則可成立使用借貸（民法第四六四條），或為租賃之標的（民法第四二一條）。

㈣代替物與不代替物

以物之得否以同種類、同品質、同數量之物相互代替為區別標準，可分為代替物與不代替物。前者如金錢、煙、酒是；後者如土地、建築物是。此一分類與前一分類似屬重複，其實不然，其關係如下：

消 費 物 ═══════► 代 替 物……消費物一般為代替物，但特殊情形亦有為不代替物者，如稀有陳年之酒是。

非消費物 ═══════► 不代替物……非消費物一般為不代替物，但特殊情形亦有為代替物者，如書籍是。

㈤特定物與不特定物

以物是否已由當事人具體指定為區別標準，可分為特定物與不特定物。

前者如當事人具體指定，如云：此酒三瓶是；後者當事人僅以種類、品質、數量抽象指定，如云：上等蓬萊米五百斤是。

㈥可分物與不可分物

以物之性質及價值是否因分割而變更或減少為區別標準，可分為可分物與不可分物。前者如金錢、米、麵、油、鹽是。後者如建築物、馬、牛是。

第二節　不動產與動產

一、不動產與動產之意義

㈠不動產之意義

不動產在我民法上並無抽象的定義，僅以列舉之方式表明之。即民法第六六條第一項規定：「稱不動產者，謂土地及其定著物。」析言之，不動產祇有兩者：

1.**土地**：土地指人力所能支配之地表及其上下而言。民法第七七三條有「土地所有權，除法令有限制外，於其行使有利益之範圍內，及於土地之上下。」等語，即揭明此旨。

2.**定著物**：定著物指非土地之構成部分，而繼續附著於土地，可達經濟上使用目的者而言，如建築物是。所謂建築物，依建築法第四條規定：「本法所稱建築物，為定著於土地上或地面下，具有頂蓋、樑柱或牆壁，供個人或公眾使用之構造物或雜項工作物。」可資參考。

以上二者均為獨立之不動產，得個別成立所有權，但依民法第六六條第二項規定：「不動產之出產物，尚未分離者，為該不動產之部分。」即不動產之出產物（如田苗）於成熟割離之後固得獨立為動產，但於未割離前仍為該不動產之部分，不得為獨立之物是。

㈡動產之意義

動產在我民法上亦無抽象的定義，僅以除外的方法間接表明其意義，即民法第六七條規定：「稱動產者，為前條所稱不動產以外之物。」此乃採二分法之結果，申言之，在我民法之物，凡非屬不動產，即為動產，如金

錢、衣服、車馬均是。

二、不動產與動產區別之實益

不動產與動產區別之實益，主要於物權上見之。不動＿＿其物權之種類多（如不動產所有權、典權、地上權、不動產＿＿不動產抵押權）；動產之種類多，但其物權之種類少（僅有＿＿產質權、留置權、動產抵押權）。所以如此者動產價值較低＿＿有權，通常無使用收益他人之物之必要。而不動產之價值＿＿所有權，因而法律上乃規定有多種用益他人之物之權，以＿

案例研析

試論述下列各種物中何者屬於動產？何者又為不動產＿廠、(3)稻田中之水稻、(4)汽車。

擬 答

根據民法第六六條第一項規定：「稱不動產者，謂土地＿＿因此不動產祇有兩種：土地及其定著物，又同條第二項規定＿產物，尚未分離者，為該不動產之部分。」而動產根據民法＿「稱動產者，為前條所稱不動產以外之物。」據以上之規＿

(1)土地：根據民法第六六條第一項之規定，是屬於不＿

(2)工廠：工廠乃是附著於土地上之物，解釋上應為土＿故依民法第六六條第一項之規定，亦屬不動產。

(3)稻田中之水稻：水稻在未收穫前依民法第六六條第＿不動產之部分，故為不動產，然如已收割後即與不動產分＿動產。

(4)汽車：汽車既非土地，亦非定著物，所以並非為不＿條規定，應屬動產。

第三節　主物與從物

一、主物與從物之意義

㈠主物之意義

以兩物在效用之關係為區別標準，可分為主物與從物兩者。主物乃需要從物之幫助，而始能獨立發揮其效用之物，我民法未設有定義，祇能於從物之規定上推論見之。

㈡從物之意義

從物在我民法上亦無一般定義規定，而以列舉其要件之方式說明之，即民法第六八條第一項規定：「非主物之成分，常助主物之效用，而同屬於一人者，為從物。」其要件如下：

1.**須非主物之成分**：成分即部分，部分乃一物之一部分，不能獨立為一物。從物並非主物之成分，亦即非主物之一部分，而係於主物之外，另獨立為一物。因此主物與從物應係二物，並非一物。與主權利、從權利係二權，並非一權利之情形相同，不可誤為一物也。

2.**須常助主物之效用**：主物與從物雖係個別二物，但二者在效用上其關係卻非常密切，即從物常助主物之效用，如打氣筒之於輪胎，則打氣筒常助輪胎之效用是。至於輪胎之於汽車，則為汽車之部分，而非從物。但預備輪胎亦居於從物之地位，自不待言。

3.**須與主物同屬一人**：主物與從物既係個別之二物，依一物一權原則，當然係兩個所有權，此兩個所有權須同屬一人所有，始得謂之從物，否則雖具備上述 1. 2.之要件，仍不得謂之從物。

具備上述之要件，即為從物；但此非強行規定，如交易上有特別習慣，依其習慣（民法第六八條第一項但書），即雖具備上述要件，習慣上仍不以之為從物有之，如信封與信紙是。

二、主物與從物區別之實益

主物從物雖為二物，且成立兩個所有權，但依民法第六八條第二項規定：「主物之處分，及於從物。」即處分主物時，雖未表明從物在內，但其

效力亦當然及於從物。此即所謂「從隨主原則」是也。

第四節　原物與孳息

一、原物與孳息之意義

㈠原物之意義

以兩物在產生上之關係為區別標準，可分原物與孳息兩者，我民法對於原物，未設定義，在解釋上凡產生孳息之物即為原物。

㈡孳息之意義

我民法對於孳息亦無概括定義，僅就天然孳息與法定孳息兩者分別加以規定。解釋上孳息乃由原物所產生之物，應分為：

1.**天然孳息**：民法第六九條第一項規定：「稱天然孳息者，謂果實、動物之產物，及其他依物之用法所收穫之出產物。」此為例示概括規定，果實、動物之產物為例示規定，其他依物之用法所收穫之出產物為概括規定。所謂果實指由植物所產生之物，如蘋果、西瓜、桑葉、稻米等是。所謂動物之產物，如牛乳、馬駒、羊毛、雞卵等是。所謂其他依物之用法所收穫之出產物，如開礦得金是。

2.**法定孳息**：民法第六九條第二項規定：「稱法定孳息者，謂利息、租金及其他因法律關係所得之收益。」此亦為例示概括規定。利息、租金為例示規定，其他因法律關係所得之收益為概括規定。概括規定所列之物須與例示規定所列之物，性質相同始可。亦即其他因法律關係所得之收益，須與利息、租金具有同性質。利息、租金之性質若何？利息係基於原本，租金係基於原物，因而其他因法律關係所得之收益，亦須因物而產生者始可。如工資雖不失為因法律關係所得之收益，但非基於物而生，而係基於勞務之所得，故不得謂之法定孳息。

二、原物與孳息區別之實益

原物與孳息區別之實益，於其歸屬上見之：

㈠天然孳息之歸屬

民法第七六六條規定：「物之成分及其天然孳息，於分離後，除法律另

有規定外，仍屬於其物之所有人。」可知天然孳息原則上應歸原物之所有權人取得（是為原物主義）。但法律另有規定不歸原物之所有權人取得者亦有之，例如民法第七九八條規定果實自落於鄰地，則歸鄰地所有人取得是。又另有約定者亦然，如承租人之取得租賃物產生之天然孳息是（民法第四二一條）。

其次有取得天然孳息權利之人，其取得之時期如何？依民法第七〇條第一項規定：「有收取天然孳息權利之人，其權利存續期間內，取得與原物分離之孳息。」因而耕地承租人，於租賃關係終止時，尚未收取之孳息，其後即不得收取，蓋其因租賃而生之收取權已不存續故也。以此民法第四六一條乃規定：「耕作地之承租人，因租賃關係終止時未及收穫之孳息，所支出之耕作費用，得請求出租人償還之。但其請求額不得超過孳息之價額。」此乃採取「原物主義」之結果。

㈡法定孳息之歸屬

法定孳息應歸何人取得？因法定孳息既為因法律關係所得之收益，自應歸該法律關係之當事人取得，申言之，利息應歸消費借貸關係之貸與人取得（民法第四七七條）；租金應歸租賃關係之出租人取得（民法第四三九條）。其他因法律關係所得之收益，則應歸各該債權人取得。

其次法定孳息之取得時期如何？依民法第七〇條第二項規定：「有收取法定孳息權利之人，按其權利存續期間內之日數，取得其孳息。」例如甲對乙有借貸上之債權，並附有利息，於某月之十三日將該債權讓與於丙，於該月份之利息，甲取得十二日前之部分，丙取得十三日後之部分是。

▪▞ 習　題

一、何謂不動產？何謂動產？其區別實益何在？

二、何謂主物？何謂從物？其區別實益何在？

三、以下各物，彼此之法律關係如何？試加以說明。⑴木瓜樹與木瓜⑵房屋與車庫⑶汽車與備胎⑷本金與利息。

四、試說明天然孳息及法定孳息之意義。並說明其與原物區別之實益。

第四章　法律行為

第一節　通　則

一、法律行為之意義

法律行為乃以欲發生私法上效果之意思表示為要素之一種適法的行為。可分以下各點述之：

㈠法律行為乃一種適法的行為

法律行為係人之行為，所謂行為乃吾人身體上有意識的動靜。法律關係之構成，不外為人、物、行為三種基本要件。而此三者乃以行為為中心。行為有適法行為與違法行為之分，法律行為乃一種適法行為。

㈡法律行為乃以意思表示為要素之適法行為

適法行為可分為以意思表示為要素者，與不以意思表示為要素者兩種，前者即法律行為，後者則否。關於意思表示詳後述之。

㈢法律行為乃發生私法上法律效果之行為

吾人之行為在公法上發生效果有之（如行使選舉權之投票是），在私法上發生效果者有之，茲所論之法律行為即屬後者，例如買賣（一種契約，亦為一種法律行為）即發生民法之債權債務是。

二、法律行為之種類

法律行為以種種不同之區別標準，可分類如下：

㈠財產行為與身分行為

以法律行為之內容為區別標準，可分為財產行為與身分行為兩類。前者可再分為：債權行為，如買賣、租賃；物權行為，如所有權之移轉、抵押權之設定是；準物權行為，如債權之讓與、債務之承擔是。後者可再分為：親屬行為，如結婚、收養是；繼承行為，如繼承權之拋棄、繼承之承認是。

㈡單方行為與多方行為

以法律行為是否由當事人一方之意思表示即可成立為區別標準，可分

為單方行為與多方行為。單方行為亦稱單獨行為,如撤銷(民法第一一六條)、解除(民法第二五八條)、選擇(民法第二〇九條)、抵銷(民法第三三五條)均是。多方行為尚分為契約與合同行為兩者,前者乃由二個以上相對立之意思表示所合致之法律行為,如買賣、贈與、租賃、借貸是;後者乃由數個平行的意思表示所合致之法律行為,如法人章程之訂立,法人總會之決議是。

㈢要式行為與不要式行為

以法律行為之成立是否以一定方式為必要為區別標準,可分為要式行為與不要式行為。法律行為以不要式為原則,要式為例外。要式必須法律有特別規定,或當事人有特別約定,否則即為不要式行為,所謂方式自由者是也。至於要式之「式」可分兩種情形:①以使用文字為必要者,法律上或稱書面,或稱字據,例如民法第七三〇、七五六條之一均稱書面,而民法第四二二條則稱字據是。此種以使用文字為必要者,依民法第三條規定得不由本人自寫,但必須親自簽名。②不以使用文字為必要,而須具備其他方式者,例如九十六年修正前,結婚應有公開儀式,及二人以上之證人是(民法第九八二條)。至九十六年修正為「結婚應以書面為之,有二人以上證人之簽名,並應由雙方當事人向戶政機關為結婚之登記」,則係融合①②二者。

其次要式行為如出於法定者,是為法定方式;出於約定者,是為約定方式,二者均須依其方式為之,法律行為始能完全有效。若不依法定方式時,依民法第七三條規定:「法律行為,不依法定方式者,無效。但法律另有規定者,不在此限。」所謂法律另有規定,例如民法第四二二條規定:「不動產之租賃契約,其期限逾一年者,應以字據訂立之,未以字據訂立者,視為不定期限之租賃。」申言之,此項契約雖須依照法定方式(訂立字據),但未依法定方式時,亦不能依民法第七三條本文之規定無效,僅變為不定期限之租賃而已。又如民法第七〇九條之三第一項中規定:「合會應訂立會單。」倘合會會員已交付首期會款者,雖未依法定方式訂立會單,其合會契約仍視為已成立(同條第三項)。法定方式,不以契約為限,他如

單獨行為，亦有法定方式者，如遺囑是，而合同行為亦有法定方式者，如法人之章程是。至於約定方式，如未依照時，則依民法第一六六條規定：「契約當事人約定其契約須用一定方式者，在該方式未完成前，推定其契約不成立。」

(四)要物行為與不要物行為

以法律行為之成立或生效於意思表示外要否其他現實成分（如標的物之交付）為區別標準，可分為要物行為與不要物行為。前者亦稱踐成行為，如使用借貸與消費借貸均須將標的物交付，始生效力是（民法第四六四、四七四條）。後者亦稱諾成行為，即僅有意思表示之合致，即成立生效是。法律行為近此以不要物為原則，要物為例外。

(五)要因行為與不要因行為

以法律行為是否能離開其原因而仍獨立存在為區別標準，可分為要因行為（亦稱有因行為），與不要因行為（亦稱無因行為）。前者其原因如不存在，則該法律行為即歸無效，如買賣是；後者其原因縱不存在，該法律行為仍獨立有效，僅變為不當得利返還之問題而已（民法第一七九條），如所有權之移轉是。

不要因行為係為保護交易之安全而設，例如甲因向乙買馬，支付馬價，簽發支票一張與乙，乙乃背書轉讓於丙，嗣後甲乙間買賣契約解除（原因不存在），但該支票之簽發（不要因行為），仍屬有效，丙之權利不受影響是。

(六)有償行為與無償行為

以法律行為一方給付，他方是否亦須為對價關係的給付為區別標準，可分為有償行為與無償行為。前者一方給付，他方亦須為對價關係之給付，如買賣、附利息之消費借貸是；後者一方給付，他方無須為對價關係的給付，如贈與、保證是。又無償行為不以契約為限，單獨行為亦有之，如債之免除是（民法第三四三條）。

(七)主行為與從行為

以兩個法律行為之關係是否一行為須以他行為之存在為前提為區別標準，可分為主行為與從行為。前者乃獨立存在而不以他行為之存在為前提，

如借貸行為是；後者則以主行為之存在為前提，如保證行為、抵押權之設定行為是。

(八)獨立行為與補助行為

以兩個法律行為之關係是否一行為補助他行為之效力為區別標準，可分為獨立行為與補助行為。前者具有獨立性，一般之法律行為屬之；後者僅係補助該獨立法律行為之效力者，如承認（民法第八〇條）、允許（民法第七七條）是。

(九)生前行為與死後行為

以法律行為之生效時期，是否在行為人之生前抑死後為區別標準，可分為生前行為與死後行為。前者於行為人生前即已生效，一般之法律行為屬之。後者非待行為人死後，則不生效力，如遺囑、遺贈（民法第一一九九條）及死因贈與是。應注意者死後行為並非行為人死後所為之行為，仍係生前所為，衹是於行為人死亡後始生效力而已，不可拘泥於字面，認為死後行為乃人死之後所為之行為也。

三、法律行為之要件

(一)成立要件

法律行為之成立，須具備之要件如下：

1.須有當事人：自然人、法人均可。

2.須有標的。

3.須有意思表示。

以上係一般成立要件，此外尚有特別成立要件，如要式行為之方式，要物行為之現實成分是。

(二)生效要件

法律行為除成立要件外，尚須具備生效要件始能生效。生效要件如下：

1.當事人須有行為能力。

2.標的須適當：所謂適當指適法、確定及可能而言，其詳另述之。

3.意思表示須健全：所謂健全指意思表示無瑕疵之情形而言，其詳亦另述之。

以上係一般的生效要件，此外尚有特別生效要件，如遺囑須於遺囑人死亡時，始能生效（民法第一一九九條），而遺贈不但須遺贈人死亡始能生效，且須受遺贈人於遺囑發生效力時尚生存始可（民法第一二○○條）。

四、法律行為之標的

法律行為須有標的，而其標的又須適當。所謂適當乃指適法、確定、可能而言，分述之如下：

㈠須適法

所謂適法，包括：

1.**須不違反強行法規**：法律行為違反強制或禁止規定者無效；但其規定並不以之為無效者，不在此限。法規有強行法與任意法之別，而強行法又有強制規定與禁止規定之分，無論強制規定或禁止規定，當事人為法律行為時均不得違反，其法律行為始能有效。若竟違反時，則依民法第七一條規定：「法律行為，違反強制或禁止之規定者無效。但其規定並不以之為無效者，不在此限。」本條但書之規定，例如民法第三八○條上段規定：「買回之期限，不得超過五年。」是乃禁止規定，但違反之，該法律行為（買回）並非無效，因同條下段又有「如約定之期限較長者，縮短為五年。」之規定。斯即所謂「其規定並不以之為無效者」是也。

2.**須不違背公序良俗**：公序良俗乃國民道德之表現，法律行為自不能有背公序良俗，因此民法第七二條乃規定：「法律行為，有背於公共秩序或善良風俗者，無效。」此之無效不似民法第七一條、第七三條設有有效之例外，而係絕對無效，故學說上以「帝王條項」(Königliche Paragraphen) 稱之。

惟此之所謂有背公序良俗而無效者，僅指法律行為之標的有背公序良俗者而言，若法律行為之「動機」，有背公序良俗時則如何？民法第七四條第一項規定：「法律行為，乘他人之急迫、輕率或無經驗，使其為財產上之給付，或為給付之約定，依當時情形，顯失公平者，法院得因利害關係人之聲請，撤銷其法律行為，或減輕其給付。」學說上稱此為「暴利行為」，乃以不良之動機，而造成不公平者是也。此在德國民法第一三八條第二項認為無效，我民法則規定得撤銷。而撤銷之聲請，又應於法律行為後，一

年內為之（同條第二項）。此「一年」稱為「除斥期間」，乃所以保護交易之安全也。

㈡須確定

所謂確定指法律行為之標的，須自始確定，或可得而確定者而言。法律行為之標的如不確定，則該法律行為即無內容，當然無效。故必須自始確定，或可得而確定始可。所謂可得而確定，例如買賣僅言明憑市價，並未說明具體價金數字亦可，因依民法第三四六條第二項規定：「價金約定依市價者，視為標的物清償時清償地之市價。但契約另有訂定者，不在此限。」即可得確定者是也。

㈢須可能

所謂可能，指法律行為之標的可能實現者而言。如其標的不能實現，則該法律行為自不能發生效力。此點民法在法律行為章雖未規定，但在第二四六條第一項本文規定：「以不能之給付為契約標的者，其契約為無效。」亦可以證明，蓋法律行為雖不以契約為限，但畢竟以契約為主也。惟所謂「不能」，有下列種種情形：

1.**事實不能與法律不能**：前者例如海底撈針是；後者如某種貨物不准進口是。此兩種不能之事項，如法律行為以之為標的時，則均歸無效。

2.**自始不能與嗣後不能**：前者指法律行為成立即已不能者而言；後者乃於法律行為成立時，尚非不能，祇是法律行為成立後，始歸不能者是。法律行為之無效者，以前者為限，至於嗣後不能乃債務不履行之問題（民法第二二六條），並不影響法律行為之效力也。

3.**客觀不能與主觀不能**：前者非存於當事人本身上之事由而不能；後者乃僅因存於當事人本身事由而不能。

4.**全部不能與一部不能**：前者即標的全部不能；後者即一部不能。前者法律行為全部無效；後者原則上亦全部無效；但除去該部分亦可成立者，其可能部分仍為有效（民法第一一一條參照）。

5.**永久不能與一時不能**：前者不能之情形，永久無法除去之謂；後者乃此時雖不能，但日後其不能之情形可以除去者是也。前者法律行為無效；

後者法律行為雖亦無效，但預期於不能之情形除去後給付者，該法律行為仍為有效（民法第二四六條）。

第二節　行為能力

關於行為能力之問題，前已述及（本書二六頁），但斯僅為行為能力有無之問題而已，至於行為能力與法律行為效力之關係，應於本節論述之。

一、有行為能力人法律行為之效力

有行為能力人即具有完全行為能力之人，乃指成年人及未成年而已結婚者而言。此種人自己所為之法律行為，原則上完全有效。但法律有特別規定者，亦有無效之時，例如雖為成年人，但其意思表示係在無意識或精神錯亂中所為者，亦歸無效（民法第七五條下段）。又如雖為未成年已結婚之人，具有行為能力，但當其兩願離婚時，仍應得法定代理人之同意是（民法第一〇四九條）。

二、無行為能力人法律行為之效力

無行為能力人指未滿七歲之未成年人及禁治產人而言。此種人如自為法律行為，依民法第七五條上段規定：「無行為能力人之意思表示，無效。」結果此種人不得自為法律行為，亦即不得自為意思表示，祇能由其法定代理人代為意思表示，並代受意思表示（民法第七六條）。其次雖非無行為能力人，而其意思表示係在無意識或精神錯亂中所為者亦無效（民法第七五條下段）。由此可知如行為當時無意思能力時，則不論何人其意思表示均不能生效。但當事人之一方於結婚時係在無意識或精神錯亂中者，則得於常態回復後六個月向法院請求撤銷之（民法第九九六條），並非當然無效，而係得撤銷，是為一種特別規定。

三、限制行為能力人法律行為之效力

限制行為能力人既非有完全之行為能力，亦非完全無行為能力，因而其自為之法律行為在效力上應分兩個情形，即須經允許之法律行為，勿須允許之法律行為。此二者以前者為原則，後者為例外，茲分述之：

㈠須經允許之法律行為

允許乃事前同意之謂，事後同意謂之承認。允許有個別允許與限定允許之分：

1.個別允許

即專就某一特定的法律行為加以允許之意。限制行為能力人自為法律行為時，原則上須經個別允許，始能完全有效（允許有補助限制行為能力人法律行為效力之作用，故為補助行為）。民法第七七條本文規定：「限制行為能力人為意思表示及受意思表示，應得法定代理人之允許。」若未經允許，則其法律行為之效力如何？應視其行為係單獨行為抑為契約而有不同：

⑴單獨行為：民法第七八條規定：「限制行為能力人未得法定代理人之允許，所為之單獨行為，無效。」例如限制行為人對其債務人為免除債務之意思表示，若未經其法定代理人之允許，則屬無效是。

⑵契約：限制行為能力人，未得法定代理人之允許，所訂立之契約，須經法定代理人之承認，始生效力（民法第七九條）。在未承認前，法律行為業已成立，但是否生效，尚待法定代理人有所表示（承認或拒絕）而後確定，此種行為，學說稱為「效力未定之法律行為」。日後法定代理人表示承認，即生效力；法定代理人表示拒絕承認，則確定不生效力。若法定代理人不為表示時，勢必永遠懸而未定，對其相對人言之未免不安定，故民法予相對人以兩種權利，以資確定。

①催告權：民法第八〇條規定：「前條契約相對人，得定一個月以上期限，催告法定代理人，確答是否承認。於前項期限內，法定代理人不為確答者，視為拒絕承認。」是為相對人之催告權，經此催告後，法定代理人如不確答，則視為拒絕承認，而該契約即確定的不生效力矣。

②撤回權：民法第八二條規定：「限制行為能力人所訂立之契約，未經承認前，相對人得撤回之。但訂立契約時，知其未得有允許者，不在此限。」是為相對人之撤回權。祇善意之相對人始有之。

以上係指法定代理人之承認與否而言，惟承認不以法定代理人為限，

依民法第八一條第一項規定：「限制行為能力人，於限制原因消滅後，承認其所訂立之契約者，其承認與法定代理人之承認，有同一效力。」既然如此，則相對人亦可向限制能力人本人行使催告權，但須俟限制原因消滅後為之，自不待言（民法第八一條第二項）。

2.限定允許

所謂限定允許，即法定代理人允許限制行為能力人處分某種財產，或允許其為某種營業，則就該財產或該營業有關之法律行為，自不必一一再經法定代理人之個別允許。前者民法第八四條規定：「法定代理人允許限制行為能力人處分之財產，限制行為能力人，就該財產有處分之能力。」後者民法第八五條第一項規定：「法定代理人允許限制行為能力人獨立營業者，限制行為能力人，關於其營業，有行為能力。」不過限制行為能力人，就其營業有不勝任之情形，法定代理人得將其允許撤銷或限制之；但不得對抗善意第三人（同條第二項），以保護交易之安全。

㈡勿須允許之法律行為

限制行為能力人所為之法律行為有勿須允許亦能生效者如下：

1.獨立生效者：

限制行為能力人因純獲法律上之利益，或依其年齡及身分，日常生活所必需，而為意思表示及受意思表示，均勿須得法定代理人之允許，亦生效力（民法第七七條但書）。前者例如接受無負擔之贈與、遺贈或債務免除等純粹取得權利或受義務免除之行為；後者則如看電影、搭乘公車等日常生活行為。

2.強制有效者：

民法第八三條規定：「限制行為能力人用詐術使人信其為有行為能力人或已得法定代理人之允許者，其法律行為為有效。」限制行為能力人所為法律行為，須得法定代理人允許始生效力者，乃恐其年輕，智慮欠周，特予法定代理人以代為斟酌之機會，所以保護限制行為能力人也。茲限制行為能力人既已自能使用詐術，則其智慮周而有餘，自無再加以保護之必要，故法律上逕使其行為為有效。

■ 案例研析 ■

甲、乙為從小一起長大的好朋友，分別就讀某公立高中二年級。某日甲帶著以零用錢購買之職棒球員卡到校展示，乙表示願以三百元代價購買「李居明 MVP 卡」，甲雖不捨，仍念在好朋友分上出售並完成交易，但旋即後悔。試問：甲可否以自己係限制行為能力人，主張該契約無效？

■ 擬 答

依民法第七九條規定：「限制行為能力人未得法定代理人之允許，所訂立之契約，須經法定代理人之承認，始生效力。」故限制行為能力人所為之契約行為並非無效，乃係效力未定；但民法第八四條規定：「法定代理人，允許限制行為能力人處分之財產，限制行為能力人，就該財產有處分之能力。」為其特別規定。

故在本例中甲、乙雖係限制行為能力人，所為之契約行為效力未定，但某甲所處分之職棒球員卡係以零用錢購買，而零用錢為法定代理人允許限制行為能力人處分之財產，故解釋上，以零用錢所購得之球員卡，限制行為能力人就該球員卡，亦有處分之能力（民法第八四條參照）。依民法第八四條規定，甲、乙之契約，應為有效。故甲不得要求乙返還該職棒球員卡。

第三節　意思表示

第一款　意思表示之意義及種類

一、意思表示之意義

意思表示乃表意人將欲成立法律行為之意思，表示於外部之行為。析言之：

(一)意思表示係一種行為

意思表示乃行為之一種。行為乃吾人身體上之動靜，故意思表示亦為吾人身體之動靜。為此動靜之人，謂之表意人。

㈡意思表示係表示行為

吾人之行為有表示行為與非表示行為之分，非表示行為即不必表示任何意思，所謂事實行為是。表示行為乃將心理狀態表示於外部之行為，意思表示是也。

㈢意思表示係表意人表示欲成立法律行為之意思之行為

心理狀態，有欲成立法律行為者，有不然者，其欲成立法律行為之意思，謂之效果意思，表意人將此意思，表示外部之行為，始謂之意思表示。如契約之要約及承諾均是。

二、意思表示之種類

意思表示，依不同之區別標準，可分以下各類：

㈠明示與默示

意思表示以其表示之方法為區別標準，可分為明示與默示。前者以言語文字明白地直接表示之謂；後者乃以使人推知之方法，間接表示之謂，例如未明白表示願買，但逕行照價付款，可認為默示承諾是。又如將已訂妥之契約退還，可認為默示解除契約是。若單純之沉默，則除有特別情事，依社會觀念可認為一定意思之表示者外，不得謂為默示之意思表示（二十九年上字第七六二號判例）。意思表示無論明示或默示均無不可（民法第一五三條參照），但法律特別規定非明示不可者亦有之，如民法第六四九、六五九條是。

㈡有相對人之意思表示與無相對人之意思表示

意思表示以相對人之有無為區別標準，可分為有相對人之意思表示與無相對人之意思表示。前者如契約之要約、抵銷債務之抵銷、解除契約之解除均是；後者如遺囑、社團總會之決議均是。

㈢對話與非對話

意思表示以表示之方式為區別標準，可分為對話與非對話。前者乃以直接交換意思之方式為之；後者則間接入於當事人了解之方式為之，如以書箋表示意思即是。

第二款　意思表示之不一致

意思表示不一致者，乃表意人內部之「意思」與外部之「表示」不合致之謂。意思與表示不一致，有出於表意人之故意者，謂之故意之不一致，真意保留與虛偽表示是也；有非出於故意者，謂之無意之不一致，錯誤與誤傳是也。意思與表示一致，始能完全生效，若不一致時，究竟以內部之意思為準，抑以外部表示為準。以前者為準，為意思主義，以後者為準，為表示主義。我民法以表示主義為原則，意思主義為例外。本來民法之大原則，為私法自治，亦稱意思自治，係以意思主義為原則，但於此以意思主義為例外，所以保護交易之安全也。茲將上述各種不一致之情形分述之：

一、真意保留

真意保留亦稱單獨的虛偽表示，乃表意人故意隱匿其內部之真意，而表示與真意不同意義之意思表示。例如，真意不欲出賣，而故意表示出賣是。此種情形，若採意思主義則買賣無效，若採表示主義則買賣有效。我民法第八六條本文規定：「表意人無欲為其意思表示所拘束之意，而為意思表示者，其意思表示，不因之而無效。」上例買賣有效，可知係採表示主義為原則。然同條但書規定：「但其情形為相對人所明知者，不在此限。」即真意保留之情形，其相對人亦明知時，其意思表示仍歸無效，則以意思主義為例外矣。

二、虛偽表示

虛偽表示亦稱通謀之虛偽表示，乃表意人與相對人通謀所為之虛偽的意思表示是也。此種意思表示雙方皆明知其非真意，故於當事人間無加以保護之必要，祇是須保護有關之善意第三人而已。民法第八七條第一項規定：「表意人與相對人通謀而為虛偽意思表示者，其意思表示無效。但不得以其無效，對抗善意第三人。」即雙方當事人間不發生任何效力。例如甲與乙通謀將自己房屋之所有權虛偽轉讓於乙，則甲乙間不生轉讓之效力。但第三人丙不知，誤以為真，向乙購買而取得該房屋所有權，甲不得向丙主張該房屋非乙所有，而請返還於己是。

其次，虛偽意思表示有隱藏他項法律行為者，例如虛偽的表示為贈與，但實際為買賣，亦即虛偽贈與中隱藏真的買賣時，則贈與雖無效，買賣仍有效。民法第八七條第二項規定：「虛偽意思表示，隱藏他項法律行為者，適用關於該項法律行為之規定。」

案例研析

甲對乙有貳百萬元之債權，乙為了逃避甲之強制執行，遂與丙通謀，將自己所有之Ａ土地（市價值參百伍拾萬元）出賣與丙，並辦妥所有權移轉登記；不料丙竟然將該Ａ地又賣給不知情的丁，且已登記完畢。試問：⑴乙、丙間之買賣契約效力如何？⑵乙是否得向丁請求返還Ａ地？

擬答

所謂「通謀虛偽意思表示」，乃指表意人與相對人互為非真意之意思表示而言。依民法第八七條第一項規定：「表意人與相對人通謀而為虛偽意思表示者，其意思表示無效。但不得以其無效，對抗善意第三人。」所以：

⑴乙、丙間買賣契約之效力：因乙、丙係通謀而為虛偽之意思表示，依民法第八七條規定，其意思表示無效，故乙、丙間之買賣契約應為無效。且這無效乃是當然無效，毋需待撤銷。

⑵乙得否向丁請求返還Ａ地：由民法第八七條但書規定可知，此時端視丁是否為善意而定。在本例中丁係不知情，即為善意。是故雖然乙、丙間之虛偽買賣無效，但根據前述民法第八七條第一項但書規定，其效力不得對抗丁。所以丁得拒絕返還Ａ地。

三、錯誤

錯誤乃表意人因誤認或不知，致其表示，與其意思無意的不一致之謂。例如以銅為金，是為誤認，民法第八八條第一項所謂：「意思表示之內容有錯誤」是也。又如意欲寫六，而筆誤為八，是為不知，民法第八八條第一項所謂：「若知其事情，即不為意思表示」是也。無論誤認或不知，均能構成錯誤，且均屬無意的不一致。依民法第八八條第一項規定，表意人得將

其意思表示撤銷之；但以其錯誤或不知事情，非由表意人自己之過失者為限。否則雖有錯誤或不知，但自己有過失時，則不得撤銷。又民法第八八條第二項規定：「當事人之資格，或物之性質，若交易上認為重要者，其錯誤，視為意思表示內容之錯誤。」

錯誤之意思表示，並非當然無效，祇是得撤銷而已，撤銷後始溯及的歸於無效（民法第一一四條第一項）。因而撤銷與否，須早日確定，否則有礙交易之安全，因而民法第九〇條乃規定，因錯誤之撤銷權，自意思表示後，經過一年而消滅。此一年為「除斥期間」，與「消滅時效期間」不同，詳於消滅時效章述之。

又民法第九一條規定，因錯誤而撤銷意思表示時，表意人對於信其意思表示為有效而受損害之相對人或第三人，應負賠償責任；但其撤銷之原因，受害人明知或可得而知者（即因過失而不知），不在此限。即受害人若有過失時，則表意人縱撤銷其意思表示，亦不必對之賠償。所謂受害人，指該意思表示之相對人或第三人而言，相對人例如出賣人撤銷，則指買受人，反之則指出賣人。第三人例如向第三人給付契約（民法第二六九條）之第三人即是。

四、誤　傳

誤傳乃意思表示之內容，由傳達人或傳達機關傳達錯誤之謂，亦屬於錯誤之一種。所謂傳達人，例如使者；所謂傳達機關，例如電報局。傳達人或傳達機關將意思表示之內容，傳達錯誤，是為誤傳。若傳達內容無錯誤，祇是送達錯誤，例如致甲之書信，誤投於乙，則為誤遞，誤遞對甲言之，為意思表示之未達到，不在此之所謂誤傳之內。此之誤傳僅指意思表示之內容傳達錯誤而言，例如使者口傳，誤買為租；電報局譯電，誤九為七是。

民法第八九條規定：「意思表示，因傳達人或傳達機關傳達不實者，得比照前條之規定，撤銷之。」即誤傳之意思表示，亦非當然無效，而係與錯誤同樣得撤銷是。

又此之撤銷，亦有一年之除斥期間，及對相對人或第三人負損害賠償

責任之問題，凡此均與錯誤之撤銷同（民法第九〇條、第九一條），茲不贅述。

第三款　意思表示之不自由

意思表示不自由乃因他人之不當干涉，致為意思表示之謂。吾人之意思表示，須由於自由意志，若受外力之干涉，而為意思表示，則其意思表示即有瑕疵。此種意思表示即屬不健全之意思表示，對於其法律行為之效力，不能不有所影響。茲將其情形分述之：

一、詐　欺

詐欺乃詐欺人故意欺罔被詐欺人，使陷於錯誤，並因之而為意思表示之謂。例如甲向鄉愚乙稱，土地勢將跌價，希將所有土地及早出賣，免遭損失，結果乙竟信以為真，而將其土地廉價出賣於丙是。

上述出賣土地之意思表示，即為因被詐欺所為之意思表示，依民法第九二條第一項規定：因被詐欺，而為意思表示者，表意人得撤銷其意思表示；但詐欺係由第三人所為者，以相對人明知其事實或可得而知者為限，始得撤銷之。可知因被詐欺而為之意思表示，並非當然無效，而屬於一種得撤銷之行為。不過詐欺若係該法律行為之相對人所為者，則逕得撤銷，別無問題。然詐欺若係第三人所為者，如上例乙、丙間之土地買賣，係由甲之詐欺，則丙為相對人，甲為第三人，其詐欺即係由第三人所為，於是此之意思表示是否得撤銷，尚須視丙是否有過失以為斷（明知係惡意，可得而知則為善意有過失）。申言之，對於乙之受詐欺事實，丙因明知或因過失而不知時，則乙得撤銷，若丙出於善意並無過失時，則乙不得撤銷，所以保護交易之安全也。

撤銷後該法律行為即歸無效，但民法第九二條第二項規定：「被詐欺而為之意思表示，其撤銷不得以之對抗善意第三人。」如前例丙若將該土地轉賣於不知情之丁時，則乙丙間之買賣縱能撤銷，亦不得對抗丁（第三人），易言之乙不得向丁收回該土地是。

又因被詐欺而撤銷意思表示，其撤銷應於發見詐欺後一年內為之；但

自意思表示後，經過十年，不得撤銷（民法第九三條）。是為除斥期間。應注意者此項除斥期間，係適用於一般之法律行為，若因被詐欺而結婚者，雖亦得撤銷，但須於發見詐欺後，六個月內為之（民法第九九七條），是乃特別規定，應優先適用之。

■ 案例研析 ■

某甲因受某乙之詐欺而將價值百萬之寶石以拾萬元之代價賣與丙，而丙又將該寶石賣與丁，並交付之。請問：(1)甲是否得對丙為撤銷之意思表示？(2)假設甲、丙間之買賣被撤銷，甲是否得向丁取回該寶石？

擬　答

民法第九二條第一項規定：「因被詐欺而為意思表示者，表意人得撤銷其意思表示。但詐欺係由第三人所為者，以相對人明知其事實或可得而知者為限，始得撤銷之。」第二項規定：「被詐欺而為之意思表示，其撤銷不得以之對抗善意第三人。」依上述之說明試解答如下：

(1)甲得否對丙撤銷其意思表示：在此例中，甲得否對丙撤銷其意思表示，依第九二條第一項但書，可知應視丙對於甲受乙詐欺之事實，是否明知或可得而知而定。如丙明知其事實或可得而知時，甲即得撤銷其意思表示。反之則不得撤銷其意思表示。

(2)如甲、丙間之買賣被撤銷，甲得否向丁取回該寶石：依第九二條第二項規定，此時應視丁是否為善意之第三人而定。如丁是善意，則應受民法第九二條之保護，甲不得向丁取回該寶石；反之，若丁是惡意，則不受保護，甲自得向丁取回該寶石。

二、脅　迫

脅迫乃故意不當的預告危害，使人發生恐怖，因而為意思表示之謂。例如甲向乙表示，若不將與甲相鄰之土地，以廉價售賣於甲，則乙之幼子將遭綁架，結果乙發生恐怖，不得不從其言，而成立土地買賣契約是。此種被脅迫所為之意思表示，亦係意思之不自由，而為有瑕疵的意思表示之

一種，故民法第九二條規定：因被脅迫而為意思表示者，表意人得撤銷其意思表示。

此之撤銷與前述因詐欺而為之撤銷，有兩點不同：就撤銷之要件言：因被詐欺而為之撤銷，如詐欺係由第三人所為者，則以相對人明知其事實，或可得而知者為限，始得撤銷。但因被脅迫而為之撤銷，則無此限制，此其一。就撤銷之效果言：因被詐欺而為之撤銷，不得以之對抗善意第三人。但因被脅迫而為之撤銷，則無此限制，此其二。其所以如此者，對於表意人言之，因被脅迫之情形，較被詐欺為嚴重，有特加保護之必要也。

其次民法第九三條規定：因被脅迫而為之撤銷，應於脅迫終止後，一年內為之；但自意思表示後經過十年，不得撤銷。期間之長短與被詐欺撤銷之情形同，惟其中一年之期間，其起算不同，斯應注意。此外因被脅迫而結婚者，得於脅迫終止後，六個月內向法院請求撤銷之（民法第九九七條），是乃特別規定，故斯項撤銷之除斥期間，不適用民法第九三條之規定。

◼ 案例研析 ◼

甲得知某區土地行將被變更為建築用地，價格上揚。故偽稱該土地價格不高，無利可圖為由，使乙聽信而將之賣與丙，嗣後事發，乙遂向丙表示撤銷，是否有理？若甲係持刀威脅某乙，乙無可奈何之下，表示願將該地出賣於甲，則又如何？

◼ 擬 答

按民法第九二條第一項規定：「因被詐欺或被脅迫，而為意思表示者，表意人得撤銷其意思表示。但詐欺係由第三人所為者，以相對人明知其事實或可得而知者為限，始得撤銷之。」是故：

(1)甲偽稱土地價格不利，使乙誤信，進而出賣土地於丙，係屬詐欺，惟表意人乙之意思表示，係向相對人丙為之，亦即乙受詐欺，係由第三人甲所為，故依前述本條項但書規定，應以相對人明知或可得而知者為限，始得撤銷。故乙可否向丙主張撤銷，應視丙是否明知或可得而知甲之詐欺

而定。

(2)若甲係持刀威脅，乙因此將土地出賣於甲。則乙之意思表示，當係因甲之脅迫所為。故依本條項之規定，乙得撤銷其意思表示。

第四款 意思表示之生效

意思表示之生效即意思表示開始發生效力，而當事人受其拘束之謂。意思表示之生效時期，因有相對人與無相對人而不相同。茲分述之：

一、有相對人之意思表示

法律行為在契約，當然有相對人，固無論矣，即在單獨行為，亦多有相對人，例如抵銷、撤銷、免除等均是。有相對人意思表示之生效，尚因相對人有無受領能力及意思表示係對話與非對話而不相同：

(一)相對人有受領能力

所謂受領能力即該相對人得獨立接受意思表示之謂，凡有行為能力人皆有之，無行為能力人則無有，而限制行為能力人則有時有之，有時無有。相對人有受領能力，則表意人得對該相對人本人為意思表示，於是：

1.對話之意思表示

對話之意思表示，我民法採了解主義，於第九四條規定：「對話人為意思表示者，其意思表示，以相對人了解時，發生效力。」

2.非對話之意思表示

非對話之意思表示，其生效有四種主義：

(1)表示主義：亦稱表白主義，即一經表示即生效力，例如書信寫畢，隨時生效是。

(2)發信主義：即意思表示已經表意人將其表示置於自己實力支配範圍以外時，即生效力，例如書信業已投郵是。

(3)達到主義：即意思表示須達到於相對人支配範圍以內，始生效力，例如書信業已交於相對人之手，或投入其信箱是。

(4)了解主義：即意思表示須經相對人了解時，始生效力。此四者，我民法原則上採達到主義，於第九五條第一項本文規定：「非對話而為意思表

示者，其意思表示，以通知達到相對人時，發生效力。」

採達到主義，應注意三點：①意思表示一經達到相對人即生效力，但撤回之通知，同時或先時到達者，不在此限（民法第九五條第一項但書）。②表意人於發出通知後死亡，或喪失行為能力，或其行為能力受限制者，其意思表示，不因之而失其效力（民法第九五條第二項）。③表意人非因自己之過失不知相對人之姓名、居所者，得依民事訴訟法公示送達之規定，以公示送達為意思表示之通知（民法第九七條）。關於公示送達，請參閱民事訴訟法第一四九條以下之規定。

又我民法例外亦有採發信主義之時，如承諾遲到之通知是（民法第一五九條第一項）。

㈡相對人無受領能力

民法第九六條規定：「向無行為能力人或限制行為能力人為意思表示者，以其通知達到其法定代理人時，發生效力。」是亦採達到主義，不過其達到，不以相對人本人為準，而以其法定代理人為準而已。蓋本人無受領能力故也。

二、無相對人之意思表示

無相對人之意思表示，何時生效？我民法無一般性規定，說者均認為於成立之同時即生效力，結果係採表白主義。但法律特別規定，有使其生效溯及於意思表示成立之前者，如繼承之拋棄是（民法第一一七五條），亦有使其意思表示於日後發生效力者，如遺囑是（民法第一一九九條）。

第五款　意思表示之解釋

意思表示之解釋乃闡明意思表示之涵義，以解除疑問之謂。蓋意思表示究發生何種效果，端視其涵義如何以為斷。若其涵義有疑問時，自須加以闡明，否則當事人之間難免發生爭執，因而此種意思表示乃有待解釋。

意思表示之解釋方法如何？民法第九八條規定：「解釋意思表示，應探求當事人之真意，不得拘泥於所用之辭句。」例如實際上係設定抵押權，但誤為質權，解釋時仍屬抵押權（二十八年上字第五九八號判例）。

第四節　條件及期限

　　法律行為除其主要內容之外，尚可附加條款，是為法律行為之附款。法律行為之附款，一般言之有三：條件、期限及負擔是也。除負擔俟於討論贈與（民法第四一二、四一三條）時述之外，茲將條件及期限分述如下：

一、條　件

㈠條件之意義

　　條件乃當事人以將來客觀上不確定事實之成否，決定其法律行為效力之一種法律行為附款。此種附款亦為該法律行為之一部，因此對於法律行為，另以他一法律行為限制其效力者，則非屬此之所謂條件。

㈡條件之分類

　　條件以種種不同之區別標準，可分以下各類：

1.停止條件與解除條件

　　以條件之作用係限制法律行為效力之發生或消滅為區別標準，可分為停止條件與解除條件。此乃我民法上所定之分類。前者依民法第九九條第一項規定：「附停止條件之法律行為，於條件成就時，發生效力。」例如甲與乙約定：如乙本年高考律師及格，則贈與律師制服一套。此高考律師及格之一事實（將來不確定之事實）即為停止條件，若及格（條件成就）時，則贈與生效；否則贈與不生效力。後者依民法第九九條第二項規定：「附解除條件之法律行為，於條件成就時，失其效力。」例如甲與乙約定，現在贈與六法全書一部，如本年律師不開業，則須返還。此律師不開業之一事實，即為解除條件，若果不開業（條件成就），則贈與失其效力，六法全書即須返還。

2.積極條件與消極條件

　　以作為條件事實之性質係積極的抑消極的為區別標準，可分為積極條件與消極條件。前者乃以積極的事實為條件，如前例之高考律師及格是；後者乃以消極的事實為條件，如前例之律師不開業是。積極條件、消極條件與停止條件、解除條件之關係如下：

$$\left.\begin{array}{l}\text{停止條件}\end{array}\right\{\begin{array}{l}\text{1.積極條件}\quad\text{如云：本年律師及格，則贈與制服。}\\\text{2.消極條件}\quad\text{如云：本年律師不開業，則贈與生活費。}\end{array}$$

$$\left.\begin{array}{l}\text{解除條件}\end{array}\right\{\begin{array}{l}\text{1.積極條件}\quad\text{如云：贈與生活費，如本年律師開業則返還。}\\\text{2.消極條件}\quad\text{如云：贈與六法全書，如本年律師不及格則返還。}\end{array}$$

(三)條件之效力

附條件之法律行為其效力是否發生或消滅，繫於條件成就與否。所謂成就乃該條件內容之事實業已實現之謂；所謂不成就乃該條件內容之事實已確定的不實現之謂。條件成就，在停止條件，則法律行為生效（民法第九九條第一項）；在解除條件，則法律行為失效（民法同條第二項）。其生效或失效，均以條件成就時為準。但當事人特約，使條件成就之效果，不於條件成就之時發生者（或溯及於法律行為成立時生效，或去若干日後失效），則依其特約（民法同條第三項）。

依上述可知條件成就與否，關乎法律行為之效力，允宜聽其自然，若因條件成就而受不利益之當事人，以不正當行為阻其條件之成就者，視為條件已成就（民法第一〇一條第一項）；反之因條件成就而受利益之當事人，以不正當行為，促其條件之成就者，視為條件不成就（民法同條第二項），凡此皆所以制裁玩弄手段之人也。

又民法第一〇〇條規定：「附條件之法律行為當事人，於條件成否未定前，若有損害相對人因條件成就所應得利益之行為者，負損害賠償之責任。」是為保護期待權之規定。所謂期待權亦稱希望權，即條件成否未定前，當事人有可能取得權利之希望。此種希望亦屬於一種權利，當事人自不得侵害之，否則應負損害賠償責任。

二、期　限

(一)期限之意義

期限乃以將來確定事實之到來為內容，以限制法律行為效力之發生或消滅，而由當事人任意所加之一種法律行為附款。其與條件不同者，條件係以不確定事實為內容，期限則以確定事實為內容。至於二者同為法律行為之一種附款則一也。

㈡期限之分類

期限以不同之區別標準，可分類如下：

1.始期與終期：以期限係限制法律行為效力之發生抑消滅為區別標準，可分為始期與終期。前者乃限制法律行為效力之發生者，與停止條件之情形相當。後者乃限制法律行為效力之消滅者，與解除條件之情形相當。我民法就始期與終期設有規定。

2.確定期限與不確定期限：以期限內容事實之發生時期是否確定為區別標準，可分為確定期限與不確定期限。前者發生之時得確定者，如約定民國六十七年十月十日為始期是；後者乃發生之時不確定者，如約定某人死亡之時為終期是。

㈢期限之效力

民法第一○二條規定：「附始期之法律行為，於期限屆至時，發生效力。附終期之法律行為，於期限屆滿時，失其效力。」例如自六十七年七月七日起（始期），每月贈與研究費三千元，至六十八年九月九日止（終期），不再贈與是。

其次在期限屆至或屆滿前，相對人亦有期待權，因而民法第一○○條關於條件期待權保護之規定，於期限之期待權準用之（民法第一○二條第三項）。

第五節　代　理

一、代理之意義

代理乃代理人於代理權限內，以本人（被代理人）名義，向第三人為意思表示，或由第三人受意思表示，而直接對本人發生效力之行為也。圖示之如下：

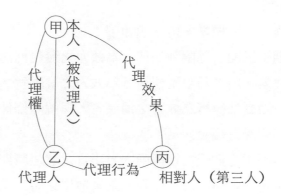

上圖，乙為代理人，甲為被代理人，法條中稱為本人，丙為相對人，即第三人。乙基於代理權得代甲向丙為意思表示，或代甲由丙受意思表示，其法律效果均直接對甲發生。亦即代理行為係由乙所為，而其效果則歸甲接受。行為與效果分屬兩人，與一般情形，孰為行為，孰受效果者大不相同。又與代表係以代表人之行為，視為被代表人之行為者，亦有差異。

二、代理之分類

代理以種種不同之區別標準，可分類如下：

㈠意定代理與法定代理

以代理權之來源為區別標準，可分為意定代理與法定代理。前者其代理權係由本人授與而來，授與之方法，依民法第一六七條規定：「代理權係以法律行為授與者，其授與應向代理人或向代理人對之為代理行為之第三人，以意思表示為之。」後者其代理權係依法律之規定而發生，無須本人為授權之表示，例如父母為未成年子女之法定代理人（民法第一○八六條）、監護人為受監護人之法定代理人（民法第一○九八條）均是。

㈡單獨代理與共同代理

以一個代理權係由一個代理人單獨行使抑由數個代理人共同行使為區別標準，可分為單獨代理與共同代理。前者一個代理權由一個代理人單獨行使，或雖有數個代理人，但均得單獨行使代理權者是；後者係一個代理權，而有數個代理人，且該數個代理人須共同行使代理權者是。民法第一

六八條規定：「代理人有數人者，其代理行為應共同為之。但法律另有規定或本人另有意思表示者，不在此限。」

㈢有權代理與無權代理

以代理人為代理行為時是否有代理權為區別標準，可分為有權代理與無權代理。前者乃有代理權之代理，單稱代理時，即指此而言。後者乃無代理權之代理。既無代理權，本非代理，嚴格言之，原不得為代理之一類，故民法第一七〇條稱：「無代理權人以代理人名義所為之法律行為」，而不稱無權代理。無權代理乃學理上之名詞。因此種行為，除欠缺代理權之一點外，構成代理之其他要件，均已具備，為使與有權代理相對稱，乃不得不稱為無權代理。

此外尚有所謂自己代理或雙方代理者，例如乙代甲與乙自己訂立契約，是為自己代理；又如乙代甲，復代丙，而為甲丙間訂立契約，是為雙方代理。此二者依民法第一〇六條規定：「代理人，非經本人之許諾，不得為本人與自己之法律行為，亦不得既為第三人之代理人，而為本人與第三人之法律行為。但其法律行為，係專履債務者，不在此限。」可知原則上加以禁止，但經本人許諾時亦得為之。

三、代理之效力

㈠本人與代理人之關係

本人與代理人之間，係授與代理權，或法定代理權之問題。無論何者均須有代理權之存在，始為有權代理，否則為無權代理（詳於債編述之）。代理權之存在，因授權代理，通常多隨同委任關係（代理權所由授與之法律關係）而發生，故以委任狀為授權書而證明之，不過卻不以此為限，因隨同僱傭、承攬、運送等關係，亦可授與代理權也。至法定代理，當事人居於法定地位時，即當然有代理權，無須更以何種文件表示之。

㈡代理人與第三人之關係

代理人與第三人間為代理行為之問題。代理行為以為法律行為為限，亦即屬於為意思表示或受意思表示之問題。既係為法律行為則代理人須有行為能力，但不以具有完全之行為能力為必要，即限制行為能力人亦得為

之，民法第一〇四條規定：「代理人所為或所受意思表示之效力，不因其為限制行為能力人而受影響。」又民法第一〇五條規定：「代理人之意思表示，因其意思欠缺、被詐欺、被脅迫或明知其事情，或可得而知其事情，致其效力受影響時，其事實之有無，應就代理人決之。但代理人之代理權，係以法律行為授與者，其意思表示，如依照本人所指示之意思而為時，其事實之有無，應就本人決之。」是乃代理行為有意思表示不一致或意思表示不自由時，其事實之有無，應以代理人是否具有各該情形為準而解決之，而不以本人是否具有各該情形為準，良以代理行為係代理人之所為故也。但代理人係依照本人所指示之意思而為時，因其意思既係本人所決定，而非代理人自作之主張，故此種情形，則應就本人決之，而不就代理人決之。

　　㈢本人與第三人之關係

　　本人與第三人之關係為代理效果歸屬之問題。代理制度係將行為與效果分開，行為由代理人為之，效果由本人受之，民法第一〇三條規定：「代理人於代理權限內，以本人名義所為之意思表示，直接對本人發生效力。前項規定，於應向本人為意思表示，而向其代理人為之者，準用之。」所謂直接對本人發生效力，即代理行為一經成立，本人與第三人之間即直接發生法律關係。例如代理人乙代本人甲與第三人丙訂立買賣契約，則甲丙間即直接發生買賣關係是。

四、代理之消滅

　　㈠基礎關係之終了

　　代理權多隨同其他法律關係而發生，例如委任、僱傭、承攬、運送等關係，均可為代理權所由授與之法律關係，亦稱基礎關係。依民法第一〇八條第一項規定：「代理權之消滅，依其所由授與之法律關係定之。」例如因委任而授與代理權，則委任關係終止時，代理權亦因之而消滅是。

　　㈡代理權之限制及撤回

　　代理權之限制，乃對於授與之代理權，縮小其範圍之謂；代理權之撤回乃將授與之代理權加以收回之謂。前者等於一部收回，後者為全部收回。依民法第一〇八條第二項規定：「代理權，得於其所由授與之法律關係存續

中，撤回之。但依該法律關係之性質不得撤回者，不在此限。」

應注意者，「代理權之限制及撤回，不得以之對抗善意第三人。但第三人因過失而不知其事實者，不在此限。」又民法第一○九條規定：「代理權消滅或撤回時，代理人須將授權書，交還於授權者，不得留置。」

■ 案例研析 ■

甲委託乙以甲之名義，向丙購買某大廈，而乙亦正為丙委託辦理大廈之出賣。乙亦未向甲說明，回家後，即自行擬定甲、丙之買賣契約，並以甲、丙代理人之身分簽名。試問：該買賣契約是否有效？又如甲係將借款交由乙代向丙返還，丙亦委託乙向甲催收時，有無不同？

■ 擬 答

民法第一○六條規定：「代理人，非經本人之許諾，不得為本人與自己之法律行為，亦不得既為第三人之代理人，而為本人與第三人之法律行為。但其法律行為，係專履行債務者，不在此限。」在本題中，乙處理甲、丙間大廈之買賣，係基於受甲之委託，亦即為甲之代理人；同時，乙復為第三人丙之代理人，且未經甲、丙之許諾，依本條規定，當在禁止之列，故該買賣契約無效。

但若乙為甲、丙之代理人，所處理之事係清償借款時，係屬專履行債務之事項，依本條但書規定，則例外為有效。

第六節 無效及撤銷

法律行為有無效（如民法第七一、七二條）、得撤銷（如民法第八八、九二條）及效力未定（如民法第七九條）等問題，前已屢屢言之。然則究竟何謂無效？何謂得撤銷？何謂效力未定？及各該效果如何？均未詳述。茲於此設專節述之。

一、無　效

㈠無效之意義

　　無效乃法律行為當然的確定的不發生效力之謂。無效無須當事人有何主張，亦勿庸法院為無效之宣告，其法律行為即自始不發生效力。不過當事人若有爭執時，仍得向法院提起確認無效之訴，自不待言。

㈡無效之效果

　　法律行為之無效，有全部無效與一部無效之分。前者法律行為全部不生效力；後者依民法第一一一條規定：「法律行為之一部分無效者，全部皆為無效。但除去該部分亦可成立者，則其他部分，仍為有效。」例如以一個契約購買黃金二兩，銀箸兩雙，其中黃金部分因現時禁止黃金買賣，應為無效；但銀箸兩雙之買賣，法所不禁，且除去黃金部分，銀箸部分亦非不可成立，於是黃金部分雖無效，但銀箸部分仍為有效。

　　其次，無效之法律行為若具備他法律行為之要件，並因其情形，可認為當事人若知其無效，即欲為他法律行為者，其他法律行為仍為有效（民法第一一二條），是為無效法律行為之轉換。例如支票之付款人限於銀行等銀錢業者，因而若非以銀錢業為付款人之支票，則歸於無效，但不妨轉換為民法上之指示證券而有效。蓋當事人意在付款，若知悉支票無效時，自不妨轉為指示證券而達到付款之目的也。

　　又無效之法律行為，若當事人於行為當時，知其無效或可得而知者，應負回復原狀或損害賠償之責任（民法第一一三條）。

二、撤　銷

㈠撤銷之意義

　　撤銷乃有撤銷權之人行使撤銷權，使已生效力之法律行為，歸於無效之謂。撤銷之結果雖使法律行為亦歸無效，但與前述之無效，係當然的無效者有所不同。即撤銷之無效，係撤銷權人行使撤銷權加以撤銷後，始歸無效，如不撤銷，則該法律行為仍屬有效，而前述之無效，乃當然的無效，不待有人主張，故二者有別。又撤銷與撤回亦不同，撤銷主要係對已生效之意思表示為之；而撤回主要係對尚未生效之意思表示為之（即防止其效

力之發生），故二者亦有別。

㈡撤銷之方法

撤銷應以意思表示為之；如相對人確定者，前項意思表示，應向相對人為之（民法第一一六條）。惟此乃指一般之撤銷而言，若民法第七四條及第二四四條規定之撤銷，則非向法院提起撤銷之訴，不得為之，自應注意。

㈢撤銷之效果

法律行為經撤銷者，視為自始無效（民法第一一四條第一項）。例如三月一日所為之法律行為，於八月十二日撤銷時，則該法律行為溯及於三月一日無效，與未為該法律行為同。不過此乃指一般法律行為之撤銷而言，若婚姻之撤銷，則不發生溯及效力（民法第九九八條）。

法律行為既因撤銷而無效，則當事人於行為當時，知其得撤銷，或可得而知者，應負回復原狀及損害賠償之責任（民法第一一四條第二項準用第一一三條）。

三、效力未定

㈠效力未定之意義

效力未定乃法律行為發生效力與否尚未確定，必須有另一事實使之確定之謂。所謂另一事實，即承認或拒絕是。承認則該法律行為確定生效；拒絕則該法律行為確定無效，在承認或拒絕前，該法律行為既未生效，亦非無效，故屬於效力未定之法律行為。

㈡承認或拒絕之方法

承認應以意思表示為之；如相對人確定者，前項意思表示，應向相對人為之（民法第一一六條）。又法律行為，須得第三人之同意始生效力者，其同意或拒絕，得向當事人之一方為之（民法第一一七條）。

㈢承認之效力

經承認之法律行為，如無特別訂定，溯及為法律行為時，發生效力（民法第一一五條）。

又無權處分行為，依民法第一一八條第一項規定：「無權利人就權利標的物所為之處分，經有權利人之承認，始生效力。」惟無權利人就權利標

的物為處分後取得其權利者,其處分自始有效;但原權利人或第三人已取得之利益,不因此而受影響(同條第二項)。此種情形即無須經有權人之承認矣。同時此項情形,若數處分相牴觸時,以其最初之處分為有效(同條第三項)。

◾ 習 題

一、試分別說明要式行為與不要式行為、要物行為與不要物行為之意義。

二、法律行為之標的須適當,又所謂適當乃指適法、確定、可能而言,試分述其意義。

三、限制行為能力人須經允許之法律行為,若未經允許,其效力如何?試說明之。

四、限制行為能力人所為之法律行為,在何種情形下,無須經允許亦能生效?

五、法定代理人某甲於八十二年三月允許未成年人某乙獨立開設商店,經營雜貨,嗣因經營不善,某甲於同年九月撤銷其允許,顧客某丙於同年十月至該店購物,其效力為何?

六、試分別解釋真意保留與虛偽表示之異同。

七、甲以通謀虛偽意思表示之方式出賣其畫於乙,乙隨後即贈與於丙,試問:甲得否對丙主張該畫為其所有?

八、因錯誤而為意思表示者,表意人得將其意思表示撤銷(民法第八八條)。此項撤銷權之行使,其要件為何?撤銷後之效力為何?

九、試分別說明詐欺與脅迫之不同。其撤銷權之行使各有何不同?

十、意思表示之生效時期,因有相對人與無相對人而不相同,試分別詳述之。

十一、條件與期限有何不同?

十二、條件成就與否,涉及法律行為之效力,若因條件成就而受不利益之當事人,以不正當行為阻其成就,試問民法如何保護他方

當事人？理由何在？

十三、試說明代理人、本人與相對人（第三人）間之法律關係。

十四、法律行為一部無效時，其效力如何？試依民法之規定說明之。

十五、試述撤銷法律行為之意義。並說明撤銷之方法及其法律效力。

十六、何謂無權處分行為？其效力如何？

第五章　期日及期間

一、期日及期間之意義

(一)期日之意義

期日乃一定時期之謂。所謂一定時期屬於一個點而不可分者是，如某時、某日、某月、某年之類均屬之，祇要其時期特定，不問其時間之長短，故期日並非單指某日而言。

(二)期間之意義

期間乃由一定期日至一定期日之謂。亦即由一時間至另一時間是。著眼在時之經過而觀察，如某時至某時，某日至某日，某月至某月，某年至某年是。期間屬於一條線，必有長度及始終。

二、期日及期間之計算

期日及期間之計算，依民法第一一九條規定：「法令、審判或法律行為所定之期日及期間，除有特別訂定外，其計算，依本章之規定。」本章之規定如下：

(一)曆法計算法

即按國曆所定之月或年，以為計算之方法。我民法對於連續期間，採曆法計算法，於第一二三條第一項規定：「稱月或年者，依曆計算。」例如稱自八月一日起算三個月，則計至十月三十一日止是。

(二)自然計算法

即按實際時間，精確計算之方法。我民法對於非連續期間之計算採自然計算法，即第一二三條第二項規定：「月或年，非連續計算者，每月為三十日。每年為三百六十五日。」例如自八月十四日起，六個月完工，則此六個月無論其間某月之大小，而均以實際工作天計算，計足一百八十日始為期間之屆滿是。

(三)始點及終點

期間之計算，須有始終，前已言之。然則其始點如何？終點又如何？

1.始點：民法第一二〇條規定：「以時定期間者，即時起算。以日、星期、

月或年定期間者，其始日不算入。」例如上午八時約定四個小時，即自上午八時起算，至上午十二時完了是；又如八月十四日上午八時約定一個月，則自八月十五日起算，而不自八月十四日起。

2.終點：民法第一二一條第一項規定：「以日、星期、月或年定期間者，以期間末日之終止，為期間之終止。」例如自八月十五日起十天，則算至八月二十四日午夜十二時之終了為期間之終止。又如自八月十五日起二個月，則算至十月十四日午夜十二時之終了為期間之終止是。又期間有自星期、月或年之始日（注意：此始日與上述不計算之始日不同，此始日乃指星期一，每月一日，每年元旦而言）起算者，例如三月三十一日約定一個月，則此一個月之計算，即自四月一日（始日）（三月三十一日為訂約之始日，不算入）起算是。有不自星期、月或年之始日計算者，例如三月三十日約定一個月，即自三月三十一日起算是。期間恰好自星期、月、或年之始日起算者，則星期、月或年之末日，即為該期間之末日，自無問題。若期間不以星期、月或年之始日起算者，以最後之星期、月或年，與起算相當日之前一日為期間之末日。但以月或年定期間，於最後之月無相當日者，以其月之末日為期間之末日（民法第一二一條第二項）。

其次於一定期日或期間內，應為意思表示或給付者，其期日或期間之末日為星期日、紀念日或其他休息日時，以其休息日之次日代之（民法第一二二條），是為期日或期間末日之延展，蓋休息日不能強人有所作為也。

㈣年齡之計算

年齡自出生之日起算（民法第一二四條第一項），而不適用始日不算入之規定。又出生之月、日無從確定時，推定其為七月一日出生；知其出生之月，而不知其出生之日者，推定其為該月十五日出生（民法第一二四條第二項）。惟時至今日，因出生必須申報戶籍，甚少有人不知其生辰月日，故此種推定幾無適用之餘地矣。

◼ 案例研析 ◼

　　某甲於八十二年二月三日向某乙借款叁萬元，言明四個月後還錢，則其末日為何日？又如末日為星期日時，又以何日為末日？

◼ 擬　答

　　期間在民法上有其重要性，民法為此特別加以規定。期間之算法，依民法第一二〇條第二項規定：「以日、星期、月或年定期間者，其始日不算入。」第一二一條第二項規定：「期間不以星期、月或年之始日起算者，以最後之星期、月、或年與起算日相當日之前一日，為期間之末日……。」又於一定期日或期間內，應為意思表示或給付者，其期日或期間之末日為星期日、紀念日或其他休息日時，以其休息日之次日代之（民法第一二二條）。依上述說明，甲於八十二年二月三日向乙借款，言明期間四個月，依前述第一二〇條第二項規定，應自八十二年二月四日起算，至四個月期間之末日，依第一二一條第二項規定，應以其最後之月與起算日之相當日之前一日，亦即八十三年六月三日，故其期間之末日為八十三年六月三日，甲應於該日還錢。又如該日為星期日，依第一二二條規定，應以次日代之，即以八十三年六月四日為期間之末日。

第六章　消滅時效

第一節　總　說

一、消滅時效之意義

消滅時效乃請求權之不行使，繼續達法定期間，則該權利即歸消滅之一種時效。所謂時效，分為兩種，一為取得時效，我民法規定於物權編，一為消滅時效，我民法規定於總則編。本章所述以後者為對象。

二、消滅時效與除斥期間

關於除斥期間，前已言之。除斥期間與消滅時效均為權利行使上之一種積極的限制，亦為權利不行使之一種消極的制裁。是為二者之所同。然則二者究有何種區別？分述之如下：

㈠就其對象言

消滅時效以請求權為對象；而除斥期間則以撤銷權（形成權）為對象。

㈡就其期間言

消滅時效之期間，常因時效之中斷及時效之不完成等事由而延長；而除斥期間之期間，則固定不變，不因任何事由而延長，故亦稱不變期間或預定期間。

㈢就其適用言

消滅時效，非經當事人援用，法院不得依職權以之為裁判之資料；而除斥期間，當事人縱不援用，法院亦得依職權以之為裁判之資料。

第二節　消滅時效之期間

一、一般期間

所謂一般期間即除特別期間外之期間是。此項期間，在我民法上為「十五年」，即第一二五條規定：「請求權，因十五年間不行使而消滅。但法律所定期間較短者，依其規定。」所謂法律所定期間較短者，即指特別期間而言。

二、特別期間

特別期間有規定於民法總則編消滅時效章者,有規定於民法其他各編者(如第一九七、四七三、五一四、五一四之十二、五六三、六○一之二、六二三、六六六、七一七條),亦有規定於民事特別法者(如票據法第二二條、海商法第九九條、保險法第六五條),以下所述者以民法總則編消滅時效章所規定者為限。

(一)五　年

民法第一二六條規定:「利息、紅利、租金、贍養費、退職金及其他一年或不及一年之定期給付債權,其各期給付請求權,因五年間不行使而消滅。」本條係規定,定期給付請求權之特別消滅時效,其期間為「五年」。其中利息、紅利、租金、贍養費、退職金為例示規定,其他一年或不及一年之定期給付債權為概括規定。亦即適用本條時效,第一、須為定期給付債權,第二、須為一年或不及一年之定期給付債權,第三、須與利息、紅利、租金、贍養費、退職金等例示之債權,具有同樣性質之債權,如終身定期金是(民法第七二九條),若分期付價買賣之各期應給付之價款,則不得適用本條,因斯乃一個價款,分開給付而已,並非如利息等,定期產生一個請求權也。

(二)二　年

民法第一二七條規定:「左列各款請求權,因二年間不行使而消滅。」

1.旅店、飲食店及娛樂場之住宿費、飲食費、座費、消費物之代價及其墊款:此種商事上債權零星瑣碎,日久不行使,舉證困難,故定為短期時效。

2.運送費及運送人所墊之款:商事上債權,原則上應從短期時效。同時對於運送人之賠償請求權,其時效亦為二年(民法第六二三條第二項),亦期均衡。

3.以租賃動產為營業者之租價:一般租金時效為五年已如上述,於此以租賃動產為營業之租價,則為二年,亦因屬於商業上債權之故。

4.醫生、藥師、看護生之診費、藥費、報酬及其墊款:此等債權亦具

有營業性，故亦定為短期時效。

　　5.律師、會計師、公證人之報酬及其墊款：此等債權亦具有營業性，故亦用短期時效。應注意者，此之所謂公證人非指法院之公證人，乃指營公證業務之公證人而言，如保險公證人是。

　　6.律師、會計師、公證人所收當事人物件之交還：理由同上述。

　　7.技師、承攬人之報酬及墊款：理由同前述。

　　8.商人、製造人、手工業人所供給之商品及產物之代價：此之短期時效，亦因其係商事債權之故。

　　上述之一般期間及特別期間，其起算點，依民法第一二八條規定：「消滅時效，自請求權可行使時起算。以不行為為目的之請求權，自為行為時起算。」

　　其次上述之消滅時效期間，依民法第一四七條上段規定：「時效期間，不得以法律行為加長或減短之」。即不許當事人任意改動是也。

第三節　消滅時效之中斷

一、時效中斷之意義

　　時效中斷，乃於時效進行中，有與時效基礎（權利不行使）相反之事實（如權利之行使）發生，使已進行之期間全歸無效而重行起算之謂。

二、時效中斷之事由

　　上述與時效基礎相反之事實，即為時效中斷事由。此事由有三：

㈠請　求

　　請求乃權利人向義務人請求履行義務之表示，如民法第一九九條規定：「債權人基於債之關係，得向債務人請求給付」即是。請求有時亦稱為催告，如民法第二二九條第二項及第二三六條所規定之催告是。惟此之請求指訴訟外之請求而言，訴訟上之請求屬於後述起訴之問題，不在此請求之內。消滅時效因請求而中斷（民法第一二九條第一項第一款），蓋請求為權利之行使與時效基礎（權利不行使）相反，故時效自應中斷。惟時效因請求而中斷者，若於請求後六個月內不起訴，視為不中斷（民法第一三〇條）。

㈡承　認

承認乃義務人向權利人所為承認其權利存在之表示。消滅時效因承認而中斷（民法第一二九條第一項第二款）。蓋義務人既表示其權利之存在，則權利人不行使權利，非無可原，故法律上乃使時效中斷。

㈢起　訴

起訴乃權利人向法院提起訴訟之謂。起訴乃於訴訟上行使權利，其行使權利之態度，更為積極，故應為時效中斷之事由。民法第一二九條第一項第三款乃規定：消滅時效因起訴而中斷。不過時效因起訴而中斷者，若撤回其訴，或因不合法而受駁回之裁判，其裁判確定，視為不中斷（民法第一三一條）。

其次與起訴有同一效力之事由有五（民法第一二九條第二項）：

1.**依督促程序，聲請發支付命令**：民事訴訟法第五〇八條第一項規定：「債權人之請求，以給付金錢或其他代替物或有價證券之一定數量為標的者，得聲請法院依督促程序發支付命令。」此支付命令，一經請發，即生中斷時效之效力。不過時效因聲請發支付命令而中斷者，若撤回其聲請，或受駁回之裁判或支付命令失其效力時，視為不中斷（民法第一三二條）。惟依現行民事訴訟法之規定，支付命令失其效力，則有時以債權人支付命令之聲請，視為起訴或聲請調解（第五一九條），於是轉成另一中斷時效之事由矣。

2.**聲請調解或提付仲裁**：聲請調解或提付仲裁，與起訴有同一效力，亦為時效中斷事由，不過時效因聲請調節或提付仲裁而中斷者，若調解之聲請經撤回、被駁回、調解不成立或仲裁之請求經撤回、仲裁不能達成判斷時，視為不中斷（民法第一三三條）。

3.**申報和解債權或破產債權**：依破產法之規定申報和解債權或破產債權，亦為權利之行使，故應發生中斷時效之效力。不過時效因申報和解債權或破產債權而中斷者，若債權人撤回其申報時，視為不中斷（民法第一三四條）。

4.**告知訴訟**：告知訴訟乃當事人於訴訟繫屬中，將訴訟告知於因自己敗

訴而有法律上利害關係人之謂（民事訴訟法第六五條）。告知訴訟與起訴有同一效力，故消滅時效亦因之而中斷。惟民法第一三五條規定：「時效，因告知訴訟而中斷者，若於訴訟終結後，六個月內不起訴，視為不中斷。」

5.開始執行行為或聲請強制執行：此二者均為時效中斷事由，故一經開始執行行為（法院依職權所為者），或聲請強制執行（當事人聲請者），則消滅時效即因之而中斷。但民法第一三六條規定：「時效，因開始執行行為而中斷者，若因權利人之聲請，或法律上要件之欠缺，而撤銷其執行處分時，視為不中斷。時效，因聲請強制執行而中斷者，若撤回其聲請，或其聲請被駁回時，視為不中斷。」

三、時效中斷之效力

時效中斷者，自中斷之事由終止時，重行起算（民法第一三七條第一項）。例如因請求而中斷者，則請求之表示為相對人所了解（對話），或達到於相對人（非對話）時，即為請求終止，於是消滅時效重行起算。但因起訴而中斷之時效，自受確定判決，或因其他方法訴訟終結時，重行起算（同條第二項）。應注意者，經確定判決或其他與確定判決有同一效力之執行名義所確定之請求權，其原有消滅時效期間不滿五年者，因中斷而重行起算之時效期間為五年（同條第三項）。

又時效中斷，以當事人、繼承人、受讓人之間為限，始有效力（民法第一三八條）。

第四節　消滅時效之不完成

一、時效不完成之意義

時效之不完成，乃時效期間行將完成之際，因有請求無法或不便行使之事由存在，法律上乃使本應完成之時效，延至該事由終止後，一定期間內，暫緩完成，俾權利人得於該一定期間內，仍得行使權利之謂。

二、時效不完成之事由

時效不完成之事由有五：

㈠不可避事變之存在

時效之期間終止時，因天災或其他不可避之事變，致不能中斷其時效者，自其妨礙事由消滅時起，一個月內，其時效不完成（民法第一三九條）。例如八月十六日，時效期間將滿十五年，時效本應完成，但自八月十四日起大颱風過境，交通通訊均中斷，當事人無法行使權利，直至八月十八日始恢復，則時效不能在八月十五日完成，乃自八月十八日起，一個月內，其時效不完成。當事人在此一個月期間內仍可行使權利，以中斷時效。

㈡權利人或義務人不確定

屬於繼承財產之權利，或對於繼承財產之權利，自繼承人確定，或管理人選定，或破產之宣告時起，六個月內，其時效不完成（民法第一四〇條）。此種情形，權利人不確定，無行使權利之主體；義務人不確定，無行使權利之對象，結果均無法行使權利，故自確定時起，六個月內，時效不完成。

㈢法定代理人之欠缺

無行為能力人或限制行為能力人之權利，於時效期間終止前，六個月內，若無法定代理人者，自其成為行為能力人或其法定代理人就職時起，六個月內，其時效不完成（民法第一四一條）。此種情形，亦屬無人行使權利，故時效不完成。例如時效期間之終止點為八月十五日，但自七月一日起該權利人（無行為能力人）已無法定代理人，自無法行使權利，直至九月一日，新法定代理人就職，則自該時起，六個月內，時效不完成，俾新法定代理人代其行使權利。

㈣法定代理關係之存續

無行為能力人或限制行為能力人，對於其法定代理人之權利，於代理關係消滅後一年內，其時效不完成（民法第一四二條）。蓋在法定代理關係存續中，權利人自己無法行使權利，法定代理人又不向其自己行使權利，如使時效完成，未免不妥，故自法定代理關係消滅後，一年內，其時效不完成。

㈤婚姻關係之存續

夫對妻或妻對於夫之權利，於婚姻關係消滅後，一年內，其時效不完成（民法第一四三條）。蓋婚姻關係存續中，夫對妻或妻對夫，不便行使權利，因而其不行使權利，有情可原，故於婚姻關係消滅後，一年內，其時效不完成。若婚姻關係永不消滅，則永不完成矣。

三、時效不完成之效力

時效不完成與時效中斷之效力不同。時效中斷則已經過之期間歸於無效，而重行起算；時效不完成，則已經過之期間仍有效力，祇是期間延長而已，並非重行起算。在延長之期間仍可中斷時效，若不中斷時效，則延長之期間屆滿，時效終歸完成也。

第五節　消滅時效之效力

消滅時效之效力即消滅時效完成後，在法律上所發生之效果是也。其效果如何？民法第一四四條第一項規定：「時效完成後，債務人得拒絕給付。」可見時效完成，在我民法上請求權並非真正消滅，僅債務人得拒絕給付，亦即取得時效完成之抗辯權而已。此抗辯權乃債務人因時效完成所得之利益，此項利益不得預先拋棄（民法第一四七條下段）。不過請求權已經時效消滅，債務人仍為履行之給付者，不得以不知時效為理由，請求返還；其以契約承認該債務或提出擔保者亦同（民法第一四四條第二項）。

其次主權利因時效消滅者，其效力及於從權利；但法律有特別規定者，不在此限（民法第一四六條）。所謂法律有特別規定，如民法第一四五條即是，依該條規定：「以抵押權、質權或留置權擔保之請求權。雖經時效消滅，債權人仍得就其抵押物、質物或留置物取償。前項規定，於利息及其他定期給付之各期給付請求權，經時效消滅者，不適用之。」

▓ 案例研析 ▓

甲於民國六十二年三月九日向乙借款伍萬元，言明一年後償還，並立有借據為憑。然乙一直未向甲催討，直至八十年七月八日才向甲要求償還

借款。此時甲主張時效抗辯，試問：(1)甲之主張有無理由？(2)若甲將伍萬元還給乙後，才主張時效已經消滅，向乙請求返還該伍萬元，是否有理由？

■ 擬　答

法律不保護在權利上睡眠之人，且為尊重現有秩序，故民法第一二五條規定：「請求權，因十五年間不行使而消滅。但法律所定期間較短者，依其規定」，故請求權之消滅時效一般期間為十五年，在(1)例中乙之債權請求權自六十二年三月九日起算，至八十年已超過十五年，請求權時效已經消滅，甲自得主張時效抗辯。

但消滅時效之規定僅在於債權人行使請求權時，債務人得以請求權已罹於時效加以抗辯，並非使該債權消滅。故於民法第一四四條第二項前段規定：「請求權已經時效消滅，債務人仍為履行之給付者，不得以不知時效為由，請求返還……」，所以在此例(2)中，某甲既已履行給付，即不得再以時效已經消滅為由，而請求返還該給付。

■ 習　題

一、消滅時效與除斥期間有何不同？
二、試詳述時效中斷事由之內容。
三、何謂期日？何謂期間？其始點各如何計算？

第七章　權利之行使

權利之行使乃權利人實現其權利之正當行為。例如就所有物為處分而行使所有權，依債之關係向債務人請求給付，而行使債權，父母懲戒其子女而行使親權均是。權利人行使權利固有自由，其不行使權利亦有自由，不過均須在法令範圍內有之而已（參照民法第七六五條），若濫用其權利，則不屬於正當行為，亦即不為合法之行使。至權利遭受侵害時，除得請求公力救濟外，民法在一定條件下，亦准許私力救濟。茲就此等問題分述之：

一、權利濫用之禁止

權利之濫用乃權利人行使權利時，違反法律賦與其權利之本旨，因而法律上遂不認其為權利行使之謂，民法第一四八條第一項規定：「權利之行使，不得違反公共利益，或以損害他人為主要目的。」即揭明斯旨。例如教徒誦經敲木魚，不得特裝擴音器廣播，以免噪音擾人，釀成公害是。又如父母雖得懲戒子女，但亦應適可而止（民法第一〇八五條）。若嚴刑拷打，則為法所不許，於是法院得依他方、未成年子女、主管機關、社會福利機構或其他利害關係人之請求或依職權宣告停止其親權是（民法第一〇九〇條）。可見權利之行使，違反法律賦與權利之本旨時，即構成權利之濫用，一般權利濫用，如害及他人時，仍構成侵權行為，而不能阻卻違法。

二、誠信原則之尊重

誠信原則乃現代法上之一大原則，我民法原列於債編，適用範圍較小，民國七十一年修正改列於總則編擴大其範圍，即第一四八條第二項規定：「行使權利，履行義務，應依誠實及信用方法」是。例如於人婚禮上討債，或途遇搶匪之際，向債權人還債，均有背誠信原則，於是各該行為在法律上不能發生效力是。

三、權利之私力救濟

(一)正當防衛

民法第一四九條規定：「對於現時不法之侵害，為防衛自己或他人之權利所為之行為，不負損害賠償之責。但已逾越必要程度者，仍應負相當賠

償之責。」例如甲搶下乙之皮包，乙自可奪回，雖因此而撕破甲之衣服，亦不負損害賠償責任；不但乙自己可奪其皮包，若乙體弱不支，丙亦可助乙奪回，丙亦不負損害賠償責任，故正當防衛為違法阻卻事由之一。但逾越必要程度者，如上例，丙竟助乙打斷甲之腿，則仍應負相當賠償之責。所謂負相當賠償之責，即無須全賠，因此種損害之造成，甲自己亦與有過失故也（民法第二一七條）。

　　㈡緊急避難

　　民法第一五○條規定：「因避免自己或他人生命、身體、自由或財產上急迫之危險所為之行為，不負損害賠償之責。但以避免危險所必要，並未逾越危險所能致之損害程度者為限。前項情形，其危險之發生，如行為人有責任者，應負損害賠償之責。」例如甲為避免猛犬所咬，而奪取乙販賣之肉包子一個打狗，則不必負損害賠償責任，故緊急避難，亦為違法阻卻事由之一。但該犬已啣包子遠去，若再次奪肉包子追打之，則無必要，仍應負賠償責任。又該猛犬之所以咬甲，係因甲挑動之故，則甲奪乙之肉包打狗，對乙仍應負責賠償，而不能阻卻違法。

　　㈢自助行為

　　民法第一五一條規定：「為保護自己權利，對於他人之自由或財產，施以拘束、押收或毀損者，不負損害賠償之責。但以不及受法院或其他有關機關援助，並非於其時為之，則請求權不得實行或其實行顯有困難者為限。」是為自助行為，亦為違法阻卻事由之一。例如餐廳食客，飯後不付錢而擬逃跑，則餐廳主人可將其拘束是。惟依第一五二條規定：「依前條之規定，拘束他人自由，或押收他人財產者，須即時向法院聲請援助。前項聲請被駁回，或其聲請遲延者，行為人應負損害賠償之責。」上例餐廳將該食客拘束後，須即刻送法院聲請處理，否則仍應負損害賠償責任是。

■ 案例研析 ■

　　試論述下列行為是否違反權利行使原則？⑴將自己所有，供公眾通行之道路封閉。⑵在自己後院挖掘深井，意圖使鄰地水源枯竭為主要目的。

⑶於半夜三更至債務人家裡催討欠款。

擬 答

權利之本質在權利社會化與權利相對化之思潮下,已發生相當之變化。民法將這思潮加以具體化之規定即第一四八條第一項規定:「權利之行使,不得違反公共利益,或以損害他人為主要目的。」第二項規定:「行使權利,履行義務,應依誠實及信用方法。」以規範權利之正當行使。故解釋上,違反者,原則上不生行使權利之效力。

⑴將自己所有,供公眾通行之道路封閉:此行為雖係對道路行使所有權,然此封閉行為,將造成妨礙交通之結果,解釋上可認係違反公共利益。依本條第一項規定,當在禁止之列。

⑵挖掘深井,雖亦屬對自己土地行使所有權,然其主要目的,既係在使鄰地水源枯竭,即屬以損害他人為主要目的,依本條第一項規定,亦屬不可。

⑶於半夜催討欠款:係請求對借款之清償,亦為權利之行使,但時間上於半夜為之,依社會一般通念,難謂為正常之作息時間,應認其權利之行使,並非誠信。依本條第二項規定,應屬不可。

案例研析

某甲在街上行走時,發現債務人某乙攜家帶眷想潛逃國外,乃將某乙一把捉住不讓他走。某乙之妻丙見狀乃將其所飼養之猛犬解開繩子,並令其向甲攻擊,甲乃以木棍將該犬打傷。試問:甲對其行為應負何種法律責任?

擬 答

按民法第一四九條規定:「對於現時不法之侵害,為防衛自己或他人之權利所為之行為,不負損害賠償之責。但已逾越必要程度者,仍應負相當賠償之責。」又第一五一條前段規定:「為保護自己權利,對於他人之自由

或財產施以拘束，押收或毀損者，不負損害賠償之責。……」

　　在此例中某甲發現債務人某乙想潛逃國外，此時如等待公力來救濟，恐緩不濟急；甲為保護自己之債權，可依據民法第一五一條自助行為之規定，將乙暫時留下，但應即時向官署聲援（參照民法第一五二條第二項）。而此時某丙令其所飼養之犬向甲攻擊，甲將之打傷乃係對於現在不法之侵害，為防衛自己之權利，所為之行為。根據民法第一四九條前段規定，可以不負損害賠償責任；但如果甲之防衛行為已逾越必要之程度時，依同條但書之規定，則仍應負相當之賠償之責。

第二編　債

第一章　通　則

第一節　總　說

一、債之意義

何謂債？乃特定人間得請求特定行為之法律關係之謂：

(一)債係一種法律關係

所謂關係，乃人與人之間之牽連。牽連之情形不一，有以權利義務為內容者，有不然者。其以權利義務為內容者，始謂之法律關係。債乃法律關係之一種。其內容包括債權及債務。

(二)債係特定人間之法律關係

所謂特定人指具體的某甲或某乙而言，債必有兩方當事人存在，而各該當事人又必須為特定人。此點與物權關係在一般情形係存在於特定人對不特定人之間者，有所不同。

(三)債係特定人間請求特定行為之法律關係

民法第一九九條第一項規定：「債權人基於債之關係，得向債務人請求給付。」可見債之關係，其主體為債權人及債務人，而債權人得向債務人請求給付。此之給付即係特定行為。雖因具體的債之內容而不同，但抽象觀之，均為特定行為則一。例如金錢債務，債權人得請求債務人給付金錢；勞務債務，債權人得請求債務人給付勞務，雖給付之內容不一，但均屬於給付，則無二致。故債之關係，在乎債權人得向債務人請求給付。

二、債法之編制

我民法第二編名為「債」，共分二章，第一章為「通則」，包括債之發生等六節，在講學上簡稱為「債總」，不獨為債法精華之所在，且為民法重要之關鍵。第二章為「各種之債」，包括買賣等共計二十七節，在講學上簡

稱「債各」，其中二十五節屬於契約（因借貸一節分為使用借貸與消費借貸，經理人與代辦商亦屬各別，故共計二十七種契約），其餘二節為證券，除民法固有之規定外，並因採取民商統一法制之故，將原應為商法之規定，亦列入數節，如交互計算、經理人及代辦商、倉庫、承攬運送等等均是。債各較債總之規定，趨向具體，故債總為理論之薈萃，債各則為實用之準繩。在今日工商社會上，債各之規定，亦日見重要矣。

本書為配合法典章節之次序，將債總及債各，仍列為一編而敘述，俾便於對照參考。

第二節　債之發生

債之發生乃創設的發生債之關係之謂，其結果一方取得債權，一方負擔債務。與債權移轉，一方亦取得債權，但其取得係繼受他人之債權者，有所不同。債之發生屬於一種法律現象，發生此現象，必有其原因。原因為何？民法債之通則章，所列者為契約、代理權之授與、無因管理、不當得利及侵權行為。本節以下分款述之。

第一款　契　約

一、契約之意義

契約有最廣義、廣義與狹義之別。最廣義之契約乃指以發生私法上效果為目的之一切合意之總稱，無論債權契約、物權契約以至身分契約（如收養契約）均屬之。廣義之契約，則指債之契約，包括債之發生契約、債之變更契約（如債權讓與契約）及債之消滅契約（如代物清償契約）在內。至於狹義契約，則專指債之發生之契約而言，即以發生債之關係為目的，而由兩個以上相對立之意思表示所致之法律行為是也。如買賣契約、委任契約、保證契約均屬之。契約既亦為法律行為之一種，故民法總則中有關法律行為之規定，於契約適用之。本節論述以狹義之契約為對象。

二、契約之種類

契約以種種不同之區別標準，可分九大類，大致與法律行為之分類相

同，並檢其重要者，列述如下：

㈠有名契約與無名契約

契約以法律有無特別規定其名稱為區別標準，可分為有名契約與無名契約。前者乃法律上特定其名稱之契約，如各種之債中之買賣、互易、交互計算、贈與、租賃等等均是。此等契約亦稱模範契約或典型契約。後者法律上並無規定其名稱，如金錢之兌換、土地之交換使用、勞務之無償供給，以及混合契約（如買賣與租賃之混合）等均屬之。前者法律既有規定，故應適用各有關規定；後者法律既無規定，故祇能依其性質準用前者之規定。

㈡雙務契約與單務契約

契約以各當事人是否互負對價關係之債務為區別標準，可分為雙務契約與單務契約（亦稱片務契約）。前者其契約一經有效成立，雙方即互負有對價關係之債務，由給付上觀之則稱為對待給付。如買賣契約、僱傭契約、承攬契約均是。後者僅一方當事人負有債務，他方則不負債務，或雖負有債務，但非對價關係之債務，如一般贈與、附負擔之贈與、保證契約等均是。雙務契約有同時履行（民法第三六九條）及同時履行抗辯權（民法第二六四條）之問題，後者則不發生斯種問題。

㈢有償契約與無償契約

契約以各當事人是否互為對價關係之給付為區別標準，可分為有償契約與無償契約。此一分類以對價關係之有無為區別標準，而前一分類亦以對價關係之有無為區別標準，二者似無不同，何須重複為之。其實前者之對價關係係從債務上著眼，後者之對價關係係從給付上著眼，二者仍有區別。申言之有對價關係之債務，結果必有對價關係之給付，故雙務契約必為有償契約，如買賣是。但相反言之，有對價關係之給付，未必基於有對價關係之債務，故單務契約有時亦為有償契約，例如附有利息之消費借貸是。蓋此種借貸，其貸與人雖為給付（交付借用物並移轉其所有權），但此之給付並非因負有債務，乃係契約成立之要件（民法第四七四條），其借用人除返還原本外，並須支付利息，此利息即係對於貸與人貸與原本之一種

對價，亦即為對價關係之給付，故此種借貸雖仍為單務契約，但卻為有償契約。有償契約與無償契約，若為財產契約時，則在瑕疵擔保上有所不同（民法第三四九、三五四、四一一條）。若為勞務契約時，則在注意義務上有所不同（民法第五三五條）。

㈣附合契約與非附合契約

契約以是否純由當事人一方決定內容，而他方祇能附合締結為區別標準，可分為附合契約與非附合契約。前者，當事人之一方預定契約條款之內容，他方當事人祇有訂約與否的自由，而無討價還價之自由，如電力供給契約、銀行存款契約，以至於人壽保險契約等屬之。後者，乃雙方當事人立於實質上平等地位而自由訂定的契約。附合契約預定契約條款之一方，大多為經濟上較強者，而依其預定條款訂約之一方，則多為經濟上之較弱者，為防止契約自由之濫用及維護交易之公平，民法第二四七條之一規定：「依照當事人一方預定用於同類契約之條款而訂定之契約，為左列各款之約定，按其情形顯失公平者，該部分約定無效：一、免除或減輕預定契約條款之當事人之責任者。二、加重他方當事人之責任者。三、使他方當事人拋棄權利或限制其行使權利者。四、其他於他方當事人有重大不利益者。」例如買賣契約約定買受人對物之瑕疵擔保之契約解除權為十年等是。

契約之分類，除以上四種外，尚有六種：①要式契約與不要式契約，②要物契約（踐成契約）與不要物契約（諾成契約），③要因契約與不要因契約（無因契約），④主契約與從契約，⑤本約與預約，⑥一時的契約與繼續性契約。此等分類因較次要，且有與法律行為之分類同者，故從略述。另有所謂強制契約，乃針對附合契約而來，即無決定內容自由之一方，雖有訂約與否之自由，但有決定內容自由之一方，則無訂約與否之自由者是，例如購買公車車票，買票者雖無還價之自由，但有購票與否之自由，而售票者雖票價由其決定，但對方祇要照價付錢，即無不賣之自由，亦即非賣不可，故謂之強制契約。

三、契約之成立

契約如何成立？應先說明者為「契約」與「契約書」之區別。契約為

意思表示之合致，簡稱合意。契約書則為記載契約之書面，並非契約本身。契約不一定有契約書，亦即不以有契約書為必要，所謂方式自由者是也。易言之契約以不要式為原則，要式為例外。民法第一五三條第一項規定：「當事人互相表示意思一致者，無論其為明示或默示，契約即為成立。」即揭明契約成立，以不要式為原則，祇要當事人合意，即可成立。然則如何始能合意？有三種方法：

㈠因要約與承諾而合致

此為最普遍的契約成立方法，一般契約多以此方法而成立，茲將要約與承諾分述之如下：

1.要　約

要約乃以訂立契約為目的，而喚起相對人承諾之意思表示。要約既為意思表示之一種，故民法總則關於意思表示之規定，於要約適用之。例如意思表示之真意保留、錯誤、被詐欺或被脅迫，以及代理、條件、期限等規定，要約均適用是。要約之方法如何，法無限制，明示、默示、對話、非對話，均無不可。但民法第一五四條第二項規定：「貨物標定賣價陳列者，視為要約。但價目表之寄送，不視為要約。」是為擬制的要約。要約一經生效，要約人自應受其拘束，是為要約之拘束力。民法第一五四條第一項規定：「契約之要約人因要約而受拘束。但要約當時預先聲明不受拘束，或依其情形或事件之性質，可認當事人無受其拘束之意思者，不在此限。」即要約人應受要約之拘束，而不得任意改變，但此乃原則。例外得不受拘束之情形有三：①要約當時預先聲明不受拘束：例如要約時先聲明，此一要約不一定遵守是。②依其情形或事件之性質可認當事人無受其拘束之意思：例如贈與契約之要約，若由受贈人為之者，即可解為無拘束力之意思是。以上兩點係上述條文但書之規定，此外③依民法第八六條真意保留之規定，若意思表示為要約，且有真意保留之情形，而為相對人所明知者，自亦不受其拘束。

要約既有拘束力如上述，然則其拘束有無時間性？當然有之，否則要約人永久受其拘束，未免苛酷，因而要約乃有消滅之時。其消滅之原因有

三：①要約之拒絕：民法第一五五條規定：「要約經拒絕者，失其拘束力。」②承諾之時期已過：此可分兩種情形：一、定有承諾期限者，民法第一五八條規定：「要約定有承諾期限者，非於其期限內為承諾，失其拘束力。」二、未定承諾期限者，如為對話要約，依民法第一五六條規定：「對話為要約者，非立時承諾，即失其拘束力。」如為非對話要約，則依民法第一五七條規定：「非對話為要約者，依通常情形可期待承諾之達到時期內，相對人不為承諾時，其要約失其拘束力。」③要約之撤回：要約既為意思表示，依民法第九五條之規定，自得於其發生效力前，加以撤回。撤回要約之通知應較要約之通知先時或同時到達始可，若較要約遲到則不生撤回之效力。不過民法第一六二條第一項規定：「撤回要約之通知，其到達在要約到達之後，而按其傳達方法，通常在相當時期內應先時或同時到達，其情形為相對人可得而知者，相對人應向要約人即發遲到之通知。」此遲到之通知一經發送即生效力（採發信主義），至是否到達，在所不問。但若怠於發送，依同條第二項規定：「相對人怠於為前項之通知者，其要約撤回之通知，視為未遲到。」即仍發生撤回要約之效力，於是相對人即無法為承諾而成立契約矣。故此種情形欲成立契約者，非發送撤回要約通知遲到之通知不可。

2.承　諾

承諾乃答覆要約之同意的意思表示，亦即表明願照要約之內容，而與要約人成立契約之意思表示。若將要約擴張、限制或為其他變更而為承諾者，視為拒絕原要約而為新要約。（民法第一六○條第二項）例如甲向乙要約賣與六法全書一百部，每部一百元。乙答覆如數照價購買，則為承諾，契約成立，甲非賣不可矣。若乙答覆願買二百部，每部價八十元，此種討價還價之承諾，契約不能成立，甲不受拘束，亦即可以不賣，但如甲願照乙之答覆出賣時，則乙之承諾，法律上視為新要約（乙之要約），以便甲向乙承諾而成立契約。因而如甲向乙表示願賣，乙即不得不買矣，因乙須受其要約之拘束故也。

其次承諾既亦為意思表示之一種，自得適用民法總則意思表示之規定。如要約定有承諾期間者，須於承諾期間承諾，方可成立契約，亦即非對話

之承諾須於承諾期間到達始可。若為期間外到達，則為遲到。不過此指一般之遲到而言，若承諾之通知，按其傳達方法，通常在相當時期內可達到而遲到，其情形為要約人可得而知者，要約人應向相對人即發遲到之通知（民法第一五九條第一項），是為承諾通知遲到之通知。此項通知，若要約人怠於為之者，其承諾視為未遲到（民法第一五九條第二項）。因而，承諾遲到之事實若非因相對人遲誤而遲到，要約人欲成立契約，即不必發此項通知，契約即為成立；否則要約人不欲契約成立之意思，非向相對人發此通知不可，要約人如為遲到之通知，該遲到之承諾即無更視為新要約之必要，相對人不受拘束。承諾遲到之事實若因相對人遲誤而遲到（即民法第一五九條第一項之情形外），則遲到之承諾，視為新要約（民法第一六○條第一項）。

又承諾之意思表示，亦得撤回，撤回時，須撤回之通知，較承諾之通知先時或同時到達始可，若較承諾之通知遲到者，則不發生撤回之效力，亦即不能阻止契約之成立。不過此亦指一般之遲到而言，若撤回承諾之通知，其到達在承諾到達之後，而按其傳達方法，通常在相當時期內應先時或同時到達，其情形為要約人可得而知者，則要約人應向相對人即發遲到之通知（民法第一六三條準用第一六二條第一項），是為承諾撤回通知遲到之通知。此項通知要約人如怠於為之者，其承諾撤回之通知，視為未遲到（民法第一六三條準用第一六二條第二項）。於是即發生撤回之效力，而契約不能成立。因此要約人若不欲成立契約時，即不必發此通知，然若欲成立契約時，則非發此通知不可。

要約與承諾一經合致，契約即為成立。不過契約之內容，單純者有之，複雜者有之。其內容複雜者，是否當事人就每一細節，均須意思合致，始能成立契約？民法第一五三條第二項規定：「當事人對於必要之點，意思一致，而對於非必要之點，未經表示意思者，推定其契約為成立，關於該非必要之點，當事人意思不一致時，法院應依其事件之性質定之。」

㈡因要約交錯而合致

要約交錯亦稱要約吻合，乃當事人互為要約，而偶然的內容一致之謂，

例如甲向乙要約願賣與六法全書一百冊，每冊一百元，而乙亦恰向甲要約願購六法全書一百冊，每冊一百元。二者內容一致，此種一致雖屬巧合，但卻不必再互為承諾，即可成立契約。因民法第一五三條規定，當事人互相表示意思一致者，契約即為成立。祇要互為意思表示即可，不限於一方為要約，一方為承諾，即雙方均為要約，而意思一致時亦可成立契約。惟雙方互為承諾，乃事實上之所無，因承諾係被動，無要約則無承諾之可言，故無因互為承諾而成立契約之問題。

要約交錯為意思合致之一方法，其效果即契約成立。然契約成立之時如何？解釋上兩要約均達到於相對人時，契約始為成立。

㈢因意思實現而合致

意思實現乃承諾無須通知，而有可以認為承諾事實時，其契約即為成立之謂。例如甲寄乙啤酒一打，言明如肯購買者，不必回音，俟數日後當來算賬云云。數日後甲果到乙處算賬，問乙啤酒如何，乙告以早已喝完。此種情形，乙喝完啤酒之事實，即可認為承諾事實，而不必另為承諾之意思表示，憑此事實，買賣契約已成立，乙不得否認，應即付款。民法第一六一條規定：「依習慣或其事件之性質，承諾無須通知者，在相當時期內，有可認為承諾之事實時，其契約為成立。前項規定，於要約人要約當時預先聲明承諾無須通知者準用之。」可知意思實現亦契約成立方法之一。

依以上三種方法成立契約，均無須具備一定方式。但當事人如約定其契約須用一定方式者，在該方式未完成前，推定其契約不成立（民法第一六六條）。又不動產物權具有高度經濟價值，為求當事人締結契約時能審慎衡酌，辨明權義關係，此次債編修正增訂民法第一六六條之一，其第一項規定：「契約以負擔不動產物權之移轉、設定或變更之義務為標的者，應由公證人作成公證書。」不過，本條所稱之契約乃指債權契約而言，若當事人間已有變動物權之合意，並已向地政機關完成物權變動之登記者，雖債權契約未經公證，亦已生物權變動之效力，自不宜因其債權契約未具備前項之公證要件，而否認該債權契約之效力。故同條第二項規定：「未依前項規定公證之契約，如當事人已合意為不動產物權之移轉、設定或變更而完

成登記者，仍為有效。」

案例研析

關於下列契約成立與否之主張是否有理？(1)甲向乙購買汽車一輛，價金尚未約定。嗣後甲不願購車，主張契約尚未成立。(2)承前題，約定價金為六十萬元。甲不願購買，主張交車日尚未約定，契約不成立。

擬 答

按民法第一五三條第一項規定：「當事人互相表示意思一致者，無論其為明示或默示，契約即為成立。」又第二項規定：「當事人對於必要之點，意思一致，而對於非必要之點，未經表示意思者，推定其契約為成立，關於該非必要之點，當事人意思不一致時，法院應依其事件之性質定之。」所謂必要之點，解釋上除指構成契約內容必要之條件外，尚及於依當事人約定，將非契約內容之必要條件之事實，視為必要之情形。故：

(1)甲乙間關於汽車之買賣契約，甲主張尚未約定價金，故契約不成立。按價金之約定，為買賣中主要之條件，其欠缺足使買賣契約無從履行，解釋上應屬必要之點。故依第一五三條第一項規定，買賣契約尚未成立，故甲之主張有理由。

(2)甲乙對汽車買賣，約定價金六十萬元，但交車日未定。按交車日之條件即令未約定，亦不足影響買賣契約之性質，難謂為契約必要之點。依第一五三條第二項規定，應推定其為成立。故除甲能反證其已依與乙之特約，將交車日視為必要，因而契約不成立外，應認甲乙間之買賣契約成立。是甲之主張為無理由。

案例研析

甲於四月一日去函於乙，表示願以一萬元買乙之機車，該信函於四月三日到達乙處，乙收信後立即回函表示願意出賣。惟甲於四月三日獲知丙亦有五千元之機車要出賣，即立刻以限時信對乙撤回前函，該信於翌日上

午到達。問甲乙間之買賣契約是否成立？

擬　答

甲於四月一日去函於乙，表示購買機車之意思，是為要約，依據民法第九五條第一項之規定，非對話之意思表示，於意思表示達到相對人時，發生效力；要約成立後，具有不可撤回性（拘束力），要約人即不得反悔（第一五四條第一項參照）。乙亦因此而取得可以承諾之地位，即承諾能力。甲嗣後雖撤回其要約，但該撤回之意思表示係於四月四日上午始到達乙處，並非與原要約同時或先時到達，不生撤回之效力（第九五條第一項但書）。故乙為承諾後，其買賣契約即成立（第一五三條第一項）。

案例研析

甲向乙購買土地一筆，雙方意思表示合致，但未經辦理公證。嗣雙方隨即會同向地政機關申請移轉登記，俟登記完成後，乙因地價高漲深感反悔，乙主張其買賣契約未經公證應屬無效，甲應依不當得利返還土地，是否有理？

擬　答

按民法第一六六條之一第一項規定：「契約以負擔不動產物權之移轉、設定或變更之義務為標的者，應由公證人作成公證書。」該土地買賣契約既未經公證人作成公證書，本應屬無效。惟甲、乙雙方基於讓與合意已完成所有權移轉登記，依同條第二項規定：「未依前項規定公證之契約，如當事人已合意為不動產物權之移轉、設定或變更而完成登記者，仍為有效。」是甲、乙之土地買賣契約仍為有效，乙之主張為無理由。

四、懸賞廣告

㈠懸賞廣告之意義

懸賞廣告乃廣告人以廣告聲明，對於完成一定行為之人，給與報酬之法律事實（民法第一六四條第一項前段）。例如登報聲明尋找遺失之愛犬，

如有尋得送還者，則給予五千元之報酬是。

　　懸賞廣告乃意思表示之一種，其性質如何？學說上有單獨行為說與契約說之別。前者認為懸賞廣告係單獨行為，一經成立，即負給付報酬之債務，惟以一定行為之完成為停止條件。非條件成就，則不予給付。後者，認為懸賞廣告本身不過為一種要約而已，須有相對人承諾，成立契約，始能發生債務。我民法將懸賞廣告列入契約中，並且八十八年債編修正將原來民法第一六四條第一項後段：「對不知有廣告而完成該行為之人，亦同。」移列為同條第四項，並將「亦同」修正為「準用之」，顯然係明示採取契約說。故懸賞廣告亦係依要約與承諾之合致而成立的契約。此種契約，其要約需依廣告方式為之，故為要式契約。至其承諾，則須完成廣告所指定之行為，契約方得成立。

　　㈡懸賞廣告之效力

　　懸賞廣告成立後，對於完成行為之人，不問是否已向廣告人為通知，廣告人即負給付報酬之義務（民法第一六四條第一項後段），行為人因而取得報酬請求權。若廣告指定之行為，由數人先後分別完成時，由最先完成該行為之人，取得報酬請求權；數人共同或同時分別完成時，則由行為人共同取得報酬請求權（同條第二項）。惟廣告人善意以為最先通知者即為最先完成行為者，給付報酬於最先通知之人時，其給付報酬之義務，即為消滅（同條第三項）。反之如廣告人明知最先通知者非最先完成指定行為之人給予報酬時，當不能免除其對於最先完成行為之人之再給付報酬之義務。

　　因完成廣告指定之行為而可取得一定之權利者，例如專利、著作權等，其權利仍屬於行為人（民法第一六四條之一）。但廣告另有聲明者，不在此限。例如廣告中特別聲明，廣告人對於行為人有請求其移轉該權利於己之權利是。

　　㈢懸賞廣告之撤回

　　民法第一六五條第一項規定：「預定報酬之廣告，如於行為完成前撤回時，除廣告人證明行為人不能完成其行為外，對於行為人因該廣告善意所受之損害，應負賠償之責。但以不超過預定報酬額為限。」蓋懸賞廣告係

對不特定人為要約，在行為人完成行為前並無拘束力（民法第一五四條第一項但書），除廣告定有完成行為之期間，推定廣告人拋棄其撤回權者外（民法第一六五條第二項），自應許廣告人得任意撤回。廣告人雖撤回廣告，但對於行為人善意所受之損害，應予賠償，不過其賠償額以預定之報酬額為限，是為有限責任。例如某甲登廣告聲明，懸賞一萬元，徵繪黃河萬里圖一幅，未定有繪畫完成之期間，嗣甲復登報聲明撤回其廣告。此時有某乙已繪完五千里，若不撤回廣告必能完成，現廣告撤回損失一萬二千元，則甲只能賠乙一萬元是。

㈣優等懸賞廣告

優等懸賞廣告乃以廣告聲明對完成一定行為，於一定期間內為通知，而經評定為優等之人給與報酬之謂（民法第一六五條之一前段）。例如獎勵學術上或技術上之發明或發現、或徵求學術上或文學上之著作或製造物、或為運動競賽等是。優等懸賞廣告性質雖屬懸賞廣告之一種，惟與一般懸賞廣告仍有不同之處，廣告人僅對一定期間內為應徵之通知，且經評定為優等之人，於評定完成時，負給付報酬之義務（民法第一六五條第一項後段）。評定之方法，原則上由廣告中已指定之人評定之。倘廣告中未指定者，則由廣告人自行決定其評定之方法。至於評定之標準，乃主觀價值之比較，故依前述方法所為評定之結果，對於廣告人及應徵人有拘束力（民法第一六五條之二），不得以評定不公，而訴請法院裁判，以代評定。

倘被評定為優等之人有數人同等時，除廣告另有聲明外，共同取得報酬請求權（民法第一六五條之三），以符公平。於優等懸賞廣告，因完成一定行為而可取得一定之權利者，除廣告另有聲明者外，其權利亦屬於行為人（民法第一六五條之四準用第一六四條之一）。

案例研析

甲於民國八十八年七月一日刊登廣告聲明謂：「據聞某絕種動物近日再度出現，懸賞五萬元，徵求拍得照片者。」乙不知有廣告情事，同年七月五日在登山途中，偶然拍得照片。丙為取得賞金報酬，幾經搜尋，亦於同

年七月十日拍得照片。問何人取得五萬元報酬請求權？

擬 答

甲刊登懸賞廣告係對不特定多數人所為之要約，行為人完成該廣告所指定之行為時，即因意思實現而生效之承諾，成立契約。倘不知有廣告而完成廣告所定行為之人，因不知要約的存在，原無從成立契約。惟民法第一六四條第四項規定：「前三項規定，於不知有廣告而完成廣告所定行為之人，準用之。」故乙仍得準用同條第一項之規定，取得報酬請求權。

民法第一六四條第二項前段規定：「數人先後分別完成前項行為時，由最先完成該行為之人，取得報酬請求權。」按此，丙雖亦拍得照片（七月十日），但係在乙完成行為（七月五日）之後，故丙不得請求報酬。惟丙若最先通知甲已拍得照片，甲因善意不知另有最先完成行為之乙，而對丙給付報酬，甲即免除對乙之給付義務（民法第一六四條第三項）。乙祇能向受領報酬之丙，依不當得利之規定請求返還其無法律上原因所受之利益（民法第一七九條）。

第二款　代理權之授與

代理有法定代理與意定代理之別，前已言之。意定代理，須由本人授與代理權始可。否則若以他人之代理人名義為代理行為時，則為無權代理。意定代理通常情形，一代理權，為一代理人，若一代理權而有數代理人時，則其代理行為應如何為之？我民法採共同代理之方式。茲將上列各點分述如下：

一、代理權授與之方法

民法第一六七條規定：「代理權係以法律行為授與者，其授與應向代理人或向代理人對之為代理行為之第三人，以意思表示為之。」即代理權授與之方法為意思表示，此項意思表示乃有相對人之意思表示，其方式有二：①向代理人為之，是為內部授權；②向第三人（代理人對之為代理行為者）為之，是為外部授權。圖示如下：

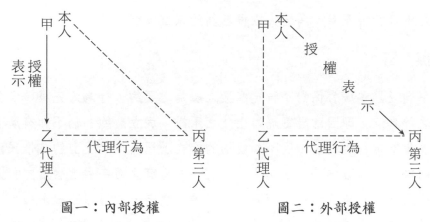

圖一：內部授權　　　　圖二：外部授權

二、共同代理

　　民法第一六八條規定：「代理人有數人者，其代理行為應共同為之。但法律另有規定或本人另有意思表示者，不在此限。」所謂共同為之，即數代理人須均為相同之意思表示，代理行為始能有效是。若欠缺一人或一人為不同之表示，則代理行為不發生效力，如此始能免予一人專擅，而收考慮周詳之效。不過此乃原則，若法律另有規定（如民法第五五六條），或本人另有意思表示無須共同為之者，則不在此限。

三、無權代理

㈠表見代理

　　表見代理乃無代理權人，有相當理由，足以令人相信其有代理權，因而其所為之代理行為，雖屬無權代理，但本人對於善意無過失之第三人須負授權責任者是也。民法第一六九條規定：「由自己之行為表示以代理權授與他人，或知他人表示為其代理人而不為反對之表示者，對於第三人應負授權人之責任。但第三人明知其無代理權或可得而知者，不在此限。」可知表見代理之成立，有兩種情形：①由自己之行為表示以代理權授與他人，結果雖未授權，但成立表見代理；②知他人表示為其代理人而不為反對之表示，結果雖未授權，亦成立表見代理。

　　表見代理之效果為本人應負授權之責任，此乃保護相對人交易安全之規定，因而若相對人明知或可得而知其無代理權者，則不值得保護，於此

情形，本人即不須負授權之責任矣。

　　以上兩種表見代理，係債編所規定，民法總則亦有表見代理發生之可能，民法第一〇七條規定：「代理權之限制及撤回，不得以之對抗善意第三人。但第三人因過失而不知其事實者，不在此限。」即代理權雖已撤回，若原代理人仍為代理行為，當然屬於無權代理，但第三人非因過失而不知其代理權已撤回者，本人即不得以其撤回與之對抗，結果仍應負有權代理之責任。

(二)無權代理

　　此之無權代理即狹義的無權代理而言，即不構成表見代理之無權代理是也。此種無權代理，依民法第一七〇條第一項規定：「無代理權人以代理人之名義所為之法律行為，非經本人承認，對於本人不生效力。」是為效力未定之法律行為，經本人承認後，始生效力，若本人拒絕承認則確定的不生效力矣。然若本人不為表示時，則豈非永懸不定，因而民法第一七〇條第二項乃規定：「前項情形，法律行為之相對人，得定相當期限，催告本人確答是否承認，如本人逾期未為確答者，視為拒絕承認。」是為相對人之催告權。又民法第一七一條規定：「無代理權人所為之法律行為，其相對人於本人未承認前，得撤回之。但為法律行為時，明知其無代理權者，不在此限。」是為相對人之撤回權。相對人有上述兩種權利，可使無權代理行為之效力，歸於確定，而不至於久懸不決也。不過催告權之行使，在任何情形下均得為之，但撤回權之行使，須相對人為善意始可，否則不能撤回也。

■ 案例研析 ■

　　甲常年居住國外，將其在國內數不動產交由其兄乙代為管理，所有有關之權狀及印鑑亦一併託由其兄保管，惟言明僅得代為出租及一般管理之行為。不料乙竟擅將其中一棟房屋，以甲之名義出售予丙，試問：此項買賣契約之效力如何？

擬　答

　　逾越代理權限之無權代理，其效力原不及於本人；惟在無權代理，所欠缺者僅本人未授與代理權而已。故民法第一七○條第一項規定：「無代理權人以代理人之名義所為之法律行為，非經本人承認，對於本人，不生效力。」是故無權代理行為之效力，應視本人是否承認為斷，故如經本人之承認，則為確定之有效行為；反之，本人若為拒絕承認之意思表示，無權代理行為即確定不生效力。

　　此例中，乙以甲之名義與丙所訂立之買賣契約，在甲承認或拒絕承認之前，並非當然無效，而係效力未定。應視甲嗣後是否承認，定其效力。然則若甲遲未表示，買賣契約效力始終不定，對於相對人影響甚大。故第一七○條第二項規定，相對人得定相當期限，催告本人確答是否承認，如其逾期未為確答者，即視為拒絕承認。又無權代理行為，在本人未承認前，生效與否原屬未定，故相對人若無意使之生效，則可於本人承認前撤回之阻止其發生效力；但相對人於為法律行為時明知代理人無代理權者，則不得撤回（第一七一條）。因此丙得依第一七○、一七一條之規定，行使催告權或撤回權，以早日確定買賣契約之效力。

第三款　無因管理

一、無因管理之意義

　　無因管理乃未受委任，並無義務，而為他人管理事務之行為。例如途遇迷路之兒童，將其送還於其父母；鄰人外出，代收其郵件，均屬於為他人管理事務之行為是。惟上述之行為，若受其父母，或鄰人之委託而為之者，則謂之委任（民法第五二八條），非此之無因管理。無因管理乃未受其委託，並無義務，而自動為之者是也。

二、無因管理之成立

　　無因管理屬於一種事實行為，雖須有管理之意思，但不以意思表示為必要，故與契約不同。無因管理之當事人，一方為管理人，一方為本人，

其成立要件，依民法第一七二條規定：「未受委任，並無義務，而為他人管理事務者，其管理應依本人明示或可得推知之意思，以有利於本人之方法為之。」可析為以下三點：①須已管理他人事務：此事務為法律的事務，抑為非法律的事務，均無不可。②須有為他人管理之意思：因此小偷將偷來之摩托車恐人認出，而改塗他色之油漆，雖係就他人之車而有操作，但因無為他人管理之意思，不得謂之無因管理。③須無法律上之義務：管理他人之事務如在法律上有義務時，不得主張無因管理，例如父母管理子女之財產（民法第一○八八條），受任人處理委任事務（民法第五三五條），受寄人保管寄託物（民法第五九○條），均不得主張無因管理是。

合乎上開要件後，無因管理即已成立，既不以意思表示為必要，則當事人雙方均得不具有行為能力。

三、無因管理之效力

無因管理成立後，一方面可以阻卻該行為之違法，因未經他人同意，擅自干涉他人事務，本屬違法行為，但無因管理係幫助他人之義舉，故阻卻違法。另一方面則可發生債權與債務關係，故無因管理亦為債之發生原因之一。然則究竟發生如何之債權債務關係？茲分述之：

㈠管理人之義務

管理人在管理前本無義務，但一著手管理，則發生下列之義務：

1.適當的管理之義務

民法第一七二條下段有：「其管理應依本人明示或可得推知之意思，以有利於本人之方法為之。」例如鄰家房屋，張貼「吉屋出租」字樣，即為其出租房屋意思之明示是；又如小兒迷途未歸，即可推知其父母有找尋之意思是。於是在前者如有人前來租屋，而主人不在時，其鄰人可代為接洽；在後者任何人遇到該小兒時，均可將其送還其家中。凡此皆係依照本人明示或可得推知之意思而為之者，可謂已盡適當的管理義務。否則民法第一七四條第一項規定：「管理人違反本人明示或可得推知之意思，而為事務之管理者，對於因其管理所生之損害，雖無過失，亦應負賠償之責。」是為管理人之無過失責任。此責任較一般債務人履行債務須以善良管理人之注

意為之者為重，故同條第二項復規定：「前項之規定，如其管理係為本人盡公益上之義務，或為其履行法定扶養義務，或本人之意思違反公共秩序善良風俗者，不適用之。」例如為本人繳納稅捐，係盡公益上之義務，為本人扶養老母，係履行法定扶養義務，對自殺者之救助，係本人之意思違反公共秩序善良風俗，均不必負無過失責任是。又民法第一七五條規定：「管理人為免除本人之生命、身體或財產上之急迫危險而為事務之管理者，對於因其管理所生之損害，除有惡意或重大過失者外，不負賠償之責。」蓋於緊急情況，難期周到，故亦減輕其責任。

2.通知義務

民法第一七三條第一項規定：「管理人開始管理時，以能通知為限，應即通知本人。如無急迫之情事，應俟本人之指示。」是為管理人之通知義務。

3.計算義務

計算義務，亦稱交待義務，即管理人對於本人應有所交待是也。依民法第一七三條第二項準用民法第五四〇條至第五四二條關於委任之規定之結果，有下列三點：

(1)報告義務：管理人應將管理事務進行之狀況，報告本人，管理關係終止時，並應明確報告其顛末。

(2)物之交付及權利移轉之義務：管理人因管理事務所收取之金錢、物品及孳息，應交付於本人。以自己之名義，為本人取得之權利，應移轉於本人。

(3)利息支付及損害賠償義務：管理人為自己之利益，使用應交付於本人之金錢，或使用應為本人利益而使用之金錢者，應自使用之日起，支付利息，如有損害，並應賠償。

㈡管理人之權利

盡義務始能享權利，管理人之義務已如上述，然則管理人之權利如何？此依民法第一七六條第一項規定：「管理事務利於本人，並不違反本人明示或可得推知之意思者，管理人為本人支出必要或有益之費用，或負擔債務，或受損害時，得請求本人償還其費用及自支出時起之利息，或清償其所負

擔之債務，或賠償其損害。」可知管理人之權利有下列三種：

1.**費用償還請求權**：費用指必要費用，例如屋頂修繕費，及有益費用，例如牆壁粉刷費而言，此兩種費用均得請求本人償還，並得請求償還利息（自支出時起算，至償還時為止，應依法定利率計算）。

2.**負債清償請求權**：此項負債指管理人以自己之名義，為本人所負之債務而言。若管理人以本人之名義負債時，則發生無權代理之問題，不在此限（若經本人承認，則對本人直接生效）。管理人以自己之名義所負之債務，在形式上雖屬管理人之債務，但實質上卻為本人之債務，故管理人有權請其向該債務之債權人清償。

3.**損害賠償請求權**：例如管理人為本人修繕門窗，因風跌落，左肩受傷。此種損害純為本人而受，故得請求賠償。

以上三種請求權，可能同時發生，同時發生時無論其總額多寡，本人均應按數負責，但民法第一七七條規定：「管理事務不合於前條之規定時，本人仍得享有因管理所得之利益，而本人所負前條第一項對於管理人之義務，以其所得利益為限。」是為本人之有限責任。蓋管理人如未依本人明示或可得推知之意思，且未以有利於本人之方法而為事務管理時，本人得不享受其因管理所得之利益，亦不負償還費用等責任，但如享受其因管理所得之利益，則其所負之責任，以其所得之利益為限，亦即其責任之最高額與所得之利益相等而已。不過此種有限責任，在為本人盡公益上之義務或為其履行法定扶養義務時，而未依本人明示或可得推知之意思而為之者，不適用之。民法第一七六條第二項規定：「第一七四條第二項規定之情形，管理人管理事務雖違本人之意思，仍有前項之請求權。」即揭明斯旨。由此可知為本人盡公益上之義務或為其履行法定扶養義務時，管理人一方面不負無過失責任（請參照前述），一方面其權利又不受限制（本人不得主張有限責任），因此種情形管理人應受尊重故也。

另學說上有所謂「不法管理」者，即明知為他人事務，仍以自己利益之意思而為管理。此類管理，管理人並無為他人管理事務之意思，本為侵權行為或不當得利之問題，並非無因管理。然而，本人依侵權行為或不當

得利之規定請求損害賠償或返還利益時，卻不及於管理人因管理行為所獲致之利益，故民法第一七七條第二項規定：「前項規定，於管理人明知為他人之事務，而為自己之利益管理之者，準用之。」使不法管理所生之利益仍歸諸本人享有，以除去引發侵權行為之經濟上誘因。例如甲將乙寄託市價一百萬元之骨董花瓶，為自己利益以一百五十萬元出售與善意的丙，並依讓與合意交付之。本人（乙）即得依本條主張不法管理人（甲）返還管理事務所得之利益一百五十萬元，並於所得利益之範圍內，負擔有限責任。

四、無因管理之消滅

民法第一七八條規定：「管理事務經本人承認者，除當事人有特別意思表示外，溯及管理事務開始時，適用關於委任之規定。」斯時無因管理即轉為委任，而無因管理之關係歸於消滅矣。

■ 案例研析 ■

甲乙係鄰居，某日乙外出旅遊，家中無人，因電線走火引起火災。甲為撲滅火源不慎打破乙家中之電視，試問：⑴甲可否向乙請求因滅火受傷所支出之醫藥費？⑵乙可否向甲請求賠償壹臺電視？

■ 擬 答

⑴民法第一七二條前段規定：「未受委任，並無義務，而為他人管理事務者……」，為無因管理成立之規定。本例中甲並無任何義務，而為乙撲滅火源，應成立無因管理。又民法第一七六條第一項規定：「管理事務，利於本人，並不違反本人明示或可得推知之意思者，管理人為本人支出必要或有益之費用，或負擔債務，或受損害時，得請求本人償還其費用及自支出時起之利息，或清償其所負擔之債務，或賠償其損害。」甲之救火行為利於乙本人，且不違反乙可得推知之意思，故甲因管理事務（即救火之行為）而受損害時，得請求乙賠償其損害，醫藥費自亦包括在內。

⑵依民法第一七五條規定：「管理人為免除本人之生命、身體或財產上之急迫危險而為事務之管理者，對於因其管理所生之損害，除有惡意或重

大過失者外，不負賠償之責。」甲撲滅失火，事出急迫，不慎打破電視，非有故意或重大過失，不負侵權行為之損害賠償。乙自不得向甲請求賠償。

第四款 不當得利

一、不當得利之意義

不當得利乃無法律上之原因，而受利益，致他人受損害之一種事件（民法第一七九條）。例如甲欠乙九萬元，業已還清，但因忘記，而再度清償，乙竟受領即構成不當得利；又如甲將白馬贈送於乙，事後贈與撤銷，乙所受之白馬，亦成為不當得利是（民法第四一九條第二項）。不當得利屬於一種事件。並非法律行為，因其不以當事人之意思表示為必要故也。不當得利之效果係基於法律規定而發生，亦為債之發生原因之一。

二、不當得利之成立

不當得利之當事人有二：①受領人：即受利益之人，此人為債務人。其債務為不當得利返還義務。②受損害人：此人為債權人，其債權為不當得利返還請求權。至不當得利之成立要件有三：

㈠受利益

即受領人須受有利益，此利益為積極得利（如財產增加），或消極得利（財產不減少），均無不可。

㈡致他人受損害

損害乃不利益之謂，有積極損害（如財產減少）與消極損害（應得利益之喪失）之別，二者均包括之。故自己受利益，而他人未受損害者，固無不當得利可言；即受利益與受損害間非基於同一事實而生者，亦不構成不當得利。

㈢無法律上之原因

一人受利益，他人受損害，必須無法律上之原因時，始成為不當得利，若有法律上之原因，則不成為不當得利。何謂無法律上之原因？學說上見解不一，但一般言之，則認為係無保有該利益之權利之意。申言之，民法第一七九條所謂「無法律上之原因」即無權利之意。因之若基於債權，或

繼承權，而受利益，則不得謂之不當得利。不過得利時雖有權利，但其後權利不存在時，仍成立不當得利（民法第一七九條下段）。

三、不當得利之效力

不當得利成立後，受領人發生返還義務。茲分返還之標的及返還之範圍兩者述之如下：

㈠返還之標的

返還之標的謂應返還何物，屬於「質」的問題，與下述返還之範圍，係指返還之多寡，屬於「量」的問題，有所不同。返還之標的，依民法第一八一條規定：「不當得利之受領人，除返還其所受之利益外，如本於該利益更有所取得者，並應返還。但依其利益之性質或其他情形不能返還者，應償還其價額。」可知返還之標的：①原物返還：原物指原所受之利益及本於該利益之所得而言，②價額償還：價額償還指以金錢償還而言，此在不能以原物償還時行之。

㈡返還之範圍

返還之範圍，因受領人係善意，抑惡意而不相同：

1.**善意受領人**：民法第一八二條第一項規定：「不當得利之受領人，不知無法律上之原因，而其所受之利益已不存在者，免負返還或償還價額之責任。」可知善意受領人僅就現存之利益（以請求返還時為準，若逕起訴者則以起訴時為準），負返還責任。若其所受之利益已不存在者，不必返還，亦不必以金錢償還其價額。不過善意受領人如將其所受之利益，無償讓與第三人時，善意受領人雖因利益不存於己而不必返還，但第三人須負返還責任。民法第一八三條規定：「不當得利之受領人，以其所受者，無償讓與第三人，而受領人因此免返還義務者，第三人於其所免返還義務之限度內，負返還責任。」按第三人之受讓，並非無法律上之原因，本不合乎不當得利之要件，但因其係「無償」受讓，法律乃較量當事人之利益，於此情形，原受損害之人較第三人更應受保護，故特規定第三人負返還責任。

2.**惡意受領人**：民法第一八二條第二項規定：「受領人於受領時，知無法律上之原因或其後知之者，應將受領時所得之利益，或知無法律上之原因

時所現存之利益，附加利息，一併償還；如有損害，並應賠償。」可知惡意受領人有二種，一為自始惡意，一為嗣後惡意。前者即受領時知無法律上之原因者，其返還範圍為應將受領時所得之利益，附加利息，一併償還，如有損害，並應賠償。後者乃於受領後始知無法律上之原因者，其返還範圍為應將知無法律上之原因時所現存之利益，附加利息，一併償還，如有損害，並應賠償。

四、特殊不當得利

特殊不當得利乃雖具備不當得利之要件，但因有特殊情形，法律上遂剝奪其返還請求權者是也。依民法第一八〇條之規定，其情形有四：

1. **給付係履行道德上之義務者**：此種不當得利在法律上雖無原因，但在道德上卻有義務（如無因管理之本人對於管理人在法律上本無給付報酬之義務，但在道德上不能無之），故不給付則已，如已給付則不得請求返還。

2. **債務人於未到期之債務因清償而為給付者**：債務未到期，本得不清償（參照民法第三一六條），但已清償，則不得請求返還，因將來終須清償也。

3. **因清償債務而為給付，於給付時明知無給付之義務者**：既明知無給付義務，何必清償，故法律不予保護，乃規定其不得請求返還，以免滋擾。

4. **因不法之原因而為給付者**：因不法之原因而為給付（例如因行賄而為給付），則法律上無保護之必要，故明定其不得請求返還，以示制裁。但不法之原因僅於受領人一方存在時，不在此限。例如因被脅迫而為給付，則給付者並無不法，故仍得請求返還。

案例研析

甲將其機車賣給其同學乙，並將機車及證件交給乙但未辦理過戶，故納稅名義人仍為甲，試問：甲於機車出賣之後繳納之稅賦，得否向乙請求返還？

擬 答

依民法第一七九條前段規定：「無法律上之原因而受利益，致他人受損

害者，應返還其利益……」又第七六一條第一項前段規定：「動產物權之讓與，非將動產交付，不生效力。……」在本例中，甲將機車交付與乙，依第七六一條第一項前段規定，乙成為機車之所有人，應負納稅義務，甲僅為名義之納稅人。今乙應納之稅款，由甲代付，是乙並無法律上之原因，而獲得免納稅款之利益，至甲則無為乙繳納稅費之意思，而因繳納稅費，受到損害，而且，乙所受之利益，係因甲之損害而來，故甲對乙得依第一七九條前段之規定，本於不當得利，請求償還所繳納之稅費。在實務運作上，有司法院 74.12.3 ⒁廳民一字第九一一號函，可資參考。

第五款　侵權行為

一、侵權行為之意義及種類

　　侵權行為乃因故意或過失，不法侵害他人權利或利益之行為（民法第一八四條）。侵權行為係違法行為，亦為債之發生原因之一，其當事人如下：

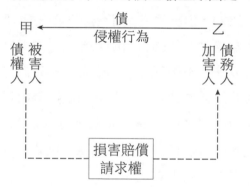

　　侵權行為分為：一般侵權行為，及特殊侵權行為。特殊侵權行為有：①共同侵權行為（民法第一八五條），②公務員之侵權行為（民法第一八六條），③法定代理人之責任（民法第一八七條），④僱用人之責任（民法第一八八條），⑤定作人之責任（民法第一八九條），⑥動物占有人之責任（民法第一九〇條），⑦工作物所有人之責任（民法第一九一條），⑧商品製造人之責任（民法第一九一條之一），⑨動力車輛駕駛人之責任（民法第一九一條之二），⑩危險製造人之責任（民法第一九一條之三）。其詳均後述之。

二、侵權行為之成立

㈠一般侵權行為之成立

侵權行為須具一定之要件，即依法成立，無須當事人之意思表示，與契約有所不同。一般侵權行為之要件如下：

1.須有加害行為

侵權行為須有加害行為，此行為包括積極的作為及消極的不作為。

2.行為須不法

不法不僅指違背強行法規而言，即違背善良風俗之行為亦包括在內。加害行為本質上即係不法，不過若具有違法阻卻事由時，則不構成不法。所謂違法阻卻事由有八：①正當防衛（民法第一四九條），②緊急避難（民法第一五○條），③自助行為（民法第一五一、一五二條），④權利之行使（民法第一四八條），⑤無因管理（民法第一七二條），⑥被害人之允諾，⑦正當業務，⑧公序良俗所認許之行為（如因競技而傷及對手）。具有此等事由之一，即可阻卻違法，不過其中正當防衛，如防衛過當；權利之行使如屬權利濫用時，仍不能阻卻違法。

3.須侵害他人之權利或利益

加害之對象，須為他人之權利（如人格權、財產權），或利益（如占有）。侵害利益而成立侵權行為，在我國民法有兩種情形：⑴故意以背於善良風俗方法之加害（民法第一八四條第一項後段），⑵違反保護他人法律之侵害（民法第一八四條第二項）。

4.須致生損害

損害乃不利益之謂，包括積極損害與消極損害，財產損害與非財產損害。損害與加害行為之間須有相當因果關係。即無此行為雖不生此損害，有此行為通常即足以生此損害者為有因果關係。反之無此行為雖不生此損害，有此行為通常亦不生此損害者，為無因果關係。

以上四者為客觀要件，以下兩者為主觀要件：

5.須有責任能力

責任能力亦稱侵權行為能力，指侵權行為人有負擔損害賠償之資格而

言。此資格之有無與人之年齡無關，與人之精神狀態有關，即凡人在行為當時，有識別能力者，即有責任能力；在行為當時，無識別能力者，即無責任能力。是乃具體的決定，而非抽象的決定，與法律行為能力，有所不同。

6.須有故意或過失

故意乃有意，過失乃無意，無論故意或過失，均可構成侵權行為，是為「過失責任主義」。故意或過失之有無，屬於事實問題，主張之者，應負舉證責任（民訴法第二七七條），但民法第一八四條第二項規定：「違反保護他人之法律，致生損害於他人者，負賠償責任。但能證明其行為無過失者，不在此限。」乃就過失設有推定，如此則主張有過失者，即可勿庸舉證矣（民訴法第二八一條）。

以上兩者為主觀要件。一般侵權行為須兼具此客觀及主觀要件，始能成立。不過此乃指採取過失責任主義而言，若採無過失責任主義時，則主觀要件即無須具備矣。

㈡特殊侵權行為之成立

1.共同侵權行為

民法第一八五條規定：「數人共同不法侵害他人之權利者，連帶負損害賠償責任。不能知其中孰為加害人者，亦同。造意人及幫助人，視為共同行為人。」是為共同侵權行為。共同侵權行為有列為一般侵權行為之中者，本書因其加害人為複數，而其責任則為連帶賠償責任，與一般侵權行為係加害人為單數，且係單獨負責者有所不同，故將其列入特殊侵權行為。本條所謂「共同」，在實務判斷上，有司法院例變字第一號，可資參考。

2.公務員之侵權行為

民法第一八六條規定：「公務員因故意違背對於第三人應執行之職務，致第三人受損害者，負賠償責任。其因過失者，以被害人不能依他項方法受賠償時為限，負其責任。前項情形，如被害人得依法律上之救濟方法，除去其損害，而因故意或過失不為之者，公務員不負賠償責任。」是為公務員之侵權行為。適用本條，須行為人具有公務員身分，而且須為執行職務之行為，其被害人須為該公務員在職機關以外之第三人。若公務員行為

使其本機關受害，則不得適用本條。（公務員執行職務害及本機關時，除法律有特別規定外，不負賠償責任，祇受懲戒處分而已，不過懲戒處分中有所謂減俸者，實際上亦等於賠償矣。所謂法律有特別規定，例如會計法第一一九條是。）

其次一般侵權行為，故意與過失同論，在公務員侵權行為，故意與過失分別論處。即公務員之侵權行為如因故意者，則不論被害人有無其他受賠償之方法，公務員概須賠償；然若因過失者，則被害人能有其他方法（例如得依國家賠償法請求賠償）受賠償時，公務員即不負賠償責任。又公務員之侵權行為無論因故意或過失，祇要法律上有救濟方法（例如租稅案件之請求更正，訴願，再訴願及行政訴訟。司法案件之上訴，抗告），除去其損害，而被害人因故意或過失不為之者，則公務員不負賠償責任。

由此觀之，公務員之侵權行為較一般侵權行為，其責任為輕。蓋公僕難為，如課以較重之責任，必致畏縮不前，事事消極，對於政事之推動，大有影響，故不得不減輕其責任也。

3. 法定代理人之責任

法定代理人之責任，並非法定代理人自己之侵權行為，而係就其被代理人之侵權行為負責任者是也。民法第一八七條第一項規定：「無行為能力人或限制行為能力人，不法侵害他人權利者，以行為時有識別能力為限，與其法定代理人連帶負損害賠償責任。行為時無識別能力者，由其法定代理人負損害賠償責任。」可知：

(1)行為人須為無行為能力人，或限制行為能力人（此兩種人之詳細說明請參照本書總則編）。

(2)法定代理人須為上述行為人之法定代理人（如未成年人之父母，民法第一〇八六條；受監護宣告之人之監護人，民法第一一一三條準用第一〇九八條），其他法定代理人不在此限。

(3)法定代理人之責任因行為人行為當時有無識別能力（即辨別是非之能力），而不相同：

①行為當時有識別能力時，法定代理人與行為人連帶負責。

②行為當時無識別能力時，由法定代理人單獨負責任，而行為人不負責任。其次法律上所以使法定代理人就其被代理人之行為負責者，乃因其負有監督義務，而監督不周所致。因此法定代理人如其監督並未疏懈，或縱加以相當之監督，而仍不免發生損害者，不負賠償責任（民法第一八七條第二項）。是為法定代理人之免責要件。法定代理人有此要件時，則免負責任。於是在上述①之情形，祇有行為人自己負責矣。在②之情形，則無人負責矣。因此民法第一八七條第三項乃規定：「如不能依前二項規定受損害賠償時，法院因被害人之聲請，得斟酌行為人及其法定代理人與被害人之經濟狀況，令行為人或其法定代理人為全部或一部之損害賠償。」是為行為人及其法定代理人之衡平責任，屬於無過失責任之一種。

又上述衡平責任之規定，係基於公平原則而來，不僅行為人為無行為能力人或限制行為能力人時適用，即其他之人，在無意識或精神錯亂中所為之行為，致第三人受損害時，亦準用之（同條第四項）。

4.僱用人之責任

僱用人之責任，亦非僱用人因自己侵權行為而負之責任；乃因其受僱人之侵權行為，而負之責任。依民法第一八八條第一項規定：「受僱人因執行職務，不法侵害他人之權利者，由僱用人與行為人連帶負損害賠償責任。但選任受僱人及監督其職務之執行已盡相當之注意，或縱加以相當之注意，而仍不免發生損害者，僱用人不負賠償責任。」是為僱用人之責任。其成立要件為：①行為人須為僱用人之受僱人，例如甲為僱用人，乙為甲之汽車司機是。②須因執行職務不法侵害他人（第三人）之權利（例如司機駕駛不慎，傷及路人是）。具備此兩要件，則僱用人與受僱人連帶負損害賠償責任。

法律上所以使僱用人就受僱人之行為負責者乃因其用人不當及監督不周之故，因而如僱用人對於選任受僱人及監督其職務之執行，已盡相當之注意或縱加以相當之注意，而仍不免發生損害者，僱用人不負賠償責任。是乃僱用人之免責要件。僱用人主張免責時，應就此要件，負舉證責任。

其次僱用人有免責要件而免責時，則祇有受僱人自己負責矣，而受僱人之資力，往往不足，被害人難免不能獲得賠償，因此民法第一八八條第

二項乃規定：「如被害人依前項但書之規定，不能受損害賠償時，法院因其聲請，得斟酌僱用人與被害人之經濟狀況，令僱用人為全部或一部之損害賠償。」是為僱用人之衡平責任，亦係基於公平原則而設者也。

5.定作人之責任

定作人與承攬人之關係乃因承攬契約而生（民法第四九〇條），其與上述之僱傭關係有所不同者，在乎僱傭關係，僱用人對於受僱人有注意選用及周到監督之義務，而承攬關係，定作人對於承攬人則無斯種義務，因而民法第一八九條本文規定：「承攬人因執行承攬事項，不法侵害他人之權利者，定作人不負損害賠償責任。」即定作人就承攬人因執行承攬事項所為之侵權行為，以不負責任為原則。但定作人於定作或指示有過失者，不在此限（同條但書），即定作人仍應負責。然則如何負責？法條規定不明顯，解釋上本條接續前（一八八）條而規定，具有前條注意規定之性質，而在文字之語氣上有所關聯，故應解為定作人與承攬人連帶負損害賠償責任為妥。

6.動物占有人之責任

動物無人格，如加害於人時，其自己不能負責，而應由其占有人負責。民法第一九〇條第一項規定：「動物加損害於他人者，由其占有人負損害賠償責任。但依動物之種類及性質，已為相當注意之管束，或縱為相當注意之管束，而仍不免發生損害者，不在此限。」所謂占有人乃對於物有事實上管領之力者是也（民法第九四〇條），其是否為所有人，在所不問。即所有人固得為占有人，即非所有人如承租人、借用人、受僱人亦均得為占有人。本條規定占有人負責，因欲免動物之加害，重在現實之管束故也。不過占有人如能證明已依動物之種類及性質，為相當注意之管束，或縱加相當注意之管束而仍不免發生損害者（即損害之發生與未為相當注意之管束，無因果關係），則不負賠償責任。

又動物之加害於人，出於該動物之自動者固有之，出於他人或他動物之挑動者亦有之。因此民法第一九〇條第二項乃規定：「動物係由第三人或他動物之挑動，致加損害於他人者，其占有人對於該第三人或該他動物之占有人有求償權。」即由加害之動物之占有人賠償，然後向挑動之第三人，

或挑動之動物之占有人請求償還。

7.工作物所有人之責任

民法第一九一條第一項規定:「土地上之建築物或其他工作物所致他人權利之損害,由工作物之所有人負賠償責任。但其對於設置或保管並無欠缺,或損害非因設置或保管有欠缺,或於防止損害之發生,已盡相當之注意者,不在此限。」所謂工作物指建築在土地上之工作物而言,條文以建築物為例示,其他工作物如橋樑、隧道、牌坊、影壁等均包括在內。工作物之加害於人,多因當初修建欠妥或日後保養不良所致,故法律乃課所有人以責任,而不使占有人負責,因與現時之管束無關故也,例如甲之房屋出租於乙(占有人),年久失修,牆壁倒塌,壓傷行人丙。此時應由甲對丙負責,而不應由乙對丙負責。此點與前述動物之加害不同。工作物所有人於損害發生時,即推定其設置或保管有欠缺,被害人於請求損害賠償時,對於此事實無須負舉證責任。不過,所有人能證明其對於建築物或工作物之設置或保管無欠缺,或損害非因設置或保管有欠缺所致,或於防止損害之發生,已盡相當之注意者,則不負責任。例如房屋整修之際,路人接近而受傷害,倘所有人能證明其房屋雖在整修中但設置保管並無欠缺,或路人受傷係因路人自傷行為所致,或其已圍設藩籬並揭示「危險勿近」,該路人仍強行進入,則所有人得主張免責。

其次民法第一九一條第二項規定:「前項損害之發生,如別有應負責任之人時,賠償損害之所有人,對於該應負責者,有求償權。」例如甲之房屋,由乙承建,交工之第二日牆壁倒塌一角,傷及行人丙。此時乙亦應負責,故甲向丙賠償後,得向乙請求償還是。

8.商品製造人之責任

民法第一九一條之一第一項規定:「商品製造人因其商品之通常使用或消費所致他人之損害,負賠償責任。但其對於商品之生產、製造或加工、設計並無欠缺或其損害非因該項欠缺所致或於防止損害之發生,已盡相當之注意者,不在此限。」本條商品製造人之責任係侵權行為責任,非契約責任,其成立要件為:

⑴責任主體須為商品製造人。即自然產物或工業產品等商品之生產、製造及或加工業者。其在商品附加標章或其他文字、符號，足以表彰係其自己所生產、製造、加工者，視為商品製造人（同條第二項）。商品如係國外所輸入者，商品輸入業者，應與商品製造人負同一之責任（同條第四項）。

⑵須係因商品之通常使用或消費致生損害。例如因使用清潔劑洗滌物品致手掌腐蝕，若係因飲用致生損害則不屬之。

⑶須致他人受有損害。消費、使用商品者或第三人均得為本條之損害賠償請求權人；且所謂損害包括權利與利益受侵害，此與消費者保護法第七條限於生命、身體、健康、財產權受侵害者不同。

⑷損害發生時，推定商品有欠缺。商品製造人欲免除其責任，則須證明其對商品之生產、製造或加工、設計並無欠缺或其損害非因該項欠缺所致或於防止損害之發生，已盡相當之注意。此亦與消費者保護法第七條係採取無過失責任者不同。例如商品如有危險性，商品製造人有附加說明之義務，應說明而未說明，即為防止損害之發生，未盡相當之注意。若商品之生產、製造或加工、設計，與其說明書或廣告內容不符者，視為有欠缺（同條第三項）。

9.動力車輛駕駛人之責任

民法第一九一條之二規定：「汽車、機車或其他非依軌道行駛之動力車輛，在使用中加損害於他人者，駕駛人應賠償因此所生之損害。但於防止損害之發生已盡相當之注意者，不在此限。」本條乃動力車輛駕駛人肇事賠償責任之特別規定，駕駛人須舉證證明其於防止損害之發生已盡相當之注意，始得主張免責。

10.危險製造人之責任

鑑於從事危險事業或活動者（例如工廠排放廢水或廢氣、筒裝瓦斯廠裝填瓦斯等是）製造危險來源而獲取利益，且通常僅其能於某種程度控制危險，一旦發生損害，若須由被害人證明其有過失，被害人將難獲得賠償之機會。故民法第一九一條之三規定：「經營一定事業或從事其他工作或活動之人，其工作或活動之性質或其使用之工具或方法有生損害於他人之危

險者，對他人之損害應負賠償責任。但損害非由於其工作或活動或其使用
之工具或方法所致，或於防止損害之發生已盡相當之注意者，不在此限。」
依本條規定，請求賠償時，被害人只須證明加害人之工作或活動之性質或
其使用之工具或方法有生損害於他人之危險性，而在其工作或活動中受損
害即可，不須證明其間有因果關係。至於加害人若能證明本條但書所規定
之事項，則免負賠償責任。

三、侵權行為之效力

　　侵權行為一經成立，則發生損害賠償問題。損害賠償為一種債務，故
侵權行為乃債之發生原因之一。被害人為債權人，加害人為債務人。被害
人取得損害賠償請求權，加害人則負有損害賠償債務。

　　賠償之範圍及方法，則因被害之對象而不相同，茲分述之：

㈠生命之侵害

　　民法第一九二條規定：「不法侵害他人致死者，對於支出醫療及增加生
活上需要之費用或殯葬費之人，亦應負損害賠償責任。被害人對於第三人
負有法定扶養義務者，加害人對於該第三人亦應負損害賠償責任。第一百
九十三條第二項之規定，於前項損害賠償適用之。」又同法第一九四條規
定：「不法侵害他人致死者，被害人之父、母、子、女及配偶，雖非財產上
之損害，亦得請求賠償相當之金額。」依以上兩條可知生命之侵害，加害
人須賠償者如下：

　1.**醫療及增加生活上需要之費用**：須向支出此等費用之人賠償醫療費及
增加生活上需要之費用。於被害人生前支出此等費用之人，固可本於無因
管理或其他法律關係，請求被害人之繼承人或其遺產管理人償還。但此項
損害原應由加害人負最後賠償責任，此次債編修正為鼓勵熱心助人之風尚，
及免除輾轉求償之煩瑣，特增訂使支出此等費用之人，得逕向加害人請求
損害賠償。

　2.**殯葬費**：須向支出殯葬費之人賠償殯葬費。此項賠償當然以金錢為之
（法律上所定之費用、金額或價額，均指以金錢計算而言）。

　3.**扶養費**：須向受被害人扶養之人，賠償扶養費。此項扶養以法定扶養

為限，民法第一一一四條所規定者是也。至於賠償方法，當然以金錢為之，並適用第一九三條第二項之規定。

4.**慰撫金**：須向被害人之父、母、子、女及配偶賠償慰撫金。此雖屬於精神損害之賠償，但仍須以金錢為之。父母衹有二人，配偶衹有一人，子、女則不一定，可能無有，亦可能有多人，均須一一對之賠償，同時此之所謂子、女包括胎兒在內（民法第七條參照）。

㈡身體健康名譽或自由等人格法益之侵害

民法第一九三條第一項規定：「不法侵害他人之身體或健康者，對於被害人因此喪失或減少勞動能力，或增加生活上之需要時，應負損害賠償責任。」即應賠償：

1.**喪失或減少之收入**：條文僅規定：「因此喪失或減少勞動能力」字樣，其實應為因喪失或減少勞動能力所喪失或減少之收入。

2.**增加之支出**：條文僅規定：「增加生活上之需要」等字樣，其實應為因增加生活上之需要所增加之支出。

以上減少收入，增加支出之賠償，均以金錢為之，且須一次為之為原則，因而同條第二項乃規定：「前項損害賠償，法院得因當事人之聲請，定為支付定期金，但須命加害人提出擔保。」

其次民法第一九五條第一項規定：「不法侵害他人之身體、健康、名譽或自由、信用、隱私、貞操或不法侵害其他人格法益而情節重大者，被害人雖非財產上之損害，亦得請求賠償相當之金額。其名譽被侵害者，並得請求為回復名譽之適當處分。」可知加害人須賠償者如下：

1.**慰撫金**：須向身體、健康、名譽或自由等人格法益（參閱民法總則編人格權之說明）受害之人賠償慰撫金。

2.**回復名譽之適當處分**：例如命公開刊載法院判決被害人勝訴之啟事或判決書之方式，即可讓社會大眾知悉法院已認定被告有妨害他人名譽之行為，而有助於填補被害人名譽所受之損害。至於可否命其登報道歉，則涉及個人言論自由及思想自由的保障問題，經一一一年憲判字第二號判決認為法院以判決命加害人道歉之情形，不在「適當處分」的範圍內。

以上兩者屬於精神損害之賠償，依同條第二項規定：「前項請求權，不得讓與繼承。但以金額賠償之請求權已依契約承諾，或已起訴者，不在此限。」即上述兩種賠償請求權，具有專屬性，原則上均不得讓與或繼承；但慰撫金之請求權，如已依契約承諾（如和解契約成立），或已起訴者，則仍得讓與或繼承。

又同條第三項規定：「前二項規定，於不法侵害他人基於父、母、子、女或配偶關係之身分法益而情節重大者，準用之。」例如未成年子女被人擄掠或配偶之一方被強制性交時，固然構成對未成年子女自由、配偶貞操等人格法益之侵害，惟父母基於監護權或他方配偶身分法益被侵害所致精神上之痛苦最深，故明定其請求慰撫金之依據。

㈢物之侵害

物之侵害指侵害動產或不動產而言，民法第一九六條規定：「不法損壞他人之物者，被害人得請求賠償其物因毀損所減少之價額。」此項賠償雖係以金錢為之，但不排除被害人請求回復原狀之權利（民法第二一三條），被害人有選擇之自由。

四、侵權行為損害賠償請求權之時效

㈠時效期間

民法第一九七條第一項規定：「因侵權行為所生之損害賠償請求權，自請求權人知有損害及賠償義務人時起，二年間不行使而消滅，自有侵權行為時逾十年者亦同。」可知侵權行為損害賠償請求權之時效期間為：

1.**二年**：自請求人知有損害及賠償義務人時起算。

2.**十年**：自有侵權行為時起算（有認為此項期間係除斥期間者）。

㈡與不當得利返還請求權之競合

所謂競合乃併存之意。侵權行為加害人因之而受有利益者有之，此時如合於不當得利之要件時，則除侵權行為之損害賠償請求權外，另成立不當得利返還請求權，而兩者併存。當事人得擇一行使之，但不當得利返還請求權之時效期間較長（法無特別規定，應適用民法第一二五條為十五年），因此民法第一九七條第二項規定：「損害賠償之義務人，因侵權行為受利益，

致被害人受損害者，於前項時效完成後，仍應依關於不當得利之規定，返還其所受之利益於被害人。」

㈢惡意之抗辯

　　民法第一九八條規定：「因侵權行為對於被害人取得債權者，被害人對該債權之廢止請求權，雖因時效而消滅，仍得拒絕履行。」是為惡意之抗辯。例如因施詐欺而取得債權，則被詐欺人得請求廢止該債權。此項廢止請求權屬於損害賠償請求權之一方式（請求回復原狀），倘因上述時效消滅，則該加害人所取得之債權並未廢止，尚屬存在。不過法律不保護惡意人，如該債權人竟行使請求權時，則被害人仍得拒絕履行（法律上所用拒絕履行、拒絕給付或拒絕清償字樣，均屬抗辯權之表示）。

■ 案例研析 ■

　　甲係一十歲之幼童，某日於街坊嬉戲時打破乙之車窗玻璃，試問：⑴乙可否向甲父丙請求損害賠償？⑵若甲為智能不足者，丙平日亦極盡其監督之能事，仍不免損害之情事發生時，乙應如何獲得補償？

■ 擬 答

　　⑴依民法第一八七條第一項規定：「無行為能力人或限制行為能力人，不法侵害他人之權利者，以行為時有識別能力為限，與其法定代理人連帶負損害賠償責任。行為時無識別能力者，由其法定代理人負損害賠償責任。」是否具有識別能力應按當時具體情狀依社會一般觀念做判斷；故甲於行為當時若有識別能力，則應與其父丙連帶負賠償責任。否則由丙單獨負責（同條項後段）。除非丙能證明其對甲之監督並未疏懈或縱加以相當之監督仍不免發生損害者，方可免責（參照民法第一八七條第二項）。

　　⑵依民法第一八七條第三項規定：「如不能因前二項之規定受損害賠償時，法院因被害人之聲請，得斟酌行為人及其法定代理人與被害人之經濟狀況，令行為人或其法定代理人為全部或一部之損害賠償。」如題⑵所示，甲無識別能力，丙若能證明自己監督並未疏懈，則乙似無法獲得賠償，此

時乙得依本項之規定，聲請法院斟酌甲及丙之經濟狀況，酌定賠償。

◼ 案例研析 ◼

　　甲於四月一日駕車不慎撞到某乙（乙無過失），乙經路人丙送醫仍不治死亡，丙為其支出醫療費二萬元。乙遺有妻丁，子戊。丁為辦理其夫之喪禮支出喪葬費五萬元。試問：丙、丁、戊得向甲為如何之主張？

◼ 擬　答

　　⑴按民法第一九一條之二規定：「汽車、機車或其他非依軌道行駛之動力車輛，在使用中加損害於他人者，駕駛人應賠償因此所生之損害。但於防止損害之發生已盡相當之注意者，不在此限。」甲因開車撞死某乙，係因駕駛動力車輛侵害乙之生命權，甲係出於不慎，未能證明於防止損害之發生，已盡相當之注意，應負損害賠償責任。

　　⑵按侵害生命權者，民法第一九二條第一項規定：「不法侵害他人致死者，對於支出醫療及增加生活上需要之費用或殯葬費之人，亦應負損害賠償責任。」第二項規定：「被害人對於第三人負有法定扶養義務者，加害人對於該第三人亦應負損害賠償責任。」又第一九四條規定：「不法侵害他人致死者，被害人之父、母、子、女及配偶，雖非財產上之損害，亦得請求賠償相當之金額。」是故丙、丁、戊得依上述規定，對甲為如下之主張：

　　一、就丙支出之醫療費用二萬元及丁支出之殯葬費五萬元，得依第一九二條第一項之規定，請求賠償。

　　二、丙為乙之妻，丁為乙之子，依民法第一一一四條第一款、第一一一六條之一等規定，乙對丙、丁各負扶養義務，故丙、丁得依第一九二條第二項規定，請求財產上之損害賠償。

　　三、又依第一九四條規定，丙、丁尚得對甲請求精神上之慰撫金。

第三節 債之標的

第一款 總 說

一、債之標的之意義

債之標的亦稱債之客體，即債務人所為之給付是也。民法第一九九條第一項規定：「債權人基於債之關係，得向債務人請求給付。」其給付即為債之標的。

二、債之標的之種類

㈠有財產價格之給付與無財產價格之給付

債之標的以在交易上可否以金錢評價為區別標準，可分為有財產價格之給付與無財產價格之給付。依民法第一九九條第二項規定：「給付，不以有財產價格者為限。」可知有財產價格者固得為給付，無財產價格者，亦得為給付。此兩者區別之實益，於強制執行上見之。

㈡作為給付與不作為給付

債之標的以其形態為區別標準，可分為作為給付與不作為給付。前者屬於積極的，後者屬於消極的。前者尚可分為：①單純的作為之給付，如提供勞務是；②給與給付，如交付某物是。後者，依民法第一九九條第三項規定：「不作為亦得為給付。」不作為給付亦可分為：①單純不作為給付，如約定不競業是；②容許的不作為給付，如民法第四二九條第二項規定之承租人不得拒絕義務是。以上區別之實益於強制執行及消滅時效之起算點上見之。

㈢種類給付、金錢給付、利息給付、選擇給付與損害賠償給付

此即民法債之標的節所為之分類是，以下分款述之。

第二款 種類之債

一、種類之債之意義

債之標的為種類給付者為種類之債，亦即以種類中一定數量指示給付

物之債是也。例如約定給付派克鋼筆十打是。吾人通常對於物之指示，應有兩種方法：①具體的指示：如謂此筆，依此指示而成立之債，謂之特定物之債，我民法對此無專條規定，事實上債之效力之規定，多以此為前提，如民法第二二五條、第二二六條是。②抽象的指示：抽象的指示即不特定某物，而僅以種類、品質、數量（類、質、量）三者指示給付物者是也。不過在一般情形，種類、數量兩者固多指明，對於品質每一項不言明者有之，此種情形，依民法第二〇〇條第一項規定：「給付物僅以種類指示者，依法律行為之性質或當事人之意思不能定其品質時，債務人應給付中等品質之物。」所謂依法律行為之性質定其品質者，如民法第三八八條、第四七四條是。

二、種類之債之特定

種類之債既為抽象的指示，如履行時仍須先為特定始可。所謂特定乃將種類之債變為特定物之債之行為也。其方法，依民法第二〇〇條第二項規定：「前項情形，債務人交付其物之必要行為完結後，或經債權人之同意指定其應交付之物時，其物即為特定給付物。」特定之後即變為特定之債，於是民法第二二五條、第二二六條之規定，即當然適用矣。

第三款　貨幣之債

一、貨幣之債之意義

貨幣之債亦稱金錢之債，乃以給付一定金額為標的之債是也。此之所謂貨幣指現正流通，而為支付之手段者而言，若歷史上曾為貨幣，而現已不流通者，如古錢，則祇能以之為商品而買賣，而不復以之為支付之手段，則非此之所謂貨幣也。

貨幣有本國貨幣與外國貨幣之別，於此均包括之。貨幣為交易之媒介，用途最廣，舉凡買賣、租賃、贈與、借貸等等，無不用之，但法律上專就貨幣所設之規定則不多，蓋貨幣之用法簡單易行，人人會用，此乃貨幣之可貴處也。

二、貨幣之債之給付

㈠本國貨幣之債

民法第二○一條規定:「以特種通用貨幣之給付為債之標的者,如其貨幣至給付期失其通用效力時,應給以他種通用貨幣。」例如約定以舊臺幣為給付,但至給付期,舊臺幣已不通用,則應以通用之新臺幣給付之。至於折合率應依政府之所定,自不待言。

㈡外國貨幣之債

民法第二○二條規定:「以外國通用貨幣定給付額者,債務人得按給付時、給付地之市價,以中華民國通用貨幣給付之。但訂明應以外國通用貨幣為給付者,不在此限。」因吾人應使用本國貨幣交易為原則,因而雖以外國貨幣定給付額,但亦得以本國通用貨幣給付之,其折合率應依給付時給付地之市價。不過若特別訂明應以外國通用貨幣為給付者,則不得以本國通用貨幣給付,而仍應以外國通用貨幣為給付。惟現時禁止外幣流通,此種約定如在禁止前,而給付期在禁止後,則變為給付不能(嗣後不能),應依給付不能之規定處理;若此種約定在禁止後,則係以不能之給付為契約之標的,其約定應屬無效(民法第二四六條參照)。

第四款 利息之債

一、利息之債之意義

利息之債者以給付利息為標的之債也。至何謂利息?乃比例原本數額之多寡,及存續期間之長短,依一定比率計算,而以金錢或其他代替物為給付之一種法定孳息。可見利息之債必先有原本之債,故利息之債,具有從債務之性質,非有原本之債,則利息之債無從發生;原本債權移轉時,利息債權原則上亦隨同移轉(民法第二九五條);原本債權消滅時,利息債權亦隨同消滅(民法第三○七條)。

二、利息之債之計算

利息之債,其計算須依據利率。利率有法定利率與約定利率之別,而利息亦有法定利息(如遲延利息,民法第二三三條)與約定利息之分,但

無論法定利息或約定利息，均得先依約定利率計算，無約定利率時，始依法定利率計算。茲分述之：

（一）約定利率

依契約自由原則，利率亦可自由約定，但利率高低關乎國家金融政策，亦即有關公益，故應受下列之限制：

1.**較高利率之限制**：民法第二〇四條第一項規定：「約定利率逾週年百分之十二者，經一年後，債務人得隨時清償原本。但須於一個月前預告債權人。」是為較高利率之限制，逾此限制，則債務人得提前還本，以免期長息多，負擔過重。所謂預告債權人，應為預先終止契約之意。又此項規定屬於強行規定，因而其提前還本權，當事人不得以契約除去或限制之（同條第二項）。

2.**最高利率之限制**：民法第二〇五條規定：「約定利率，超過週年百分之十六者，超過部分之約定，無效。」是為最高利率之限制。本法為防止資產階級重利盤剝起見，特設最高利率之限制，鑑於近年來存款利率已大幅調降，最高約定利率之限制亦應配合社會現況作適度調整，爰由週年百分之二十，調整為週年百分之十六，並且強化最高約定利率之管制效果，明定「超過部分之約定，無效」，則債權人受領超過部分之利息構成不當得利，債務人得請求返還，以保護經濟弱者之債務人。金錢債務之最高利率之限制，原應適用利率管理條例第四、五條，惟該條例廢止後，金錢及非金錢債務，仍應適用民法第二〇五條。

3.**巧取利益之禁止**：民法第二〇六條規定：「債權人除前條限定之利息外，不得以折扣或其他方法，巧取利益。」例如借款一萬元，雖約定利率不高，但交付八千元當作一萬元原本，而生利息，即為巧取利益。巧取利益屬於脫法行為，應歸無效。

4.**複利之禁止**：民法第二〇七條規定：「利息不得滾入原本再生利息。但當事人以書面約定，利息遲付逾一年後，經催告而不償還時，債權人得將遲付之利息滾入原本者，依其約定。前項規定，如商業上另有習慣者，不適用之。」蓋依複利計算，可發生所謂重利盤剝之問題，故我民法原則上

加以禁止，以保護經濟上之弱者，除有本條第一項但書及第二項之情形外，利息不得依複利計算之。

㈡法定利率

法定利率即法律上規定之利率，於當事人未約明利率時，補充適用之。法定利率現時有二種：

1. **民法上之法定利率**：民法第二〇三條規定：「應付利息之債務，其利率未經約定，亦無法律可據者，週年利率為百分之五。」

2. **票據法上之法定利率**：票據法第二八條第二項規定：「利率未經載明時，定為年利六釐。」

◙ 案例研析 ◙

甲向乙借款十萬元，約定為期一年，年利率為三〇％，試問：⑴屆期甲應償還乙若干金額？⑵若乙預扣三萬元作為利息，僅交予甲七萬元，問甲應償還多少本金及利息？

◙ 擬 答

⑴民法第二〇五條規定：「約定利率，超過週年百分之十六者，超過部分之約定，無效。」既明定為「無效」，則債權人對於超過部分，即無權請求，債務人對於超過部分，得主張債務不存在。故甲僅須償還本金十萬元及一萬六千元之利息。

⑵又依民法第二〇六條規定：「債權人除前條限定之利息外，不得以折扣或其他方法巧取利益。」民法雖限定最高利率為二〇％，然為預防債權人設法規避，而巧立名目或藉折扣等迂迴方式，以達巧取利益之目的，故法律特予明文禁止；因之，巧取利益之行為應屬無效（第七一條）。本例中，乙預扣三萬元之利息，則實際上甲所收受者，為七萬元。故應以七萬元為原本計算其利息。所以甲僅需返還本金七萬元及按週年率十六％計算之利息一萬一千二百元。

第五款　選擇之債

一、選擇之債之意義

選擇之債乃於數給付中，得選定其一以為給付之債是也（民法第二〇八條）。例如約定就鋼琴一架、二十四史一部、張大千長江萬里圖一幅，任選其一以為給付是也。選擇之債在成立之初，債之關係雖屬單一，但債之標的則有數宗，迨為給付時，則又祇能選出一宗為之。故選擇之債在成立時，其標的並未特定，僅其範圍確定，而在該範圍內得加以選擇而已。

二、選擇之債之特定

選擇之債，其標的既未特定，當然於履行前加以特定始可。其特定之方法如下：

㈠選　擇

選擇之債因選擇而特定。所謂選擇乃數宗給付中，選定一宗之意思表示。為此意思表示之人須有選擇權，選擇權為一種形成權，一經行使，即發生特定之效果。然則何人有選擇權？

1.**約定**：選擇權可以自由約定，屬於債權人，或屬於債務人或第三人均無不可。

2.**法定**：無約定時，應依法律規定。法律規定有特別規定與一般規定之別，適用時當然特別規定為優先，所謂法律特別規定，例如民法第二二五條第二項規定之選擇權，屬於債權人是。然如無約定又無特別規定時，依民法第二〇八條規定：「於數宗給付中得選定其一者，其選擇權屬於債務人。但法律另有規定或契約另有訂定者，不在此限。」故選擇權原則上屬於債務人。

其次選擇權有時可以移屬，即民法第二一〇條規定：「選擇權定有行使期間者，如於該期間內不行使時，其選擇權移屬於他方當事人。選擇權未定有行使期間者，債權至清償期時，無選擇權之當事人，得定相當期限催告他方當事人行使其選擇權，如他方當事人不於所定期限內行使選擇權者，其選擇權移屬於為催告之當事人。由第三人為選擇者，如第三人不能

或不欲選擇時，選擇權屬於債務人。」

最後選擇權之行使方法，為意思表示，即債權人或債務人有選擇權者，應向他方當事人以意思表示為之。由第三人為選擇者，應向債權人及債務人以意思表示為之（民法第二○九條）。選擇權一經行使，則債之標的特定，而變為特定物之債矣。不過選擇之效力，應溯及於債之發生時（民法第二一二條）。

㈡給付不能

給付不能亦為選擇之債之特定方法，即數宗給付中，有自始不能或嗣後不能給付者，債之關係僅存在於餘存之給付（民法第二一一條本文）。此時如餘存之給付，尚有二宗以上時，仍須選擇，然若僅有一宗時，即歸特定矣。故給付不能有時亦為選擇之債之特定方法，不過其不能之事由，應由無選擇權之當事人負責者，不在此限（同條但書）。

案例研析

甲有 A、B 兩匹馬，與乙成立一買賣契約，約定由甲於 A、B 兩匹馬中擇一交付予乙。嗣後因天災致 A 馬死亡，試問：⑴乙可否拒絕 B 馬之給付？⑵若 A 馬之死亡係由乙所致，甲可否請求乙賠償？

擬 答

⑴民法第二一一條規定：「數宗給付中，有自始不能或嗣後不能給付者，債之關係僅存在於餘存之給付。但其不能之事由，應由無選擇權之當事人負責者，不在此限。」A 馬之死亡為給付不能，且係由天災事變所致，為屬不可歸責於雙方當事人之事由，依民法第二一一條規定，債之關係，僅存在於餘存之給付，亦即此時，甲乙間買賣關係存在於 B 馬。易言之，本屬在 A、B 二匹馬中，擇一交付之選擇之債，已因 A 馬之給付不能，而特定為 B 馬。故乙不得拒絕 B 馬之給付。

⑵A 馬之死若由乙所致，依前述第二一一條但書規定，則債之關係，存在於 A、B 二馬，非僅存於 B 馬，故無特定可言。此時有選擇權人甲仍

得選擇給付不能之一宗（即 A 馬），而免給付義務（參照民法第二二五條第一項），並可向乙請求對待給付。若甲選擇 B 馬為給付，乙除應支付買賣價金外，尚應對 A 馬之死負侵權行為責任，需賠償甲因 A 馬死亡所受之損害。

第六款　損害賠償之債

一、損害賠償之債之意義

損害賠償之債乃以賠償損害為標的之債也。所謂損害乃於人身或財產所生之不利益是；所謂賠償乃填補其損害是也。損害賠償之債，多因法律規定而發生，其主要原因有侵權行為或債務不履行兩者，但亦有因契約而生者，如因保險契約而生損害賠償是。

二、損害賠償之方法

損害賠償既在乎填補損害，故其方法乃以回復原狀為原則，以金錢賠償為例外。民法第二一三條第一項規定：「負損害賠償責任者，除法律另有規定或契約另有訂定外，應回復他方損害發生前之原狀。」例如打碎玻璃者應配以原樣玻璃，妨害名譽者應為回復名譽之適當處分，取得債權者應廢止其債權，竊得金錢者應給付金錢，均為回復原狀是。然回復原狀，若必由債務人為之，對債權人有時可能緩不濟急，或不能符合被害人之意願，故債權人亦得請求支付回復原狀所必要之費用，以代回復原狀（民法第二一三條第三項）。因回復原狀而應給付金錢者，自損害發生時起，加給利息（民法第二一三條第二項）。

其次損害賠償之方法雖以回復原狀為原則，但回復原狀遲延，或回復原狀不能時，則應以金錢賠償。民法第二一四條規定：「應回復原狀者，如經債權人定相當期限催告後，逾期不為回復時，債權人得請求以金錢賠償其損害。」又民法第二一五條規定：「不能回復原狀或回復顯有重大困難者，應以金錢賠償其損害。」即係揭明斯旨者也。又因侵權行為所生之損害賠償，法律上多規定以金錢賠償之，如殯葬費、扶養費、慰撫金等均是。

三、損害賠償之範圍

㈠一般範圍

損害賠償之範圍，一般言之，應填補所受損害及所失利益。民法第二一六條規定：「損害賠償，除法律另有規定或契約另有訂定外，應以填補債權人所受損害及所失利益為限。依通常情形，或依已定之計劃、設備或其他特別情事，可得預期之利益，視為所失利益。」

㈡特殊範圍

特殊範圍指縮小、減輕或免除之情形而言：

1.**所失利益不賠**：民法上規定僅賠償所受損害，而不賠償所失利益者有之，如第九一條、第二四七條所定之損害賠償，在解釋上均不包括所失利益是。

2.**過失相抵**：民法第二一七條規定：「損害之發生或擴大，被害人與有過失者，法院得減輕賠償金額或免除之。重大之損害原因，為債務人所不及知，而被害人不預促其注意或怠於避免或減少損害者，為與有過失。前二項之規定，於被害人之代理人或使用人與有過失者，準用之。」是為過失相抵。蓋被害人自己或其代理人、使用人既有過失，則其損害自不能全令相對人賠償也。由此可知，損害賠償係以有過失之一方賠償無過失而受害之一方為原則。

3.**損益相抵**：損益相抵乃損害賠償請求權人因同一賠償原因事實，受有利益時，應將所受利益，由所受損害中扣除，以定賠償範圍者是也（民法第二一六條之一）。所謂所受利益無論積極利益或消極利益均包括之，例如運送物喪失，運送人應向託運人賠償，但因運送物喪失，託運人無須支付運費或其他費用時，則此項省付之費用，應由賠償額中扣除之（民法第六三八條）。

4.**生計關係之酌減**：損害非因故意或重大過失所致者，如其賠償致賠償義務人之生計有重大影響時，法院得減輕其賠償金額（民法第二一八條）。

5.**讓與請求權**：民法第二一八條之一第一項規定：「關於物或權利之喪失或損害，負賠償責任之人，得向損害賠償請求權人，請求讓與基於其物之

所有權或基於其權利對於第三人之請求權。」學說上稱為賠償義務人之「讓與請求權」。此項請求權與損害賠償義務解釋上有對價關係，得準用民法第二六四條同時履行抗辯權之規定（同條第二項）。例如甲將其衣物寄託於乙，因乙之過失，致被第三人丙將該衣物竊去。此時甲基於其衣物之所有權，對於丙有返還請求權，基於寄託契約對於乙有損害賠償請求權。倘乙向甲賠償時，得請求甲應同時將其對丙之返還請求權讓與自己是。

第四節　債之效力

第一款　總　說

債之效力者乃債之關係成立後，為實現其內容，法律上賦與當事人之效果或權能也。債權與物權不同，債權須有債務人之履行，債權人始能達到目的。故債之效力在正面言之則為債務履行，在反面言之，則為債務不履行。

債務履行，應遵守誠信原則，民法第一四八條第二項定有明文。又民法第二二七條之二規定：「契約成立後，情事變更，非當時所得預料，而依其原有效果顯失公平者，當事人得聲請法院增、減其給付或變更其他原有之效果。」此即所謂情事變更原則。此一原則固以適用契約之情形最多，惟非因契約所發生之債，例如無因管理、不當得利等，遇情事變更時，亦得準用（同條第二項）。

債務不履行乃債務人侵害債權之一種特殊的侵權行為，其種類有三：①給付不能，②不完全給付及③給付遲延是也。此外由債務人給付時，債權人拒絕或不能受領之時亦有之，是為受領遲延。又債權人對於債務人財產之保全有代位權與撤銷權之問題，而契約之效力及解除以至雙務契約涉他契約等問題，在法典上亦均規定於債之效力節內，本書以下依次述之。

第二款　債務不履行

一、債務不履行之歸責事由

債務不履行雖有四種狀態，已如上述，但此四者均須可歸責於債務人始可。所謂可歸責者即債務人具有應負責任之事由是也。此應負責任之事由，謂之歸責事由。

歸責事由，因現行民法係採「過失責任主義」，故原則上以故意或過失為限。民法第二二〇條第一項規定：「債務人就其故意或過失之行為，應負責任。」其反面即為若無故意或過失時，則不必負責，亦即不採「無過失責任主義」。

其次過失有重大過失（欠缺一般人之注意），具體的輕過失（欠缺與處理自己事務為同一之注意），抽象的輕過失（欠缺善良管理人之注意）等三種。然則債務人究應就何種過失負責？民法第二二〇條第二項規定：「過失之責任，依事件之特性而有輕重，如其事件非予債務人以利益者，應從輕酌定。」例如贈與人履行贈與債務，即非予贈與人自己以利益，其責任應從輕定之，故僅就重大過失負給付不能之責任是（民法第四一〇條）。又如在有償之委任，受任人既受有報酬（予債務人以利益），其責任應從重定之，故應就抽象輕過失負責（民法第五三五條後段）。又故意或重大過失之責任屬於輕責任，債務人最少限度亦應負此種責任，故民法第二二二條規定：「故意或重大過失之責任，不得預先免除。」同時民法第二二三條規定：「應與處理自己事務為同一注意者，如有重大過失，仍應負責。」亦所以貫徹債務人最低限度應就重大過失負責之旨。

債務人就故意或過失負責，是否以自己之故意或過失為限？不然！就其代理人或使用人之故意或過失，亦應負責。民法第二二四條規定：「債務人之代理人或使用人，關於債之履行有故意或過失時，債務人應與自己之故意或過失負同一責任。但當事人另有訂定者，不在此限。」又債務人為無行為能力人或限制行為能力人者，其履行債務自己有過失時，不但其自己負責，其法定代埋人亦應連帶負責（民法第二二一條、第一八七條）。

依據上述，民法上既採過失責任主義，則債務人倘無過失則不必負責。然何謂無過失？所謂無過失乃指事變而言。事變有「普通事變」與「非常事變」之別。前者例如第三人之行為是；後者亦稱「不可抗力」，例如颱風、地震等天然災害，及戰爭之爆發、法令之改變等人為之因素均屬之。事變債務人不負責任乃屬原則，例外法律明定須負責者亦有之。例如民法第六〇六條旅店主人解釋上當然應就普通事變負責，而民法第二三一條規定就不可抗力負責是。

二、債務不履行之種類

㈠給付不能

給付不能為債務不履行之主要者，茲分意義及效力兩點說明之：

1.給付不能之意義

給付不能者乃債務人不能依債之本旨，履行債務之謂。惟此之不能指嗣後不能而言，客觀自始不能則契約無效（民法第二四六條），並非債務不履行之問題。

2.給付不能之效力

給付不能之效力因其事由是否可歸責於債務人而不相同：

⑴因不可歸責於債務人之事由之給付不能：民法第二二五條第一項規定：「因不可歸責於債務人之事由，致給付不能者，債務人免給付義務。」例如非因債務人之故意或過失，而係因第三人之行為，致給付不能時，債務人即可免給付義務。不過此種情形，債務人對該第三人得請求損害賠償，因而民法同條第二項規定：「債務人因前項給付不能之事由，對第三人有損害賠償請求權者，債權人得向債務人請求讓與其損害賠償請求權，或交付其所受領之賠償物。」是為債權人之代償請求權。

⑵因可歸責於債務人之事由之給付不能：因可歸責於債務人之事由致給付不能時，債務人應負債務不履行責任，民法第二二六條第一項規定：「因可歸責於債務人之事由，致給付不能者，債權人得請求賠償損害。」惟給付不能有全部不能與一部不能之別。全部不能應全部賠償，一部不能應一部賠償，其可能之部分，尚須履行。履行時債權人不得不予受領，但

給付一部不能者，若其他部分之履行，於債權人無利益時，則債權人得拒絕該部之給付，而請求全部不履行之損害賠償（民法第二二六條第二項）。

㈡不完全給付

不完全給付乃債務人不依債之本旨，所為之給付是也。不完全給付與一部給付不同，不完全給付係對完全給付而言，一部給付係對全部給付而言。不完全給付主要係「質」的問題，一部給付專指「量」的問題，但二者每易混為一談。我民法第二二七條係規定不完全給付，並非一部給付，我民法第三一八條始為一部給付之規定。

其次，不完全給付係積極的債務違反，即因可歸責於債務人之事由，提出不符合債務本旨之給付，此與因可歸責於債務人之事由致給付不能及後述之給付遲延，係消極的債務違反不同。再者，不完全給付與買賣契約之出賣人瑕疵擔保責任有關但仍有區別，前者係債務不履行之一種，仍屬於過失責任；後者，則係無過失責任。凡此不可不注意。

不完全給付有兩類：

1.**瑕疵給付**：即債務人之給付含有瑕疵，例如給付書本缺頁或給付古畫破損。民法第二二七條第一項規定：「因可歸責於債務人之事由，致為不完全給付者，債權人得依關於給付遲延或給付不能之規定行使其權利。」故如屬瑕疵給付，僅發生原來債務不履行之損害，應分別情形適用之。如不完全給付之情形尚能補正者，債權人可依遲延之法則行使權利，例如缺頁書籍請求更換新書，並請求其賠償因遲延所生之損害（民法第二三一條第一項）；如不完全給付之情形不能補正者，債權人可依不能之法則行使權利，例如古畫破損無法修復，債權人唯有請求損害賠償（民法第二二六條）。

2.**加害給付**：即債務人之給付，不但含有瑕疵，且因其瑕疵致債權人遭受其他損害，例如出賣人交付病雞致買受人雞群亦受感染而死亡。此時依民法第二二七條第一項規定：「因不完全給付而生前項以外之損害者，債權人並得請求賠償。」

㈢給付遲延

1.給付遲延之意義

給付遲延乃債務已屆履行期,而給付可能,祇因可歸責於債務人之事由而未為給付之謂。給付遲延係未為給付,與給付拒絕之不為給付之情形不同。但均未能使債權人獲得清償則一,故給付遲延亦為債務不履行之一種,且為習見者。亦即債務不履行以給付遲延之情形較多。

給付遲延則債務人應負遲延責任。然則於何時始負之?因給付有確定期限與否而不相同:

⑴給付有確定期限者:民法第二二九條第一項規定:「給付有確定期限者,債務人自期限屆滿時起,負遲延責任。」

⑵給付無確定期限者:民法第二二九條第二項規定:「給付無確定期限者,債務人於債權人得請求給付時,經其催告而未為給付,自受催告時起,負遲延責任。其經債權人起訴而送達訴狀,或依督促程序送達支付命令,或為其他相類之行為者,與催告有同一之效力。」又前項催告定有期限者,債務人自期限屆滿時起負遲延責任(同條第三項)。

給付遲延既為債務不履行之一種,故債務人之責任應為過失責任,亦即須有可歸責於債務人之事由時,債務人始負遲延責任,因而民法第二三○條規定:「因不可歸責於債務人之事由,致未為給付者,債務人不負遲延責任。」是乃從債務人免責方面所為之規定,屬於一種舉證責任轉換,債權人主張債務人負責任,不必就可歸責於債務人之事由舉證,而債務人主張不負責時,須就不可歸責於自己之事由舉證,此點與侵權行為之被害人須就加害人之故意或過失舉證者有所不同。所以特別保護債權人也。因而債務逾期,如債務人未為給付時,即當然構成給付遲延,債務人如欲免責,須證明自己無故意或過失始可。

2.給付遲延之效力

給付遲延,債務人須為損害賠償。此尚視其債務係金錢債務,抑係非金錢債務而有差異:

⑴金錢債務之給付遲延:民法第二三三條規定:「遲延之債務,以支付

金錢為標的者，債權人得請求依法定利率計算之遲延利息。但約定利率較高者，仍從其約定利率。對於利息，無須支付遲延利息。前二項情形，債權人證明有其他損害者，並得請求賠償。」

(2)非金錢債務之給付遲延：民法第二三一條規定：「債務人遲延者，債權人得請求其賠償因遲延而生之損害。前項債務人在遲延中，對於因不可抗力而生之損害，亦應負責。但債務人證明縱不遲延給付，而仍不免發生損害者，不在此限。」可見債務人在給付遲延中，就不可抗力亦應負責，屬於無過失責任。

又民法第二三二條規定：「遲延後之給付，於債權人無利益者，債權人得拒絕其給付，並得請求賠償因不履行而生之損害。」

三、債務不履行之共通的效力

債務不履行之種類及其各別效力，已如上述，至其共通的效力，則不外：

㈠強制執行

債務人履行債務乃屬當然，若不履行時，除有得為自助之情形（民法第一五一條），債權人得為自力救濟外，應以請求公力救濟為原則，亦即得聲請法院強制執行是也。強制執行須依強制執行法之規定為之。

㈡損害賠償

債務人不履行債務致其財產權受侵害者，債權人固得請求損害賠償。如債務人因債務不履行，致債權人之人格權受侵害者，債權人亦得準用民法第一九二至一九五條及第一九七條之規定，請求損害賠償（民法第二二七條之一）。關於損害賠償之範圍及方法，如前所述，於茲不贅。

第三款　受領遲延

一、受領遲延之意義

受領遲延乃履行上需要債權人受領之債務，債務人已為合法之提出，而債權人未予受領之事實也。其要件：

㈠須履行上需要債權人受領之債務

例如貨物之點收，權利移轉之接受是。若無需受領之債務，如不作為

債務,則不生受領遲延之問題。

(二)須債務人已為合法之提出

民法第二三五條規定:「債務人非依債務本旨實行提出給付者,不生提出之效力。但債權人預示拒絕受領之意思,或給付兼需債權人之行為者,債務人得以準備給付之事情,通知債權人,以代提出。」

(三)須債權人未予受領

債務人合法提出,債權人若已受領時,則為債之清償(民法第三○九條),不生受領遲延之問題。必須債權人未予受領,始生受領遲延問題。所謂未予受領,應分兩種情形:①拒絕受領,②不能受領是也。民法第二三四條規定:「債權人對於已提出之給付,拒絕受領或不能受領者,自提出時起,負遲延責任。」可見拒絕受領或不能受領,債權人均須負受領遲延之責任。

惟不能受領有永久不能與一時不能之別。其一時不能者,依民法第二三六條規定:「給付無確定期限,或債務人於清償期前得為給付者,債權人就一時不能受領之情事,不負遲延責任。但其提出給付,由於債權人之催告,或債務人已於相當期間前預告債權人者,不在此限。」

二、受領遲延之效力

債權人負受領遲延責任後,則債務人之責任減輕,有時且得免除:

(一)債務人責任減輕

在債權人遲延中,債務人僅就故意或重大過失負責(民法第二三七條)。若有利息之債務,在債權人遲延中,債務人無須支付利息(民法第二三八條)。而債務人應返還由標的物所生之孳息或償還其價金者,在債權人遲延中,以已收取之孳息為限,負返還責任(民法第二三九條)。又債權人遲延者,債務人得請求其賠償提出及保管給付物之必要費用(民法第二四○條),以減輕自己之負擔。

(二)債務人責任免除

債權人遲延後,債務人得將其給付物提存(民法第三二六條)藉以免責。若有交付不動產義務之債務人,於債權人遲延後,得拋棄其占有。前

項拋棄，應預先通知債權人。但不能通知者，不在此限（民法第二四一條）。

■ 案例研析 ■

甲出賣一條狗與乙，約定隔天交狗。甲如期將狗送至乙住處，但乙拒絕受領，甲即將狗牽回；嗣後狗因甲之過失而死掉，試問：(1)乙可否向甲請求賠償？(2)甲得否向乙請求價金，以及將狗牽回後之保管費用？

■ 擬 答

(1)民法第二三四條規定：「債權人對已提出之給付，拒絕受領或不能受領者，自提出時起，負遲延責任。」甲將狗送至乙住處，係已為合法之提出（現實提出），而乙卻拒絕受領，故乙自甲提出之時起，即負遲延責任。依民法第二三七條規定：「在債權人遲延中，債務人僅就故意或重大過失，負其責任。」本例中，甲係因過失，使狗死亡。依本條規定，甲並不負責任。是故，乙即不得再向甲請求賠償。

(2)按民法第二六七條前段規定：「當事人之一方，因可歸責於他方之事由，致不能給付者，得請求對待給付……。」在本例中，狗之死亡成為給付不能，而乙之拒絕受領，係可歸責於乙方之事由，故甲仍得向乙請求對待給付，即價金之給付。又依民法第二四〇條規定：「債權人遲延者，債務人得請求其賠償提出及保管給付物之必要費用。」故甲得再向乙請求賠償提出之必要費用，及自遲延受領後，至狗死亡時止，甲所支出之飼料費或其他必要之保管費用。

第四款 保 全

一、保全之意義

保全亦稱債權之保全，乃債權人為確保其債權之獲償，用以防止債務人財產減少之權利也。其權有二，一為代位權；一為撤銷權。憑此二者可以防止債務人財產之減少，以便於強制執行。故此之保全乃強制執行之前提程序。

二、代位權

代位權乃債權人為保全其債權,得以自己之名義,行使債務人權利之權利。其要件如下:

㈠須債務人怠於行使其權利

民法第二四二條規定:「債務人怠於行使其權利時,債權人因保全債權,得以自己之名義,行使其權利。但專屬於債務人本身者,不在此限。」例如甲為乙之債權人,乙為丙之債權人。倘乙怠於向丙行使債權時,甲為保全自己之債權,得代位乙行使乙對於丙之債權是。不過乙對丙之債權若為專屬權時(如民法第一九五條),則甲不得代位行使。

㈡須債權人有保全債權之必要

上例甲代位行使乙之權利,係干涉他人之事務,非有保全債權之必要則不得為之。所謂必要,如甲不代乙行使權利,則甲債權之獲償將受影響是。

㈢須債務人已負遲延責任

民法第二四三條規定:「前條債權人之權利,非於債務人負遲延責任時,不得行使。但專為保存債務人權利之行為,不在此限。」前例甲行使代位權,須於自己之債權,已屆清償期,而乙未清償時,始得代乙行使對丙之權利。不過乙對丙之權利,若待甲之債權屆清償期時,則時效完成,因而甲為保存該債權免於時效完成之不利,得及早代乙行使權利,向丙為中斷時效行為是。

三、撤銷權

撤銷權者乃債權人對於債務人所為有害債權之行為,得聲請法院予以撤銷之權利。其要件如下:

㈠須債務人曾為行為

例如債務人將其土地廉價出售於第三人(有償行為);或將其房屋贈與友人(無償行為)均是。

㈡須其行為有害債權

債權人之撤銷權,不但干涉債務人之行動,且妨害第三人交易之安全,

非債務人之行為有害債權時，則不得行使之。例如債務人無償贈與第三人財產，足以喪減其清償能力。若債務人之行為，使其財產或負債同時增加，或僅使財產變更型態，實質上並未減少其清償能力，且尚有其他財產足供清償者，不得謂有害債權。故僅有害於以給付特定物為標的之債權時，債權人不得行使撤銷權（民法第二四四條第三項後段）。

(三)須其行為以財產為標的

債務人之行為，若非以財產為標的，債權人不得行使撤銷權（民法第二四四條第三項前段）。

具備上述要件，依民法第二四四條第一、二項規定：「債務人所為之無償行為，有害及債權者，債權人得聲請法院撤銷之。債務人所為之有償行為，於行為時明知有損害於債權人之權利者，以受益人於受益時亦知其情事者為限，債權人得聲請法院撤銷之。」其撤銷所以須聲請法院者，乃因撤銷權之行使，有礙交易之安全，非法院裁判，恐有不妥也。又債權人依前述規定聲請撤銷時，得並聲請命受益人或轉得人回復原狀，無須另依民法第二四二條之規定聲請命其返還財產權及其他財產狀態之復舊。但轉得人於轉得時不知有撤銷原因者，不在此限（民法第二四四條第四項）。撤銷權既有害交易之安全，故民法第二四五條設有除斥期間之規定，即「前條撤銷權，自債權人知有撤銷原因時起一年間不行使，或自行為時起經過十年而消滅」。

■ 案例研析 ■

甲於民國八十二年五月間向乙借款一百萬元，約定二年為期。近日乙發現甲又向多人調借鉅款，乃要求甲將其自住之房屋設定抵押權於己，其情為其他債權人中之丙知悉，丙乃訴請法院撤銷是項抵押權設定行為，並請求塗銷登記，試問：其請求是否有理？

■ 擬 答

甲以其自住之房屋為乙設定抵押權，可使乙之債權獲得優先受償權，

因而不免減少其他債權人之共同擔保，應可認其行為有害於其他債權人之債權。依民法第二四四條第一項規定：「債務人所為之無償行為，有害及債權者，債權人得聲請法院撤銷之。」債務人以其所有之不動產設定抵押權，同時向他人借貸款項，其設定抵押權行為，固屬有償行為；然若先有債權之存在而於事後為之設定抵押權者，如無對價關係，即屬無償行為。此行為倘有害及債權，則債權人自得依民法第二四四條第一項之規定以撤銷之（有五十一年臺上字第三五二八號判例可資參考）。甲設定抵押權之行為既屬無償行為，又係積極減少其財產之行為，若債務人行為後之資力狀況與一般債權總額比較，顯有支付不能之情形，即構成民法上之詐害行為。丙自得訴請法院撤銷之，並請求塗銷登記。

第五款　契約之效力

一、總　說

　　契約之效力即契約在法律上發生之效果。關於契約之成立，前已於債之發生原因中述及，但契約之效力，尚未論述，應於本款說明之。因契約之內容，即同時為契約之債之內容，故其效力自亦同時為債之效力也。

二、締約過失責任

　　締約過失責任者，指訂約當事人之一方因欠缺注意，致契約不能成立或無效，對於信賴契約為有效而參與訂約之他方，應負損害賠償責任之謂。契約的效力本以契約有效為前提，若契約無效，則契約之效力當無從發生。不過，於當事人為訂立契約而進行準備或磋商時，雙方即處於一種特殊信賴關係中，依誠信原則，產生協力、保密、忠實、注意等義務，倘一方違反此等義務，致他方受有損害，即應負損害賠償責任，始足以保護交易安全，促進經濟活動。我國民法就締約過失責任具體之規定頗多，例如民法第九一條、第一一〇條等。民法債編通則所設之規定有二：

㈠契約不成立

　　民法第二四五條之一規定：「契約未成立時，當事人為準備或商議訂立契約而有左列情形之一者，對於非因過失而信契約能成立致受損害之他方

當事人，負賠償責任：

一、就訂約有重要關係之事項，對他方之詢問，惡意隱匿或為不實之說明者。

二、知悉或持有他方之秘密，經他方明示應予保密，而因故意或重大過失洩漏之者。

三、其他顯然違反誠實及信用方法者。

前項損害賠償請求權，因二年間不行使而消滅。」

㈡契約之無效

法律行為須(1)當事人有行為能力，(2)標的合法、確定、可能，(3)意思表示健全，始能生效，已於民法總則法律行為章中述之。契約為法律行為之一，亦當如是。惟於標的「可能」一項，民法第二四六條特設規定：「以不能之給付為契約標的者，其契約為無效。但其不能情形可以除去，而當事人訂約時並預期於不能之情形除去後為給付者，其契約仍為有效。附停止條件或始期之契約，於條件成就或期限屆至前，不能之情形已除去者，其契約為有效。」即契約之標的，若以自始不能之給付充之者，則契約無效。不過不能有永久不能與一時不能之分。永久不能契約固一概無效；若一時不能則例外亦有有效者，表列如下：

$$契約之標的\begin{cases}永久不能……………契約無效 & 民法第二四六條第一項本文\\一時不能\begin{cases}原則……契約無效\\例外……契約有效\end{cases} & \begin{cases}民法第二四六條第一項但書\\民法第二四六條第二項\end{cases}\end{cases}$$

其次契約無效力，雖契約本身不發生任何效力，但因契約無效，而致一方受損害時，則發生損害賠償問題。民法第二四七條第一項規定：「契約因以不能之給付為標的而無效者，當事人於訂約時知其不能或可得而知者，對於非因過失而信契約為有效致受損害之他方當事人，負賠償責任。」然若雙方均有過失，或雙方均無過失者，則不發生損害賠償問題。

其次給付一部不能，而契約就其他部分仍為有效者，或依選擇而定之數宗給付中有一宗給付不能者，準用前項之規定（民法第二四七條第二項）。

民法第二四七條第一、二項之損害賠償請求權，因二年間不行使而消滅（同條第三項）。

三、契約效力之確保

　　為確保契約之效力，法律設有兩種方法，即定金與違約金是也：

㈠定　金

　　定金乃以確保契約之履行為目的，由當事人一方交付於他方之金錢也。民法第二四八條規定：「訂約當事人之一方，由他方受有定金時，推定其契約成立。」

　　其次定金之效力如何？因契約是否履行而異：

1.契約履行時

　　契約履行時，定金應返還或作為給付之一部（民法第二四九條第一款）。

2.契約不能履行

　　契約不能履行時，尚因不能履行應歸責於何人而有不同：

　　⑴契約因可歸責於付定金當事人之事由，致不能履行時，定金不得請求返還（民法第二四九條第二款）。作為付定金人違約之損害賠償矣，是乃具有違約定金之性質。

　　⑵契約因可歸責於受定金當事人之事由，致不能履行時，該當事人應加倍返還其所受之定金（民法第二四九條第三款）。加倍返還者，乃作為受定金人違約之損害賠償。其性質與上述者同。

　　⑶契約因不可歸責於雙方當事人之事由，致不能履行時，定金應返還之（民法第二四九條第四款）。因雙方均無違約，而履行不能，故定金應返還。

㈡違約金

　　違約金乃以確保債務之履行為目的，由當事人約定債務人於不履行債務時，所應支付之金錢也。民法第二五〇條規定：「當事人得約定債務人於債務不履行時，應支付違約金。」

　　違約金有損害賠償預定性者，亦有懲罰性者，我民法以前者為原則，後者為例外。於民法第二五〇條第二項規定：「違約金，除當事人另有訂定

外，視為因不履行而生損害之賠償總額。其約定如債務人不於適當時期，或不依適當方法履行債務時，即須支付違約金者，債權人除得請求履行債務外，違約金視為因不於適當時期或不依適當方法履行債務所生損害之賠償總額。」

其次違約金於債務不履行時，債務人應照所約定之數額支付，但債務已為一部履行者，法院得比照債權人因一部履行所受之利益，減少違約金（民法第二五一條）。又約定之違約金額過高者，法院得減至相當之數額（民法第二五二條）。

以上係指違約金以金錢支付者而言，若約定違約時應為金錢以外之給付者（例如交付電子琴一架），則準用上述違約金之規定（民法第二五三條）。

◢ 案例研析 ◣

甲、乙間簽訂了半年的房屋租賃契約，約明每月租金一萬，乙並先交付定金五千元，但因乙要求甲重新粉飾牆壁而約明一個月後交屋。不料在交屋日期屆至前，乙卻向甲表示不想承租，並願放棄已付之定金，但甲不同意，試問：甲可否按月請求乙支付租金？

◢ 擬 答

定金之目的係在確保契約之履行，我國民法第二四八條規定：「訂約當事人之一方，由他方受有定金時，推定其契約成立。」因此當事人間若無約定時，定金應認為屬於證約定金，契約因一方受有定金而推定成立，倘有反證，方得為相反之主張。在本例中，甲、乙間之房屋租賃契約，甲已自乙處受領定金，依本條規定，若乙未另舉反證推翻，租賃契約推定為成立，當事人即應依契約之內容履行，亦即乙應按照約定，支付租金。至乙不願承租之表示，除有特別情事外，原則上對租賃契約之效力，並無影響。故甲仍得按月請求乙支付租金，或依民法第二四九條第二款規定，將乙交付之定金予以沒收。

四、契約之解除及終止

(一)契約解除之意義

契約之解除，乃當事人一方行使解除權，使契約效力溯及的歸於消滅之意思表示也。

(二)契約解除權之發生

契約解除須一方行使解除權，然則解除權何由而來？不外約定與法定兩種。由於約定者謂之「約定解除權」，由於法定者，謂之「法定解除權」。

法定解除權，因下列兩種事由而發生：

1.給付遲延：民法第二五四條規定：「契約當事人之一方遲延給付者，他方當事人得定相當期限，催告其履行，如於期限內不履行時，得解除其契約。」又第二五五條規定：「依契約之性質或當事人之意思表示，非於一定時期為給付不能達其契約之目的，而契約當事人之一方不按照時期給付者，他方當事人得不為前條之催告，解除其契約。」可見一方給付遲延時，他方當事人依法取得解除權。

2.給付不能：民法第二五六條規定：「債權人於有第二二六條之情形，得解除其契約。」所謂第二二六條情形，指因可歸責於債務人之事由，致給付不能者而言。遇有此種情形，債權人得不為催告，即取得解除權。

(三)契約解除權之行使

解除權之行使，應向他方當事人以意思表示為之。契約當事人之一方有數人者，前項意思表示，應由其全體或向其全體為之。解除契約之意思表示，不得撤銷（民法第二五八條）。

(四)契約解除之效果

當事人一經行使解除權，則契約解除。契約解除溯及於契約訂立時契約之效力消滅。於是遂發生原狀回復義務之問題。

民法第二五九條規定：「契約解除時，當事人雙方回復原狀之義務，除法律另有規定或契約另有訂定外，依左列之規定：

一、由他方所受領之給付物，應返還之。

二、受領之給付為金錢者，應附加自受領時起之利息償還之。

　三、受領之給付為勞務或為物之使用者，應照受領時之價額，以金錢償還之。

　四、受領之給付物生有孳息者，應返還之。

　五、就返還之物，已支出必要或有益之費用，得於他方受返還時，所得利益之限度內，請求其返還。

　六、應返還之物有毀損滅失，或因其他事由，致不能返還者，應償還其價額。」

　其次當事人因契約解除而生之相互義務，準用第二六四條至第二六七條之規定（民法第二六一條）。蓋契約解除後，當事人相互之返還義務，有如雙務契約當事人之互負債務，故得準用雙務契約同時履行抗辯及危險負擔之規定。

　又解除權之行使，不妨礙損害賠償之請求（民法第二六〇條）。

(五)契約解除權之消滅

　契約解除權因行使而消滅，是為當然。此外尚因下列事由而消滅：

　1.**逾期而未行使**：解除權之行使，當事人得定有行使期限。若逾期而未行使時，則解除權消滅。

　2.**催告而不行使**：解除權之行使，未定有期間者，他方當事人得定相當期限，催告解除權人於期限內確答是否解除；如逾期未受解除之通知，解除權即消滅（民法第二五七條）。

　3.**受領物返還或種類變更**：有解除權人，因可歸責於自己之事由，致其所受領之給付物有毀損、滅失或其他情形不能返還者，解除權消滅；因加工或改造，將所受領之給付物變更其種類者，亦同（民法第二六二條）。

(六)契約之終止

　契約之終止乃當事人之一方行使終止權，使契約之效力向將來消滅之謂。何人有終止權？於債編各種之債中有規定，例如承租人之終止權（民法第四二四條）、僱用人之終止權（民法第四八五條）、保證人之終止權（民法第七五四條第一項）均是。

　終止權之行使，與解除權之行使相同，故民法第二六三條明定：「第二

五八條及第二六〇條之規定，於當事人依法律之規定終止契約者準用之。」

五、雙務契約之效力

雙務契約乃當事人雙方互負對價關係之債務之契約。此雙方互負之對價關係之債務，在發生、履行及消滅上有牽連性。申言之，一方債務不發生，他方亦不發生（例如一方因無行為能力而意思表示無效，他方縱有行為能力亦不有效發生債務），此發生上之牽連性也。一方不履行時，他方得拒絕履行（即下述之同時履行抗辯權），此履行上之牽連性也。一方因不可歸責於自己之事由，致免給付義務時（民法第二二五條第一項），他方倘亦無可歸責者，亦免對待給付義務（即下述之危險負擔），此消滅上之牽連性也。

㈠同時履行抗辯權

同時履行抗辯權乃建築在同時履行上。雙務契約之債務，以同時履行主義為原則，後付主義為例外（參照民法第三六九條、第四三九條）。凡應同時履行者，始發生同時履行抗辯權之問題，而一方應先付，他方得後付者，則原則上不發生此問題。

民法第二六四條第一項規定：「因契約互負債務者，於他方當事人未為對待給付前，得拒絕自己之給付。但自己有先為給付義務者，不在此限。」即雙務契約之當事人原則上均有同時履行抗辯權，但有先為給付義務者（他方得後付），卻無此權利。

又所謂他方當事人未為對待給付者，指他方全部未給付而言。若他方當事人已為部分之給付時，依其情形，如拒絕自己之給付有違背誠實及信用方法者，不得拒絕自己之給付（同條第二項）。

其次自己有先為給付義務，則無同時履行抗辯權，亦屬原則。民法第二六五條規定：「當事人之一方，應向他方先為給付者，如他方之財產，於訂約後顯形減少，有難為對待給付之虞時，如他方未為對待給付或提出擔保前，得拒絕自己之給付。」是為不安之抗辯權。

㈡危險負擔

危險負擔有狹義的危險負擔與廣義的危險負擔兩種：

1. **狹義的危險負擔**：狹義的危險負擔，乃雙務契約因不可歸責於雙方當

事人之事由，致一方之債務給付不能，其因給付不能所生之損失，應由何方負擔之問題是也。民法第二六六條第一項規定：「因不可歸責於雙方當事人之事由，致一方之給付全部不能者，他方免為對待給付之義務，如僅一部不能者，應按其比例減少對待給付。」按不可歸責於債務人之事由，致該債務人給付不能者，該債務人免給付義務，民法第二二五條第一項已有規定，此時倘亦不可歸責於他方時，是為不可歸責於雙方，於是依本（二六六）條第一項他方亦免對待給付義務或比例減少對待給付，結果是項損失，歸給付不能之一方債務人負擔矣。可知我民法關於狹義危險負擔採債務人負擔主義。

　　他方既免為對待給付義務，於是未給付者，自不必再為給付，若已為給付者，依民法第二六六條第二項規定：「前項情形，已為全部或一部之對待給付者，得依關於不當得利之規定，請求返還。」

　　2.**廣義的危險負擔**：廣義的危險負擔乃當事人之一方因可歸責於他方當事人之事由，致給付不能，其因給付不能之損失，應歸他方負擔之問題是也。按一方之債務既係可歸責於他方而給付不能，則給付不能之一方，即係不可歸責於自己，於是依民法第二二五條第一項之規定，免給付義務。但此種情形，他方之對待給付義務，卻不能免。因而民法第二六七條規定：「當事人之一方因可歸責於他方之事由，致不能給付者，得請求對待給付。但其因免給付義務所得之利益或應得之利益，均應由其所得請求之對待給付中扣除之。」

六、涉他契約之效力

　　涉他契約乃甲乙二人之契約，其內容涉及第三人丙者是也。有兩種情形：

㈠由第三人給付之契約

　　由第三人給付之契約亦稱第三人負擔之契約，或稱擔保第三人給付之契約。例如甲與乙約定，由甲負責使第三人丙為乙開車三天即是。此時乙為債權人，亦稱要約人或受約人。甲為債務人，亦稱諾約人或約束人。在運送契約，如託運人與運送人約定，由託運人使受貨人給付運費時，即屬

此種契約。

　　此種契約之效力如何？依民法第二六八條規定：「契約當事人之一方，約定由第三人對於他方為給付者，於第三人不為給付時，應負損害賠償責任。」即此種契約不能拘束第三人，第三人得為給付，亦得不為給付，因第三人並非契約之當事人故也。在第三人已為給付之情形，固無問題；在第三人不為給付之情形，則債務人（如上例甲），對於債權人應負損害賠償責任。既為損害賠償責任，則債務人自無履行該契約所定給付之義務，而不待言。但該項給付如無專屬性，而債務人亦願履行時，債權人亦不得拒絕受領（參照民法第三一一條第二項但書）。

㈡向第三人給付之契約

　　向第三人給付之契約，亦稱「使第三人取得債權之契約」，或稱「利他契約」，或稱「為第三人之契約」，乃甲乙約定，由乙向第三人丙為給付者是也。此種契約一經成立，第三人丙即取得直接向乙請求給付之權。此之第三人亦稱受益人，而甲為要約人，仍屬債權人（有權請求乙向丙給付），乙則為債務人。

　　在近代社會生活中，此種契約屢見不鮮，如保險契約、運送契約、提存契約，或終身定期金契約，均得約定各該契約之債務人向第三人為給付是。不過此種契約並不以單獨成立一個契約為必要，祇須於上述各該契約中，加入一個「為第三人約款」即可。但以上述各該契約為基礎，日後，另行成立向第三人給付之契約，亦無不可。

　　此種契約之效力如何？民法第二六九條第一項規定：「以契約訂定向第三人為給付者，要約人得請求債務人向第三人為給付，其第三人對於債務人亦有直接請求給付之權。」即不但第三人因此契約之成立，而取得直接請求給付之權，而要約人（債權人）亦有請求債務人向第三人為給付之權。

　　其次第三人（受益人）對於此項契約，可以表示享受其利益，亦可以表示不欲享受其利益，但在未表示享受其利益之意思前，當事人得變更其契約或撤銷之（民法第二六九條第二項），反之若已表示享受其利益時，則契約當事人即不得任意變更或撤銷矣。至於第三人對於當事人之一方，表

示不欲享受其契約之利益者，視為自始未取得其權利（民法第二六九條第三項），亦即第三人原來於契約成立同時取得之直接請求權，到此則溯及的消滅。

又此契約之債務人，得以由契約所生之一切抗辯，對抗受益之第三人（民法第二七○條）。例如甲向乙購買不動產，約明直接登記為其次子之名義，而歸該次子所有。此時其次子即有直接向乙請求辦理登記之權，若其父甲尚欠乙價金未交，則當該次子向乙請求辦理登記時，則乙得對之行使同時履行抗辯權即是。

第五節　多數債務人及債權人

第一款　總　說

法律規定，一般多以當事人為單數之情形而設，例如民法第一九九條第一項係就一債權人對一債務人所設之請求規定，若債務人為複數，且為連帶債務時，則僅有民法第一九九條第一項之規定，既不足適用，必須另設民法第二七三條之規定始可。可見法律關係之當事人若為複數時，每有另設規定之必要，民法第二七一條至第二九三條即係就債務人或債權人為多數時，所設之特別規定，因而其規定自應優先適用之。本節規定可分三大部分，六小部分，有如下表：

多數債務人及債權人
- 1.可分之債 { (1)可分債務 / (2)可分債權 } 民法第二七一條
- 2.連帶之債 { (1)連帶債務——民法第二七二條至第二八二條 / (2)連帶債權——民法第二八三條至第二九一條 }
- 3.不可分之債 { (1)不可分債務 / (2)不可分債權 } 民法第二九二、二九三條

上表所列雖有六小部分，但其中以連帶債務為最重要，因不僅民法上多有連帶債務之規定（如民法第二八、一八五、一八七條），而在商事法上更以連帶債務為原則（如公司法第六○條所定無限公司股東之連帶責任，

票據法第五條第二項所定二人以上共同簽名之連帶責任、海商法第九七條第二項所定各船舶之連帶責任及保險法第一五三條所定保險公司董事長等之連帶責任），故對於連帶債務之問題，應特別注意。

第二款　可分之債

可分之債亦稱分割之債，或聯合之債，乃數人以同一可分給付為標的，而其債務或債權應分擔或分受者是也。民法第二七一條規定：「數人負同一債務或有同一債權，而其給付可分者，除法律另有規定或契約另有訂定外，應各平均分擔或分受之。其給付本不可分而變為可分者亦同。」此條分列之，則為：

(一)可分債務

即數人負同一債務，而其給付可分者，除法律另有規定或契約另有訂定外，應各平均分擔之。其給付本為不可分而變為可分者，亦同。

(二)可分債權

即數人有同一債權，而其給付可分者，除法律另有規定或契約另有訂定外，應各平均分受之。其給付本為不可分而變為可分者，亦同。

由於以上兩點，可知民法上多數債務人或多數債權人之債，如其給付係可分者，則：

1.以發生可分之債為原則：即以給付是否可分為標準而決定，若其給付可分者，除法律另有規定（例如民法第一八五條規定，數人共同不法侵害他人之權利者，連帶負損害賠償責任）或契約另有訂定（例如約定為不可分之債）外，以發生可分之債為原則。於是在債務即為可分債務，在債權則為可分債權。又其給付之可分不以本為可分者為限，即本為不可分，而後變為可分者亦同。例如原為牛一頭之債務，而後變為金錢賠償時，即成為可分之債矣。

2.以平均分擔或分受為原則：可分之債究應如何分擔或分受？除法律另有規定（例如民法第八二二條規定共有物之管理費，應由各共有人按其應有部分分擔之）或契約另有訂定（例如約定三債務人按一：二：三分擔之）

外,其數人應各平均分擔或分受之。蓋一般情形,有多數人時對於義務之分擔或權利之享受,以平均為之為常態故也。

第三款 連帶債務

一、連帶債務之意義

連帶債務乃數人負同一之債務,對於債權人各負全部給付之責任者是也(民法第二七二條)。申言之:

㈠連帶債務須有數債務人

連帶債務之債務人須有數人,亦即須為多數人,若祇為一人時,則無連帶之可言。至於其債權人之人數若干,則非所問。

㈡連帶債務須為同一之債務

數人所負者須為同一之債務,所謂同一之債務即指同一內容之給付而言,例如 A、B、C 三人向甲購馬一匹,約明價款九千元,由三人連帶負清償之責是。

㈢連帶債務須債務人對於債權人各負全部給付之責任

上例 A、B、C 三人對於債權人甲,各負全部給付之責任,即甲得向其中任何一人單獨請求九千元是(民法第二七三條第一項),如此始為連帶債務,若甲祇得分別向 A、B、C 三人各請求三千元時,則為可分債務,而非連帶債務矣。應注意者上例連帶債務之債權人雖得對各債務人請求九千元,但任何一債務人清償全部時,其他債務人亦同免責任。易言之債權人並不能取得三個九千元(二萬七千元)之給付(民法第二七四條)。不過在未全部履行前,全體債務人仍負連帶責任(民法第二七三條第二項)。例如 A 先清償八千元,則所欠一千元,三人仍應連帶負責,甲仍得再向 A 請求一千元,A 不得拒絕是也。

二、連帶債務之成立

連帶債務,在債務人方面言之,責任較重,故其成立應較一般債務之成立,有所不同:

㈠明示的意思表示

本來當事人互相表示意思一致，無論其為明示或默示，其契約即為成立；但以契約成立連帶債務時，則限於以明示的意思表示為之，默示則不可。民法第二七二條第一項規定：「數人負同一債務，明示對於債權人各負全部給付之責任者，為連帶債務。」即揭明斯旨。

㈡法律規定

民法第二七二條第二項規定：「無前項之明示時，連帶債務之成立，以法律有規定者為限。」所謂法律有規定，例如民法第二八條、第一八五條、第七四八條、第一一五三條等均屬之。

三、連帶債務之效力

㈠對外效力

所謂對外效力，即債權人對全體連帶債務人間之關係，亦即債權人之債權如何行使是也。民法第二七三條第一項規定：「連帶債務之債權人，得對於債務人中之一人，或數人，或其全體，同時或先後請求全部或一部之給付。」依此則連帶債務之債權人得為如下之請求：

1.得對於債務人中之一人或數人，或全體請求；

2.得同時或先後請求；

3.得為全部或一部給付之請求。

上述之請求，可在訴訟上為之，亦可為訴訟外之請求，即亦可起訴是。起訴時亦得如上列方法行之。

㈡就債務人一人所生事項之效力

連帶債務人之一人與債權人間所生之事項，對於他債務人是否亦生效力，可分兩種情形：①對於他債務人不生效力者，謂之生相對效力事項；②對於他債務人亦生效力者，謂之生絕對效力事項。民法上以生相對效力為原則，生絕對效力為例外。例外設有列舉規定（民法第二七四條至第二七八條），原則設有概括規定（民法第二七九條），茲分述之。

1.生絕對效力事項

⑴清　償

民法第二七四條規定：「因連帶債務人中之一人為清償、代物清償、提存、抵銷或混同而債務消滅者，他債務人亦同免其責任。」因連帶債務人雖屬多數，但債之給付祇有一個，故因一人之清償，而債權人獲得滿足時，他債務人亦同免責任。可見清償係生絕對效力事項。清償有全部清償與一部清償之別，一債務人全部清償，他債務人亦各全免責任；若一人為一部清償，則他債務人亦各一部免責；至未清償之部分，依民法第二七三條第二項規定：「連帶債務未全部履行前，全體債務人仍負連帶責任。」

⑵代物清償

代物清償乃債權人受領他種給付以代原定給付之謂。代物清償則債之關係消滅（民法第三一九條），因而在連帶債務，若其中一人為代物清償，致債務消滅者，他債務人亦同免其責任（民法第二七四條）。

⑶提　存

提存亦為債之消滅原因（民法第三二六條，後述），在連帶債務，若一債務人提存，而債務消滅者，他債務人亦免其責任（民法第二七四條）。

⑷抵　銷

抵銷亦為債之消滅原因（民法第三三四條，後述），在連帶債務，抵銷有兩種情形：

①一債務人以其自己對於債權人之債權為抵銷時：此種抵銷，不但該債務人免其責任，他債務人亦免其責任（民法第二七四條）。

②一債務人以他債務人對債權人之債權為抵銷時：此種抵銷，依民法第二七七條規定：「連帶債務人中之一人，對於債權人有債權者，他債務人以該債務人應分擔之部分為限，得主張抵銷。」是謂生限制的絕對效力。

茲就以上兩種抵銷舉例如下：甲為連帶債務之債權人，A、B、C 為連帶債務人，連帶債務之債額為九千元，在內部關係上三人各應分擔三千元。設其中 A 對甲有五千元之債權，當甲向 A 請求九千元之給付時，A 得以其對甲之五千元債權，主張抵銷，結果 A 可免去五千元之責任，於是 B、C

二人亦同免五千元之責任，此為①之情形。若甲未向 A 請求，而向 B 請求給付九千元時，B 對甲雖無債權，但得以 A 對甲之債權主張抵銷，不過與 A 自己主張不同，衹能以 A 所應分擔部分（三千元）為限主張之。結果 B 對甲能免其三千元之責任，於是 A、C 亦同免三千元之責任，此為②之情形。

(5)混　同

混同亦為債之消滅原因（民法第三四四條，後述），於連帶債務，因一債務人與債權人之間發生混同，而債務消滅時，他債務人亦同免其責任（民法第二七四條），所餘問題衹是內部求償而已。就上段所舉之例言之，若甲與 A 之間混同（設甲死，A 繼承），則 A 之債務消滅，於是 B、C 亦同免其責任。此後 A 衹能依對內關係向 B、C 各求償三千元即其適例。

(6)確定判決

民法第二七五條規定：「連帶債務人中之一人受確定判決，而其判決非基於該債務人之個人關係者，為他債務人之利益，亦生效力。」就前段舉例言之，甲對 A 提起給付之訴，結果 A 獲得勝訴判決確定時，此項判決對於 B、C 亦生效力，甲不得再對於 B、C 起訴是，不過該項勝訴之原因，以非基於 A 之個人關係者（如 A 無行為能力而主張債務無效）為限，若因基於 A 之個人關係而勝訴者，則該項確定判決之效力仍不及於 B、C。

(7)債務免除

民法第二七六條第一項規定：「債權人向連帶債務人中之一人免除債務，而無消滅全部債務之意思表示者，除該債務人應分擔之部分外，他債務人仍不免其責任。」免除亦係債之消滅原因（民法第三四三條，後述），在連帶債務自亦適用。本條可分兩種情形：

①全部債務之免除：即債權人雖向連帶債務人之一人免除債務，而有消滅全部債務之意思表示者，則他債務人亦同免其責任（本條之反面解釋）。

②僅對一債務人免除：即債權人向連帶債務人中之一人免除債務，而無消滅全部債務之意思表示者，則以該債務人應分擔之部分為限，他債務人亦同免其責任。就前舉例，甲向 A 表示免除債務，而無消滅全部債務之

意思表示，結果 A 雖全部免責，但 B、C 祇能各免三千元（A 應分擔之部分）之責任，餘六千元，B、C 二人仍對甲負連帶責任。

(8)時效完成

連帶債務，債權人既得對其中某債務人單獨請求清償，對其他債務人不請求，則可能發生某債務人時效不完成，其他債務人時效已完成之現象。其時效已完成者，得拒絕給付，於是民法第二七六條第二項規定：「前項規定，於連帶債務人中之一人消滅時效已完成者，準用之。」即該債務人固得全部拒絕給付，但其他債務人僅得於該債務人應分擔部分之限度內得拒絕給付，餘額仍應負連帶責任。

(9)受領遲延

民法第二七八條規定：「債權人對於連帶債務人中之一人有遲延時，為他債務人之利益，亦生效力。」例如債務人提出給付，而債權人受領遲延，不但該債務人得提存，其他債務人亦均得提存是。

2.生相對效力事項

生相對效力事項，即僅對該事項之債務人發生效力，對於其他人不生效力之事項是，民法第二七九條規定：「就連帶債務人中之一人所生之事項，除前五條規定或契約另有訂定者外，其利益或不利益，對他債務人不生效力。」即在法律上生絕對效力者以前五條所規定之九點為限，此外概生相對效力，如請求、給付遲延、時效之中斷及不完成等均是。不過此之規定，並非強行規定，關於某事項究生絕對效力，抑生相對效力，當事人得以契約另定之。

㈢對內效力

對內效力即各連帶債務人相互間之權利義務關係，亦即如何求償之問題是也。

1.求償權：連帶債務人中之一人因清償等致他債務人亦同免責任時，得向他債務人請求償還之權利，謂之求償權。

2.分擔部分：連帶債務人中之一人，向他債務人求償時，得求償若干？應以各該債務人之分擔部分為限。所謂分擔部分乃各連帶債務人在內部關

係上，對於該項債務所應分擔之比率，例如 A、B、C 三人對外負九千元之連帶債務，對內各分擔三分之一（三千元）是。此項分擔部分不以平均為限，如上例 A、B、C 之分擔部分為一：二：六，或四：五：〇（即 C 無分擔部分），亦無不可。民法第二八〇條規定：「連帶債務人相互間，除法律另有規定或契約另有訂定外，應平均分擔義務。但因債務人中之一人應單獨負責之事由所致之損害及支付之費用，由該債務人負擔。」但書之規定，例如民法第一八八條規定之僱用人與受僱人雖對外負連帶責任，但其損害之發生，究係受僱人應單獨負責事由之所致，故在對內關係上，應由受僱人全部負擔，僱用人無分擔部分，故得全部求償是。

3.**求償之範圍**：民法第二八一條第一項規定：「連帶債務人中之一人，因清償、代物清償、提存、抵銷或混同，致他債務人同免責任者，得向他債務人請求償還其各自分擔之部分，並自免責時起之利息。」此項利息，應依法定利率計算之。

又民法第二八二條第一項規定：「連帶債務人中之一人，不能償還其分擔額者，其不能償還之部分，由求償權與他債務人按照比例分擔之。但其不能償還，係由求償權人之過失所致者，不得對於他債務人請求其分擔。」是為求償範圍之擴張。此種情形，他債務人中之一人應分擔之部分已免責者，仍應依前項比例分擔之規定，負其責任（同條第二項）。

4.**求償權人之代位權**：民法第二八一條第二項規定：「前項情形，求償權人於求償範圍內，承受債權人之權利。但不得有害於債權人之利益。」是為求償權人之代位權。如原債權附有擔保者，求償權人亦取得該項擔保。

◣ 案例研析 ◢

　　甲、乙、丙三人約定平均分擔借款後，言明願負連帶責任，共同向甲父丁借款三百萬元。試問：⑴丁可否僅向乙、丙請求償還三百萬元？⑵嗣後丁向甲一人為免除其分擔部分之意思表示，對乙、丙有何影響？

擬　答

（1）依民法第二七二條第一項規定：「數人負同一債務，明示對於債權人各負全部給付之責任者，為連帶債務。」故甲、乙、丙三人為連帶債務人，至其內部如何約定，對連帶債務之成立並無影響。又依民法第二七三條第一項規定：「連帶債務之債權人，得對於債務人中之一人或數人或其全體，同時或先後請求全部或一部之給付。」故連帶債務人對於債權人各負全部給付之義務。依本條規定，丁自可僅向乙、丙請求全部三百萬元之給付。

（2）原則上，債權人與一債務人間所生之事項，僅具有相對之效力，除法律另有規定或契約另有訂定外，對他債務人不生影響。而民法第二七六條第一項規定：「債權人向連帶債務人中之一人免除債務，而無消滅全部債務之意思表示者，除該債務人應分擔之部分外，他債務人仍不免其責任。」故丁向甲一人所為免除債務，所以對乙、丙亦生效力。所以乙、丙祇需就甲應分擔部分以外（即二百萬元）負連帶清償之責。

第四款　連帶債權

一、連帶債權之意義

連帶債權乃數人依法律或法律行為，有同一債權，而各得向債務人為全部給付之請求者是也（民法第二八三條）。申言之：

㈠連帶債權須有數債權人

連帶債權之債權人須有數人，至於其債務人人數之為單數，抑為複數，在所不問。

㈡連帶債權須為同一債權

連帶債權須為同一債權，所謂同一債權，指其標的為同一者而言。

㈢連帶債權須其債權人各得向債務人為全部給付之請求

連帶債權之債權人須各有單獨向債務人請求全部給付之權利，但全體債權人一同請求，亦無不可。又既得請求全部給付，自亦可請求一部給付，而不待言。

二、連帶債權之成立

依民法第二八三條規定可知連帶債權之成立，須依法律規定，或依法律行為。其實任何權利義務之成立，亦莫不須依法律規定或法律行為二者，不獨連帶債權如此。

三、連帶債權之效力

㈠對外效力

對外效力，即連帶債權之債權人之對其債務人如何行使債權，而其債務人得如何給付之問題。依民法第二八三條規定，連帶債權之債權人既各得單獨向債權人為全部給付之請求，則其債務人即得向債權人中之一人，為全部之給付（民法第二八四條）。於是該一債權人即得受領該項全部給付。易言之債務人無論向債權人中之任何一人為全部給付時，則全體債權人之債權均歸消滅。

㈡就債權人一人所生事項之效力

此可分兩種情形如下：

1.生絕對效力事項

⑴請求：民法第二八五條規定：「連帶債權人中之一人為給付之請求者，為他債權人之利益，亦生效力。」所謂為他債權人之利益亦生效力，例如該債權因一債權人之請求而消滅時效中斷，他債權人亦均受其利益是。

⑵受領清償：民法第二八六條規定：「因連帶債權人中之一人已受領清償、代物清償、或經提存、抵銷、混同而債權消滅者，他債權人之權利，亦同消滅。」因連帶債權人之間具有同一目的，則因債權人之受領，致目的達成，而債權消滅，他債權人之權利，自亦同歸消滅。故受領清償生絕對效力。

⑶代物清償：代物清償亦生絕對效力（民法第二八六條）。

⑷提存：提存亦生絕對效力（民法第二八六條）。

⑸抵銷：抵銷亦生絕對效力（民法第二八六條），無論債權人方面主張抵銷，抑由債務人方面主張抵銷，均係如此。

⑹混同：連帶債權人中之一人與債務人間發生混同之情形時，他債權

人之權利，亦同歸消滅（民法第二八六條）。

　　⑺確定判決：連帶債權人中之一人受有確定判決時，是否發生絕對效力？應分兩種情形：①利益之判決：連帶債權人中之一人受有利益之確定判決者，為他債權人之利益，亦生效力（民法第二八七條第一項）。所謂利益判決，例如該債權人勝訴是。此種判決生絕對效力。②不利益判決：連帶債權人中之一人受不利益之確定判決者，如其判決非基於該債權人之個人關係時，對他債權人亦生效力（民法第二八七條第二項）。即非基於該債權人個人關係而受有不利益之確定判決，始生絕對效力。

　　⑻免除債務：民法第二八八條第一項規定：「連帶債權人中之一人，向債務人免除債務者，除該債權人應享有之部分外，他債權人之權利，仍不消滅。」從其反面解釋，則就該債權人應享有之部分，他債權人之權利亦同歸消滅，即生絕對效力（限制的絕對效力）。

　　⑼時效完成：民法第二八八條第二項規定：「前項規定，於連帶債權人中之一人，消滅時效已完成者，準用之。」即就該時效完成之債權人之應享部分，生絕對效力（限制的絕對效力）。

　　⑽受領遲延：連帶債權人中之一人有遲延者，他債權人亦負其責任（民法第二八九條）。故受領遲延生絕對效力。

2.生相對效力事項

　　民法第二九〇條規定：「就連帶債權人中之一人所生之事項，除前五條規定或契約另有訂定者外，其利益或不利益，對他債權人不生效力。」即除前所列舉者外，其他事項如給付遲延、給付不能、時效不完成等等，均祇生相對效力。但當事人另有約定使此等事項生絕對效力時，亦無不可。

㈢對內效力

　　對內效力，即連帶債權人相互間如何分受其利益之問題。民法第二九一條規定：「連帶債權人相互間，除法律另有規定或契約另有訂定外，應平均分受其利益。」例如債權額為九千元，連帶債權人三人，平均每人得三千元是。

第五款　不可分之債

　　不可分之債乃數人以同一不可分給付為標的之債是也。民法第二九二條、第二九三條即指此而言。其特點在乎其給付為不可分。所謂不可分，有本質上不可分與意思上不可分之別。前者例如給付一頭牛之債務，或不競業之債務；後者乃給付本為可分，但當事人特約為不可分者是也。例如三人借款三萬元，特約為不可分債務屬之。不可分之債，亦有兩種，即：

一、不可分債務

　　不可分債務，乃數債務人以同一不可分給付為標的之債務，此種債務依民法第二九二條規定：數人負同一債務，而其給付不可分者，準用關於連帶債務之規定。即大致與連帶債務同。具體言之：

　　㈠對外效力

　　準用第二七三條（但無一部請求之問題，因給付不可分之故）。

　　㈡就債務人一人所生事項之效力

　　準用第二七四、二七五、二七八、二七九條。而不準用第二七六、二七七條，亦因給付係不可分之故。

　　㈢對內效力

　　準用第二八〇、二八一、二八二條（但本條第二項規定不準用）。

二、不可分債權

　　不可分債權乃數債權人以同一不可分給付為標的之債權。具體言之：

　　㈠對外效力

　　對外效力依民法第二九三條第一項規定：「數人有同一債權，而其給付不可分者，各債權人僅得請求向債權人全體為給付，債務人亦僅得向債權人全體為給付」。

　　㈡就債權人一人所生事項之效力

　　民法第二九三條第二項規定：「除前項規定外，債權人中之一人與債務人間所生之事項，其利益或不利益，對他債權人不生效力。」結果民法第二八五、二八六、二八七、二八八、二八九、二九〇條之規定，皆無法準用。

㈢對內效力

債權人相互間，準用民法第二九一條之規定，應平均分受其利益（民法第二九三條第三項）。詳言之，其受領之給付，如本為可分，而對外特約為不可分時，則對內關係上仍應平均分受。若其給付係本質上不可分，則得共有，而各債權人之應有部分，應屬相同。

第六節　債之移轉

第一款　總　說

債之移轉乃債之關係不失其同一性，而其主體有所變更之謂。所謂主體變更即債權人或債務人發生改易是也，例如債權人甲改為乙，債務人 A 改為 B 均屬之。債權人或債務人雖有所改易，但該債權或債務之內容則一仍其舊，是為債之關係不失其同一性。申言之，債之移轉，僅為主體之變動，其客體則不發生變動。

債之移轉原因有二：一因當事人之契約而移轉，一因法律之規定而移轉。前者如債權讓與、債務承擔均是；後者如繼承（民法第一一四八條）、清償代位（民法第三一二條、第七四九條）均是。

第二款　債權讓與

一、債權讓與之意義

債權讓與乃以移轉債權為標的之契約。此種契約係不要式契約（後述）、不要因契約（原因有償無償均可）、準物權契約（因此契約成立之同時，債權即發生移轉之效果，不另有履行移轉義務之問題）。因此債權讓與具有處分行為之性質。

債權為財產權，原則上具有讓與性（流通性），民法第二九四條第一項規定：「債權人得將債權讓與於第三人。」即明示斯旨。但債權亦有不得讓與者（同項但書）如下：

㈠依債權之性質，不得讓與者

例如對人具有特殊信任關係之債權，即不得讓與是。

㈡依當事人之特約不得讓與者

即本得讓與之債權，但當事人特約不得讓與是。惟此種不得讓與之特約不得以之對抗善意第三人（民法第二九四條第二項），以保護交易之安全。

㈢債權禁止扣押者

債權亦係財產之一種，該債權人之債權人本得對之扣押，但法律上為保護該債權人，使之享有其債權，而不准其債權人對之扣押時，則不得讓與。例如勞工退休金條例第二九條第一項、勞工保險條例第二九條第一項之規定均是。

二、債權讓與之成立

債權讓與既為一種契約，則其成立自應適用民法第一五三條規定，當事人互相意思表示者，無論其為明示或默示，其契約即為成立。別無具備何種方式之必要。故債權讓與係不要式契約。其當事人如下：

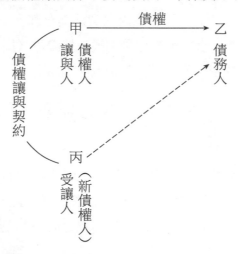

上圖甲對乙有債權，甲為債權人，乙為債務人。甲將其對乙之債權，讓與於丙，而與丙訂立債權讓與契約時（在此契約上甲為讓與人，丙為受讓人），該債權即因之移轉於丙，於是丙即成為新債權人。

三、債權讓與之效力

(一)對內效力

對內效力即讓與人與受讓人間之法律關係是。有下列問題：

1.從權利隨同移轉：讓與債權時，該債權之擔保及其他從屬之權利，隨同移轉於受讓人。但與讓與人有不可分離之關係者，不在此限（民法第二九五條第一項）。所謂該債權之擔保，例如擔保物權（抵押權、質權、留置權）及保證是；所謂其他從屬之權利，例如違約金請求權，利息債權（指基本的利息債權而言）是也。所謂與讓與人有不可分離之關係者，例如船長、海員及其他在船上服務之人員，本於僱傭契約所生之債權，所附有之優先權（海商法第二四條第一項第一款），即與船長等人之身分有不可分離關係，如船長等將該債權讓與他人，該優先權即不能隨同移轉。又利息債權隨同原本債權移轉，有如上述，但已發生尚未支付之利息，則具有獨立性，並不當然隨同移轉，不過既未支付，則隨同移轉之機會居多，故民法第二九五條第二項乃規定：「未支付之利息，推定其隨同原本移轉於受讓人。」既屬推定，自得舉反證推翻之。

2.文件交付及情形告知：讓與人應將證明債權之文件交付受讓人，並應告以關於主張該債權所必要之一切情形（民法第二九六條）。例如將債務人所立之借據或抵押證書等交付於受讓人，並告以該債權之清償期，清償地或其他主張該債權所必要之一切情形，以便受讓人行使該債權是。

(二)對外效力

對外效力，基於讓與人及受讓人之立場言之，即係對於該債權之債務人之關係。有下列之問題：

1.讓與之通知

債權之讓與，既為債權人之變動，自應使該債權之債務人知悉，然後始能向新債權人清償，因而民法第二九七條第一項規定：「債權之讓與，非經讓與人或受讓人通知債務人，對債務人不生效力。但法律另有規定者，不在此限。」此項通知乃將讓與之事實告知債務人，屬於一種觀念通知。為通知之人，係讓與人（舊債權人）抑受讓人（新債權人），均無不可。至

於通知之方法，口頭為之，書面為之，亦均無礙。依民法第二九七條第二項規定：「受讓人將讓與人所立之讓與字據提示於債務人者，與通知有同一之效力。」其次通知究有何種效力？應分下列兩點言之：

(1)一般效力：一般效力即無論由讓與人通知，或由受讓人通知，均能發生該效力是也。此項效力，即一經通知則債權讓與便對債務人生效。此後債務人祇能向新債權人清償矣。

(2)特殊效力：特殊效力，僅讓與人（原債權人）所為之通知，始能具有之效力，而受讓人之通知，則不具有此項效力是也。民法第二九八條第一項規定：「讓與人已將債權之讓與通知債務人者，縱未為讓與或讓與無效，債務人仍得以其對抗受讓人之事由，對抗讓與人。」例如讓與人甲，向其債務人乙通知債權業已讓與於丙（受讓人）。乙即向丙清償完畢。此時丙如再向乙請求，乙自得以債務業因清償消滅而對抗之。若甲事後因債權讓與無效，仍向乙行使該債權時，乙亦可以對抗丙（受讓人）之事由對抗甲，甲不得異議。蓋甲原為債權人，其通知，乙當然可以信以為真也。若債權讓與之通知，非甲所通知，而係丙所通知，而遇有未為讓與或讓與無效之情形，則不生上述之效力。

又民法第二九八條第二項規定：「前項通知，非經受讓人之同意，不得撤銷。」前項通知，因未為讓與或讓與無效，讓與人本得撤銷，但為顧及受讓人已因該通知，在法律上居有一種得受清償之地位，故上述撤銷，尚須經其同意始可。否則甲聲稱讓與無效，但未經丙表示意見，結果並非讓與無效時，豈不有害於丙。因此必須經丙同意始可。

2.抗辯之援用

在權利之轉讓上有所謂「後手應繼受前手瑕疵」之原則，債權讓與時，此原則當然適用，因此債務人於受通知時，所得對抗讓與人之事由，皆得以之對抗受讓人（民法第二九九條第一項）。例如甲將其對乙之債權讓與丙，而乙對甲原有同時履行抗辯權，此時乙亦得對丙主張之。

3.抵銷之主張

債務人於受通知時，對於讓與人有債權者，如其債權之清償期，先於

所讓與之債權或同時屆至者，債務人得對於受讓人主張抵銷（民法第二九九條第二項）。即債務人原得向讓與人抵銷者，亦得對受讓人主張抵銷。

■ 案例研析 ■

甲向乙購買六法全書乙本，尚未交付。適逢丙的生日，甲乃告訴丙，將其對乙之給付請求權讓與丙，以做為生日禮物，經丙接受後，甲並將此事通知乙。試問：(1)丙直接向乙請求給付該本六法全書時，乙可否拒絕？(2)若甲尚未付款前，乙可否以甲尚未支付書款為由，拒絕丙之請求？

■ 擬 答

(1)民法第二九七條第一項規定：「債權之讓與非經讓與人或受讓人通知債務人，對債務人不生效力，但法律另有規定者，不在此限。」債權讓與契約經讓與人與受讓人之合意而成立。惟我民法為保護債務人計，乃明定非通知債務人對其不生效力。在本例中，甲、丙間所成立者，為債權讓與契約，並經甲通知債務人乙後，對乙亦生效力。故丙得向乙請求給付該本六法全書，乙不得拒絕。

(2)按民法第二九九條第一項規定：「債務人於受通知時，所得對抗讓與人之事由，皆得以之對抗受讓人。」因為債權之讓與不過易其主體而已，債之同一性並未喪失。因此，債權原有之瑕疵，自亦隨同移轉於受讓人。在本例中，乙受通知時，甲尚未支付書款，依本條規定，乙自得以此為理由，拒絕丙之請求。

第三款　債務承擔

一、債務承擔之意義及種類

㈠債務承擔之意義

債務承擔者依當事人之契約或法律之規定，將債務移轉於新債務人（承擔人）之謂。如甲為債權人，乙為債務人，乙之債務由丙承擔，則丙為承擔人，亦即新債務人。易言之，債務承擔乃債務人變更是也。

㈡債務承擔之種類

債務承擔可分為下列兩大類：

1.免責的債務承擔與併存的債務承擔：前者即由承擔人承擔後，舊債務人免其責任者是也。亦稱脫退的債務承擔，因舊債務人脫離關係之故。後者乃由承擔人與原債務人併負責任之謂，亦即承擔人加入為新債務人，而原債務人並不脫離關係者是也。

2.約定債務承擔與法定的債務承擔：前者之承擔係基於當事人之契約，後者則基於法律之規定。在免責的債務承擔，主要基於約定；在併存的債務承擔，主要基於法定。

二、免責的債務承擔

免責的債務承擔，屬於通常之債務承擔，故僅稱債務承擔時，則多指此種承擔而言。

㈠免責的債務承擔之成立

免責的債務承擔，通常以契約為之。契約有以下三種：

1.承擔人與債權人間之契約：第三人與債權人訂立契約，承擔債務人之債務者，其債務於契約成立時，移轉於該第三人（民法第三○○條）。於是舊債務人脫離債之關係。此種承擔對於舊債務人有益無害，故不必得其同意。

2.承擔人與債務人間之契約：第三人與債務人訂立契約，承擔其債務者，非經債權人承認，對於債權人不生效力（民法第三○一條）。因債務人之變更，即為債務人支付能力之變更，對於債權人之利害關係甚大，故必須得其同意，始能對其生效。可知此種承擔係須經第三人（債權人）同意之行為之一種，其同意或拒絕，得向當事人（債務人或承擔人）之一方為之（民法第一一七條）。在債權人表示同意或拒絕前，屬於一種效力未定之行為，因而民法第三○二條第一項規定：「前條債務人或承擔人，得定相當期限，催告債權人於該期限內確答是否承認，如逾期不為確答者，視為拒絕承認。」以免久懸。又債權人之承認，僅為該承擔契約對於債權人生效之要件，至於債務人與承擔人之間，其契約早已於訂立時即生效，因而於債權人拒絕承認時，債務人或承擔人得撤銷其承擔之契約（民法第三○二條第二項）。然亦

得不撤銷其契約，俟將來債務屆清償期時，由承擔人代債務人履行，即名義上仍屬原債務人之債務，而由承擔人以第三人之地位清償，亦無不可。

3.**債權人、債務人、承擔人三面契約**：債務承擔亦得由債權人、債務人及承擔人三方面共同訂立一個契約，屬於三面契約。此種契約，我民法上雖無規定，但依據契約自由原則觀之，應屬有效。又在習慣上此種契約亦屢見不鮮。

㈡免責的債務承擔之效力

免責的債務承擔發生下列效力：

1.抗辯之援用

關於抗辯之援用，於此有兩種情形：

⑴承擔人得援用原債務人之抗辯：債務人因其法律關係所得對抗債權人之事由，承擔人亦得以之對抗債權人。但不得以屬於債務人之債權為抵銷（民法第三○三條第一項）。例如原債務人對於債權人有同時履行抗辯權，承擔人亦得主張之。若原債務人對債權人有債權，原債務人本得對債權人主張抵銷，但承擔人卻不得以該債權對債權人主張抵銷，因該債權係原債務人之財產故也。

⑵承擔人不得援用原因關係之抗辯：承擔人因其承擔債務之法律關係，所得對抗債務人之事由，不得以之對抗債權人（民法第三○三條第二項）。例如甲為債權人，乙為債務人，丙為承擔人。丙因欠乙之舊債若干，而與乙約定承擔乙欠甲之債務，用以抵還丙欠乙之舊債。承擔後查明，丙欠乙之舊債早已還清。若甲向丙請求履行其所承擔之債務時，丙不得以欠乙之債已還清為由，對甲拒絕履行。因該項事由與甲無關故也。易言之，此時丙仍應對甲履行，不過事後得向乙主張不當得利之返還耳。

2.從權利之存續

從屬於債權之權利，不因債務之承擔而妨礙其存在。但與債務人有不可分離之關係者，不在此限（民法第三○四條第一項）。例如原債權附有利息（從權利），於承擔後利息仍繼續存在，但基於原債務人特殊地位，而債權人所有之從權利，例如工人工資（債權）對工廠主破產時之優先權，則

於非工廠主之人承擔後，即不復存在矣。此外擔保權亦係從權利之一種，當不因債務承擔而妨礙其存在，但由第三人就債權所為之擔保，除該第三人對於債務之承擔已為承認外，因債務之承擔而消滅（民法第三〇四條第二項）。亦情理之當然也。

三、併存的債務承擔

併存的債務承擔乃原債務人於債務承擔後，並不脫離債務關係，仍與承擔人併負其責任之謂。其情形如下：

㈠約定之併存的債務承擔

約定之併存的債務承擔，亦稱附加的債務承擔，乃第三人加入債之關係，與原債務人併負同一責任之謂。我民法上對於此種債務承擔，未設規定，但最高法院九十六年度台上字第三〇二號判決則認之，並認為原債務人就其債務，仍與該第三人連帶負其責任。

㈡法定之併存的債務承擔

此在我民法上有下列兩種：

1.**資產負債之概括承受**：就他人之財產或營業概括承受其資產及負債者，因對於債權人為承受之通知或公告而生承擔債務之效力（民法第三〇五條第一項）。此種情形，因原債務人之資產及負擔既一併為承擔人所承受，非但債務之一般擔保未變，且由原債務人與承擔人併負責任（如下述），對於債權人並無不利，故不須得債權人之同意，祇須通知或公告，使債權人知悉即可。

其次此種承擔依民法第三〇五條第二項規定：「前項情形，債務人關於到期之債權，自通知或公告時起，未到期之債權，自到期時起，二年以內，與承擔人連帶負其責任。」申言之，二年之後，則由承擔人單獨負責矣。

2.**營業之合併**：營業與他營業合併，而互相承受其資產及負債者，與前條之概括承受同。其合併之新營業，對於各營業之債務，負其責任（民法第三〇六條）。營業合併有兩種情形：①甲營業與乙營業合併，而改稱丙營業，是為新設合併。此甲、乙兩營業之原有債務，由丙營業負責。②甲營業與乙營業合併，而單稱甲營業，亦即乙營業被吸收入甲營業之內，是謂

吸收合併，此時乙營業原有之債務，亦由甲營業負責是。

第七節　債之消滅

第一款　總　說

一、債之消滅之意義

債之消滅，乃債之關係依某種原因，客觀的失其存在是也。債之消滅係債之關係本身消滅，與前者所述債之移轉，係主體變更，雖亦有消滅問題（例如債權讓與，讓與人債權消滅），但斯乃主觀的消滅，有所不同。

二、債之消滅之原因

債之消滅係一種法律現象，有現象必有原因。債之消滅其原因依民法之規定有五：①清償，②提存，③抵銷，④免除，⑤混同是也。此五者為獨立的，主要的債之消滅原因，其詳當分款述之。此外因債權亦係權利之一種，故一般權利消滅之原因，如存續期間之屆滿，標的物之給付不能，在債之關係上亦得適用之（民法第四五〇條第一項、第二二五條第一項）。

第二款　清　償

一、清償之意義

清償，乃債務人或其他得為清償之人，向債權人或其他有受領權人，依債務本旨，實現債務內容之行為，俗稱還債是也。清償之行為包括作為及不作為（如不作為之債）在內。惟無論何者均須依債務本旨為之始可。

二、清償之主體

(一)清償人

清償人原則上為債務人，所謂「欠債者還錢」是。但例外債務人自己不得為清償之時有之，如債務人已受破產之宣告是（破產法第七五條），反之非債務人得為清償之時亦有之。斯即所謂第三人之清償是也，分述如下：

1.一般之第三人

債之清償，得由第三人為之。但當事人另有訂定，或依債之性質，不

得由第三人清償者，不在此限。又第三人之清償，債務人有異議時，債權人得拒絕其清償；但第三人就債之履行有利害關係者，債權人不得拒絕（民法第三一一條）。由此可知，第三人原則得為清償，例外不得清償者有三：

　　⑴當事人另有訂定不得由第三人清償者，第三人即不得清償。

　　⑵依債之性質不得由第三人清償者，第三人不得清償。例如注重債務人其人之學識或技能之債務，即不得由第三人清償是。

　　⑶債務人有異議並經債權人拒絕者，第三人即不得清償。若僅債務人有異議，債權人不拒絕時，仍得清償。又債務人無異議，債權人固不得拒絕；若第三人就債之履行有利害關係者，債務人雖有異議，債權人仍不得拒絕。可見第三人得清償之機會為多也。

2.有利害關係之第三人

　　就債之履行有利害關係之第三人（如物上保證人、擔保物之取得人）為清償時，債務人雖有異議，債權人仍不得拒絕，已如上述。非惟如此，尚有清償代位問題，即民法第三一二條：「就債之履行有利害關係之第三人為清償者，於清償之限度內，承受債權人之權利。但不得有害於債權人之利益。」之規定是也。依此規定，就債之履行有利害關係之第三人為清償後，該債權在客觀上並不消滅，而應移轉於為清償之第三人，易言之原債權人之債權雖相對消滅，但原債務人之債務卻未消滅，而仍應向因清償而取得該債權之第三人為清償。

　　就債之履行有利害關係之第三人因清償而取得債權，雖係依法而取得，但不失為債權移轉之一種，故民法第二九七條及第二九九條得就債權讓與所設之規定，於前條之承受權利準用之（民法第三一三條）。

㈡受領清償人

　　受領清償人原則上為債權人，但其他有受領權人（如債權人之法定代理人）亦得為有效之受領，民法第三〇九條第一項規定：「依債務本旨，向債權人或其他有受領權人為清償，經其受領者，債之關係消滅。」可知：

1.債權人有受領權

　　債權人有請求給付之權，自亦有受領清償之權，但斯乃原則，若雖為

債權人，但已無受領權者往往有之，例如債權人已受破產宣告者（破產法第七五條），債權已被法院強制執行者（強制執行法第一一五條），債權已為他人質權之標的物者（民法第九○七條）等等情形，則原債權人即不得為有效之受領矣。

2.其他有受領權人

債權人之代理人、受任人及破產管理人（破產法第六五條第一項第四款、第七六條），雖非債權人，但亦均得受領。不惟如此，即收據之持有人，有時亦得為有效之受領，民法第三○九條第二項規定：「持有債權人簽名之收據者，視為有受領權人。但債務人已知或因過失而不知其無權受領者，不在此限。」此乃為保護清償人之交易安全而設。須具備下列要件：

(1)收據須為真正合法：亦即須為真正債權人簽名之收據，否則若為他人偽造之收據則不可。

(2)債務人須為善意並無過失：收據雖為真正合法，但債務人已知或因過失而不知（善意有過失）該持有人無受領權，亦屬不可。蓋法律上所設保護交易之規定，均以受保護人善意或善意無過失為前提也。故具備上述要件後，視為該持有人為有權受領，於是債務人之債務消滅；但原債權人得向該受領人請求不當得利之返還，自不待言。

除上列之人外，則無受領權。若向無受領權之人清償，其效力如何？依民法第三一○條規定：「向第三人為清償，經其受領者，其效力依左列各款之規定：

一、經債權人承認，或受領人於受領後取得其債權者，有清償之效力。

二、受領人係債權之準占有人者，以債務人不知其非債權人者為限，有清償之效力（準占有請參照民法第九六六條）。

三、除前二款情形外，於債權人因而受利益之限度內，有清償之效力。」

▌ 案例研析 ▌

甲欠乙一百萬元，並以自己所有房屋一棟，供作擔保。嗣後清償期居至，甲仍無力償還債務，丙因與甲素來交好，因而欲代甲清償。惟乙向來

垂涎該棟房屋。試問：⑴乙可否拒絕丙之清償？⑵如甲不欲受丙人情，而表示反對丙代其清償時，結果有無不同？

擬　答

按民法第三一一條第一項規定：「債之清償，得由第三人為之。但當事人另有訂定或依債之性質不得由第三人清償者，不在此限。」又同條第二項規定：「第三人之清償，債務人有異議時，債權人得拒絕其清償。但第三人就債之履行有利害關係者，債權人不得拒絕。」所以：

⑴丙欲代甲清償，依本條第一項規定，並無不可。故乙不得拒絕。

⑵如甲對丙代為清償，表示反對之意思時，依本條第二項規定，債務人有異議時，除第三人就債之履行有利害關係外，債權人得拒絕第三人清償。今甲已表示異議，而丙對債之履行，並無利害關係。所以乙得拒絕丙之清償。

三、清償之客體

清償之客體即清償之內容，清償人應依債務之本旨為清償，已如前述。所謂債之本旨包括債之標的之類、質、量等在內。易言之清償時關於債之標的之類、質、量均須符合本來之要求始可，否則不得為有效之清償，但下列情形，民法就之設有規定：

㈠一部清償

一部清償屬於量的問題，如欠一千，暫還六百是。民法第三一八條規定：「債務人無為一部清償之權利。但法院得斟酌債務人之境況，許其於無甚害於債權人利益之相當期限內，分期給付或緩期清償。法院許為分期給付者，債務人一期遲延給付時，債權人得請求全部清償。給付不可分者，法院得比照第一項但書之規定，許其緩期清償。」可知一部清償不合債之本旨，原則上不可；但法院亦得酌情許其分期給付或緩期清償，斯乃同情弱者之規定也。應注意者：①此之所謂一部清償與民法第二二七條所稱「不完全給付」不可混為一談。此乃純粹量的不足之問題，而不完全給付乃質的有瑕疵之問題。②民法上債務人雖無為一部給付之權利，但在票據法上

則有之（同法第七三條），又在土地法上亦有之（同法第一一三條）。

㈡代物清償

民法第三一九條規定：「債權人受領他種給付以代原定之給付者，其債之關係消滅。」是為代物清償。例如以牛代馬而清償是。此種清償與債之本旨不合，債務人不當然有此權利，必須經債權人同意始可。易言之，須債務人與債權人另定契約始得為之，斯為代物清償契約。此種契約屬於要物契約，必須將該代原定給付之物現實交付；否則僅將原定給付，改為他種給付，仍須將來履行時，則屬於標的物之「更改」，非此之所謂代物清償也。代物清償之效力，在乎債之關係即時消滅。

㈢間接給付

間接給付亦稱新債清償，即因清償舊債務，而負擔新債務，並因新債務之履行，而舊債務歸於消滅之謂。此種情形，債務人不當然有權如此，亦必須與債權人另訂契約始可。例如甲原欠乙汽車價款五萬元，嗣後經乙同意，由甲發行本票一張給乙。按發行本票即屬負擔新債務（票據債務），此項新債務係因清償舊債務而負擔，依民法第三二〇條規定：「因清償債務而對於債權人負擔新債務者，除當事人另有意思表示外，若新債務不履行時，其舊債務仍不消滅。」上例該本票如未能付款，則原汽車價款債務仍不消滅，必須該本票已獲付款，則不但本票債務消滅，汽車價款債務亦歸消滅。此乃間接給付之效力也。不過若當事人另有意思表示，例如言明一經發行本票，則汽車價款債務消滅，嗣後祇能請求履行本票債務，亦無不可。但此種情形，則屬「更改」，而非間接給付矣。「更改」我民法未設規定，但由上開條文中之除外規定觀之，非不承認其有效也。

四、清償地

㈠清償地之意義

清償地乃債務人應為清償之地點，普通以最小行政區表示之，例如臺北市景美區是，與清償處所（如某街某巷某號）雖有區別，但一言清償地則包括清償處所在內，自不待言。

㈡清償地之確定

清償地如何確定？依民法第三一四條規定：「清償地，除法律另有規定，或契約另有訂定，或另有習慣，或得依債之性質，或其他情形決定者外，應依左列各款之規定：

一、以給付特定物為標的者，於訂約時，其物所在地為之。

二、其他之債，於債權人之住所地為之。」

由於上列可知在我民法上清償地原則上係採債權人住所地主義，易言之即以赴償債務為原則也。

㈢清償地之效力

清償地有何作用？即於清償地之清償始合乎債務本旨，否則不合債務本旨，不屬有效之清償。申言之，債務人應於清償地為給付之提出；債權人亦應於清償地為受領。又清償地在訴訟法上可為決定審判籍之標準（民訴法第一二、一三條）。

五、清償期

㈠清償期之意義

清償期乃債務應為履行之時期，故亦稱履行期。清償期與清償時間有別。前者乃一定之期日，後者乃指該期日內之各小時而言。

㈡清償期之確定

民法第三一五條規定：「清償期，除法律另有規定或契約另有訂定，或得依債之性質或其他情形決定者外，債權人得隨時請求清償，債務人亦得隨時為清償。」可知清償期須依法律、契約、債之性質或其他情形，加以決定，如不能決定時，則債權人得隨時請求清償，債務人亦得隨時為清償，是為「即時債務」，亦即「未定期之債務」。

㈢清償期之效力

民法第三一六條規定：「定有清償期者，債權人不得於期前請求清償，如無反對之意思表示時，債務人得於期前為清償。」因期限屬於一種利益，此利益在法律上以屬於債務人為原則也。其次清償期屆至時，債權人得行使債權，如不行使，則消滅時效自該時起進行（民法第一二八條）；債務人

應履行債務，如不履行，應負給付遲延責任（民法第二二九條）。

六、清償費用

㈠清償費用之意義

清償費用乃因清償債務所必要之開支也。例如運費、郵費、通知費、包裝費、關稅等是。

㈡清償費用之負擔

清償費用應由何人負擔？民法第三一七條規定：「清償債務之費用，除法律另有規定，或契約另有訂定外，由債務人負擔。但因債權人變更住所或其他行為，致增加清償費用者，其增加之費用，由債權人負擔。」申言之，清償費用原則由債務人負擔，所以如此者因清償乃債務人之義務故也。但因債權人變更住所或其他行為（如債權人指定送交清償地以外之地），致增加清償費用時，其增加之部分自應由債權人負擔，始屬公平。

七、清償之抵充

㈠清償抵充之意義

清償抵充乃對於同一債權人負擔數宗債務，而其給付之種類相同，如清償人所提出之給付不足清償全部債額時，決定其應充償何宗債務之謂。例如乙先後欠甲二千元、一千五百元及五百元三宗債務，總額為四千元，而乙提出八百元時，則該八百元究應充償何宗債務為宜即是。

㈡清償抵充之方法

清償抵充之方法，有下列三種：

1.約定抵充

依據契約自由原則，清償如何抵充，當事人得自由約定，是為約定抵充。

2.指定抵充

清償人有權指定抵充，民法第三二一條規定：「對於一人負擔數宗債務而其給付之種類相同者，如清償人所提出之給付，不足清償全部債額時，由清償人於清償時，指定其應抵充之債務。」是為清償人之指定權。指定之方法應以意思表示向受領人為之。如何指定？清償人有其自由，但債務性質上如有原本，利息，費用之分時，則應先抵充費用，次充利息，次充

原本（民法第三二三條）。

　3.法定抵充

　　法定抵充，應分下列兩種情形：

　　⑴同性質債務之抵充次序：所謂同性質債務，即數宗債務無原本、利息、費用之差別者是也。亦即均為原本，或均為利息，或均為費用，此種情形，依民法第三二二條規定：「清償人不為前條之指定者，依左列之規定，定其應抵充之債務：

　　一、債務已屆清償期者，儘先抵充。

　　二、債務均已屆期或均未屆清償期者，以債務之擔保最少者，儘先抵充；擔保相等者，以債務人因清償而獲益最多者，儘先抵充；獲益相等者，以先到期之債務，儘先抵充。

　　三、獲益及清償期均相等者，各按比例，抵充其一部。」

　　⑵異性質債務之抵充次序：民法第三二三條規定：「清償人所提出之給付，應先抵充費用，次充利息，次充原本；其依前二條之規定抵充債務者，亦同。」即無論指定抵充，或法定抵充，如數宗債務有原本、利息、費用之分時，則均應先充費用，次充利息，最後再抵充原本。此之規定，在拍賣抵押物所得之價金，如不足清償全部債額時，亦有適用（參照民法第八六一條）。

八、清償之效力

　㈠債之關係消滅

　　民法第三○九條第一項規定：「依債務本旨，向債權人或其他有受領權人為清償，經其受領者，債之關係消滅。」是為清償之效力。

　㈡受領證書給與請求權

　　清償人對於受領清償人得請求給與受領證書（民法第三二四條），以之作為債之消滅之證據，而免日後之糾紛。下列兩種受領證書尚有擴張證明之效力：

　　1.定期給付之受領證書：關於利息或其他定期給付，如債權人給與受領一期給付之證書，未為他期之保留者，推定其以前各期之給付已為清償（民

法第三二五條第一項）。例如給與十一月份之房租收據（證書），而未註明十月份尚未收到字樣者，則法律上推定十月份以前各月，均已給付。以免積存各期證書之繁累。不過此乃推定之結果，若債權人能舉出反證，證明以前某期確未給付時，則此一推定，即被推翻，於是債務人仍不免其給付義務。

2.**受領原本之受領證書**：如債權人給與受領原本之證書者，推定其利息亦已受領（民法第三二五條第二項）。依前所述須先清償利息，始能清償原本，因原本如已清償，則利息必先已清償，故法律乃推定原本受領證書，有證明利息業已清償之效力。不過此亦為一種推定而已，非不可舉反證以推翻之也。

㈢債權證書返還請求權

債務人於債之關係消滅時，得請求返還負債字據（債權證書），是謂債權證書返還請求權。以免日後債權人據之為再度清償之請求。因債權證書之返還，通常多在債之關係消滅之後，因而債權證書已返還者，推定其債之關係消滅（民法第三二五條第三項）。此之推定，亦得舉反證推翻，自不待言。

第三款 提 存

一、提存之意義

提存乃清償人將其給付物，為債權人寄託於提存所之行為。按提存應分兩種，一為清償提存，提存法第四條所定者是；一為擔保提存，提存法第五條所定者是也。茲所述者以清償提存為限，為提存人與提存所間之行為。

二、提存之當事人

㈠提存人

提存之當事人首推提存人，提存人為債務人自己或第三人均無不可。易言之，凡得為清償之人，均得為提存人。

㈡提存所

提存所乃地方法院所設辦理提存事務之機構（提存法第一條）。民法第

三二七條規定：「提存應於清償地之法院提存所為之。」提存法第四條第一項規定：「清償提存事件，由民法第三百十四條所定清償地之法院提存所辦理之。」現時臺灣各地方法院均有提存所之設，提存至為便利。提存如不向提存所為之，而逕行存入銀行，則不發生提存之效（三十三年上字第三五五八號判例）。

㈢債權人

債權人雖非提存契約之當事人，但為關係人。因提存契約具有向第三人給付契約之性質，而債權人恰居於該項契約受益人之地位。

三、提存之標的物

㈠給付物

清償人所提存者應為給付物（民法第三二六條）。給付物應以動產為限，提存法第六條第一項有：「提存物以金錢、有價證券或其他動產為限。」之規定，即可知之。至給付物為不動產時，自可依拋棄占有（民法第二四一條）之方法而免責，不待提存也。又給付為勞務時亦無法提存（民法第四八七條）。

㈡價　金

民法第三三一條規定：「給付物不適於提存，或有毀損滅失之虞，或提存需費過鉅者，清償人得聲請清償地之法院拍賣，而提存其價金。」

四、提存之原因

提存之原因依民法第三二六條之規定如下：

㈠債權人受領遲延

受領遲延已見前述（民法第二三四條），有此情形，則債務人無法清償，法律乃准其提存而免責任。

㈡不能確知孰為債權人而難為給付

此種情形，債務人既難以清償，故法律亦准其提存而免責任。

五、提存之程序

聲請提存，應作成提存書一式二份，連同提存物一併提交提存物保管機構，如係清償提存，並應附具提存通知書（提存法第八條第一項）。提存

書應記載下列事項：①提存人為自然人者，其姓名、住所或居所及國民身分證號碼；無國民身分證號碼者，應記載其他足資辨別身分之證件號碼或特徵。提存人為法人、其他團體或機關者，其名稱及公務所、事務所或營業所並統一編號；無統一編號者，宜記載其他足資辨別之事項。②有代理人者，其姓名、住所或居所。③提存物為金錢者，其金額；為有價證券者，其種類、標記、號數、張數、面額；為其他動產者，其物品之名稱、種類、品質及數量。④提存之原因事實。⑤清償提存者，應記載提存物受取權人之姓名、名稱及住、居所或公務所、事務所、營業所，或不能確知受取權人之事由。其受取提存物如應為對待給付，或附有一定要件者，並應記載其對待給付之標的或所附之要件。⑥擔保提存者，應記載命供擔保法院之名稱及案號。⑦提存所之名稱。⑧聲請提存之日期（提存法第九條第一項）。

　　提存物保管機構收到提存書，並收清提存物後，應作成收據聯單，連同提存書送交該管法院提存所。前項聯單之通知聯及提存書，提存物保管機構得交提存人逕行持送該管法院提存所。提存所接到提存書後，認為應予提存者，應於提存書載明准予提存之旨，一份留存，一份交還提存人。如係清償提存，並應將提存通知書送達受取權人。認為程式不合規定或不應提存者，應限期命提存人取回。但其情形可以補正者，應定期間先命補正；其逾十年不取回者，提存物歸屬國庫。提存所於准許提存後，發現有程式不合規定或不應提存者，亦同。提存人依前項規定取回提存物時，應證明未依提存之效果行使權利或雖行使權利而已回復原狀。但有第十七條第一項第二款或第三款規定之情形，不在此限（提存法第一〇條）。

六、提存之效力

㈠提存人與債權人間之效力

　1.**債之消滅**：一經提存，則債務消滅，故提存為債之消滅原因之一。惟提存必須依債務本旨，並向有受領權人為之，若非依債務本旨或向無受領權人所為之清償提存，其債之關係不消滅（提存法第二二條）。合法之提存，債務人既因之而免責，故民法第三二八條規定：「提存後，給付物毀損、滅失之危險，由債權人負擔；債務人亦無須支付利息，或賠償其孳息未收取

之損害。」

2.**所有權之移轉**：給付物提存後，其物之所有權何時移轉於債權人？一般言之，提存物如為代替物（例如金錢），則依消費寄託之規定（民法第六〇二條），於提存時其所有權應先移轉於提存所，然後再由提存所以種類、品質、數量相同之物，交付於債權人。若為特定物時，則提存所祇能取其物之占有，其所有權，須俟債權人受取時始移轉於債權人。若債權人經過十年未受取者，其提存物歸屬國庫（民法第三三〇條）。

㈡**債權人與提存所間之效力**

1.**提存物受取權**

債權人得隨時受取提存物（民法第三二九條上段）；但有下列之問題：

⑴**提存物受取權之阻止**：民法第三二九條下段規定：「如債務人之清償，係對於債權人之給付而為之者，在債權人未為對待給付，或提出相當擔保前，得阻止其受取提存物。」是為受取權之阻止。如何阻止？提存法第二一條規定：「清償提存之提存物受取權人如應為對待給付時，非有提存人之受領證書、裁判書、公證書或其他文件，證明其已經給付或免除其給付或已提出相當擔保者，不得受取提存物。受取權人領取提存物應具備其他要件時，非證明其要件已具備者，亦同。」

⑵**提存物受取權之消滅**：民法第三三〇條規定：「債權人關於提存物之權利，應於提存後十年內行使之；逾期其提存物歸屬國庫。」

又提存物為金錢者，依提存法第一二條規定：「提存金應給付利息，以實收之利息照付。已解繳國庫之提存金，經依法定程序應返還者，國庫亦應依前項利息所由計算之利率支付利息，其期間以五年為限。」可知債權人得向提存所或國庫受取此項利息。至於提存物為有價證券者，其償還金、替代證券、孳息，提存所得因利害關係人之聲請，通知保管機構代為收取，以代替提存物或連同保管之（提存法第一三條）。於是債權人自得一併受取。此外依提存法第一五條第一項規定：「前條提存物為物品者，於提存後有毀損、滅失或減少價值之情形時，提存物保管機構得報經該管法院提存所許可拍賣提存物；其有市價者，照市價出賣，扣除拍賣、出賣及其他費用後，

將其餘額交由當地代理國庫之銀行保管。清償提存之提存物，自提存之翌日起經六個月後未經受取權人領取者，亦同。」此項賣價餘額，債權人得行受取自不待言。惟既為金錢而保管，似亦應給付利息為是。

2.提存、拍賣、出賣、保管費用之負擔

債權人應負擔之費用有以下各項：

⑴提存費：清償提存費，其提存金額或價額在新臺幣一萬元以下者，徵收一百元；逾一萬元至十萬元者，徵收五百元；逾十萬元者，徵收一千元。但執行法院依強制執行法、管理人依破產法或消費者債務清理條例規定辦理提存者，免徵提存費（提存法第二八條第一項）。此項費用，應由債權人負擔（民法第三三三條），提存人得於提存金額中扣除之；但應於提存書記載其數額並附具計算書（提存法第二八條第二項）。

⑵拍賣出賣之費用：此尚分兩種：①給付物不適於提存，或有毀損滅失之虞等情形，清償人得聲請法院拍賣而提存其價金（民法第三三一條），前已言之。此項情形，如給付物有市價者，該管法院得許可清償人照市價出賣，而提存其價金（民法第三三二條）。上述之拍賣及出賣之費用，由債權人負擔（民法第三三三條），提存人亦得於提存金額中扣除之；但應於提存書記載其數額並附具計算書（提存法第二八條第二項）。②依提存法第一五條之規定，拍賣或出賣之費用，得於賣價中扣除，前已言之，結果亦歸債權人負擔矣。

⑶保管費：提存物除為金錢外，提存物保管機構得請求交付保管費用。前項費用不得超過通常因保管所應收取之額數，由提存人預付之。提存物歸屬國庫者，自歸屬國庫時起，其保管費用由國庫負擔（提存法第一四條）。

㈢提存人與提存所間之效力

清償人一經合法提存，則其債務消滅，對於提存所不得為何種請求，勿庸贅言，惟依提存法第一七條第一項規定：「清償提存之提存人於提存後有下列情形之一者，得聲請該管法院提存所返還提存物：

一、提存出於錯誤。

二、提存之原因已消滅。

三、受取權人同意返還。」

有上列情形，提存人得聲請返還提存物。但此項聲請，應自提存之翌日起十年內為之；逾期其提存物屬國庫（提存法第一七條第二項）。又提存法第二二條規定之情形，既無消滅債務之效力，提存人自可聲請返還之。

第四款　抵　銷

一、抵銷之意義

抵銷乃二人互負債務，而其給付種類相同，並均屆清償期時，各得以其債務與他方債務之對等額，同歸消滅之一方的意思表示也（民法第三三四條、第三三五條）。例如甲對乙負有一萬元之買賣價金債務，乙對甲負有一萬五千元之金錢借貸債務，是其給付種類相同（均為金錢），倘均屆清償期時，甲或乙任何一方均得向他方表示抵銷，於是雙方債務同時消滅一萬元，結果祇有乙對甲尚負有五千元之債務矣。

抵銷為債之消滅原因之一，具有簡便、公平、擔保三大作用。尤其金融界彼此往來，靠有抵銷制度始能簡而易行，不過金融界所利用之抵銷制度，係以契約之方式出之，斯即我民法第四○○條所定之交互計算是也，其性質與此之所謂抵銷（單獨行為），固不相同，但其功能則無二致。

二、抵銷之要件

㈠須有抵銷之適狀

所謂抵銷之適狀，即適合抵銷之狀態，屬於積極要件，有下列四點：

1.**須二人互負債務**：民法第三三四條第一項本文規定：「二人互負債務，而其給付種類相同，並均屆清償期者，各得以其債務，與他方之債務，互為抵銷。」可見抵銷首須具備二人互負債務之狀態。此由債務方面觀之為債務之對立，由債權方面觀之為債權之對立，法條中雖用「以債務與他方之債務互相抵銷」字樣，但不如用以自己對他方之債權，抵銷自己對他方之債務為妥。其主張抵銷之一方所有之債權，謂之動方債權，被抵銷之一方所有之債權，謂之受方債權。動方債權即受方債務，受方債權即動方債

務，民法上開條文係從債務方面所作之規定。

2.**須給付種類相同**：雙方債務，須為同種類之給付始可，例如均為金錢或其他同種類代替物之給付。不代替物之給付固不能抵銷，即代替物之給付而種類不同者亦不能抵銷。不過種類雖相同，但品質不同時，亦不適於抵銷。至數量是否相同，在所不問，因僅於對等額內抵銷，抵銷後不妨有餘額也。

3.**須雙方債務均屆清償期**：所謂均屆清償期不以同時到期為必要，雖先後到期，但抵銷時均已到期足矣。又主張抵銷一方之債務尚未到期，而其債權已到期時，亦得抵銷，因其可以拋棄其債務之期限利益而期前清償（民法第三一六條後段），故得期前抵銷也。又一方之債務早已到期，且已消滅時效完成時，其債權人是否仍可以之抵銷？依民法第三三七條規定：「債之請求權雖經時效而消滅，如在時效未完成前，其債務已適於抵銷者，亦得為抵銷。」例如乙欠甲之債務，於十月五日消滅時效完成，而甲欠乙之債務，於九月五日到期（斯時乙欠甲之債務時效尚未完成），甲本可於九月五日對乙主張抵銷，竟未主張，迨甲之債權於時效完成後（十月五日以後）仍可抵銷是。

抵銷須以雙方之債務均屆清償期為必要，有如上述，至其清償地是否亦須相同？依民法第三三六條規定：「清償地不同之債務，亦得為抵銷，但為抵銷之人應賠償他方因抵銷而生之損害。」

4.**須債務之性質可以抵銷**：民法第三三四條第一項但書規定：「但依債務之性質不能抵銷或……者，不在此限。」例如彼此不競業之債務（不作為債務），即不能抵銷。蓋抵銷時則反乎當事人成立債務之目的也。

㈡須無抵銷之禁止

具備上述之積極要件後，尚須無抵銷之禁止始可抵銷，否則仍不能抵銷。須無抵銷之禁止屬於消極要件，亦有下列五點：

1.**禁止抵銷之特約**：本可抵銷之債務，但當事人另有約定不許抵銷，自應從其約定。民法第三三四條第一項但書規定：「但……依當事人之特約不得抵銷者，不在此限。」是也。應注意者，為免第三人遭受不測之損害，

同條第二項規定：「前項特約，不得對抗善意第三人。」

2.**禁止扣押之債**：民法第三三八條規定：「禁止扣押之債，其債務人不得主張抵銷。」所謂禁止扣押之債，例如公務人員退休資遣撫卹法第六九條、軍人撫卹條例第二九條、軍人保險條例第二一條及勞工保險條例第二九條、勞工退休金條例第二九條所規定者均是。此等債權，為使其債權人自行受領起見，法律上乃禁止該債權人之債權人扣押（強制執行），因而亦禁止該債務人（例如發給退休金之機關）以債權人之地位主張抵銷。例如甲公務員自乙機關退休，可領退休金五十萬元，但前此曾向乙機關借款二萬元，乙機關於發給退休金時，不得將該借款二萬元扣除（抵銷），但甲公務員自請扣除時，則法不禁止。

3.**因故意侵權行為而負擔之債**：民法第三三九條規定：「因故意侵權行為而負擔之債，其債務人不得主張抵銷。」例如乙欠甲之借款不還，甲故意將乙打傷，結果須對乙賠償醫藥費，甲不得以乙之借款債權，抵銷醫藥費是。但乙以債權人之地位，主張抵銷時，則法所不禁。

4.**受扣押命令之第三債務人於扣押後取得之債權**：民法第三四〇條規定：「受債權扣押命令之第三債務人，於扣押後，始對其債權人取得債權者，不得以其所取得之債權與受扣押之債權為抵銷。」例如甲對乙之借款債權，經甲之債權人 A 聲請法院發扣押命令於乙（第三債務人）後，乙始對甲取得債權，雖甲乙之間形成債權之對立，乙本可抵銷，但甲對乙之債權，既已被 A 扣押在先，則乙自不能以其後取得之債權抵銷。所以保護聲請扣押之債權人（A）也。

5.**約定向第三人為給付之債務**：民法第三四一條規定：「約定應向第三人為給付之債務人，不得以其債務，與他方當事人對於自己之債務為抵銷。」所以保護第三人也。

由於上述㈠㈡兩點觀之，債之抵銷僅有㈠之要件抵銷適狀，尚屬不足，且須具備㈡之要件無抵銷禁止，始可抵銷。

案例研析

(1)甲欠乙借款一千元未還，嗣後甲又賣給乙十匹布價金計一千元，試問：甲可否向乙主張抵銷？

(2)乙欠甲一千元，甲欠丙一千元，試問：丙可否以對甲之債權對乙主張抵銷？

(3)乙欠甲一千元，甲討債不成憤而將乙毆打成傷，試問：甲可否以對乙之債權主張與醫藥費抵銷？

擬 答

按民法第三三四條規定：「二人互負債務，而其給付種類相同，並均居清償期者，各得以其債務，與他方之債務，互相抵銷。但依債務之性質，不能抵銷者，不在此限。」據此：

(1)今甲、乙互負一千元之債務，且均已屆清償期，依本條規定，甲自得向乙主張抵銷。

(2)依前述規定，抵銷以二人互負債務為前提，在例(2)中因非屬二人互負債務之情形，故丙不得主張抵銷。至於該第三人丙如願為債務人乙清償，係屬另一問題。

(3)按民法第三三九條規定：「因故意侵權行為而負擔之債，其債務人不得主張抵銷。」蓋以此種債務若許抵銷，無異誘人為不法行為，有違公序良俗。本題中，甲應賠償之醫藥費係因故意侵權行為所應負擔之債務，依本條規定自不得允其主張抵銷。

三、抵銷之方法

抵銷之方法如何？依民法第三三五條第一項前段：「抵銷，應以意思表示，向他方為之。」之規定，可知抵銷之方法為意思表示。因抵銷祇有一方之意思表示即可生效，雖須向他方為之，但不以他方之同意為必要，故抵銷屬於單獨行為而為形成權之一，在訴訟上或訴訟外均得行之。

抵銷既為一方之意思表示，而他方無置可否之機會，因之應單純確定，

而不得附有條件或期限，以免有害他方當事人之利益，故民法第三三五條第二項明定：「前項意思表示，附有條件或期限者，無效。」即不發生下述抵銷之效力。

四、抵銷之效力

㈠債之關係消滅

抵銷為債之消滅原因，故一有抵銷之意思表示，則債之關係即按抵銷數額而消滅（民法第三三五條第一項後段）。

㈡債之關係溯及於最初得為抵銷時消滅

消滅之時間溯及於最初得為抵銷之時，例如甲乙兩人互負債務，於二月六日均已到期，本得抵銷，但當時雙方均未表示，直至四月六日，乙方始表示抵銷，則雙方債務均溯及於二月六日（最初得為抵銷之時）消滅，而不於四月六日（實際抵銷之時）消滅。因此自二月六日至四月六日，不發生給付遲延問題，亦即不必支付遲延利息。

五、抵銷之抵充

甲乙互負債務固可抵銷，但如甲方對乙方負有數宗債務，而乙方對甲方僅負有一宗債務，則乙方如欲抵銷時，究抵銷何宗債務，不無問題。此種與以前所述清償抵充之問題相同，因而民法第三四二條規定：「第三百二十一條至第三百二十三條之規定，於抵銷準用之。」

第五款　免　除

免除乃債權人對債務人所為使債之關係消滅之一方的意思表示。依民法第三四三條規定：「債權人向債務人表示免除其債務之意思者，債之關係消滅。」可知免除為債之消滅原因之一，由債權人一方之意思表示即可生效，不須債務人之同意。免除依債權人之意思，而使債權消滅，與物權之拋棄同，均屬於一種處分行為。

第六款　混　同

混同乃債權與其債務同歸一人之事實。其原因有概括繼受，與特定繼

受兩種。所謂概括繼受，例如繼承（民法第一一四八條）或營業合併（民法第三〇六條）均是；所謂特定繼受，例如債務人自其債權人受讓債權，公司購回其所發行並已屆期之公司債券是。

混同為債之消滅原因，依民法第三四四條規定：「債權與其債務同歸一人時，債之關係消滅。但其債權為他人權利之標的或法律另有規定者，不在此限。」可知債權與其債務，一經混同，債之關係即歸消滅，因其無存在之必要故也，但有下列兩種情形，則不消滅，是為例外：

㈠債權為他人權利之標的者

例如乙以其對甲之債權為標的，而為丙設定權利質權（民法第九〇〇條），於混同時（甲繼承乙，或乙繼承甲），乙之債權不因之而消滅。蓋該債權已為丙之權利質權之標的，若歸消滅，則有害及丙（第三人）之利益故也。

㈡法律另有規定時

例如民法第一一五四條規定：「繼承人對於被繼承人之權利、義務，不因繼承而消滅。」即是。

習 題

一、試說明侵權行為之成立要件。

二、試依民法第一八八條關於受僱人侵權行為之規定，說明僱用人與受僱人所負之責任。

三、民法關於約定利率有何限制規定？試說明之。

四、民法關於損害賠償方法有何規定？其範圍為何？試說明之。

五、我國現行民法關於歸責事由之規定，究採過失責任主義抑或無過失責任主義？

六、試分別就不可歸責債務人之事由，可歸責債務人之事由之給付不能，說明其效果不同。

七、何謂受領遲延？其效力為何？

八、民法第二四二條就代位權有所規定，試據此規定析述代位權之要件。

九、債之保全中，撤銷權係債權人對於債務人所為有害債權之行為，得聲請法院撤銷之權利。撤銷權之要件為何？其有無除斥期間規定之適用？

十、何謂同時履行抗辯權？試說明之。

十一、試區分狹義的危險負擔、廣義的危險負擔之不同。

十二、試說明「為第三人契約」之意義。並舉例說明。

十三、試說明連帶債務對外與對內之效力。

十四、連帶債權對外效力、對內效力各如何，試分別說明之。

十五、何謂不可分之債？試申其義。

十六、試說明債權讓與之對內（讓與人與受讓人間）效力。

十七、債權讓與時，讓與人所為債權讓與之通知，其效力如何？試就民法之規定說明之。

十八、試比較免責的債務承擔與併存的債務承擔有何不同？

十九、債之清償由第三人為之時，民法有何特別規定？

二十、何謂間接給付？其效力如何？

二十一、試說明提存對提存人與債權人之效力。

二十二、試述抵銷之要件及其效力。

二十三、試舉出民法關於債之混同之例外規定。

二十四、何謂不完全給付？其要件及效果如何？

二十五、試述締約過失責任之意義及我國民法之相關規定。

二十六、何謂不法管理？試申其義。

第二章　各種之債

第一節　買　賣

第一款　通　則

一、買賣之意義

買賣乃當事人約定，一方移轉財產權於他方，他方支付價金之契約（民法第三四五條第一項）。買賣屬於一種契約，其要件：

㈠就「人」的方面言

買賣之當事人，一方為出賣人，一方為買受人，此雙方當事人無論自然人或法人均得充之。

㈡就「物」的方面言

一方為財產權，一方為價金，亦即財產權與價金交換。所謂財產權，在物權為所有權（注意：以所有權為標的時，稱為「物之買賣」，參照民法第三四八條第一項），典權、地上權等等，在債權為一般債權及有價證券債權等等。此外無體財產權（如專利權）或準物權（如礦業權）等亦均得充買賣標的物（注意：以所有權以外之物權、債權及其他財產權為標的時，稱為「權利之買賣」，參照民法第三四八條第二項）。

㈢就「行為」方面言

出賣人須為財產之「移轉」，而買受人則須為價金之「支付」，如何移轉？因財產種類之不同而異，如不動產物權之移轉，須為登記；動產所有權之移轉，須為交付，而有價證券債權之移轉須為背書或交付均是。如何支付？支付係給付之一種，在金錢專稱「支付」，在其他財產通稱給付，例如以現金點交是。

由此上述，可知買賣為有償契約，且為典型的有償契約，民法第三四七條規定：「本節規定，於買賣契約以外之有償契約準用之。但為其契約性質所不許者，不在此限。」

二、買賣之種類

買賣在民法上可分兩大類：

㈠一般買賣

一般買賣即除去下列之特種買賣外之通常買賣是也。

㈡特種買賣

民法買賣節「特種買賣」款規定之特種買賣有四：一、試驗買賣，二、貨樣買賣，三、分期付價之買賣，四、拍賣是也。至於買回，有以之為特種買賣之一者，有不認其為買賣，而視為買賣之解除者，本書則將其列為特種買賣，詳後述之。又消費者保護法另有關於通訊交易及訪問交易（消費者保護法第一八至十九條之二），動產擔保交易法則有附條件買賣（動產擔保交易法第二六條以下）之特別規定，應予注意，本書則僅述及民法上所規定之特種買賣。

第二款　買賣之成立

買賣（指一般買賣言，以下同此）之成立，依民法第三四五條第二項規定：「當事人就標的物及其價金互相同意時，買賣契約即為成立。」其程序簡而易行，既非要式（買賣為不要式契約），亦不要物（買賣為不要物契約），符合契約自由（方式自由）原則。惟買賣之標的物若係不動產物權時，因係以負擔不動產物權之移轉之義務為標的，應由公證人作成公證書（民法第一六六條之一，以下財產移轉契約，如互易、贈與等皆同，不復另贅）。又價金雖未具體約定，而依情形可得而定者，視為定有價金（民法第三四六條第一項）。例如用戶經常向米店購買，祇要打電話叫其送米，雖未具體言明米價，亦當然照市價定之即是。因而民法第三四六條第二項又規定：「價金約定依市價者，視為標的物清償時，清償地之市價。但契約另有訂定者，不在此限。」

第三款 買賣之效力

一、對於出賣人之效力

㈠出賣人財產權移轉之義務

此可分物之出賣與權利之出賣兩點言之：

1.物之出賣：物之出賣係所有權之出賣，前已言之，民法第三四八條第一項規定：「物之出賣人，負交付其物於買受人，並使其取得該物所有權之義務。」所謂交付即移轉占有；所謂使取得該物所有權，即使買受人在法律上取得該物所有權之謂。例如不動產之出賣人應會同買受人為所有權移轉之登記是。

2.權利之出賣：權利之出賣，指所有權以外之財產權之出賣，前已言之。民法第三四八條第二項規定：「權利之出賣人，負使買受人取得其權利之義務，如因其權利而得占有一定之物者，並負交付其物之義務。」所謂使買受人取得其權利，例如出賣債權之人，應依債權讓與之規定（民法第二九四條以下）為債權之讓與是。所謂因其權利而得占有一定之物者，並負交付其物之義務，例如因典權得占有典物，於是典權之出賣人除使買受人取得典權外，並應將典物交付於買受人是。

以上之義務，出賣人如不履行時，買受人得依關於債務不履行之規定，行使其權利（民法第三五三條）。

㈡出賣人瑕疵擔保之責任

瑕疵指缺點而言，出賣人對於買賣標的物之瑕疵，應負擔保責任，此項責任屬於法定責任，當然依法發生，勿須當事人另行約定，又係無過失責任，不以出賣人有故意或過失為必要。惟瑕疵有兩種，即權利之瑕疵與物之瑕疵是，因而其擔保責任亦分兩種：

1.權利瑕疵之擔保

權利瑕疵之擔保之內容為：①權利無缺之擔保：權利無缺之擔保，即出賣人應擔保買賣標的物之權利完整無缺之謂，民法第三四九條規定：「出賣人應擔保第三人就買賣之標的物，對於買受人不得主張任何權利。」例

如在物之出賣，該物之所有權若屬於第三人；在權利之出賣，該權利係出賣人與第三人共有（如股份之共有），第三人若事前未就買賣為同意時，事後自得出而主張權利，此時出賣人應對買受人負權利瑕疵擔保責任是。②權利存在之擔保：權利之存在與上述之權利無缺不同，權利無缺指標的物之權利，雖非不存在，但不屬於出賣人，而此之所謂權利之存在，指權利本身之存在而言，否則該權利根本不存在或曾經存在但已消滅（如債權業已清償，有價證券業已失效）時，出賣人應負擔保責任。民法第三五○條：「債權或其他權利之出賣人，應擔保其權利確係存在。有價證券之出賣人，並應擔保其證券未因公示催告而宣示為無效。」即係此種擔保之明文規定。其次債權之出賣人僅擔保其債權確係存在為已足，至於該債權之債務人之支付能力如何，原則上不負擔保責任，民法第三五二條規定：「債權之出賣人對於債務人之支付能力，除契約另有訂定外，不負擔保責任。出賣人就債務人之支付能力，負擔保責任者，推定其擔保債權移轉時債務人之支付能力。」

　　以上所述之權利瑕疵擔保，若買受人於契約成立時，知有權利之瑕疵者，出賣人不負擔保之責；但契約另有訂定者，不在此限（民法第三五一條）。又當事人以特約免除或限制出賣人關於權利之瑕疵擔保義務者，如出賣人故意不告知其瑕疵，其特約為無效（民法第三六六條）。

　　權利瑕疵擔保之效果，依民法第三五三條規定；出賣人不履行第三四九條（第三四八條係不履行移轉財產權義務之效果，已見前述）至第三五一條所定之義務者，買受人得依關於債務不履行之規定，行使其權利。

2.物之瑕疵之擔保

　　物之瑕疵，指標的物本身事實具有缺點而言。物有瑕疵，勢必影響其使用價值或交換價值，買受人支付對價，而取得有瑕疵之物時，若出賣人不負責任，實有礙交易之公平，故不能不使出賣人負擔責任，民法第三五四條第一項乃明定:「物之出賣人對於買受人應擔保其物依第三七三條之規定危險移轉於買受人時無滅失或減少其價值之瑕疵，亦無滅失或減少其通常效用或契約預定效用之瑕疵。但減少之程度，無關重要者，不得視為瑕

疵。」所謂滅失或減少其價值之瑕疵，例如一個表面完好之柑橘，而內容卻已變質，所謂「金玉其外，而敗絮其中」是；所謂滅失或減少其通常效用之瑕疵，例如電冰箱雖通電，但不冰冷是；所謂滅失或減少其契約預定效用之瑕疵，例如馬在通常情形，係供乘騎，但當事人特約該馬須供馬戲之用是。對於出賣之物，出賣人須擔保無上述之瑕疵，因而若有瑕疵，無論該瑕疵已到滅失價值或效用之程度，或僅係減少價值或效用之程度（注意滅失與減少僅為程度上之差別），出賣人均須負擔保責任；但減少之程度，無關重要者，不在此限，例如書籍一頁偏下裝訂，致該頁文字上部空白較他頁為多，自屬無關重要，不得視為瑕疵是。至於所謂依第三七三條之規定危險移轉於買受人時，指該物交付之時而言，亦即瑕疵須於該時存在始可，若於斯時，並無瑕疵之存在，而日後始有之者，例如買受人買得蘋果不食，日久腐爛，出賣人自然不負責任是。又民法第三五四條第二項規定：「出賣人並應擔保其物於危險移轉時，具有所保證之品質。」例如出賣電鍋，保證使用十年不修是。因而此種耐用之品質若於交付時，不具有者，出賣人應負責任。

　　有上述之瑕疵，出賣人固應負擔保責任，但有下列情形，則出賣人不負責任：①買受人有惡意：買受人於契約成立時，知其物有前條第一項所稱之瑕疵者，出賣人不負擔保之責任（民法第三五五條第一項）。②買受人有重大過失：買受人因重大過失，而不知有前條第一項所稱之瑕疵者，出賣人如未保證其無瑕疵時，不負擔保之責；但故意不告知其瑕疵者，不在此限（民法第三五五條第二項）。③買受人怠於檢查通知：買受人應按物之性質，依通常程序從速檢查其所受領之物。如發見有應由出賣人負擔保責任之瑕疵時，應即通知出賣人。買受人怠於為前項之通知者，除依通常之檢查不能發見之瑕疵外，視為承認其所受領之物。不能即知之瑕疵，至日後發見者，應即通知出賣人，怠於為通知者，視為承認其所受領之物（民法第三五六條），於是出賣人即不復負瑕疵擔保責任矣。不過上述規定，於出賣人故意不告知瑕疵於買受人者，不適用之（民法第三五七條）。④買受人怠於為瑕疵之證明：買受人對於由他地送到之物主張有瑕疵，不願受領

者，如出賣人於受領地無代理人，買受人有暫為保管之責任。上述情形，如買受人不即依相當方法證明其瑕疵之存在者，推定於受領時為無瑕疵。送到之物易於敗壞者，買受人經依相當方法之證明，得照市價變賣之。如為出賣人之利益，有必要時，並有變賣之義務。買受人依前項規定為變賣者，應即通知出賣人，如怠於通知，應負損害賠償之責（民法第三五八條），此種情形，出賣人不必對買受人負瑕疵擔保之責，自不待言。

　　其次物之瑕疵擔保責任之效果，即①解約，②減價，③賠償，④另行交付是也。依民法第三五九條規定：「買賣因物有瑕疵，而出賣人依前五條之規定，應負擔保之責者，買受人得解除其契約，或請求減少其價金；但依情形，解除契約顯失公平者，買受人僅得請求減少價金。」又民法第三六〇條規定：「買賣之物，缺少出賣人所保證之品質者，買受人得不解除契約或請求減少價金，而請求不履行之損害賠償；出賣人故意不告知物之瑕疵者亦同。」又民法第三六四條規定：「買賣之物，僅指定種類者，如其物有瑕疵，買受人得不解除契約或請求減少價金，而即時請求另行交付無瑕疵之物。出賣人就前項另行交付之物，仍負擔保責任。」

　　由於上述，出賣人瑕疵擔保責任，可發生解約、減價、賠償或另行交付四種效果。關於解約方面，民法第三六一條又規定：「買受人主張物有瑕疵者，出賣人得定相當期限，催告買受人於其期限內是否解除契約。買受人於前項期限內不解除契約者，喪失其解除權。」又民法第三六二條規定：「因主物有瑕疵而解除契約者，其效力及於從物。從物有瑕疵者，買受人僅得就從物之部分為解除。」又民法第三六三條規定：「為買賣標的之數物中，一物有瑕疵者，買受人僅得就有瑕疵之物為解除。其以總價金將數物同時賣出者，買受人並得請求減少與瑕疵物相當之價額。前項情形，當事人之任何一方，如因有瑕疵之物，與他物分離而顯受損害者，得解除全部契約。」

　　最後應敘明者：①契約解除權與價金減少請求權之行使，有無時間上之限制？依民法第三六五條第一項規定：「買受人因物有瑕疵，而得解除契約或請求減少價金者，其解除權或請求權，於買受人依第三百五十六條規

定為通知後六個月間不行使或自物之交付時起經過五年而消滅。」是為一種除斥期間。此項六個月之除斥期間之規定，於出賣人故意不告知瑕疵者，不適用之（民法第三六五條第二項）。換言之，出賣人故意背於交易之誠實及信用，而不告知物之瑕疵時，買受人之解除權或請求權，不受六個月期間之限制，但如自物之交付時起經過五年而未行使，仍為消滅。②物之瑕疵擔保責任，是否得以特約免除？民法第三六六條規定：「以特約免除或限制出賣人關於物之瑕疵擔保義務者，如出賣人故意不告知其瑕疵，其特約為無效。」

案例研析

某甲為一公務員，慨嘆官場無常，紅塵如夢，意欲於退休後歸隱山中務農。經友人介紹，與某乙就梨山之一五千坪果園交易。經雙方約定每坪一千元總價五百萬元，並於次日簽約。不料次日某乙心生悔意，藉口以未簽約為由，買賣契約尚不成立。試問：(1)某乙之主張是否有理？(2)若雙方完成移轉登記後，某甲經測量後，發現該果園實際上僅有四千九百九十坪時，某甲該如何主張其權利？

擬 答

(1)依民法第三四五條第一項規定：「稱買賣者，謂當事人約定一方移轉財產權於他方，他方支付價金之契約。」第二項規定：「當事人就標的物及其價金互相同意時，買賣契約即為成立。」由此規定可知，買賣契約為不要式契約，只要雙方就標的物及價金達成一致的意思，並互相同意，契約即成立，並不需簽定書面契約始成立。惟民法第一六六條之一規定：「契約以負擔不動產物權之移轉……之義務為標的者，應由公證人作成公證書。」故某乙之主張有理由。

(2)按民法第三五四條第一項規定：「物之出賣人，對於買受人應擔保其物依第三七三條（註）之規定危險移轉於買受人時，無滅失或減少其價值之瑕疵，亦無滅失或減少其通常效用，或契約預定效用之瑕疵。但減少之

程度，無關重要者，不得視為瑕疵。」某甲與某乙訂立之買賣契約雖未經公證，但若已完成登記者，仍為有效（民法第一六六條之一第二項）。然約定之標的物總坪數為五千坪，經實際測量後發現短少十坪，足使物之價值減少，是屬於物之瑕疵。依本條規定，某乙應負物之瑕疵擔保的責任。又依民法第三五九條規定：「買賣因物有瑕疵，而出賣人依前五條之規定，應負擔保之責者，買受人得解除契約，或請求減少其價金。但依情形，解除契約顯失公平者，買受人僅得請求減少價金。」故某甲可主張解除買賣契約或減少價金，但在此例中之情形，解除契約顯失公平，所以某甲僅得請求減少價金。

　　註：民法第三七三條：「買賣標的物之利益及危險，自交付時起，均由買受人承受負擔，但契約另有訂定者，不在此限。」

◼ 案例研析 ◼

　　某大學之學生甲，上完體育課後，至紅茶店休息，點了一杯茉香綠茶，不料喝到一半，竟發現杯中有一隻蟑螂，甲遂要求老闆乙另換一杯，是否有理？

◼ 擬答

　　依民法第三五四條規定：「物之出賣人，對於買受人應擔保其物依第三七三條之規定，危險移轉於買受人時，無滅失或減少其價值之瑕疵，亦無滅失或減少其通常效用，或契約預定效用之瑕疵。但減少之程度，無關重要者，不得視為瑕疵。」又第三六四條第一項規定：「買賣之物，僅指定種類者，如其物有瑕疵，買受人得不解除契約或請求減少價金，而即時請求另行交付無瑕疵之物。」在本例中，甲購買之綠茶，因茶水中有蟑螂，其供人飲用之通常效用，已經滅失，依本法第三七三條規定，乙應負瑕疵擔保責任。又甲所點之綠茶，僅係指定此一種類，依第三六四條第一項規定，甲得請求乙另行交付無瑕疵之物，亦即甲可請求乙另換一杯。

二、對於買受人之效力

㈠買受人支付價金之義務

買受人對於出賣人有交付約定價金之義務（民法第三六七條）。買賣標的物與其價金之交付，除法律另有規定或契約另有訂定，或另有習慣外，應同時為之（民法第三六九條），是為同時履行主義。因採同時履行主義，若一方不履行時，他方有同時履行抗辯權（參照民法第二六四條）。標的物交付定有期限者，其期限，推定其為價金交付之期限（民法第三七〇條）。至於價金交付之處所，依民法第三七一條規定：「標的物與價金同時交付者，其價金應於標的物之交付處所交付之。」而價金之計算，依民法第三七二條規定：「價金依物之重量計算者，應除去其包皮之重量。但契約另有訂定或另有習慣者，從其訂定或習慣。」買受人雖有支付價金義務，但有正當理由，恐第三人主張權利，致失其因買賣契約所得權利之全部或一部者，得拒絕支付價金之全部或一部，但出賣人已提出相當擔保者，不在此限。上述情形出賣人得請求買受人提存價金（民法第三六八條）。

㈡買受人受領標的物之義務

民法第三六七條規定，買受人對於出賣人有受領標的物之義務。買受人對於由他地送到之物，主張有瑕疵，不願受領者，如出賣人於受領地無代理人，買受人有暫為保管之責。送到之物易於敗壞者必要時並有變賣之義務，凡此已見前述，應請參照。

三、對於買賣雙方之效力

㈠利益承受及危險負擔

民法第三七三條規定：「買賣標的物之利益及危險，自交付時起，均由買受人承受負擔，但契約另有訂定者，不在此限。」是以交付之時為利益承受及危險負擔移轉之時。不過買受人請求將標的物送交清償地以外之處所者，自出賣人交付其標的物於為運送之人或承攬運送人時起，標的物之危險，由買受人負擔（民法第三七四條）。買受人關於標的物之送交方法，有特別指示，而出賣人無緊急之原因，違其指示者，對於買受人因此所受之損害，應負賠償責任（民法第三七六條）。又標的物之危險，於交付前已

應由買受人負擔者，出賣人於危險移轉後，標的物之交付前，所支出之必要費用，買受人應依關於委任之規定，負償還責任。前項情形，出賣人所支出之費用，如非必要者，買受人應依關於無因管理之規定，負償還責任（民法第三七五條）。

以上係指「物之買賣」之利益承受及危險負擔之問題而言，若「權利買賣」則如何？依民法第三七七條規定：「以權利為買賣之標的，如出賣人因其權利而得占有一定之物者，準用前四條之規定。」

㈡費用之負擔

買賣費用之負擔，除法律另有規定（如民法第三八一條之規定）或契約另有訂定，或另有習慣外，依下列之規定（民法第三七八條）：

1.買賣契約之費用，由當事人雙方平均負擔。

2.移轉權利之費用、運送標的物至清償地之費用及交付之費用，由出賣人負擔。

3.受領標的物之費用、登記之費用及送交清償地以外處所之費用，由買受人負擔。

第四款　特種買賣

一、買　回

㈠買回之意義

買回係以出賣人之買回意思表示為停止條件，而買回其已賣出之標的物之再買賣契約（民法第三七九條第一項）。

㈡買回之期限

買回之期限，不得超過五年，如約定之期限較長者，縮短為五年（民法第三八〇條）。

㈢買回之效力

買回既係以出賣人（買回人）之買回意思表示為停止條件之契約，則當出賣人表示買回之意思時，條件即為成就，於是買回即發生效力：

1.**買回人之義務**：買回人（原出賣人）之義務有：①價金之返還：所謂

價金之返還，原則上為當初受領之價金，但當事人亦得特別約定較原價為多或少之價金，有此特約，自應從其特約（民法第三七九條第二項）。至於原價金之利息，與買受人就標的物所得之利益，視為互相抵銷（同條第三項）。②費用之償還：買賣費用由買受人支出者，買回人應與買回價金連同償還之；而買回之費用，則由買回人負擔（民法第三八一條）。至於買受人為改良標的物所支出之費用及其他有益費用，而增加價值者，買回人應償還之；但以現存之增價額為限（民法第三八二條）。

2.**買受人之義務**：買受人指原買受人而言（在此居於出賣人之地位），其義務有：①交付標的物之義務：民法第三八三條第一項規定：「買受人對於買回人負交付標的物及其附屬物之義務。」②損害賠償義務：民法第三八三條第二項規定：「買受人因可歸責於自己之事由，致不能交付標的物或標的物顯有變更者，應賠償因此所生之損害。」

買回之規定，無論在動產買賣或不動產買賣均得適用。但在不動產，我國有典權制度，出典人可以贖回其標的物，無利用買回制度之必要；而在動產，則因工業進步，產品日新，淘舊換新之不暇，何須買回舊物，故利用買回制度，亦少有之。因而買回規定之存廢，值得檢討矣。

二、試驗買賣

㈠試驗買賣之意義

試驗買賣係以買受人之承認標的物為停止條件，而成立之特種買賣（民法第三八四條）。所謂承認標的物，即買受人對於標的物經試驗後認為滿意是。此種買賣契約於訂約當時雖已成立，但必須經買受人將標的物加以試驗，認為滿意後，始生效力，故買受人之滿意乃一種停止條件。例如買鋼琴，言明試彈三天，認為滿意再付價金是。若不滿意則買賣契約不生效力。

㈡試驗買賣之試驗與承認

試驗買賣之出賣人，有許買受人試驗其標的物之義務（民法第三八五條）。買受人於試驗後自應就標的物為承認與否之表示，其表示為明示或默示均可。而法律上更設有擬制之規定，即標的物經試驗而未交付者，買受人於約定期限內，未就標的物為承認之表示，視為拒絕；其無約定期限，而於

出賣人所定之相當期限內，未為承認之表示者，亦同（民法第三八六條）。至於標的物因試驗於買受人，而買受人不交還其物，或於約定期限或出賣人所定之相當期限內，不為拒絕之表示者，視為承認（民法第三八七條第一項）。又買受人已支付價金之全部或一部，或就標的物為非試驗所必要之行為者（例如在試驗中，竟將該物轉售他人），視為承認（民法第三八七條第二項）。

三、貨樣買賣

㈠貨樣買賣之意義

貨樣買賣係按照貨物之樣本，而決定標的物之特種買賣。例如送上白米一小包，做為貨樣，言明照此貨樣交貨是。

㈡貨樣買賣之效力

按照貨樣約定買賣者，視為出賣人擔保其交付之標的物與貨樣有同一之品質（民法第三八八條）。於是若所交付者與貨樣之品質不符時，出賣人應負瑕疵擔保責任。

四、分期付價之買賣

㈠分期付價買賣之意義

分期付價買賣係附有分期支付價金約款之特種買賣。所謂分期付價約款，例如約定價金十萬元，十期付清，每期為一個月，每期付一萬元是。

㈡分期付價買賣之其他約款

分期付價買賣係先交付標的物而後陸續支付價金，具有賒欠買賣之性質，其價金是否能如期如數，難免冒有風險，因而此種買賣每多附有保障出賣人利益之約款，其主要者如下：

1.**期限利益喪失約款**：分期付價之買賣，如約定買受人有遲延時，出賣人得即請求支付全部價金者，除買受人遲付之價額已達全部價金五分之一外，出賣人仍不得請求支付全部價金（民法第三八九條），是乃對期限利益喪失約款，法律上所設之限制。

2.**解約扣價約款**：分期付價之買賣，如約定出賣人於解除契約時，得扣留其所受領價金者，其扣留之數額，不得超過標的物使用之代價及標的物受有損害時之賠償額（民法第三九〇條），是仍對於解約扣價約款法律上所

加之限制。

　　此外尚有所謂所有權保留約款，即出賣人於全部價金受清償前，雖將標的物交付於買受人，但仍保留其所有權，一俟價金付足時，始移轉其所有權者是也。此種約款，民法上雖無規定，但動產擔保交易法上之附條件買賣，若約定分期付款時，則可發生所有權保留之效力，自不待言。又消費者保護法第二一條規定：「企業經營者與消費者分期付款買賣契約應以書面為之。前項契約應載明下列事項：一、頭期款。二、各期價款與其他附加費用合計之總價款與現金交易價格之差額。三、利率。企業經營者未依前項規定記載利率者，其利率按現金交易價格週年利率百分之五計算之。企業經營者違反第二項第一款、第二款之規定者，消費者不負現金交易價格以外價款之給付義務。」本條解釋上於民法之分期付價買賣與動產擔保交易法之分期付款買賣，均有適用。

五、拍　賣

㈠拍賣之意義

　　拍賣係因拍賣人拍板或依其他慣用方法，為賣定之表示而成立之特種買賣（民法第三九一條）。拍賣既須用拍板或其他慣用方法（如按鈴）為賣定之表示，故屬於一種要式契約。拍賣有強制拍賣（見強制執行法）與任意拍賣之別，茲所述者以任意拍賣為限。

㈡拍賣之成立

　　拍賣須經下列程序而成立：

　1.拍賣之表示：此種表示係一種要約引誘，一般以公告方法為之。公告中指定時間與處所，以便應買人齊集。為拍賣者不以出賣人自為之為限，委託他人（如拍賣行）亦得為之。拍賣之表示既為要約引誘，自無拘束力之可言，故對於應買人所出最高之價，認為不足者，得不為賣定之表示，而撤回其物（民法第三九四條）。

　2.應買之表示：拍賣有多數應買人公開競價，作應買之表示。此之表示，屬於要約，為此表示之應買人須受其拘束。應買人任何人均可充之，但拍賣人（指受出賣人之委託者）對於其經營之拍賣不得應買，亦不得使他人

為其應買（民法第三九二條）。又應買人所為應買之表示，自有出價較高之應買或拍賣物經撤回時，失其拘束力（民法第三九五條）。

3.**賣定之表示**：賣定之表示，屬於一種承諾，由拍賣人以拍板或其他慣用方法為之。一有賣定之表示，拍賣即為成立。惟拍賣究應拍歸何一應買人，拍賣人得自由決定，但民法第三九三條規定：「拍賣人除拍賣之委任人有反對之意思表示外，得將拍賣物拍歸出價最高之應買人。」

（三）拍賣之效力

拍賣之買受人，應於拍賣成立時，或拍賣公告內所定之時，以現金支付買價（民法第三九六條）。如不按時支付價金者，拍賣人得解除契約，將其物再行拍賣。再行拍賣所得之價金，如少於原拍賣之價金及再行拍賣之費用者，原買受人應負賠償其差額之責任（民法第三九七條）。

第二節　互　易

一、互易之意義

互易乃當事人雙方約定，互相移轉金錢以外之財產權之契約（民法第三九八條）。例如甲乙約定，甲以駿馬一匹與乙之名犬一隻相換是。此種以物易物之契約，在人類歷史上當早於買賣而盛行，但自貨幣經濟發達後，則趨衰微，於今甚少利用之者。互易雖以金錢以外之財產權交換為主，但一方之物價值較低，另附金錢補足之，亦無不可。

又雙方若均給付金錢（如貨幣之兌換），則屬於一種無名契約，非此之所謂互易矣。此種無名契約得準用互易或買賣之規定。

二、互易之效力

民法第三九八條規定：「當事人雙方約定互相移轉金錢以外之財產權者，準用關於買賣之規定。」例如當事人就互易之物，應負瑕疵擔保責任是（準用買賣瑕疵擔保之規定）。又民法第三九九條規定：「當事人之一方，約定移轉前條所定之財產權，並應交付金錢者，其金錢部分，準用關於買賣價金之規定。」此即上述附有補足金之互易，其補足金準用買賣價金之規定，例如應與互易之物同時交付是。

第三節 交互計算

一、交互計算之意義

交互計算乃當事人約定，以其相互間之交易所生之債權債務為定期計算，互相抵銷，而僅支付差額之契約（民法第四○○條）。交互計算契約，係一種結賬方法之約定，其主體，在德、日兩國商法以商人為限，我國民法雖不限於商人，究以商人為主；其內容，係以金錢債權債務為必要，否則無法抵銷；且以由交易所生者為限，若由侵權行為等所發生之債權債務，即不在交互計算之列。

二、交互計算之效力

㈠定期計算

交互計算須定期計算，定期之長短如何，當事人得自由約定之，例如每三月、每一年計算一次均可。若無約定時，民法第四○二條規定：「交互計算之計算期，如無特別訂定，每六個月計算一次。」在計算前應將其債權、債務之項目，記入交互計算之中，而記入交互計算之項目，得約定自記入之時起，附加利息（民法第四○四條第一項）。又匯票、本票、支票及其他流通證券，記入交互計算者，如證券之債務人不為清償時，當事人得將該記入之項目除去之（民法第四○一條）。

㈡互相抵銷

計算期屆至，當事人將已記入之債權、債務作一總結，而互相抵銷，求出差額，民法第四○五條規定：「記入交互計算之項目，自計算後，經過一年，不得請求除去或改正。」於是差額歸於確定。

㈢支付差額

求出差額後，自得請求支付，並得請求自計算時起，支付利息（民法第四○四條第二項）。實際上差額無須支付，依次列入下期之交互計算，亦無不可。

三、交互計算之終止

當事人之一方，得隨時終止交互計算契約，而為計算；但契約另有訂

定者，不在此限（民法第四○三條），因交互計算契約係建築於當事人雙方互信之上，若一方失去信用，他方自得隨時終止交互計算之契約也。

第四節　贈　與

一、贈與之意義、種類及成立

㈠贈與之意義

　　贈與係當事人約定，一方以自己之財產無償給與他方，他方允受之契約（民法第四○六條）。例如甲向乙表示願贈與六法全書一部，乙則表示接受是。贈與為無償契約，與買賣不同。

㈡贈與之種類

　　贈與有一般贈與及特種贈與之分。特種贈與我民法有規定者：①附負擔之贈與，②定期給付之贈與。此外學說上尚有所謂「死因贈與」及「現實贈與」，亦均為特種贈與，但實益較少，姑從略述。

㈢贈與之成立

　　贈與因當事人意思表示之合致而成立，並同時生效（民法第四○六條），故為不要式契約，亦為不要物契約。又贈與之目的如何，在所不問，但以履行道德上義務為目的之贈與則在效力上及撤銷上均有不同，詳後述之。

二、贈與之效力

㈠贈與人移轉財產權之義務

　　贈與人應依贈與之本旨，履行其債務，而移轉所贈與之財產權。

㈡贈與人債務不履行責任

　　贈與原則上於贈與物之權利未移轉前，贈與人得任意撤銷之（民法第四○八條第一項，詳見贈與之撤銷），自無債務不履行可言。但此一任意撤銷之規定，於經公證之贈與，或為履行道德上義務而為贈與（例如生父贈與未經認領非婚生子女生活費）者，不適用之（民法第四○八條第二項）。故僅經公證之贈與，或為履行道德上義務而為贈與者，有債務不履行的問題，惟其責任仍較一般債務不履行為輕，茲依民法第四○九條第一項之規定，分述如下：

1.**給付遲延**：於經公證之贈與或為履行道德上義務之贈與給付遲延時，受贈人仍得請求交付贈與物。

2.**給付不能**：經公證之贈與或為履行道德上義務之贈與，其因可歸責於贈與人之事由致給付不能時，受贈人得請求賠償贈與物之價額。但贈與人僅就其故意或重大過失負給付不能之責任（民法第四一〇條）。

上述兩種情形，受贈人不得請求遲延利息或其他不履行之損害賠償（民法第四〇九條第二項）。

㈢**贈與人之瑕疵擔保責任**

民法第四一一條規定：「贈與之物或權利，如有瑕疵，贈與人不負擔保責任。但贈與人故意不告知其瑕疵，或保證其無瑕疵者，對於受贈人因瑕疵所生之損害，負賠償之義務。」

三、贈與之撤銷及拒絕履行

㈠**贈與之撤銷**

民法第四〇八條第一項規定：「贈與物之權利未移轉前，贈與人得撤銷其贈與。其一部已移轉者，得就其未移轉之部分撤銷之。」又民法第四一六條規定：「受贈人對於贈與人有左列情事之一者，贈與人得撤銷其贈與：一、對於贈與人、其配偶、直系血親、三親等內旁系血親或二親等內姻親，有故意侵害之行為，依刑法有處罰之明文者；二、對於贈與人有扶養義務而不履行者。前項撤銷權，自贈與人知有撤銷原因之時起，一年內不行使而消滅。贈與人對於受贈人已為宥恕之表示者，亦同。」上述情形，指贈與人尚生存且得自由撤銷之情形而言，若受贈人因故意不法之行為，致贈與人死亡或妨礙其為贈與之撤銷者，贈與人之繼承人，得撤銷其贈與。但其撤銷權自知有撤銷原因之時起，六個月間不行使而消滅（民法第四一七條）。

其次贈與之撤銷，應向受贈人以意思表示為之；贈與撤銷後，贈與人得依關於不當得利之規定，請求返還贈與物（民法第四一九條）。

贈與之撤銷權，因受贈人之死亡而消滅（民法第四二〇條）。

㈡**贈與之拒絕履行**

民法第四一八條規定：「贈與人於贈與約定後，其經濟狀況顯有變更，

如因贈與致其生計有重大之影響，或妨礙其扶養義務之履行者，得拒絕贈與之履行。」

案例研析

　　某甲為一著名之糕餅師傅，某日某甲發明一種新口味之糕餅，本諸「好東西要和好朋友分享」之理念，將糕餅送給乙，乙食後甚覺好吃，甲答應再送十盒，經乙允受。試問：⑴嗣後，甲可否撤銷贈與？⑵若甲不知其所送之餅已腐敗，乙食後上吐下瀉經送醫急救始脫險，乙可否要求某甲賠償醫藥費？

擬　答

　　⑴甲、乙間所為再送十盒之約定，係贈與契約。依民法第四○八條前段規定：「贈與物未交付前，贈與人得撤銷其贈與。……」亦即甲在十盒糕餅未交付乙之前，得任意撤銷贈與。所以在本例中甲得依本條規定，撤銷贈與。

　　⑵民法第四一一條規定：「贈與之物或權利如有瑕疵，贈與人不負擔保責任。但贈與人故意不告知其瑕疵，或保證其無瑕疵者，對於受贈人因瑕疵所生之損害，負賠償之義務。」因贈與係無償契約，所以贈與人原則上對贈與物或權利之瑕疵，不負擔保責任，但如贈與人故意不告知其瑕疵，或保證其無瑕疵者，對於受贈人因瑕疵所生之損害，仍要負賠償之義務。在本例中，甲之餅腐敗，係贈與之物有瑕疵，但甲並不知情，所以依本條規定，甲對餅之腐敗可不負責任，乙不得請求甲賠償醫藥費。

四、特種贈與

㈠附負擔之贈與

　　贈與雖為無償契約，但得附有負擔，例如甲與乙約定，由甲贈與樓房一幢於乙，而乙應向某私立學校捐贈桌椅五百套是。

　　附負擔之贈與依民法第四一四條規定：「附有負擔之贈與，其贈與之物或權利如有瑕疵，贈與人於受贈人負擔之限度內，負與出賣人同一之擔保

責任。」因此種贈與已類似有償契約矣。

附有負擔之贈與,受贈人自應履行其負擔,但其贈與不足償其負擔者(即贈與少,負擔多),受贈人僅於贈與之價值限度內,有履行其負擔之責任(民法第四一三條)。至於贈與附有負擔者,且贈與人已為給付,而受贈人不履行其負擔時,贈與人得請求受贈人履行其負擔,或撤銷其贈與。若負擔以公益為目的者,於贈與人死亡後,主管機關或檢察官得請求受贈人履行其負擔(民法第四一二條)。

㈡定期給付之贈與

定期給付之贈與乃於一定期間或不定期間內定期的為給付之贈與。例如甲與乙約定,由甲於五年間,每年(定期)給付一萬元於乙是。定期給付定有存續期間者有之(如上例),未定有存續期間者亦有之。定有存續期間者,期間屆滿,贈與失效;未有定存續期間者,依民法第四一五條規定:「定期給付之贈與,因贈與人或受贈人之死亡,失其效力。但贈與人有反對之意思表示者,不在此限。」

第五節 租 賃

第一款 租賃之意義、性質及成立

一、租賃之意義

租賃乃當事人約定:一方以物租與他方使用收益,他方支付租金之契約(民法第四二一條第一項)。租賃之當事人並無限制,自然人法人均可。標的物得為動產或不動產,至於權利租賃,則準用租賃之規定(民法第四六三條之一)。另外,對於供居住使用之建築物的租賃住宅,於一百零六年十二月二十七日制定「租賃住宅市場發展及管理條例」,作為民法租賃中關於住宅租賃之特別規定,其與民法不同處,主要計有:押金上限規定(第七條)、修繕義務約定(第八條)、轉租之書面同意(第九條)、擴大雙方之期前終止權(第十條及第一一條)、租賃消滅後返還住宅之點交(第一二條)等,並引入租賃住宅之「代管」及「包租」專業服務制度(第二八條和第

二九條），建立從業人員專業證照制度（第二六條），落實企業經營者業務責任，以協助處理龐雜之租賃住宅相關管理事務，以及租屋爭議調處及諮詢（第一四條至第一六條），以使未來的住宅租賃市場發展更為穩健，為民法以外須特別注意的租賃專法。

二、租賃之性質

租賃契約為債權契約，但近來租賃權有物權化（民法第四二五條）之傾向，詳後述之。

三、租賃之成立

租賃契約，因當事人之合意而成立，不以具有方式為必要，故為不要式契約，但不動產之租賃契約，其期限逾一年者，應以字據訂立之，否則視為不定期限之租賃（民法第四二二條）。與不定期限之租賃相對稱者為定有期限之租賃，其期限之長短，當事人固可自由訂定，但不得逾二十年，逾二十年者，縮短為二十年，不過此項期限得更新之（民法第四四九條第一項、第二項）。

第二款　租賃之效力

一、對於出租人之效力

㈠租賃物之交付及合於用益狀態之保持

出租人應以合於所約定使用、收益之租賃物，交付承租人，並應於租賃關係存續中保持其合於約定使用、收益之狀態（民法第四二三條）。

㈡租賃物之修繕

租賃物之修繕，除契約另有訂定或另有習慣外，由出租人負擔（民法第四二九條第一項）。因而出租人為保存租賃物所為之必要行為（主要指修繕），承租人不得拒絕（同條第二項）。如出租人不為修繕時，依民法第四三〇條規定：「租賃關係存續中，租賃物如有修繕之必要，應由出租人負擔者，承租人得定相當期限，催告出租人修繕，如出租人於其期限內不為修繕者，承租人得終止契約或自行修繕而請求出租人償還其費用或於租金中扣除之。」

㈢瑕疵擔保責任

出租人之瑕疵擔保責任亦有兩種：①權利瑕疵之擔保：出租人應擔保第三人就租賃物，對於承租人不得主張任何權利，若於租賃關係存續中，承租人因第三人就租賃物主張權利，致不能為約定之使用收益者，得準用民法第四三五條之規定，請求減少租金或終止契約（民法第四三六條）。②物之瑕疵擔保責任：租賃物為房屋或其他供居住之處所者，如有瑕疵，危及承租人或其同居人之安全或健康時，承租人雖於訂約時已知其瑕疵，或已拋棄其終止契約之權利，仍得終止契約（民法第四二四條）。

㈣稅捐之負擔及費用之償還

就租賃物應納之一切稅捐，由出租人負擔之（民法第四二七條）。承租人就租賃物支出有益費用，因而增加該物之價值者，如出租人知其情事而不為反對之表示，於租賃關係終止時，應償還其費用，但以其現存之增價額為限。承租人就租賃物所增設之工作物，得取回之，但應回復租賃物之原狀（民法第四三一條）。上述費用之返還或工作物之取回，在承租人方面言之，則為一種權利，此等權利均因二年間不行使而消滅。此二年之期間，自租賃關係終止時起算（民法第四五六條）。

㈤不動產出租人之留置權

不動產之出租人就租賃契約所生之債權（如租金請求權），對於承租人之物置於該不動產者，有留置權。但禁止扣押之物（參照強制執行法第五三條），不在此限。上述情形，僅於已得請求之損害賠償及本期與以前未交之租金之限度內，得就留置物取償（民法第四四五條）。此項留置權因下列事由而消滅或不得行使：①取去留置物：承租人將前述之留置物取去者，出租人之留置權消滅。但其取去係乘出租人之不知，或出租人曾提出異議者，不在此限。又承租人如因執行業務取去其物，或其取去適於通常之生活關係，或所留之物足以擔保租金之支付者，出租人不得提出異議（民法第四四六條）。至出租人有提出異議權者，得不聲請法院，逕行阻止承租人取去其留置物，如承租人離去租賃之不動產者，並得占有其物。承租人乘出租人之不知或不顧出租人提出異議而取去其物者，出租人得終止契約（民

法第四四七條）。②承租人另提擔保：承租人得提出擔保，以免出租人行使留置權，並得提出與各個留置物價值相當之擔保，以消滅對於該物之留置權（民法第四四八條）。

二、對於承租人之效力

㈠租賃權之內容及其物權化

承租人之權利為租賃權。此權利以對於租賃物之使用、收益為內容，屬於一種債權，但法律為強化其內容，使之物權化。民法第四二五條規定：「出租人於租賃物交付後，承租人占有中，縱將其所有權讓與第三人，其租賃契約，對於受讓人，仍繼續存在。」斯即「買賣不破租賃原則」是也。惟為避免債務人於受強制執行時，與第三人虛偽訂立長期或不定期限之租賃契約，以妨礙債權人之強制執行，故於本條特增列第二項規定：「前項規定，於未經公證之不動產租賃契約，其期限逾五年或未定期限者，不適用之。」又民法第四二六條規定：「出租人就租賃物設定物權，致妨礙承租人之使用收益者，準用第四百二十五條之規定。」例如出租人於租賃物交付後，為第三人設定典權，則原租賃契約對於典權人亦仍繼續存在，因典權人亦得出租典物（民法第九一五條參照）故也。

㈡租金之支付

租金之支付為承租人之主要義務。租金得以金錢或租賃物之孳息充之（民法第四二一條第二項），司法院大法官會議第四四號解釋：「契約當事人雙方約定以白米給付房租，核與本條規定尚無牴觸，除其他法令別有禁止規定外，自非法所不許。」租金之數額，由當事人自由訂定，其支付方法，多為分期支付，如每月付租，半月付租，每週付租，均無不可。租金之支付時期，依民法第四三九條規定：「承租人應依約定日期，支付租金。無約定者依習慣，無約定亦無習慣者，應於租賃期滿時支付之。如租金分期支付者，於每期屆滿時支付之。如租賃物之收益有季節者，於收益季節終了時支付之。」承租人租金支付有遲延者，出租人得定相當期限，催告承租人支付租金。如承租人於其期限內不為支付，出租人得終止契約。租賃物為房屋者，遲付租金之總額，非達兩個月之租額，不得依前項之規定，

終止契約。其租金約定於每期開始時支付者，並應於遲延給付逾二個月時，始得終止契約（民法第四四〇條第一項、第二項）。

當事人所約定之租金，原則上不得變動，但民法第四四二條規定：「租賃物為不動產者，因其價值之昇降，當事人得聲請法院增減其租金，但其租賃定有期限者，不在此限。」是乃因情事變更而得變更租金之規定，於定期租賃雖不適用，但定期租賃之租金，得適用民法第二二七條之二之規定而增減之，自不待言。其次民法第四四一條規定：「承租人因自己之事由，致不能為租賃物全部或一部之使用、收益者，不得免其支付租金之義務。」但租賃關係存續中，因不可歸責於承租人之事由，致租賃物之一部滅失者，承租人得按滅失之部分，請求減少租金（民法第四三五條第一項），又承租人因第三人就租賃物主張權利，致租賃物之一部不能為約定之使用收益者，準用上述之規定（民法第四三六條）。

㈢租賃物之保管

民法第四三二條第一項規定：「承租人應以善良管理人之注意，保管租賃物，租賃物有生產力者，並應保持其生產力。」因而民法第四二八條規定：「租賃物為動物者，其飼養費由承租人負擔。」

承租人違背租賃物保管義務，致租賃物毀損滅失者，負損害賠償責任；但依約定之方法或依物之性質而定之方法，為使用收益，致有變更或毀損者，不在此限（民法第四三二條第二項）。

又因承租人之同居人，或因承租人允許為租賃物之使用收益之第三人，應負責之事由，致租賃物毀損滅失者，承租人負損害賠償責任（民法第四三三條）。承租人對於租賃物之保管雖負抽象的輕過失責任，但依民法第四三四條規定：「租賃物因承租人之重大過失致失火而毀損滅失者，承租人對於出租人負損害賠償責任。」是乃減輕責任之規定，因日常生活無時不用水火，對於火災之防範，難以時時刻刻盡善良管理人之注意也。

㈣保管上所必要之通知

保管義務為主要義務，從屬於此義務者，尚有通知之義務，民法第四三七條規定：「租賃關係存續中，租賃物如有修繕之必要，應由出租人負擔

者，或因防止危害有設備之必要，或第三人就租賃物主張權利者，承租人應即通知出租人。但為出租人所已知者，不在此限。承租人怠於為前項通知，致出租人不能及時救濟者，應賠償出租人因此所生之損害。」

(五)押租金之提供

押租金簡稱押租或押金，乃以擔保出租人之租金債權為目的，由承租人交予出租人之金錢。屬於一種保證金，金錢之所有權，須移轉於出租人。押租金在土地法第九八條有規定：「以現金為租賃之擔保者，其現金利息視為租金之一部。前項利率之計算，應與租金所由算定之利率相等」，同法第九九條：「前條擔保之金額，不得超過二個月房屋租金之總額。已交付之擔保金，超過前項限度者，承租人得以超過之部分抵付房租。」在民法上雖無規定，但當事人於租賃契約訂立時，得約定之。如有約定，承租人自應提供之。

■ 案例研析 ■

某甲和某乙為中部一私立大學學生，為求學之便，遂在校外向某丙承租房屋，雙方就租約內容談妥後，隨即簽約遷入。某日，一群頑童投擲石塊，將玻璃打破。試問：(1)甲、乙可否要求某丙修繕，又某丙可否要求甲、乙負賠償責任？(2)若某丙不願修理，甲、乙是否有他法可救濟？

■ 擬 答

(1)依民法第四三二條第一項規定：「承租人應以善良管理人之注意，保管租賃物。租賃物有生產力者，並應保持其生產力。」第二項規定：「承租人違反前項義務，致租賃物毀損、滅失者，負損害賠償責任。但依約定之方法或依物之性質而定之方法為使用、收益，致有變更或毀損者，不在此限。」依上述規定承租人原有保管租賃物之義務，若違反而致租賃物毀損、滅失者，應負損害賠償責任。但若已盡善良管理人之注意時，則可免責。在本題中，甲、乙不論如何防範，亦很難隨時注意阻止頑童之行為，應係已盡善良管理人之責，所以不必負賠償責任。又依民法第四二九條第一項規

定:「租賃物之修繕,除契約另有訂定或另有習慣外,由出租人負擔。」所以在本題中,甲、乙可要求某丙修繕,但某丙不可要求甲、乙負賠償責任。

(2)甲、乙可定相當期限催告某丙(出租人)修繕。如某丙於其期限內不為修繕者,甲、乙得終止租約或自行修繕而請求某丙償還其費用,或於租金中扣除之(民法第四三○條參照)。

案例研析

某甲從南部北上工作,在公司附近向某乙承租房屋,約定租期一年,且不得轉租。不料半年後,某乙將該屋售予某丙,某丙以其屋將作為其子之新房為由,要求某甲遷離。試問:(1)某丙之要求有無理由?(2)某甲之同鄉某Ａ,北上工作,某甲將其中一間房間租予某Ａ,可否?又某丙知悉後,可否終止契約?

擬 答

(1)依民法第四二五條規定:「出租人於租賃物交付後,承租人占有中,縱將其所有權讓與第三人,其租賃契約,對於受讓人仍繼續存在。前項規定,於未經公證之不動產租賃契約,其期限逾五年或未定期限者,不適用之。」在本題中,某乙將租賃物交付給某甲後,於某甲占有中,將所有權讓與某丙,且其房屋租賃契約定有一年之期限,故依本條規定,甲、乙間之租賃契約對某丙仍繼續存在。所以某丙之要求並無理由。

(2)在本題須注意的乃是租賃物轉租的問題。轉租乃承租人不脫離其租賃關係,而將承租物之一部或全部轉租予次承租人。所以轉租為原承租人與次承租人間成立另一租賃契約,次承租人之取得租賃權乃以轉租人之租賃權為前提而成立。由於租賃關係存有人格信賴之特質,故原則上承租人不得再轉租,但若已得出租人之承諾,或租賃物為房屋而無反對轉租之約定時,則例外許可轉租,故民法第四四三條規定:「承租人非經出租人承諾,不得將租賃物轉租於他人。但租賃物為房屋者,除有反對之約定外,承租人得將其一部分,轉租於他人。」在本例中某甲之轉租並不合法,所

以某丙得依據上述條文終止契約。

案例研析

　　某甲向某乙承租房屋，約定租金每個月一萬元，以半年為一期，於每期之開始之一月一日及七月一日支付租金。甲原均按期支付租金，未料於民國八十八年七月間，因周轉不靈，藉故拖欠拒付租金。問乙可否終止租賃契約？若可，應於何時終止租賃契約？

擬　答

　　承租人應依約定日期，支付租金（民法第四三九條）。民法第四四○條第二項規定：「租賃物為房屋者，遲付租金之總額，非達二個月之租額，不得依前項之規定，終止契約。其租金約定於每期開始支付者，並應於遲延給付逾二個月時，始得終止契約。」本題甲遲延支付一期租金，於負遲延責任之同時，遲付總額亦逾二個月之租額，出租人本即得於七月一日後經定期催告終止契約，但如此對承租人未免過苛。故依前開條文後段之規定，應於甲遲延給付逾二個月時，始得終止契約。是本題甲應於八月三十一日以後，始得經定期催告終止契約。

第三款　租賃之消滅

一、租期屆滿

　　租賃定有期限者，其租賃關係，於期限屆滿時消滅（民法第四五○條第一項）。但租賃期限屆滿後，承租人仍為租賃物之使用收益，而出租人不即表示反對之意思者，視為以不定期限繼續契約（民法第四五一條）。

二、契約終止

　　契約終止乃由當事人以意思表示，使契約之效力，向將來消滅之謂。租賃契約之終止分兩點述之：

　㈠不定期租賃

　　租賃未定期限者，各當事人得隨時終止契約；但有利於承租人之習慣

者,從其習慣。前項終止契約,應依習慣先期通知;但不動產之租金,以星期、半個月或一個月定其支付之期限者,出租人應以曆定星期、半個月或一個月之末日為契約終止期,並應至少於一星期、半個月或一個月前通知之(民法第四五〇條第二、三項)。

㈡定期租賃

定期租賃原則上不得中途終止契約,但有下列情形,亦得終止之:①承租人應依約定方法為租賃物之使用收益,無約定方法者,應依租賃物之性質而定之方法為之。承租人違反前項規定為租賃物之使用收益,經出租人阻止,而仍繼續為之者,出租人得終止契約。②定有期限之租賃契約,如約定當事人之一方於期限屆滿前,得終止契約者,其終止契約,應依第四五〇條第三項之規定,先期通知(民法第四五三條)。③承租人死亡者,租賃契約雖定有期限,其繼承人仍得終止契約;但應依第四五〇條第三項之規定先期通知(民法第四五二條)。④承租人非經出租人承諾,不得將租賃物轉租於他人;但租賃物為房屋者,除有反對之約定外,承租人得將其一部分轉租於他人。承租人違反前項規定,將租賃物轉租於他人者,出租人得終止契約(民法第四四三條)。承租人依前條之規定,將租賃物轉租於他人者,其與出租人間之租賃關係,仍為繼續。因次承租人應負責之事由所生之損害,承租人負賠償責任(民法第四四四條)。⑤此外尚有因出租人不為租賃物之修繕,而承租人得終止契約(民法第四三〇條),承租人遲付租金,而出租人得終止契約(民法第四四〇條)等等,均已見前述,茲不復贅。

其次租賃契約終止後之效果為:①承租人於租賃關係終止後,應返還租賃物。租賃物有生產力者,並應保持其生產狀態,返還出租人(民法第四五五條)。②依民法第四五二條及第四五三條之規定終止契約時,如終止後始到期之租金,出租人已預先受領者,應返還之(民法第四五四條)。③出租人就租賃物所受損害,對於承租人之賠償請求權,因二年間不行使而消滅。此項期間,於出租人自受租賃物返還時起算;於承租人,自租賃關係終止時起算(民法第四五六條)。

㈢租賃物滅失

租賃物滅失，則租賃失其標的，租賃關係當然消滅。

第四款　基地租賃

基地指建築用地而言，基地租賃即以建築房屋為目的而租賃他人之建築用地是也。關於基地租賃，民法原本並無明文規定，主要規定於土地法及平均地權條例中。民法債編修正，參酌土地法及我國向來實務見解，增設數條規定，分述如下：

一、關於基地租賃之成立

關於基地租賃之成立要件，法律並無明文規定，應依民法關於不動產租賃之規定（民法第四二二條）。惟為兼顧房屋受讓人及社會經濟之利益，民法第四二五條之一規定：「土地及其土地上之房屋同屬一人所有，而僅將土地或僅將房屋所有權讓與他人，或將土地及房屋同時或先後讓與相異之人時，土地受讓人或房屋受讓人與讓與人間或房屋受讓人與土地受讓人間，推定在房屋得使用期限內，有租賃關係。其期限不受第四百四十九條第一項規定之限制。前項情形，其租金數額當事人不能協議時，得請求法院定之。」承租人於基地租賃契約成立後，得請求出租人為地上權之登記（民法第四二二條之一）。基地租賃經為地上權登記後，仍為租賃權之一種，但得準用地上權之規定，學說上稱為準地上權。

二、關於租賃權轉讓

基地租賃與一般租賃相同，皆重視承租人的人格特性，不得單獨讓與租賃權。但若基地承租人於房屋所有權移轉時，房屋受讓人無基地租賃權，基地出租人將可請求拆屋還地，殊有害社會之經濟。故民法第四二六條之一規定：「租用基地建築房屋，承租人房屋所有權移轉時，其基地租賃契約，對於房屋受讓人仍繼續存在。」即租賃契約移轉由房屋受讓人承受。

三、關於房屋或基地之優先承買權

租用基地建築房屋，出租人出賣基地時，承租人有依同樣條件優先承買之權。承租人出賣房屋時，基地所有人有依同樣條件優先承買之權。前

項情形，出賣人應將出賣條件以書面通知優先承買權人。優先承買權人於通知到達後十日內未以書面表示承買者，視為放棄（民法第四二六條之二第一項、第二項）。此項優先承買權具有相對的物權效力，若出賣人未以書面通知優先承買權人而為所有權之移轉登記者，不得對抗優先承買權人（民法第四二六條之二第三項）。

四、關於契約之期限

租用基地建築房屋者，不適用民法第四四九條第一項之規定（民法第四二五條之一第一項末段，第四四九條第三項）。

五、關於契約之終止

土地法第一○三條對出租人收回基地設有明文，民法則於第四四○條增訂第三項：「租用建築房屋之基地，遲付租金之總額，達二年之租額時，適用前項之規定。」

第五款　耕作地租賃

耕作地租賃乃以自任耕作為目的，約定支付地租，而使用他人農地之租賃。此種租賃，在現時應優先適用耕地三七五減租條例及土地法，民法上耕作地租賃之規定，祇能補充適用而已。

一、關於租金

耕作地之承租人，因不可抗力，致其收益減少或全無者，得請求減少或免除租金。此項租金減免請求權，不得預先拋棄（民法第四五七條）。又耕作地之出租人不得預收租金。承租人不能按期支付應交租金之全部，而以一部支付時，出租人不得拒絕收受（民法第四五七條之一）。

二、關於契約之終止

耕作地租賃於租期屆滿前，有下列情形之一時，出租人得終止契約：一、承租人死亡而無繼承人或繼承人無耕作能力者。二、承租人非因不可抗力不為耕作繼續一年以上者。三、承租人將耕作地全部或一部轉租於他人者。四、租金積欠達兩年之總額者。五、耕作地依法編定或變更為非耕作地使用者（民法第四五八條）。未定期限之耕作地租賃，出租人除收回自

耕外，僅限於有前條各款之情形或承租人違反第四三二條或第四六二條第二項之規定時，得終止契約。

　　耕作地之出租人終止契約者，應以收益季節後，次期作業開始前之時日，為契約之終止期（民法第四六○條）。

　　耕作地之承租人，因租賃關係終止時未及收穫之孳息，所支出之耕作費用，得請求出租人償還之；但其請求額不得超過孳息之價額（民法第四六一條）。

三、關於優先承買、承典權

　　耕作地出租人出賣或出典耕作地時，承租人有依同樣條件優先承買或承典之權。且出租人通知承租人之程序及此優先承買或承典權之效力，準用第四二六條之二第二項及第三項之規定（民法第四六○條之一）。易言之，本條之優先承買或承典權亦具有物權效力。

四、關於耕作地之特別改良

　　耕作地承租人於保持耕作地之原有性質及效能外，得為增加耕作地生產力或耕作便利之改良。但應將改良事項及費用數額，以書面通知出租人。前項費用，承租人返還耕作地時，得請求出租人返還之。但以其未失效能部分之價額為限（民法第四六一條之一）。

五、關於耕作地之附屬物者

　　耕作地之租賃，附有農具、牲畜或其他附屬物者，當事人應於訂約時，評定其價值，並繕具清單，由雙方簽名，各執一份。清單所載之附屬物，如因可歸責於承租人之事由而滅失者，由承租人負補充之責任。附屬物因不可歸責於承租人之事由而滅失者，由出租人負補充之責任（民法第四六二條）。

　　耕作地之承租人依清單所受領之附屬物，應於租賃關係終止時，返還於出租人。如不能返還者，應賠償其依清單所定之價值。但因使用所生之通常折耗，應扣除之（民法第四六三條）。

第六節　借　貸

第一款　使用借貸

一、使用借貸之意義及成立

㈠使用借貸之意義

使用借貸乃當事人一方以物交付他方，而約定他方於無償使用後返還其物之契約（民法第四六四條）。以物貸與他方者為貸與人，他方則為借用人，兩者間成立契約關係。其標的為物，不論動產抑不動產均無不可，若為權利之借用，則為無名契約，準用使用借貸之規定。又使用借貸係無償契約，此點與租賃有所不同。

㈡使用借貸之成立

使用借貸因當事人合意，及貸與人交付借用物而成立，故為要物契約。惟此之交付，僅指占有之移轉而言，物之所有權並不移轉，因而使用後須原物返還，此點與次款所述之消費借貸有所不同。使用借貸因係要物契約，常先有預約之訂立，惟其亦為無償契約，故於使用借貸預約成立後，預約貸與人得撤銷其約定。但預約借用人已請求履行預約而預約貸與人未即時撤銷者，不在此限（民法第四六五條之一）。

二、使用借貸之效力

㈠借用人之權利義務

1.**使用權**：使用借貸之目的在乎物之使用，故借用人對於借用物有使用權，貸與人須容忍其使用。惟借用人應依約定方法使用借用物，無約定方法者，應以依借用物之性質而定之方法使用之（如借用客車，不可裝煤），且借用人非經貸與人之同意，不得允許第三人使用借用物（民法第四六七條）。

2.**保管義務**：借用人應以善良管理人之注意，保管借用物之義務。違反上述義務，致借用物毀損、滅失者，負損害賠償責任；但依約定之方法，或依物之性質而定之方法使用借用物，致有變更或毀損者，不負責任（民

法第四六八條)。例如借用汽車遠行後,輪胎當然磨損,不必負責是。其次借用物之通常保管費用由借用人負擔;借用物為動物者,其飼養費亦同(民法第四六九條第一項)。借用人就借用物支出有益費用,因而增加該物之價值者,得準用民法第四三一條第一項之規定請求償還(民法第四六九條第二項)。上述貸與人之損害賠償請求權、有益費用償還請求權自受借用物返還時起算,因六個月間不行使而消滅(民法第四七三條)。

　　3.**連帶責任**:數人共借一物者,對於貸與人連帶負責(民法第四七一條)。

　㈡**貸與人之權利義務**

　　　貸與人本無何種義務可言,惟貸與人故意不告知借用物之瑕疵,致借用人受損害者,負賠償責任(民法第四六六條)。在借用人方面即為損害賠償請求權,此項權利自借貸關係終止時起算,六個月間不行使而消滅(民法第四七三條)。

三、使用借貸之消滅

　㈠**借貸期限之屆滿**

　　　借用人應於契約所定期限屆滿時,返還借用物。未定期限者,應於依借貸之目的使用完畢時返還之;但經過相當時期,可推定借用人已使用完畢者,貸與人亦得為返還之請求。又借貸未定期限,亦不能依借貸之目的而定其期限者,貸與人得隨時請求返還借用物(民法第四七○條)。

　㈡**借貸契約之終止**

　　　貸與人遇有下列情形者,得終止契約:①貸與人因不可預知之情事,自己需用借用物者,②借用人違反約定或依物之性質而定之方法使用借用物,或未經貸與人同意,允許第三人使用者,③因借用人怠於注意,致借用物毀損或有毀損之虞者,④借用人死亡者(民法第四七二條)。

　㈢**借用物之滅失**

　　　借用物全部滅失時,則借貸關係消滅。

　　　以上三種消滅原因,除㈢之原因外,借用人返還借用物時,如就借用物有增加工作物者,得取回之;但應回復借用物之原狀(民法第四六九條)。此項取回權自借貸關係終止時起,六個月間不行使而消滅(民法第四七三條)。

■ 案例研析 ■

　　甲、乙、丙三人為同寢室之室友。某日，甲與女友相約看電影，甲遂向某乙借閱報紙，並留字條於丙的桌上，表示暫借機車一用。試問：甲、乙及甲、丙間是否成立使用借貸契約？

■ 擬　答

　　(1)甲、乙間之借閱報紙行為僅為社交關係，聽任使用其物的一種事實。當事人並無發生權利義務之效果意思，故不成為契約，稱為「好意的使用許可」。奧國民法第九七四條稱此為「商請借貸」，貸與人不受何等拘束，得任意撤回，我民法就此無規定，解釋上從同。

　　(2)使用借貸為一種契約，既為契約，依民法第一五三條第一項規定：「當事人互相表示意思一致者，無論其為明示或默示，契約即為成立。」故當事人必須互相表示意思一致契約始可成立。在本題中，甲僅留字條於丙的桌上，即自行取用，雙方意思表示並無一致可言，契約尚未成立。

第二款　消費借貸

一、消費借貸之意義及成立

(一)消費借貸之意義

　　消費借貸乃當事人一方移轉金錢或其他代替物之所有權於他方，而約定他方以種類、品質、數量相同之物返還之契約（民法第四七四條第一項）。當事人之一方對他方負金錢或其他代替物之給付義務而約定以之作為消費借貸之標的者，亦成立消費借貸（同條第二項）。例如甲積欠乙買賣價金，雙方約定以之作為消費借貸是。其當事人一方為貸與人，一方為借用人，其標的物為代替物，當然為動產，且為消費物，本條以金錢為例示，其他代替物亦可，因其為代替物，故不必原物返還，僅以種類、品質、數量相同之物返還即可。

㈡消費借貸之成立

消費借貸因當事人合意，及交付金錢或其他代替物而成立，故為要物契約，此之交付非僅為占有之移轉，其物所有權亦同時移轉。又此契約有償無償均可，與使用借貸限於無償者，有所不同。消費借貸因係要物契約，常先有預約之訂立。惟消費借貸預約可否撤銷，因有無利息或其他報償之約定而異。無利息或其他報償約定之消費借貸預約，得準用第四六五條之一之規定撤銷，有利息或其他報償約定之消費借貸預約，僅於當事人之一方於預約成立後，成為無支付能力者，預約貸與人始得撤銷其預約（民法第四七五條之一）。

二、消費借貸之效力

㈠借用人之義務

借用人應於約定期限內，返還與借用物種類、品質、數量相同之物；未定返還期限者，借用人得隨時返還，貸與人亦得定一個月以上之相當期限，催告返還（民法第四七八條）。若借用人不能以種類、品質、數量相同之物返還者，應以其物在返還時，返還地所應有之價值償還之。返還時或返還地未約定者，以其物在訂約時或訂約地之價值償還之（民法第四七九條）。以上係一般之消費借貸而言，若消費借貸以金錢為標的者，則為「金錢借貸」，除契約另有訂定外，其返還應依下列之規定：①以通用貨幣為借貸者，如於返還時，已失其通用效力者，應以返還時有通用效力之貨幣償還之；②金錢借貸，約定折合通用貨幣計算者，不問借用人所受領貨幣價格之增減，均應以返還時有通用效力之貨幣償還之；③金錢借貸，約定以特種貨幣為計算者，應以該特種貨幣或按返還時，返還地之市價，以通用貨幣償還之（民法第四八○條）。又以貨物或有價證券折算金錢而為借貸者，縱有反對之約定，仍應以該貨物或有價證券按照交付時交付地之市價所應有之價值，為其借貸金額（民法第四八一條）。

其次消費借貸，約定有利息或其他報償者，借用人應於契約所定之期限支付之；未定期限者，應於借貸關係終止時支付之；但其借貸期限逾一年者，應於每年終支付之（民法第四七七條）。

㈡貸與人之責任

貸與人在有償消費借貸，即約定有利息或其他報償者，如借用物有瑕疵時，貸與人應另易以無瑕疵之物；但借用人仍得請求損害賠償（民法第四七六條第一項）。消費借貸為無報償者，如借用物有瑕疵時，借用人得照有瑕疵原物之價值，返還貸與人。此種情形，如貸與人故意不告知其瑕疵者，借用人得請求損害賠償（民法第四七六條第二、三項）。

第七節　僱　傭

一、僱傭之意義、種類及成立

㈠僱傭之意義

僱傭乃當事人約定，一方於一定或不定之期限內為他方服勞務，他方給付報酬之契約（民法第四八二條）。僱傭為勞務契約，且為有償契約，服勞務者為受僱人，給付報酬者為僱用人。

㈡僱傭之種類

僱傭有一般僱傭與特種僱傭之分，一般僱傭即民法上所定者是；特種僱傭即工廠法，勞動契約法以及海商法等特別法上所定者是也。特種僱傭在法律上今日已形成一獨立法域（勞動法），本節所述者僅以一般僱傭為限。

㈢僱傭之成立

僱傭契約如何成立？民法無特別規定，適用契約之一般規定，因當事人之合意而成立（民法第一五三條第一項）。故為不要式契約。

二、僱傭之效力

㈠受僱人之權利義務

1.**服勞務之義務**：受僱人有依約服勞務之義務，若曾明示或默示保證其有特種技能者（如會駕駛汽車），倘無此種技能時，則成為僱用人終止契約之理由（民法第四八五條）。又服勞務之義務，有專屬性，非經僱用人同意，不得使第三人代服勞務，否則成為僱用人終止契約之理由（民法第四八四條）。

2.**報酬請求權**：報酬之請求乃受僱人之權利，報酬乃勞務之對價，必須服勞務始得請求，但民法第四八七條規定：「僱用人受領勞務遲延者，受僱

人無補服勞務之義務，仍得請求報酬。但受僱人因不服勞務所減省之費用，或轉向他處服勞務所取得，或故意怠於取得之利益，僱用人得由報酬額內扣除之。」

3.賠償請求權：僱用人為自己利益使受僱人為其服勞務，縱無過失，亦應賠償受僱人因服勞務所生之損害，對受僱人而言，則是賠償請求權。民法第四八七條之一規定：「受僱人服勞務，因非可歸責於自己之事由，致受損害者，得向僱用人請求賠償。前項損害之發生，如別有應負責任之人時，僱用人對於該應負責者，有求償權。」

㈡僱用人之權利義務

1.**保護義務**：受僱人服勞務，其生命、身體、健康有受危害之虞者，僱用人應按其情形為必要之預防（民法第四八三條之一）。

2.**報酬給付義務**：報酬應以契約訂明，雖未訂明，但依其情形，非受報酬即不服勞務者（例如專以服勞務為業），視為允與報酬（民法第四八三條第一項）。至於報酬額亦應訂明，如未定報酬額時，按照價目表所定給付之；無價目表者，按照習慣給付（民法第四八三條第二項）。報酬應依約定之期限給付之，無約定者依習慣；無約定亦無習慣者，依下列之規定：一、報酬分期計算者，應於每期屆滿時，給付之；二、報酬非分期計算者，應於勞務完畢時給付之（民法第四八六條）。可見民法對於報酬之給付，採「後付主義」，與租金之給付相同（民法第四三九條參照），與買賣價金係採同時履行主義者（民法第三六九條參照），有所不同。

3.**勞務請求權**：此乃僱用人之權利，亦有專屬性，非經受僱人同意，不能將其勞務請求權讓與第三人，否則構成受僱人終止契約之理由（民法第四八四條）。

三、僱傭之消滅

㈠期限屆滿

僱傭定有期限者，其僱傭關係於期限屆滿時消滅（民法第四八八條第一項）。

㈡契約終止

僱傭未定期限，亦不能依勞務之性質或目的定其期限者，各當事人得隨時終止契約；但有利於受僱人之習慣者，從其習慣（民法第四八八條第二項）。又當事人之一方，遇有重大事由，其僱傭契約，縱定有期限，仍得於期限屆滿前終止之。前項事由，如因當事人一方之過失而生者，他方得向其請求損害賠償（民法第四八九條）。此外如有民法第四八四條、第四八五條所定之情形，亦得終止契約，自不待言。

第八節 承 攬

一、承攬之意義、種類及成立

㈠承攬之意義

承攬乃當事人約定，一方為他方完成一定之工作，他方俟工作完成後，給付報酬之契約（民法第四九〇條第一項）。完成工作之一方為承攬人，給付報酬之一方為定作人。完成一定工作，必須服勞務，故承攬契約亦為勞務契約之一種。

㈡承攬之種類

承攬分為一般承攬及特殊承攬。特殊承攬有①次承攬，例如轉包工是；②不規則承攬，例如約定由定作人供給材料，但得由承攬人以其他同種材料代替者是；③買賣承攬，例如製造成品供給契約（學生制服之定作）是也。本節所述以一般承攬為限。惟須特別說明者，乃買賣承攬。此種契約係承攬人以自己全部或一部之材料，製造物品，供給他方，而他方給付報酬之契約，因其兼具買賣之性質，應適用買賣或承攬之規定，頗有爭論。民法債編修正，增訂民法第四九〇條第二項規定：「約定由承攬人供給材料者，其材料之價額，推定為報酬之一部。」以期明確。若有反證時，材料之價額始可另外計算。

㈢承攬之成立

承攬契約之成立，民法無特別規定，應適用契約之一般規定，即因當事人意思之合致而成立（民法第一五三條第一項）。

二、承攬之效力

㈠承攬人之權利義務

1.**工作之完成**：承攬人之主要義務為工作之完成，因而若因可歸責於承攬人之事由，致工作逾約定期限始完成，或未定期限而逾相當時期始完成者，定作人得請求減少報酬或請求賠償因遲延而生之損害，前項情形如以工作於特定期限完成或交付為契約之要素者，定作人得解除契約並得請求賠償因不履行而生之損害（民法第五〇二條）。又因可歸責於承攬人之事由，遲延工作，顯可預見其不能於限期內完成而其遲延可為工作完成後解除契約之原因者，定作人得依民法第五〇二條第二項之規定解除契約，並請求損害賠償（民法第五〇三條）。惟工作遲延後，定作人受領工作時，不為保留者，承攬人對於遲延之結果，不負責任（民法第五〇四條）。

2.**瑕疵之擔保**：承攬人完成工作，應使其具備約定之品質，及無減少或滅失價值或不適於通常或約定使用之瑕疵（民法第四九二條）。因而工作有瑕疵者，定作人得定相當期限，請求承攬人修補之。承攬人不於前項期限內修補者，定作人得自行修補，並得向承攬人請求償還修補必要之費用。如修補所需費用過鉅者，承攬人得拒絕修補。前項規定不適用之（民法第四九三條）。至於承攬人不於前條第一項所定期限內修補瑕疵，或依前條第三項之規定，拒絕修補瑕疵，或其瑕疵不能修補者，定作人得解除契約或請求減少報酬；但瑕疵非重要，或所承攬之工作為建築物或其他土地上之工作物者，定作人不得解除契約（民法第四九四條）。其次因可歸責於承攬人之事由致工作發生瑕疵者，定作人除依前二條之規定請求修補或解除契約或請求減少報酬外，並得請求損害賠償。前項情形，所承攬之工作為建築物或其他土地上之工作物，而其瑕疵重大致不能達使用之目的者，定作人得解除契約（民法第四九五條）。不過工作之瑕疵，因定作人所供給材料之性質，或依定作人之指示而生者，定作人無前三條所規定之權利；但承攬人明知其材料之性質，或指示不適當，而不告知定作人者不在此限（民法第四九六條）。以上所述指瑕疵業已發生之情形而言，若於工作進行中，因承攬人之過失，顯可預見工作有瑕疵，或有其他違反契約之情事者，定

作人得定相當期限,請求承攬人改善其工作,或依約履行。承攬人不於上述期限內,依照改善,或履行者,定作人得使第三人改善或繼續其工作,其危險及費用,均由承攬人負擔(民法第四九七條)。上述之瑕疵擔保責任,在定作人方面則為權利,此等權利,依民法第四九八條規定:「第四九三條至第四九五條所規定定作人之權利,如其瑕疵自工作交付後經過一年始發見者不得主張。工作依其性質無須交付者,前項一年之期間,自工作完成時起算。」但工作為建築物,或其他土地上之工作物,或為此等工作物之重大修繕者,前條所定之期限延為五年(民法第四九九條)。若承攬人故意不告知其工作之瑕疵者,則第四九八條所定之期限(一年),延為五年。而第四九九條所定之期限(五年)延為十年(民法第五〇〇條)。又第四九八條及第四九九條所定之期限,得以契約加長;但不得減短(民法第五〇一條)。以上係發見瑕疵之期間,發見後應及時行使權利,否則依民法第五一四條第一項規定:「定作人之瑕疵修補請求權、修補費用償還請求權、減少報酬請求權、損害賠償請求權或契約解除權,均因瑕疵發見後一年間不行使而消滅。」以特約免除或限制承攬人關於工作之瑕疵擔保義務者,如承攬人故意不告知其瑕疵,其特約為無效(民法第五〇一條之一)。

3.**法定抵押權**:承攬人於工作完成後對於定作人有報酬請求權,為擔保此項權利,民法第五一三條設有法定抵押權之規定,即承攬之工作為建築物或其他土地上之工作物,或為此等工作物之重大修繕者,承攬人得就承攬關係報酬額,對於其工作所附之定作人之不動產,請求定作人為抵押權之登記;或對於將來完成之定作人之不動產,請求預為抵押權之登記。前項請求,承攬人於開始工作前亦得為之。前二項之抵押權登記,如承攬契約已經公證者,承攬人得單獨申請之。第一項及第二項就報酬所登記之抵押權,於工作物因修繕所增加之價值限度內,優先於成立在先之抵押權。

㈡定作人之權利義務

1.**報酬之給付**:給付報酬為定作人之主要義務,其數額應事先預定,未定報酬額者,按照價目表所定給付之,無價目表者,按照習慣給付(民法第四九一條第二項)。報酬應於工作交付時給付之,無須交付者應於工作完

成時給付之；若工作係就各部分定之者，應於每部分交付時，給付該部分之報酬（民法第五○五條）。報酬之給付在承攬人方面則為請求權，此項請求權因二年間不行使而消滅（民法第一二七條第七款）。訂立契約時，僅估計報酬之概數者，如其報酬，因非可歸責於定作人之事由，超過概數甚鉅者，定作人得於工作進行中或完成後，解除契約。此種情形，工作如為建築物，或其他土地上之工作物，或為此等工作物之重大修繕者，定作人僅得請求相當減少報酬，如工作物尚未完成者，定作人得通知承攬人停止工作，並得解除契約。定作人依前二項之規定解除契約時，對於承攬人，應賠償相當之損害（民法第五○六條）。此在承攬人方面為損害賠償請求權，此權利因其原因發生後一年間不行使而消滅（民法第五一四條第二項）。

2.**工作之協力及受領**：工作需定作人之行為始能完成者，而定作人不為其行為時，承攬人得定相當期限，催告定作人為之；定作人不於前項期限內為其行為者，承攬人得解除契約，並得請求賠償因契約解除而生之損害（民法第五○七條）。此項解除權因其原因發生後，一年間不行使而消滅（民法第五一四條第二項）。至於工作之受領，若定作人不為之者則成為債權人之受領遲延（民法第二三四條），定作人應負其責任（參照下述）。所謂受領即於承攬人交付時，定作人予以接受之謂，但依工作之性質無須交付者，以工作完成時視為受領（民法第五一○條）。

3.**危險之負擔**：工作毀損滅失之危險，於定作人受領前，由承攬人負擔，如定作人受領遲延者，其危險由定作人負擔；定作人所供給之材料，因不可抗力而毀損滅失者，承攬人不負其責（民法第五○八條）。又於定作人受領工作前，因其所供給材料之瑕疵，或其指示不適當，致工作毀損滅失，或不能完成者，承攬人如及時將材料之瑕疵，或指示不適當之情事，通知定作人時，得請求其已服勞務之報酬及墊款之償還。定作人有過失者，並得請求損害賠償（民法第五○九條）。此項損害賠償請求權，因其原因發生後，一年間不行使而消滅（民法第五一四條第二項）。

三、承攬之消滅

㈠工作之完成

承攬以完成一定之工作為目的，如所約定之工作已完成，而經定作人受領並已給付報酬者，則承攬關係即歸消滅。

㈡契約之解除

承攬契約之解除，由定作人為之者有之，如民法第五○二條是。由承攬人為之者亦有之，如民法第五○七條是。無論何者，一經解除，承攬關係即歸消滅。

㈢契約之終止

承攬工作未完成前，定作人得隨時終止契約；但應賠償承攬人因契約終止而生之損害（民法第五一一條）。又承攬之工作以承攬人個人之技能為契約之要素者，如承攬人死亡，或非因其過失致不能完成其約定之工作時，其契約為終止。工作已完成之部分，於定作人為有用者，定作人有受領及給付相當報酬之義務（民法第五一二條）。

案例研析

某甲為一大地主，擁有之土地遍布全省各地。某乙為一建築商，看中臺中市中港路發展潛力無窮，遂遊說某甲，由甲提供土地，乙提供資金及技術，合作建築房屋，建成後，甲、乙各享有半數之房屋及平均共有基地，試問：甲、乙之關係如何？

擬 答

此種建築商與地主約定，由地主提供土地，而由建築商提供資金、技術、勞力合作建築房屋，並於房屋建成後，按約定比例分取房屋及基地之契約，稱為合建契約。在本例中，甲、乙所成立者，即合建契約。

惟合建契約在法律上，應適用何種法律規定，則尚未有一致之看法。依最高法院七十二年臺上字第四二八一號判決謂：「地主出地，建商出資合建房屋，其所為究為合夥、承攬、互易或其他契約，應探求訂約當事人之

意思表示及目的決定之。如其契約重在雙方約定出資（一出土地，一出建築資金），以經營共同事業，自屬合夥。倘契約著重在建築商為地主完成一定之建屋工作後，接受報酬，則為承攬。如契約之目的，在於財產權之交換（即以地易屋）則為互易。」故本例中，甲、乙間究為何種法律關係，尚不能遽予斷定，宜視其合建契約內容所著重者，具體定之。

● 案例研析 ●

某甲地主與乙建商約定，由建商乙完成建屋之工作後接受報酬，大部分建材由甲提供，房屋亦以甲之名義領取建造執照。問(1)乙應如何保障其報酬請求權？(2)設若建屋完成交付某甲後，至第五年，甲才發現承攬人乙竟以海砂為建材，海砂已嚴重腐蝕鋼筋。甲可否解除契約？

■ 擬 答

(1)民法債編修正之前，承攬人對於其工作所附之定作人之不動產有法定抵押權，且此法定抵押權之發生不以登記為生效要件，不免因此影響交易安全。故現行民法第五一三條規定，承攬人得就承攬關係之報酬額，請求定作人會同為抵押權之登記，並兼採「預為抵押權登記」制度，且於工作開始前亦得為之。如承攬契約經公證者，承攬人得單獨申請之。故本題依修正後之規定，乙為確保其承攬契約約定之報酬額，應按前開規定為抵押權登記。

(2)工作物有瑕疵者，定作人對承攬人有瑕疵修補請求權、修補費用償還請求權、減少報酬請求權、損害賠償請求權與契約解除權，民法第四九三條至第四九四條定有明文。但所承攬之工作物為建築物或其他土地上之工作物者，定作人原則上不得解除契約（民法第四九四條但書）。惟若因可歸責於承攬人之事由致瑕疵重大而不能達使用之目的者，前開規定對定作人即有失公平，且有礙社會公益，故此時定作人亦得解除契約（民法第四九五條第二項）。本題因承攬人乙以海砂為建材，嚴重腐蝕鋼筋，已達瑕疵重大致不能達使用目的之程度，工作物雖係建築物，甲仍得解除契約。

定作人之諸等瑕疵擔保請求權與契約解除權，如其瑕疵自工作物交付後經過一年始發現者不得主張（民法第四九八條），但工作物為建築物者，延長為五年（民法第四九九條），若承攬人故意不告知其工作物之瑕疵，延長為十年（民法第五○○條）。故本題甲於工作物交付後第五年發現瑕疵，尚得主張解除契約，但應於發現後一年內行使之（民法第五一四條第一項）。

第八節之一　旅　遊

一、旅遊之意義、種類及成立

㈠旅遊之意義

民法對於旅遊契約之意義，未設明文。惟依民法第五一四條之一規定：「稱旅遊營業人者，謂以提供旅客旅遊服務為營業而收取旅遊費用之人。前項旅遊服務，係指安排旅程及提供交通、膳宿、導遊或其他有關之服務。」可知所謂旅遊契約，指旅遊營業人與旅客約定：由旅遊營業人提供交通、膳宿、導遊及觀光等有關之服務，旅客支付旅遊費用之契約。

㈡旅遊之種類

旅遊契約可分為旅遊代辦契約與旅遊包辦契約兩種。前者，指旅遊營業人基於旅客之委託，透過代理、媒介等方式，得以接受交通、膳宿及其他旅遊上之個別服務，而從事各項安排之契約。此類契約得依其個別服務之性質，分別適用代理、委任或居間等規定，法律關係較為單純。後者，則由旅遊營業人組織安排旅程、交通、膳宿、導遊或其他有關之綜合服務，本節所稱之旅遊，即指此而言。故旅遊營業人所提供之旅遊服務至少應包括二個以上同等重要之給付，其中安排旅程為必要之服務，另外尚須具備提供交通、膳宿、導遊或其他有關之服務，始得稱為旅遊契約（民法第五一四條之一修正理由）。

㈢旅遊之成立

民法第五一四條之二規定：「旅遊營業人因旅客之請求，應以書面記載下列事項，交付旅客：一、旅遊營業人之名稱及地址。二、旅客名單。三、旅遊地區及旅程。四、旅遊營業人提供之交通、膳宿、導遊或其他有關服

務及其品質。五、旅遊保險之種類及其金額。六、其他有關事項。七、填發之年月日。」本條係為使旅客明悉與旅遊有關事項，明定旅遊營業人交付書面之義務，為該書面並非旅遊契約之要式文件，旅遊契約仍屬諾成契約，因當事人之合意而成立。

二、旅遊之效力

㈠旅遊營業人之權利義務

1.**提出旅遊給付**：旅遊營業人應依約定之內容、品質、時序提出給付，自不待言。

2.**不得任意變更旅遊內容**：旅遊營業人非有不得已之事由，不得變更旅遊內容。旅遊營業人依前項規定，變更旅遊內容時，其因此所減少之費用，應退還於旅客；所增加之費用，不得向旅客收取。旅遊營業人依第一項規定變更旅程時，旅客不同意者，得終止契約。終止契約時，旅客得請求旅遊營業人墊付費用將其送回原出發地。於到達後，由旅客附加利息償還之（民法第五一四條之五）。

3.**瑕疵擔保責任**：旅遊營業人提供旅遊服務，應使其具備通常之價值及約定之品質（民法第五一四條之六）。旅遊服務不具備前條之價值或品質者，旅客得請求旅遊營業人改善之。旅遊營業人不為改善或不能改善時，旅客得請求減少費用。其有難於達預期目的之情形者，並得終止契約。因可歸責於旅遊營業人之事由致旅遊服務不具備前條之價值或品質者，旅客除請求減少費用或並終止契約外，並得請求損害賠償。旅客依前二項之規定終止契約時，旅遊營業人應將旅客送回原出發地。其所生之費用由旅遊營業人負擔（民法第五一四條之七）。

4.**時間浪費之損害賠償**：因可歸責於旅遊營業人之事由，致旅遊未依約定之旅程進行者，旅客就其時間之浪費，得按日請求賠償相當之金額。但其每日賠償金額，不得超過旅遊營業人所收旅遊費用總額每日平均之數額。

5.**附隨義務**：旅遊營業人除依約提出旅遊給付外，基於誠實信用原則，對旅客尚負有保護、照顧、忠實等義務。因此，旅客在旅遊中發生身體或財產之事故時，旅遊營業人應為必要之協助及處理。前項事故，係因非可

歸責於旅遊營業人之事由所致者，其所生之費用，由旅客負擔（民法第五一四條之十）。旅遊營業人安排旅客在特定場所購物，其所購物品有瑕疵者，旅客得於受領所購物品後一個月內，請求旅遊營業人協助其處理（民法第五一四條之十一）。

　㈡旅客之權利義務

　1.支付旅遊費用。

　2.協力義務：旅遊需旅客之行為始能完成，而旅客不為其行為者，旅遊營業人得定相當期限，催告旅客為之。旅客不於前項期限內為其行為者，旅遊營業人得終止契約，並得請求賠償因契約終止而生之損害。旅遊開始後，旅遊營業人依前項規定終止契約時，旅客得請求旅遊營業人墊付費用將其送回原出發地。於到達後，由旅客附加利息償還之（民法第五一四條之三）。

　3.變更權（由第三人參加旅遊）：旅遊開始前，旅客得變更由第三人參加旅遊。旅遊營業人非有正當理由，不得拒絕。第三人依前項規定為旅客時，如因而增加費用，旅遊營業人得請求其給付。如減少費用，旅客不得請求返還（民法第五一四條之四）。

　4.契約終止權：旅遊未完成前，旅客得隨時終止契約。但應賠償旅遊營業人因契約終止而生之損害。第五一四條之五第四項之規定，於前項情形準用之（民法第五一四條之九）。

　鑑於旅遊行為時間短暫，法律關係應及早確定，故上述本節所規定之增加、減少或退還費用請求權，損害賠償請求權及墊付費用償還請求權，均自旅遊終了或應終了時起，一年間不行使而消滅（民法第五一四條之十二）。

第九節　出　版

一、出版之意義及成立

　㈠出版之意義

　出版乃當事人約定，一方以文學、科學、藝術或其他之著作，為出版而交付於他方，他方擔任印刷或以其他方法重製及發行之契約（民法第五

一五條第一項）。以著作交付者為出版權授與人，擔任印行者為出版人。

（二）出版之成立

出版契約因當事人之合意而成立（民法第一五三條第一項參照），故為不要式契約。投稿於新聞紙或雜誌經刊登者，推定成立出版契約（民法第五一五條第二項），惟當事人仍得以反證推翻此項推定。

二、出版之效力

（一）出版人之權利義務

1.**著作之出版**：出版著作為出版人之權利，亦為其義務。出版之版數，應明白約定，版數未約定者，出版人僅得出一版。出版人依約得出數版，或永遠出版者，如於前版之出版物賣完後，怠於新版之重製時，出版權授與人得聲請法院令出版人於一定期限內，再出新版。逾期不遵行者，喪失其出版權（民法第五一八條）。又出版時，出版人對於著作，不得增減或變更；且應以適當之格式重製著作，並應為必要之廣告及用通常之方法推銷出版物。出版物之賣價，由出版人定之；但不得過高，致礙出版物之銷行（民法第五一九條）。至於同一著作人之數著作，為各別出版而交付於出版人者，出版人不得將其數著作，併合出版。出版權授與人就同一著作人或數著作人之數著作為併合出版，而交付於出版人者，出版人不得將其著作，各別出版（民法第五二一條）。

2.**報酬之給付**：出版契約定有報酬者，出版人應依約給付，雖未定有報酬，如依情形，非受報酬，即不為著作之交付者，視為允與報酬。而出版人有出數版之權者，其次版之報酬及其他出版之條件，推定與其前版相同（民法第五二三條）。其次報酬之給付時期，依著作之出版情形而定，著作全部出版者，於其全部重製完畢時，分部出版者，於其各部分重製完畢時應給付報酬。報酬之全部或一部，依銷行之多寡而定者，出版人應依習慣計算，支付報酬，並應提出銷行之證明（民法第五二四條）。

3.**危險之負擔**：著作交付出版人後，因不可抗力致滅失者，出版人仍負給付報酬之義務。滅失之著作，如出版權授與人另存有稿本者，有將該稿本交付於出版人之義務；無稿本時，如出版權授與人係著作人，且不多費

勞力，即可重作者，應重作之。此種重作之情形，出版權授與人得請求相當之賠償（民法第五二五條）。又重製完畢之出版物，於發行前，因不可抗力，致全部或一部滅失者，出版人得以自己費用，就滅失之出版物，補行出版，對於出版權授與人，無須補給報酬（民法第五二六條）。

㈡出版權授與人之權利義務

1.著作之交付：出版權授與人應將著作交付於出版人。出版權於出版權授與人依出版契約將著作交付於出版人時，授與出版人。此項出版權之授與，於出版契約終了時消滅（民法第五一五條之一）。出版權授與人通常即為著作權人，因而著作財產權人之權利，於合法授權實行之必要範圍內，由出版人行使之（民法第五一六條第一項）。

2.擔保責任：出版權授與人應擔保其於契約成立時，有出版授與之權利，如著作受法律（如著作權法）上之保護者，並應擔保該著作有著作權（民法第五一六條第二項）。

3.告知及不競爭義務：出版權授與人已將著作之全部或一部，交付第三人出版，或經第三人公開發表，為其所明知者，應於契約成立前，將其情事告知出版人，是為告知義務（民法第五一六條第三項）。又出版權授與人，於出版人得重製發行之出版物未賣完時，不得就其著作之全部或一部，為不利於出版人之處分，但契約另有訂定者，不在此限（民法第五一七條），是為不競爭義務。不過著作人於不妨害出版人出版之利益，或增加其責任之範圍內，得訂正或修改其著作；但對於出版人因此所生不可預見之費用應負賠償責任。出版人於重製新版前應予著作人以訂正或修改著作之機會（民法第五二〇條）。

三、出版之消滅

㈠約定版數業已出足

出版契約約定之版數業已出足，則出版契約關係因之消滅。

㈡著作不能完成

著作未完成前，如著作人死亡，或喪失能力，或非因其過失致不能完成其著作者，其出版契約關係消滅。此種情形，如出版契約關係之全部或

一部之繼續，為可能且公平者，法院得許其繼續，並命為必要之處置（民法第五二七條）。

第十節　委　任

第一款　委任之意義及成立

一、委任之意義

委任乃當事人約定，一方委託他方處理事務，他方允為處理之契約（民法第五二八條）。委託之一方為委任人；處理事務之一方為受任人。處理事務，指處理吾人生活有關一切事項而言。處理事務必須提供勞務，故委任契約為勞務契約，且為典型的勞務契約，民法第五二九條規定：「關於勞務給付之契約，不屬於法律所定其他契約之種類者，適用關於委任之規定。」良有以也。

二、委任之成立

委任契約依當事人之合意而成立，合意係要約與承諾之合致，民法第五三〇條規定：「有承受委託處理事務之公然表示者，如對於該事務之委託，不即為拒絕之通知時，視為允受委託。」例如律師掛牌，有人委託其訴訟時，其明白表示接受固可，其未為拒絕通知，則法律上擬制為允受委託，因其既為承受委託處理事務之公然表示，自以來者不拒為原則也。

第二款　委任之效力

一、受任人之權利義務

㈠事務處理權

處理他人之事務，須有處理權，否則或為侵權行為，或為無因管理，而非屬委任。此處理權隨委任契約之成立而授與，但為委任事務之處理，須為法律行為，而該法律行為，依法應以文字為之者，其處理權之授與，亦應以文字為之。其授與代理權者，代理權之授與亦同（民法第五三一條）。至於此權限之範圍，依委任契約之訂定。未訂定者，依其委任事務之性質

定之。委任人得指定一項或數項事務，而為特別委任；或就一切事務，而為概括委任（民法第五三二條）。

受任人受特別委任者，就委任事務之處理，得為委任人為一切必要行為（民法第五三三條）。

受任人受概括委任者，得為委任人為一切行為；但為下列行為時，須有特別之授權：①不動產之出賣或設定負擔；②不動產之租賃其期限逾二年者；③贈與；④和解；⑤起訴；⑥提付仲裁（民法第五三四條）。蓋此等事項，或其性質為無償，或其價值較高昂，必須特加慎重也。

(二)事務處理義務

受任人既已允受委託，即有處理事務之義務，處理事務時，應依委任人之指示，並與處理自己事務為同一之注意；其受有報酬者，應以善良管理人之注意為之（民法第五三五條）。又受任人非有急迫之情事，並可推定委任人若知有此情事亦允許變更其指示者，不得變更委任人之指示（民法第五三六條）。而受任人之處理事務，原則上應自己為之，以期盡心；但經委任人之同意或另有習慣，或有不得已之事由者，得使第三人代為處理（民法第五三七條），是為複委任。受任人違反上述規定，而使第三人代為處理委任事務者（違法的複委任），就該第三人之行為，與就自己之行為負同一責任。若受任人依照上述規定，而使第三人代為處理委任事務者（合法的複委任），則僅就第三人之選任，及其對於第三人所為之指示，負其責任（民法第五三八條）。又受任人使第三人代為處理委任事務者，委任人對於該第三人關於委任事項之履行，有直接請求權（民法第五三九條），於是委任人與受任人兩者，均得對於第三人請求，構成連帶債權（參照民法第二八三條）。

(三)事務處理上之附隨義務

受任人處理事務時，尚有附隨之義務：

1.**顛末報告**：受任人應將委任事務進行之狀況，報告委任人，委任關係終止時，應明確報告其顛末（民法第五四〇條）。

2.**收取物之交付及取得權利之移轉**：受任人因處理委任事務，所收取之金錢物品及孳息，應交付於委任人，受任人以自己之名義，為委任人取得

之權利，應移轉於委任人（民法第五四一條）。

3.**利息支付及損害賠償**：受任人為自己之利益，使用應交付於委任人之金錢或使用應為委任人利益而使用之金錢者，應自使用之日起，支付利息，如有損害，並應賠償（民法第五四二條）。

㈣債務不履行之責任

受任人因處理委任事務有過失或因逾越權限之行為所生之損害，對於委任人應負賠償之責（民法第五四四條）。此處所稱之過失，乃指民法第五三五條所規定注意義務之違反也。

■ 案例研析 ■

某甲因經商常年在美國，遂將在臺灣之產業委託某乙代為處理，並立一委託書：「本人（某甲）在臺之一切產業，一切事務皆委託某乙代為處理。」試問：⑴某甲在關渡平原有土地一塊，某乙因房地產上漲，見機不可失，遂將地出售。某乙是否有權？⑵若甲已將某屋租給某丙，由乙代收租金，但某乙未將租金轉交某甲，而逕自花用，則甲應如何主張權利？

擬　答

⑴按民法第五二八條規定：「稱委任者，謂當事人約定，一方委託他方處理事務，他方允為處理之契約。」又第五三四條第一至三款規定：「受任人受概括委任者，得為委任人為一切行為。但為左列行為，須有特別之授權：

一、不動產之出賣或設定負擔。

二、不動產之租賃，其期限逾二年者。

三、贈與。」

在本例中，甲委託乙處理在臺灣產業之一切事務，係屬概括委任。今某乙欲出售土地，依第五三四條第一款規定，應視某甲是否為特別之授權而定。依題意，某甲似未為特別之授權。故某乙無權將之出售。

⑵民法第五四一條規定：「受任人因處理委任事務，所收取之金錢、物品及孳息，應交付於委任人。」又民法第五四二條規定：「受任人為自己之

利益,使用應交付於委任人之金錢或使用應為委任人利益而使用之金錢者,應自使用之日起,支付利息。如有損害,並應賠償。」依第五四一條第一項之規定,乙所收取之租金,應交付委任人甲。今乙逕自將之花用,依第五四二條規定,乙應對甲支付利息。如有損害,並應賠償。

二、委任人之權利義務

㈠事務處理請求權

委任人基於委任關係對於受任人有事務處理請求權。惟此委任契約係建於互相信賴之關係上,因而此種權利有專屬性,即委任人非經受任人之同意,不得將處理委任事務之請求權,讓與第三人(民法第五四三條)。

㈡費用之預付或償還

委任人因受任人之請求,應預付處理委任事務之必要費用(民法第五四五條)。受任人因處理委任事務,支出之必要費用,委任人應償還之,並付自支出時起之利息(民法第五四六條第一項)。

㈢債務之清償或提供擔保

受任人因處理委任事務,負擔必要債務者,得請求委任人代其清償;未至清償期者,得請求委任人提出相當擔保(民法第五四六條第二項)。

㈣損害之賠償

受任人處理委任事務,因非可歸責於自己之事由,致受損害者,得向委任人請求賠償(民法第五四六條第三項)。前項損害之發生如別有應負責任之人時,委任人對於該應負責者,有求償權(民法第五四六條第四項)。

㈤報酬之支付

委任以無償為原則,但亦得約定報酬,而為有償。又報酬雖未約定,如依習慣或依委任事務之性質,應給與報酬者,受任人得請求報酬(民法第五四七條)。受任人應受報酬者,除契約另有訂定外,非於委任關係終止及為明確報告顛末後,不得請求給付。如委任關係因非可歸責於受任人之事由,於事務處理未完畢前已終止者,受任人得就其已處理之部分,請求報酬(民法第五四八條)。

第三款　委任之消滅

一、契約之終止

委任當事人之任何一方，得隨時終止委任契約，然當事人之一方，於不利於他方之時期終止契約者，應負損害賠償責任；但因非可歸責於該當事人之事由，致不得不終止契約者，不在此限（民法第五四九條）。

二、當事人之死亡、破產或喪失行為能力

委任關係，因當事人一方死亡、破產或喪失行為能力而消滅；但契約另有訂定，或因委任事務之性質，不能消滅者，不在此限（民法第五五〇條）。上述情形，如委任關係之消滅，有害於委任人利益之虞時，受任人或其繼承人或其法定代理人，於委任人或其繼承人或其法定代理人，能接受委任事務前，應繼續處理其事務（民法第五五一條）。又委任關係消滅之事由，係由當事人之一方發生者，於他方知其事由，或可得而知其事由前，委任關係視為存續（民法第五五二條）。

第十一節　經理人及代辦商

第一款　經理人

一、經理人之意義

經理人乃由商號授權，為商號管理事務及為其簽名之人（民法第五五三條第一項）。經理人須為自然人，係為商號管理事務之人，所謂商號指經營商業之組織而言，其組織有為獨資，有為合夥，有為公司在所不問，公司之經理人公司法有特別規定，除該特別規定外，仍應適用民法上之規定。經理人與商號之關係乃一種特別委任。在一般委任，因當事人之一方死亡、破產或喪失行為能力而消滅；但在經理人其經理權不因商號所有人之死亡、破產或喪失行為能力而消滅（民法第五六四條）。所謂經理人由商號授權，有為商號管理事務及為其簽名之權限，即經理人對外可以代表該商號，因而若無此項權限，縱名為經理人，亦非此之所謂經理人。又縱有此項權限，

但其對方並非商號時（例如某電影明星之經理人），亦非此之所謂經理人。

二、經理權

經理人有經理權，即前述之有為商號管理事務，並為其簽名之權限是也。此項權限須經授與，授與之方法明示或默示為之均無不可。其範圍得限於管理商號事務之一部或商號之一分號或數分號(民法第五五三條第二、三項)。經理人對於第三人之關係，就商號或其分號或其事務之一部，視為其為管理上一切必要行為之權。但對於不動產，除有書面之授權外，不得買賣，或設定負擔。前項關於不動產買賣之限制，於以買賣不動產為營業之商號經理人，不適用之（民法第五五四條）。例如經理人以商號之土地為該商號之債權人，設定抵押權時，須提出商號之授權書始可。又經理人就所任之事務，視為有代理商號為原告或被告或其他一切訴訟上行為之權(民法第五五五條)。此點與一般委任不同。一般委任，受任人非有特別授權，不得起訴（參照民法第五三四條第五款），而經理人則無須如是。

商號得授權於數經理人，是為共同經理。共同經理權之行使，無須全部為之，祇要經理人中有二人之簽名，對於商號，即生效力（民法第五五六條）。此點與民法第一六八條所規定之共同代理，須共同行使代理權者，有所不同。至於經理權，其商號得否加以限制？民法第五五七條規定：「經理權之限制，除第五五三條第三項、第五五四條第二項、及第五五六條所規定外，不得以之對抗善意第三人。」以保護交易之安全。

第二款 代辦商

一、代辦商之意義

代辦商，謂非經理人而受商號之委託，於一定處所或一定區域內，以該商號之名義，辦理其事務之全部或一部之人（民法第五五八條第一項）。代辦商本身係獨立之商人，其與委託商號之關係，亦係一種特別委任。

二、代辦權

代辦商有代辦權，其對於第三人之關係，就其所代辦之事務，視為其有為一切必要行為之權限；但除有書面之授權外，不得負擔票據上之義務，

或為消費借貸，或為訴訟（民法第五五八條第二、三項）。

三、代辦商之權利義務

㈠報告義務

代辦商就其代辦之事務，應隨時報告其處所或區域之商業狀況於其商號，並應將其所為之交易，即時報告之（民法第五五九條）。

㈡報酬或費用請求權

代辦商得依契約所定請求報酬，或請求償還其費用。無約定者依習慣，無約定亦無習慣者，依其代辦事務之重要程度及多寡，定其報酬（民法第五六〇條）。

四、代辦關係之消滅

代辦權未定期限者，當事人之任何一方得隨時終止契約；但應於三個月前通知他方。當事人之一方，因非可歸責自己之事由，致不得不終止契約者，得不先期通知而終止之（民法第五六一條）。又代辦權，不因商號所有人之死亡、破產或喪失行為能力而消滅（民法第五六四條）。

第三款　經理人及代辦商之競業禁止

經理人或代辦商，非得其商號之允許，不得為自己或第三人經營與其所辦理之同類事業，亦不得為同類事業公司無限責任之股東（民法第五六二條），是為競業之禁止，經理人或代辦商應遵守之，倘有違反，依民法第五六三條規定：「經理人或代辦商，有違反前條規定之行為時，其商號得請求因其行為所得之利益，作為損害賠償。前項請求權，自商號知有違反行為時起，經過二個月或自行為時起，經過一年不行使而消滅。」

第十二節　居　間

一、居間之意義及成立

㈠居間之意義

居間乃當事人約定，一方為他方報告訂約之機會，或為訂約之媒介，他方給付報酬之契約（民法第五六五條）。擔任報告機會或媒介訂約之一方

為居間人，他方則為委託人。居間係勞務契約，且為有價契約。

㈡居間之成立

居間契約，因當事人之合意而成立，不以具備何種方式為必要，故為不要式契約。

二、居間之效力

㈠居間人之義務

1.**報告或媒介**：居間契約之目的既在報告訂約之機會或為訂約之媒介，則居間人自有報告或媒介之義務。居間人關於訂約事項，應就其所知，據實報告於各當事人，對於顯無履行能力之人，或知其無訂立該約能力之人，不得為其媒介（民法第五六七條第一項）。

2.**不告知義務**：當事人之一方，指定居間人不得以其姓名或商號告知相對人者，居間人有不告知之義務（民法第五七五條第一項），此種情形，學說稱為隱名媒介。此種隱名媒介之規定，於婚姻居間，不適用之，自不待言。

3.**介入義務**：居間人就其媒介所成立之契約，本無為當事人受領給付之權（民法第五七四條），但在居間人不以當事人一方之姓名或商號告知相對人之情形，勢不能不就該方當事人由契約所生之義務，自己負履行之責；並得為其受領給付（民法第五七五條第二項），是為居間人之介入義務。

㈡居間人之權利

1.**報酬請求權**：居間契約為有償契約，自當約定報酬，倘未約定，如依情形，非受報酬，即不為報告訂約機會或媒介者，視為允與報酬。至於未定報酬額者，按照價目表所定給付之，無價目表者，按照習慣給付（民法第五六六條）。不過因婚姻居間而約定報酬者，就其報酬無請求權（民法第五七三條）。所以如此者，乃近代工商發達，社會上道德標準，亦有轉變，民間有頗多婚姻居間而酌收報酬之行業，惟婚姻乃吾人之終身大事，媒介而得請求報酬，恐發生流弊也。又約定之報酬，較居間人所任勞務之價值為數過鉅，失其公平者，法院得因報酬給付義務人之請求酌減之；但報酬已給付者，不得請求返還（民法第五七二條）。其次報酬之請求時期，於居間人以契約因其報告或媒介而成立者為限，始得請求報酬。又契約附有停

止條件者，於該條件成就前，居間人不得請求報酬（民法第五六八條）。至報酬之負擔人，依民法第五七〇條規定：「居間人因媒介應得之報酬，除契約另有訂定或另有習慣外，由契約當事人雙方平均負擔。」

2.**費用償還請求權**：居間人支出之費用，非經約定不得請求償還，居間人已為報告或媒介而契約不成立者，亦不得請求返還（民法第五六九條）。又居間人雖有報酬請求權及費用償還請求權，但如違反其對於委託人之義務而為利於委託人之相對人之行為，或違反誠實及信用方法，由相對人收受利益者，不得向委託人請求報酬及償還費用（民法第五七一條）。

三、居間之消滅

居間關係消滅之原因，民法未設特別規定，適用契約關係一般之消滅之原因，例如終止契約，居間完成或不能是。

第十三節　行　紀

一、行紀之意義及成立

㈠行紀之意義

行紀乃以自己之名義，為他人之計算，為動產之買賣或其他商業上之交易，而受報酬之營業（民法第五七六條）。行紀係一種營業，受他人之委託，而為動產之買賣或其他商業上之交易。其委託者謂之委託人，受委託者，謂之行紀人，為商業上之交易時，須以行紀人之名義行之，亦即對外不必表明委託人之姓名，而非採代理之方式，但究係為委託人之計算（即交易上之所生之損益，仍歸屬委託人之謂），故學說上或稱為間接代理，至於行紀契約則具有委任之性質，因而民法第五七七條規定：「行紀除本節有規定者外，適用關於委任之規定。」

㈡行紀之成立

行紀之成立，民法上無特別規定，適用關於委任之規定，結果不以具有一定之方式為必要，故為不要式契約。

二、行紀之效力

㈠行紀人之義務

1.直接履行義務：行紀人為委託人之計算所為之交易，既係以自己名義為之，則對於交易之相對人，自得權利，並自負義務（民法第五七八條），結果委託人與交易之相對人，不發生直接關係，倘行紀人為委託人之計算所訂立之契約，其契約之他方當事人，不履行債務時，對於委託人應由行紀人負直接履行契約之義務；但契約另有訂定，或另有習慣者，不在此限（民法第五七九條）。

2.價額遵照義務：行紀人所為之交易，雖以自己名義為之，但仍應遵照委託人所指定之價額，若行紀人以低於委託人所指定之價額賣出，或以高於委託人所指定之價額買入者，應補償其差額（民法第五八〇條）。又行紀人以高於委託人所指定之價額賣出，或以低於委託人所指定之價額買入者，其利益均歸屬於委託人（民法第五八一條）。

3.保管處置義務：行紀人為委託人之計算，所買入或賣出之物，為其占有時，適用關於寄託之規定（民法第五八三條第一項），即有保管之義務（民法第五九〇條至第五九四條）。但上述之占有物，除委託人另有指示外，行紀人不負付保險之義務（民法第五八三條第二項）。又委託出賣之物，於達到行紀人時有瑕疵，或依其物之性質易於敗壞者，行紀人為保護委託人之利益，應與保護自己之利益為同一之處置（民法第五八四條）。

㈡行紀人之權利

1.報酬及費用請求權：行紀人得依約定或習慣，請求報酬、寄存費及運送費，並得請求償還其為委託人之利益而支出之費用及其利息（民法第五八二條）。

2.拍賣提存權：委託人拒絕受領行紀人依其指示所買之物時，行紀人得定相當期限，催告委託人受領，逾期不受領者，行紀人得拍賣其物，並得就其對於委託人因委託關係所生債權之數額，於拍賣價金中取償之，如有賸餘，並得提存（民法第五八五條第一項）。如為易於敗壞之物，行紀人得不為前項之催告（民法第五八五條第二項），而逕行拍賣提存。至於委託行

紀人出賣之物，不能賣出，或委託人撤回其出賣之委託者，如委託人不於相當期間，取回或處分其物時，行紀人得依上述之程序，行使拍賣權及提存權（民法第五八六條）。

3.介入權：行紀人受委託出賣或買入貨幣、股票或其他市場定有市價之物者，除有反對之約定外，行紀人得自為買受人或出賣人，其價值以依委託人指示而為出賣或買入時市場之市價定之。此種情形，行紀人仍得請求報酬及費用（民法第五八七條）。其次行紀人得自為買受人或出賣人時，如僅將訂立契約之情事通知委託人，而不以他方當事人之姓名告知者，視為自己負擔該方當事人之義務（民法第五八八條）。

三、行紀之消滅

行紀關係之消滅，民法無特別規定，應適用委任之規定（民法第五七七條）。

第十四節　寄　託

一、寄託之意義、種類及成立

㈠寄託之意義

寄託乃當事人一方，以物交付他方，他方允為保管之契約（民法第五八九條第一項）。以物交付者為寄託人，允為保管者為受寄人。交付之物謂之寄託物，主要指動產而言，不動產是否可為寄託物？說者不一。至所謂保管乃指占有其物，以維持現狀而言。

㈡寄託之種類

寄託在我民法上應為兩類：一般寄託與特別寄託。特別寄託再分三種，一為消費寄託，民法第六〇二條及第六〇三條所規定者是也。二為混藏寄託，民法第六〇三條之一所規定者是也。三為法定寄託，民法第六〇六條以下所規定者是也。除特別寄託外，則為一般寄託。

㈢寄託之成立

寄託因寄託物之交付而成立，故為要物契約，但不以具有一定方式為必要，故為不要式契約。

二、寄託之效力

㈠受寄人之義務

1.寄託物之保管：受寄人保管寄託物，應與處理自己事務為同一之注意；其受有報酬者，應以善良管理人之注意為之（民法第五九○條）。受寄人僅能保管，不得使用寄託物，因此民法第五九一條規定：「受寄人非經寄託人之同意，不得自己使用或使第三人使用寄託物。受寄人違反前項之規定者，對於寄託人，應給付相當報償；如有損害，並應賠償；但能證明縱不使用寄託物，仍不免發生損害者，不在此限。」又受寄人應自己保管寄託物；但經寄託人之同意，或另有習慣，或有不得已之事由，得使第三人代為保管（民法第五九二條）。受寄人違反上述之規定，使第三人代為保管寄託物者，對於寄託物因此所受之損害，應負賠償責任；但能證明縱不使第三人代為保管，仍不免發生損害者，不在此限。又受寄人經寄託人同意，或依習慣，或有不得已之事由，使第三人代為保管者，僅就第三人之選任及其對於第三人所為之指示，負其責任（民法第五九三條）。至於寄託物保管之方法如經約定者，非有急迫之情事，並可推定寄託人若知有此情事，亦允許變更其約定方法時，受寄人不得變更之（民法第五九四條）。

2.寄託物之返還：受寄人有返還寄託物之義務，此之返還係原物返還，與後述之消費寄託係以種類、品質、數量相同之物返還者有不同。但寄託期間原物生有孳息者，寄託人應與原物一併返還之（民法第五九九條）。其次返還之期限，有約定者，有未約定者。雖經約定，寄託人仍得隨時請求返還寄託物（民法第五九七條）；但受寄人則非有不得已之事由，不得於期限屆滿前返還寄託物。至於未定返還期限者，受寄人得隨時返還寄託物（民法第五九八條），則寄託人亦得隨時請求返還，自不待言。受寄人返還寄託物之義務，若第三人就寄託物主張權利者，除對於受寄人提起訴訟或為扣押外，仍不受影響，亦即受寄人仍應返還寄託物於寄託人之義務（民法第六○一條之一第一項）。再次寄託物之返還處所，須於該物應為保管之地行之，受寄人依第五九二條或依第五九四條之規定，將寄託物轉置他處者，得於物之現在地返還之（民法第六○○條）。

3.**事故通知義務**：第三人就寄託物提起訴訟或為扣押時，受寄人應即通知寄託人（民法第六〇一條之一第二項）。

（二）受寄人之權利

1.**費用償還請求權**：受寄人因保管寄託物而支出之必要費用，寄託人應償還之，並付自支出時起之利息；但契約另有訂定者，依其訂定（民法第五九五條）。

2.**損害賠償請求權**：受寄人因寄託物之性質或瑕疵所受之損害，寄託人應負賠償責任；但寄託人於寄託時非因過失而不知寄託物有發生危險之性質或瑕疵，或為受寄人所已知者，不在此限（民法第五九六條）。

3.**報酬請求權**：民法第五八九條第二項規定：「受寄人除契約另有訂定或依情形非受報酬即不為保管者外，不得請求報酬。」則寄託契約原則上為無償，但亦得為有償。其有償者，依民法第六〇一條規定：「寄託約定報酬者，應於寄託關係終止時給付之，分期定報酬者，應於每期屆滿時給付之。寄託物之保管，因非可歸責於受寄人之事由，而終止者，除契約另有訂定外，受寄人得就其已為保管之部分，請求報酬。」

三、寄託之消滅

寄託關係之終止原因，如寄託物之返還，寄託期限之屆滿，及寄託物之滅失等均是。有此等原因之一，則寄託關係終止。關於寄託契約之報酬請求權、費用償還請求權或損害賠償請求權，均自寄託關係終止時起，一年間不行使而消滅（民法第六〇一條之二）。

四、消費寄託

消費寄託乃寄託物為代替物，並約定寄託物之所有權移轉於受寄人，並由受寄人以種類、品質、數量相同之物返還之寄託（民法第六〇二條第一項前段）。按一般寄託僅移轉寄託物之占有，而此則併將所有權移轉，故學說上稱為不規則寄託。此種寄託與消費借貸類似，故民法第六〇二條規定有：「自受寄人受領該物時起，準用關於消費借貸之規定。」

其次消費寄託之寄託物為代替物，但代替物之寄託並不當然為消費寄託，因代替物亦可不移轉所有權，僅移轉占有，而請求原物之返還（例如

寄存兩包米，言明於原包不動返還）。必也寄託物為代替物，且約定移轉所有權時，始為消費寄託。不過寄託物為金錢時則不同。申言之，寄託物為金錢時（是為金錢寄託，如銀行存款是），推定其為消費寄託（民法第六○三條）。因而金錢寄託如主張原物返還者，應就曾有此約定之事實，負舉證責任，否則金錢寄託當然為消費寄託。

消費寄託，如寄託物之返還，定有期限者，寄託人非有不得已之事由，不得於期限屆滿前，請求返還。前項規定，如商業上另有習慣者，不適用之（民法第六○二條第二、三項）。此點與一般寄託，寄託物返還之期限，雖經約定，寄託人仍得隨時請求返還者（民法第五九七條），有所不同。

五、混藏寄託

混藏寄託乃寄託物為代替物，其所有權未移轉於受寄人，但受寄人得寄託人之同意，就其所受寄託之物與其自己或他寄託人同一種類、品質之寄託物混合保管，各寄託人依其所寄託之數量與混合保管數量之比例，共有混合保管物（民法第六○三條之一第一項）。受寄人依混藏寄託契約為混合保管者，得以同一種類、品質、數量之混合保管物返還於寄託人（民法第六○三條之一第二項）。混藏寄託不移轉寄託物所有權於受寄人，此與消費寄託不同；且受寄人不以返還原寄託物為必要，又與一般寄託相異，故混藏寄託乃於一般寄託及消費寄託外，另一種特殊型態之寄託，目前社會上使用機會頻繁，例如有價證券之集中保管是（證券交易法第一八條）。

六、法定寄託

法定寄託乃依法律規定所成立之寄託。此種寄託不必經當事人之約定，乃法律之規定當然發生。民法第六○六條以下所定之場所主人之責任即是。所謂場所，指旅店、飲食店、浴堂而言，此等營業場所之主人，對於客人之物品，負有責任，而居於受寄人之地位，客人則居於寄託人，但此種寄託，無須訂有契約，而依法當然發生寄託關係，故為法定寄託，茲分兩點述之：

㈠主人之責任

旅店或其他以供客人住宿為目的之場所主人，對於客人所攜帶物品之

毀損、喪失，應負責任。但因不可抗力或因物之性質或因客人自己或其伴侶、隨從或來賓之故意或過失所致者，不在此限（民法第六○六條）。可知主人所負者為通常事變責任，乃無過失責任之一種。

其次飲食店、浴堂或其他相類場所之主人，對於客人所攜帶通常物品之毀損、喪失，負其責任；但有民法第六○六條但書規定之情形時，不在此限（民法第六○七條）。所謂其他相類場所，例如提供客人為一時停留及利用之理髮店、健身房等，客人攜帶物品入此等場所而須寄存者，所在多有，如外衣、圍巾等是。主人對此應負責任也。

又無論旅店、飲食店或浴堂等場所之主人，依民法第六○八條規定：「客人之金錢、有價證券、珠寶或其他貴重物品，非經報明其物之性質及數量交付保管者，主人不負責任。主人無正當理由拒絕為客人保管前項物品者，對於其毀損喪失，應負責任。其物品因主人或其使用人（著者按指受主人選任、監督或指揮之人，不限僱傭關係）之故意或過失而致毀損喪失者，亦同。」又客人知其物品毀損喪失後，應即通知主人，怠於通知者，喪失其損害賠償請求權（民法第六一○條）。若以揭示限制或免除第六○六、六○七、六○八條所定主人之責任者，其揭示為無效（民法第六○九條）。又依第六○六條至第六○八條之規定所生之損害賠償請求權，自發見喪失或毀損之時起，六個月間不行使而消滅，自客人離去場所後，經過六個月者，亦同（民法第六一一條）。

(二)主人之權利

主人就住宿、飲食、沐浴或其他服務及墊款所生之債權，於未受清償前，對於客人所攜帶之行李、及其他物品，有留置權（民法第六一二條第一項）。此乃商事留置權，不以該債權之發生與留置物有牽連關係為必要，亦不以先已占有其物為必要，並準用民法第四四五條至第四四八條之規定（民法第六一二條第二項）。

第十五節 倉 庫

一、倉庫之意義及倉庫契約之成立

㈠倉庫之意義

倉庫乃堆藏及保管物品之設備。利用此設備而營業者，為倉庫營業人，依民法第六一三條規定：「稱倉庫營業人者，謂以受報酬而為他人堆藏及保管物品為營業之人。」倉庫營業人與他人（寄託人）所訂立之契約為倉庫契約，具有寄託契約之性質，民法第六一四條乃規定：「倉庫除本節有規定者外，準用關於寄託之規定。」

㈡倉庫契約之成立

倉庫契約如何成立？法無特別規定，僅依當事人之合意即可，故為不要式契約。又準用寄託之規定，當為要物契約。

二、倉庫契約之效力

㈠倉庫營業人之義務

1.**倉單之填發**：倉單乃用以處分或提取寄託物之一種有價證券。倉庫營業人於收受寄託物後，因寄託人之請求，應填發倉單（民法第六一五條）。而倉單應記載下列事項，並由倉庫營業人簽名（民法第六一六條第一項）：一、寄託人之姓名及住址，二、保管之場所，三、受寄物之種類、品質、數量及其包皮之種類、個數及記號，四、倉單填發地及填發之年月日，五、定有保管期間者，其期間，六、保管費，七、受寄物已付保險者，其保險金額、保險期間及保險人之名號。以上係法定記載事項，當事人另有約定事項，亦得任意記載之。其次倉庫營業人並應將上列各款事項，記載於倉單簿之存根（民法第六一六條第二項）。而倉單持有人，得請求倉庫營業人將寄託物分割為數部分，並填發各該部分之倉單；但持有人應將原倉單交還。此項分割，及填發新倉單之費用，由持有人負擔（民法第六一七條）。至於倉單上所載之貨物，非由寄託人或倉單持有人於倉單背書，並經倉庫營業人簽名，不生所有權移轉之效力（民法第六一八條）。

2.**新倉單之補發**：倉單遺失、被盜或滅失者，倉單持有人雖可循民事訴

訟法公示催告程序聲請依公示催告宣告其為無效後，由原持有人主張倉單之權利或請求倉庫營業人補發新倉單。惟因公示催告程序需時甚久，為維護倉單之市場機能，故本法規定，倉單持有人得於公示催告程序開始後，向倉庫營業人提供相當之擔保，請求補發新倉單（民法第六一八條之一）。

　　3.寄託物之堆藏及保管：寄託物之堆藏及保管乃倉庫營業人之主要義務，因而於約定保管期間屆滿前，不得請求移去寄託物。未約定保管期間者，自為保管時起經過六個月，倉庫營業人得隨時請求移去寄託物；但應於一個月前通知（民法第六一九條）。

　　4.應許檢點摘樣：倉庫營業人，因寄託人之請求，應許其檢點寄託物或摘取樣本或為必要之保存行為（民法第六二〇條）。

　　㈡倉庫營業人之權利

　　1.報酬請求權：倉庫營業人有報酬請求權。此項請求權，準用寄託有關之規定（民法第六一四條準用第六〇一條及第六〇一條之二之規定）。

　　2.寄託物拍賣權：倉庫契約終止後，寄託人或倉單持有人拒絕或不能移去寄託物者，倉庫營業人得定相當期限，請求於期限內移去寄託物，逾期不移去者，倉庫營業人得拍賣寄託物，由拍賣代價中扣去拍賣費用及保管費用，並應以其餘額交付於應得之人（民法第六二一條）。

三、倉庫關係之消滅

　　倉庫契約關係，因保管期間屆滿，當事人之終止及寄託物之滅失而消滅。

第十六節　運　送

第一款　通　則

一、運送人之意義

　　運送人乃以運送物品或旅客為營業而受運費之人（民法第六二二條）。因此所訂立之契約，為運送契約。運送契約有物品運送契約與旅客運送契約之分。前者其契約之相對人為託運人；後者則為旅客。

二、運送之種類

㈠物品運送、旅客運送與郵件運送

此係以運送之標的為區別標準,而分三種如上,民法僅就物品運送,旅客運送二者設有規定(海商法亦同),至於郵件運送屬於郵政法之範圍。

㈡陸上運送、海上運送、空中運送

此係以運送所經之領域為區別標準,而分三種如上。民法所規定者為陸上運送,海商法所規定者為海上運送。至空中運送則屬於民用航空法之範圍。

三、短期時效

關於物品之運送,因喪失、毀損或遲到而生之賠償請求權,自運送終了,或應終了時起,一年間不行使而消滅。關於旅客之運送,因傷害或遲到而生之賠償請求權,自運送終了,或應終了之時起,二年間不行使而消滅(民法第六二三條)。蓋物品運送,其因喪失、毀損或遲到而生之賠償請求權以從速行使為宜也。

第二款　物品運送

一、物品運送契約之意義及成立

物品運送在海商法上稱貨物運送,乃以運送物品,受取運費為標的,由運送人與託運人所訂立之契約。此契約一經當事人之合意即可成立,不以具有一定方式為必要,故為不要式契約,亦無須因物品之交付而生效力,故又為不要物契約。

二、物品運送之效力

㈠託運人之權利義務

1.**託運單之填給**:託運單乃託運人所開之物品清單,而交與運送人者是也。民法第六二四條規定:「託運人因運送人之請求,應填給託運單。託運單應記載左列事項,並由託運人簽名:一、託運人之姓名及住址。二、運送物之種類、品質、數量及其包皮之種類、個數及記號。三、目的地。四、受貨人之名號及住址。五、託運單之填給地,及填給年月日。」此託運單

僅為一種證明物品內容之文件，並非運送契約本身，亦非為有價證券，與後述之提單不同。

　　2.**物品之交運**：託運人應將物品交付於運送人，以便準時裝運。

　　3.**文件交付並說明**：民法第六二六條規定：「託運人對於運送人應交付運送上及關於稅捐警察所必要之文件，並應為必要之說明。」又運送物依其性質對於人或財產有致損害之虞者，託運人於訂立契約前，應將其性質告知運送人。怠於告知者，對於因此所致之損害，應負賠償之責（民法第六三一條）。

㈡運送人之權利義務

　　1.**提單之填發**

　　提單乃物品運送人所填發用以處分及提取運送物之一種有價證券，民法第六二五條規定：「運送人於收受運送物後，因託運人之請求，應填發提單。提單應記載左列事項，並由運送人簽名：一、前條第二項所列第一款至第四款事項。二、運費之數額及其支付人為託運人或為受貨人。三、提單之填發地及填發之年月日。」提單雖非運送契約本身，但提單填發後，運送人與提單持有人間關於運送事項，依其提單之記載（民法第六二七條），故提單為文義證券。又提單縱為記名式，仍得以背書移轉於他人；但提單上有禁止背書之記載者，不在此限（民法第六二八條），故提單有背書性，而為一種流通證券。再者交付提單於有受領物品權利之人時，其交付就物品所有權移轉之關係，與物品之交付，有同一之效力（民法第六二九條），故提單具有物權之效力。又受貨人請求交付運送物時，應將提單交還（民法第六三〇條），故提單為繳回證券。凡此皆為有價證券應具有之特性也。倘提單遺失、被盜或滅失者，提單持有人亦得準用民法第六一八條之一之規定，請求補發新提單（民法第六二九條之一）。

　　2.**物品之運送**

　　託運物品應於約定期間內運送之。無約定者，依習慣。無約定亦無習慣者，應於相當期間內運送之。上述相當期間之決定，應顧及各該運送之特殊情形（民法第六三二條）。其次運送人非有急迫情事，並可推定託運人

若知有此情事，亦允許變更其指示者，不得變更託運人之指示（民法第六三三條）。又運送人於運送物達到目的地時，應即通知受貨人（民法第六四三條）。

3.賠償責任

(1)賠償責任之成立：運送人對於運送物之喪失、毀損或遲到應負責任；但運送人能證明其喪失、毀損或遲到，係因不可抗力，或因運送物之性質，或因託運人或受貨人之過失而致者，不在此限（民法第六三四條）。可見運送人之責任為通常事變責任，乃無過失責任之一種。其次運送物因包皮有易見之瑕疵而喪失或毀損時，運送人如於接收該物時不為保留者，應負責任（民法第六三五條）。又依民法第六四一條規定：「如有第六三三條、第六五〇條、第六五一條之情形，或其他情形足以妨礙或遲延運送，或危害運送物之安全者，運送人應為必要之注意及處置。運送人怠於前項之注意及處置者，對於因此所致之損害應負責任。」

(2)賠償額之限制：運送人既負一種無過失責任，故法律上對於其賠償額不得不加以限制，使負有限責任，以期均衡。即運送物有喪失、毀損或遲到者，其損害賠償額，應依其應交付時目的地之價值計算之（民法第六三八條第一項）。是為一種有限責任（限於所受損害，不包括所失利益），惟此有限責任僅限於運送人無過失或無重大過失時適用。若運送物之喪失、毀損或遲到，係因運送人之故意或重大過失所致者，如有其他損害（如所失利益），託運人並得請求賠償（民法第六三八條第三項）。又運送人為損害賠償時，對於運費或其他費用，因運送物之喪失、毀損，無須支付者，應由民法第六三八條第一項所定賠償中扣除之（民法第六三八條第二項），以免受賠償人保有不當之利益。以上係就一般物品之運送而言，若所運送之物品為金錢、有價證券、珠寶或其他貴重物品時，除託運人於託運時報明其性質及價值者外，運送人對於其喪失或毀損，不負責任，價值經報明者，運送人以所報價值為限，負其責任（民法第六三九條）。又因遲到之損害賠償額，不得超過因其運送物全部喪失可得請求之賠償額（民法第六四〇條）。

(3)賠償責任之消滅：受貨人受領運送物，並支付運費及其他費用不為

保留者，運送人之責任消滅（民法第六四八條第一項）。惟運送物內部有喪失或毀損而不易發見者，以受貨人於受領運送物後，十日內將其喪失或毀損通知於運送人者，運送人仍應負責（民法第六四八條第二項）。又運送物之喪失或毀損，如運送人以詐術隱蔽或因其故意或重大過失所致者，運送人不得主張前二項規定之利益（民法第六四八條第三項）。亦即受貨人於受領時縱未保留，或於受領後十日內未為通知者，運送人亦不能免責。又運送人交與託運人之提單上或其他文件上，有免除或限制運送人責任之記載者，除能證明託運人對於其責任之免除或限制明示同意外，不生效力（民法第六四九條）。

4.運費及其他費用請求權

運送人最主要之權利為運費請求權，如墊付其他費用（如裝卸費），亦得請求償還。運費通常係於運送完成給付之，故運送物於運送中，因不可抗力而喪失者，運送人不得請求運費（此時運送人亦不必就運送物之喪失負責），其因運送而已受領之數額，應返還之（民法第六四五條）。其次運送人未將運送物之達到通知受貨人前，或受貨人於運送物達到後，尚未請求交付運送物前，託運人對於運送人，如已填發提單者，其持有人對於運送人，得請求中止運送，返還運送物，或為其他之處置。此種情形，運送人得按照比例，就其已為運送之部分，請求運費，及償還因中止、返還或為其他處置所支出之費用，並得請求相當之損害賠償（民法第六四二條）。

5.留置權

運送人為保全其運費及其他費用得受清償之必要，按其比例，對於運送物有留置權（民法第六四七條第一項）。但運費或其他費用之數額有爭執時，受貨人得將有爭執之數額提存請求運送物之交付（民法第六四七條第二項），以期兼顧雙方之利益。

6.寄存拍賣權

受貨人所在不明或對運送物受領遲延或有其他交付上之障礙時，運送人應即通知託運人，並請求其指示。如託運人未即為指示，或其指示事實上不能實行，或運送人不能繼續保管運送物，運送人得以託運人之費用，

寄存運送物於倉庫。運送物如有不能寄存於倉庫之情形，或有易於腐壞之性質或顯見其價值不足抵償運費及其他費用時，運送人得拍賣之。運送人於可能之範圍內，應將寄存倉庫或拍賣之事情，通知託運人及受貨人（民法第六五〇條）。上述寄存及拍賣之規定，於受領權之歸屬有訴訟，致交付遲延者，適用之（民法第六五一條）。依上述規定將運送物拍賣後運送人得就拍賣代價中扣除拍賣費用、運費及其他費用，並應將其餘額交付於應得之人，如應得之人所在不明者，應為其利益提存之（民法第六五二條）。

以上所述運送人之權利義務，係就一般運送之情形而言，若為相繼運送（亦稱聯運）則尚有下列之問題：

①賠償責任：相繼運送指數運送人就同一運送物，共同與同一託運人訂立一個運送契約。在其內部劃途段，各運送人分別擔任一段運送而銜接完成之運送而言，此種運送，如發生運送物喪失等情形，則由何一運送人負賠償責任？不無疑問，民法第六三七條乃規定：「運送物由數運送人相繼為運送者，除其中有能證明無第六三五條所規定之責任者外，對運送物之喪失、毀損或遲到，應連帶負責。」以免互相推諉，而保護託運人或受貨人。

②權利行使：運送物由數運送人相繼運送者，其最後之運送人於受領運費及其他費用前，交付運送物者，對於其所有前運送人應得之運費及其他費用，負其責任（民法第六四六條）。因此，其最後之運送人就運送人全體應得之運費及其他費用，得行使第六四七條、第六五〇條及第六五二條所定之權利（民法第六五三條），即得行使留置權、寄存拍賣權、費用扣除權，以保護全體運送人之利益，而免除該一運送人所負民法第六三七條之責任。

㈢受貨人之權利義務

運送物達到目的地，並經受貨人請求交付後，受貨人取得託運人因運送契約所生之權利（民法第六四四條）。其次運送契約如訂有運費由受貨人給付時，則受貨人雖不因之而負擔義務，但經受貨人承擔後，即負有義務矣。

三、物品運送之消滅

物品運送之關係，因運送完成物品交付於受貨人，運送之中止，或因不可抗力而運送物滅失等事由，而歸消滅。

第三款　旅客運送

一、旅客運送契約之意義及成立

　　旅客運送乃運送自然人由某地到另一地之契約。此種契約之當事人為運送人及旅客。其成立不以具有方式為必要，固為不要式契約；但通常情形，旅客須購票始可。

二、旅客運送之效力

㈠運送人之義務

　　旅客運送，其運送人有依契約之內容，運送旅客至目的地之義務，並負以下之責任：

　　1.對於旅客身體之責任：旅客運送人對於旅客因運送所受之傷害及運送之遲到應負責任。但因旅客之過失，或其傷害係因不可抗力所致者，不在此限（民法第六五四條第一項），可知旅客運送人之責任，亦係一種無過失責任（就通常事變負責）。但運送之遲到係因不可抗力所致者，旅客運送人之責任，除另有交易習慣者外，以旅客因遲到而增加支出之必要費用（例如：膳宿、交通等費用是）為限（民法第六五四條第二項）。

　　2.對於旅客行李之責任：行李及時交付運送人者，應於旅客達到時返還之（民法第六五五條）。運送人對於旅客交託之行李，縱不另收運費，其權利義務，除本款另有規定外（如下述之第六五六條規定），適用關於物品運送之規定（民法第六五七條）。至於未交託之行李，運送人如因自己或其受僱人之過失，致有喪失或毀損者，仍負責任（民法第六五八條）。上述之責任之規定，乃保護旅客而設，運送人必須負之，因而運送人交與旅客之票、收據或其他文件上有免除或限制運送人責任之記載者，除能證明旅客對於其責任之免除或限制明示同意外，不生效力（民法第六五九條）。

㈡運送人之權利

　　旅客於行李到達後一個月內不取回其行李時，運送人得定相當期限催告旅客取回，逾期不取回者，運送人得拍賣之。旅客所在不明者，得不經催告逕予拍賣（拍賣權）。行李有易於腐壞之性質者，運送人得於到達後，

經過二十四小時，拍賣之。第六五二條之規定，於上述之兩種拍賣，準用之（民法第六五六條）。

第十七節　承攬運送

一、承攬運送之意義及成立

㈠承攬運送之意義

民法就承攬運送契約未設定義，僅規定承攬運送人之定義，即第六六○條第一項規定：「稱承攬運送人者，謂以自己之名義，為他人之計算，使運送人運送物品而受報酬為營業之人。」以此為內容所訂立之契約，即為承攬運送契約。其當事人一方為承攬運送人，一方為委託人。

㈡承攬運送之成立

承攬運送契約之成立，法無特別規定，因其與行紀相似，故承攬運送，除本節有規定外，準用行紀之規定（民法第六六○條第二項）。

二、承攬運送之效力

㈠承攬運送人之責任

承攬運送人，對於託運物品之喪失、毀損或遲到，應負責任；但能證明其於物品之接收保管、運送人之選定、在目的地之交付及其他與承攬運送有關之事項，未怠於注意者，不在此限（民法第六六一條）。承攬人對於託運物品之喪失、毀損或遲到等應負責時，依民法第六六五條規定：「第六三一條、第六三五條及第六三八條至第六四○條之規定，於承攬運送準用之。」又委託人對於承攬運送人因運送物之喪失、毀損或遲到所生之損害賠償請求權，自運送物交付或應交付之時起，一年間不行使而消滅（民法第六六六條）。

㈡承攬運送人之權利

1.**報酬請求權**：承攬運送人有報酬請求權，因而為保全其報酬及墊款得受清償之必要，按其比例，對於運送物有留置權（民法第六六二條）。

2.**介入權**：承攬運送人本不自行運送物品而使他人運送，但亦非不得自行運送，即除契約另有訂定外，得自行運送物品，如自行運送，其權利義

務與運送人同（民法第六六三條）。若就運送全部約定價額，或承攬運送人填發提單於委託人者，視為承攬人自己運送，不得另行請求報酬（民法第六六四條）。

三、承攬運送之消滅

承攬運送關係之消滅原因，法無特別規定，應先準用行紀之規定，並適用一般原則。

第十八節　合　夥

一、合夥之意義及成立

㈠合夥之意義

合夥乃二人以上互約出資，以經營共同事業之契約（民法第六六七條第一項）。合夥最少須二人以上，最多則無限制。合夥之目的，在乎經營共同事業，此共同事業之種類為何，在所不問，其手段則須互相出資，出資得為金錢或其他財產權（如房地產、股票），或以勞務、信用或其他利益（如物之使用、不為營業之競爭）代之。金錢以外之出資，應估定價額為其出資額。未經估定者，以他合夥人之平均出資額視為其出資額（民法第六六七條第二、三項）。

㈡合夥之成立

合夥之成立，不拘方式，故為不要式契約（三十二年上字第四七一八號判例），不過若為商業合夥時須依商業登記法之規定為商業登記始可（商業登記法第三條、第四條）。

二、合夥之效力

㈠合夥之內部關係

1.**合夥人之出資及合夥之財產**：合夥人互約出資，因而有出資之義務。出資得為金錢或其他財產權，或以勞務等代之，前已敘過。每一合夥人出資之多寡應依合夥契約之所定，除有特別訂定外，合夥人無於約定出資之外，增加出資之義務。因損失而致資本減少者，合夥人無補充之義務（民法第六六九條）。各合夥人之出資及其他合夥財產，為合夥人全體之公同共

有（民法第六六八條），故合夥人於合夥清算前，不得請求合夥財產之分析（民法第六八二條第一項）。對於合夥負有債務者，不得以其對於任何合夥人之債權與其所負之債務抵銷（民法第六八二條第二項），以保護合夥財產之不變。

2.**合夥事務之執行與監察**：合夥之事務，除契約另有訂定或另有決議外，由合夥人全體共同執行之，如約定或決議由合夥人中數人執行者，由該數人共同執行之；但合夥之通常事務，得由有執行權之各合夥人單獨執行之；若其他有執行權之合夥人中任何一人，對於該合夥人之行為有異議時，應停止該事務之執行（民法第六七一條）。至於合夥之決議，應以合夥人全體之同意為之；倘若合夥契約約定得由合夥人全體或一部之過半數決定者，從其約定。但關於合夥契約或其事業種類之變更，非經合夥人全體三分之二以上之同意，不得為之（民法第六七〇條）。合夥之決議，其有表決權之合夥人，無論其出資之多寡，推定每人僅有一表決權（民法第六七三條）。其次執行合夥事務之合夥人與合夥之關係應屬於一種委任，因而民法第五七三條至第五四六條關於委任之規定，於合夥人之執行合夥事務準用之（民法第六八〇條）。惟合夥人執行合夥事務，除契約另有訂定外，不得請求報酬（民法第六七八條第二項），亦即以無償委任為原則，故合夥人執行合夥之事務，應與處理自己事務為同一注意。若依契約而受有報酬者，應以善良管理人之注意為之（民法第六七二條）。又合夥人因合夥事務所支出之費用，得請求償還（民法第六七八條第一項）。而合夥人中之一人或數人，依約定或決議執行合夥事務者，非有正當事由不得辭任。上述執行合夥事務之合夥人，非經其他合夥人全體之同意，不得將其解任（民法第六七四條）。至於無執行合夥事務權利之合夥人，縱契約有反對之訂定，仍得隨時檢查合夥之事務及其財產狀況，並得查閱賬簿（民法第六七五條）。

3.**損益分配**：合夥之決算及分配利益，除契約另有訂定外，應於每屆事務年度終為之（民法第六七六條）。分配損益之成數，應依契約之所定，未經約定者，按照各合夥人出資額之比例定之；如僅就利益，或僅就損失所定之分配成數，視為損益共通之分配成數，不過以勞務為出資之合夥人，

除契約另有訂定外，不受損失之分配（民法第六七七條）。

(二)合夥之外部關係

1.**合夥人之代表**：合夥人依約定或決議執行合夥事務者，於執行合夥事務之範圍內，對於第三人，為他合夥人之代表（民法第六七九條）。

2.**合夥人對外之責任**：合夥財產不足清償合夥之債務時，各合夥人對於不足之額連帶負其責任（民法第六八一條、二十八年上字第一八六四號）。合夥人之債權人於合夥存續期間內，就該合夥人對於合夥之權利，不得代位行使；但利益分配請求權，不在此限（民法第六八四條）。又合夥人之債權人就該合夥人之股份，得聲請扣押；前項扣押實施後兩個月內，如該合夥人未對於債權人清償或提供相當之擔保者，自扣押時起，對該合夥人發生退夥之效力（民法第六八五條）。

三、合夥之變動

(一)合夥契約或事業之變更

合夥契約或其事業種類之變更，應以合夥人全體之同意為之，如契約另有約定時，應限以合夥人全體三分之二以上之同意，始得為之，已見前述。

(二)合夥人之變更

1.**股份之轉讓**：股份轉讓屬於合夥人變更問題之一，民法第六八三條規定：「合夥人非經他合夥人全體之同意，不得將自己之股份轉讓於第三人；但轉讓於他合夥人者，不在此限」。因合夥人彼此間有信賴關係，若易新人，須全體接受始妥。

2.**退夥**：退夥乃合夥存續期間，某合夥人退出合夥，脫離合夥關係之謂。其情形有二：

①聲明退夥：合夥未定有存續期間，或經訂明以合夥人中一人之終身，為其存續期間者，各合夥人得聲明退夥，但應於兩個月前，通知他合夥人。前項退夥，不得於退夥有不利於合夥事務之期間為之。合夥縱定有存續期間，如合夥人有非可歸責於自己之重大事由，仍得聲明退夥，不受前二項規定之限制（民法第六八六條）。又合夥人之債權人於其股份被實施扣押後

兩個月內如未對於債權人清償或提供相當之擔保者，自扣押時起，對該合夥人發生退夥之效力（民法第六八五條第二項）。

　　②法定退夥：依法律之規定，當然退夥，須因下列事項：一、合夥人死亡者，退夥；但契約定明其繼承人得繼承者，不在此限。二、合夥人受破產或監護之宣告者，退夥。三、合夥人經開除者，退夥（民法第六八七條）。惟合夥人之開除，以有正當理由為限，而此項開除，應以他合夥人全體之同意為之；並應通知被開除之合夥人（民法第六八八條）。以上兩種退夥，原因雖異，結果則同，即退夥人與他合夥人間之結算，應以退夥時合夥財產之狀況為準。退夥人之股份，不問其出資之種類，得由合夥以金錢抵還之。合夥事務，於退夥時尚未了結者，於了結後計算，並分配其損益（民法第六八九條）。合夥人退夥後，對於其退夥前合夥所負之債務，仍應負責（民法第六九〇條）。

　　3.入夥：入夥乃合夥成立後，新加入合夥，而為合夥人之謂。合夥成立後，非經合夥人全體之同意不得允許他人加入為合夥人。加入為合夥人者，對於其加入前合夥所負之債務與他合夥人負同一之責任　（民法第六九一條）。

四、合夥之消滅

㈠合夥之解散

　　合夥因下列事項之一而解散：一、合夥存續期限屆滿者；二、合夥全體同意解散者；三、合夥之目的事業已完成或不能完成者（民法第六九二條）。但合夥所定期限屆滿後，合夥人仍繼續其事務者，視為以不定期限繼續合夥契約（民法第六九三條）。

㈡合夥之清算

　　合夥解散後，其清算由合夥人全體或由其所選任之清算人為之。此項清算人之選任，以合夥人全體之過半數決之（民法第六九四條）。至於清算之決議，如數人為清算人時，應以過半數行之（民法第六九五條）。又以合夥契約選任合夥人中之一人或數人為清算人者，適用第六七四條規定（民法第六九六條），即對於辭職或解任設有限制是。

其次清算人之職務為：

1. **清償債務**：合夥財產，應先清償合夥之債務。其債務未至清償期，或在訴訟中者，應將其清償所必須之數額，由合夥財產中劃出保留之（民法第六九七條第一項）。

2. **返還出資**：清算人於清償債務或劃出必需之數額後，其賸餘之財產，應返還各合夥人金錢或其他財產權之出資（民法第六九七條第二項）。金錢以外財產權之出資，應以出資時之價額返還之（民法第六九七條第三項）；為清償債務及返還合夥人之出資，應於必要之限度內，將合夥財產變為金錢（民法第六九七條第四項）。若合夥財產，不足返還各合夥人之出資者，按照各合夥人出資額之比例返還之（民法第六九八條）。

3. **分配賸餘財產**：合夥財產，於清償合夥債務及返還各合夥人出資後，尚有賸餘者，按各合夥人應受分配利益之成數分配之（民法第六九九條）。

合夥經解散及清算完了後，即歸消滅。

第十九節　隱名合夥

一、隱名合夥之意義及成立

㈠隱名合夥之意義

隱名合夥乃當事人約定：一方對於他方所經營之事業為出資，而分受其營業所生之利益，及分擔其所生損失之契約（民法第七〇〇條）。其出資之一方為隱名合夥人，他方則為出名營業人。隱名合夥人僅出資，而不參與營業；出名營業人，僅營業可，營業而又出資亦可。隱名合夥與兩合公司相似，但不若兩合公司之有法人資格而已。

㈡隱名合夥之成立

隱名合夥契約如何訂立？法無特別規定，應準用關於合夥之規定（民法第七〇一條），但合夥之規定中，亦未就成立問題設有規定，結果仍適用民法第一五三條之規定，祇要當事人意思一致，即可成立。

二、隱名合夥之效力

㈠隱名合夥之內部關係

1.出資及財產：隱名合夥人有依約出資之義務，但其出資之財產權，移屬於出名營業人。

2.事務之執行及監察：隱名合夥之事務，專由出名營業人執行之（民法第七〇四條第一項），隱名合夥人無執行事務之權利及義務，但隱名合夥人，縱有反對之約定，仍得於每屆事務年度終查閱合夥之賬簿，並檢查其事務及財產之狀況；如有重大事由，法院因隱名合夥人之聲請，得許其隨時為上述之查閱及檢查（民法第七〇六條）。

3.損益分配：隱名合夥人，僅於其出資之限度內，負分擔損失之責任（民法第七〇三條）。出名營業人，除契約另有訂定外，應於每屆事務年度終計算營業之損益，其應歸隱名合夥人之利益，應即支付之。應歸隱名合夥人之利益而未支取者，除另有約定外，不得認為出資之增加（民法第七〇七條）。

㈡隱名合夥之外部關係

隱名合夥人就出名營業人所為之行為，對於第三人不生權利義務之關係（民法第七〇四條第二項）。然若隱名合夥人如參與合夥事務之執行，或為參與執行之表示，或知他人表示其參與執行而不否認者，縱有反對之約定，對於第三人仍應負出名營業人之責任（民法第七〇五條）。

三、隱名合夥之消滅

隱名合夥契約，除依第六八六條之規定，得聲明退夥外，因下列事項之一而終止：一、存續期限屆滿者；二、當事人同意者；三、目的事業已完成或不能完成者；四、出名營業人死亡或受監護之宣告者；五、出名營業人或隱名合夥人受破產之宣告者；六、營業之廢止或轉讓者（民法第七〇八條）。隱名合夥契約終止時，出名營業人，應返還隱名合夥人之出資及給與其應得之利益。但出資因損失而減少者，僅返還其餘存額（民法第七〇九條）。

■ 案例研析 ■

　　甲、乙、丙三人約定共同出資經營蛇皮、鱷魚皮等皮件加工事業，出口美國。經營半年後，銷路奇佳，甲、乙亟欲擴大廠房，經全體同意，由丁以「暗股」型態加入，此時丙因全家移民，遂私下將股份轉讓給戊。不料，今年美國「培利」風暴席捲臺灣，甲、乙等人之出口事業受到波及，周轉不靈，宣告倒閉。試問：(1)丙可否私下轉讓股份給戊？(2)丁之「暗股」為何種性質？若丁的出資額完全賠光，是否仍須對不足額負賠償責任？

■ 擬　答

　　(1)民法第六六七條第一項規定：「稱合夥者，謂二人以上互約出資，以經營共同事業之契約。」在本例中，甲、乙、丙三人共同出資，經營皮件出口，係屬合夥。又民法第六八三條規定：「合夥人非經他合夥人全體之同意，不得將自己之股份轉讓於第三人。但轉讓於他合夥人者，不在此限。」丙欲將股份讓與非合夥人之戊，依本條規定，應經甲乙同意。故丙不可私下轉讓。

　　(2)按民法第七〇〇條規定：「稱隱名合夥者，謂當事人約定，一方對於他方所經營之事業出資，而分受其營業所生之利益，及分擔其所生損失之契約。」故合夥與隱名合夥所經營之事業，前者為全體合夥人之事業，後者則隱名合夥人並非經營事業之人。本例中，丁之暗股，係不出名加入合夥之經營，僅係出資供給而已，故為隱名合夥。又第七〇三條規定：「隱名合夥人，僅於其出資之限度內，負分擔損失之責任。」依本條規定，丁之責任以出資額為限，故丁之出資額賠光後，即不再負賠償責任。

第十九節之一　合　會

一、合會之意義及成立

㈠合會之意義

　　合會乃由會首邀集二人以上為會員，互約交付會款及標取合會金之契

約。其僅由會首與會員為約定者，亦成立合會（民法第七〇九條之一第一項）。合會源自臺灣的民事習慣，民法原本並未規定，惟實務倒會之案例層出不窮，故民法債編修正增列本節規定。合會契約之當事人，依前述規定，或為會首與二人以上會員互約，或僅由會首與會員約定者。會首及會員均以自然人為限。會首不得兼為同一合會之會員。無行為能力人及限制行為能力人不得為會首，亦不得參加其法定代理人為會首之合會（民法第七〇九條之二），此乃為防止合會經營企業化，違反其為民間經濟互助組織之目的，並避免法律關係混淆，故對當事人之資格嚴格限制。至所謂合會金，係指會首及會員應交付之全部會款。會款得為金錢或其他代替物（民法第七〇九條之一第二、三項）。

（二）合會之成立

合會應訂立會單，記載下列事項：一、會首之姓名、住址及電話號碼。二、全體會員之姓名、住址及電話號碼。三、每一會份會款之種類及基本數額。四、起會日期。五、標會日期。六、標會方法。七、出標金額有約定其最高額或最低額之限制者，其約定。前項會單，應由會首及全體會員簽名，記明年月日，由會首保存並製作繕本，簽名後交每一會員各執一份（民法第七〇九條之三第一、二項）。是以訂立合會契約應訂立會單，故為要式契約。同條第三項又規定：「會員已交付首期會款者，雖未依前二項規定訂立會單，其合會契約視為已成立。」本條僅為緩和合會之要式性過於僵化，並非謂合會契約為要物契約也。

二、合會之效力

（一）會首之權利義務

1.**主持標會**：標會由會首主持，依約定之日期及方法為之。其場所由會首決定並應先期通知會員。會首因故不能主持標會時，由會首指定或到場之會員推選之會員主持之（民法第七〇九條之四）。

2.**取得首期合會金**：首期合會金不經投標，由會首取得，其餘各期由得標會員取得（民法第十〇九條之五）。

3.**代為收取會款、代為給付**：會員應於每期標會後三日內交付會款。會

首應於前項期限內，代得標會員收取會款，連同自己之會款，於期滿之翌日前交付得標會員。逾期未收取之會款，會首應代為給付（民法第七〇九條之七第一、二項），會首代為給付後，得請求未給付之會員附加利息償還之（民法第七〇九條之七第四項）。會首收取會款，在未交付得標會員前，對其喪失、毀損，應負責任。但因可歸責於得標會員之事由致喪失、毀損者，不在此限（民法第七〇九條之七第三項）。

4.**權利義務之移轉**：會首非經會員全體之同意，不得將權利及義務移轉於他人（民法第七〇九條之八第一項）。稱移轉，係指依法律行為而移轉或讓與者而言，不包括繼承之情形。

5.**連帶責任**：因會首破產、逃匿或有其他事由致合會不能繼續進行時，會首就已得標會員依民法第七〇九條之九第一項應給付之各期會款，負連帶責任（民法第七〇九條之九第二項）。

㈡**會員之權利義務**

1.**參與出標並標得合會金**：每期標會，會員僅得出標一次，以出標金額最高者為得標。最高金額相同者，抽籤定之。但另有約定者，依其約定。無人出標時，除另有約定外，以抽籤定其得標人。每一會份限得標一次（民法第七〇九條之六）。

2.**交付會款**：會員應於每期標會後三日內交付會款（民法第七〇九條之七第一項）。

3.**退會與會份轉讓**：會員非經會首及全體會員之同意，不得退會，亦不得將自己之會份轉讓於他人（民法第七〇九條之八第二項）。

三、合會之不能繼續與消滅

合會之基礎，係建立在會首之信用與會員間彼此之誠信上，如遇因會首破產、逃匿或有其他事由致合會不能繼續進行時，為保障未得標會員之權益，減少其損害，會首及已得標之會員應給付之各期會款，應於每屆標會期日平均交付於未得標之會員。但另有約定者，依其約定（民法第七〇九條之九第一項），未得標之會員亦得共同推選一人或數人處理相關事宜（民法第七〇九條之九第四項）。此際，無須再為標會；且會首應負連帶責

任（如前述），若會首不能依上述規定支付，已得標會員對此部分亦無需分攤。會首或已得標會員依第一項規定應平均交付於未得標會員之會款遲延給付，其遲付之數額以達兩期之總額時，該未得標之會員得請求其給付全部會款（民法第七〇九條之九第三項）。合會法律關係之消滅，民法未設特別規定，就合會之本質以觀，除有特別約定者外，當每一會份均已得標一次時，合會關係歸於消滅。

第二十節　指示證券

一、指示證券之意義

指示證券乃指示他人將金錢、有價證券或其他代替物給付第三人之證券（民法第七一〇條第一項）。指示證券係一種有價證券。證券與證書不同，證券係表彰權利，證書乃證明事實。證券所表彰之權利，非依證券不能發生，非依證券不能移轉，非依證券不能行使。易言之權利之發生須作成證券，權利之移轉須交付證券，權利之行使須提示證券，如此始為有價證券。

指示證券之當事人有三：一、指示人：即為指示之人，亦即發行指示證券之人是也。二、被指示人：即指示人所指示為給付之他人是也。三、領取人：乃得受領給付之人，亦即被指示人向其為給付之第三人是也。指示證券之標的物為金錢、有價證券、或其他代替物均可。至所謂指示乃委託之意，與票據法上匯票、支票所用「支付之委託」字義相當（票據法第二四條第一項第五款、第一二五條第一項第五款）。故指示證券亦為委任證券，此點與匯票、支票同，但匯票、支票之標的，限於金錢，而指示證券則不以金錢為限，其他代替物亦可，此點與匯票、支票不同。

二、指示證券之發行

指示證券之發行，即指示人作成證券，以之交付於領取人之行為。此項行為屬於單獨行為，並非契約。指示人與領取人之間，須另有基本的法律關係，例如買賣、贈與等是。為清償此等基本法律關係上所發生之債務，指示人始發行指示證券。指示人為清償其對於領取人之債務而交付指示證券者，其債務於被指示人為給付時消滅；上述情形，債權人受領指示證券者，

不得請求指示人就原有債務為給付；但於指示證券所定期限內，其未定期限者，於相當期限內，不能由被指示人領取給付者，不在此限（民法第七一二條第一、二項）。蓋以指示證券清償債務，屬於間接給付之性質故也（參照民法第三二〇條）。又債權人（在此為受領人）不願由其債務人（在此為指示人）受領指示證券者，應即時通知債務人（民法第七一二條第三項）。

三、指示證券之承擔

指示證券之承擔與匯票之承兌相當。乃被指示人向領取人表示，願依照證券內容而為給付之法律行為。此一行為亦為單獨行為。通常於證券記明承擔意旨及年月日，並簽名即可。一經被指示人向領取人承擔所指示之給付者，即有依證券內容，而為給付之義務（民法第七一一條第一項）。故承擔有負擔債務之效力。其次被指示人所以依指示人之指示而為承擔者，必係與指示人間另有法律關係之存在，例如被指示人對指示人負有債務是。但被指示人雖對於指示人負有債務，仍無承擔其所指示給付或為給付之義務，不過如已向領取人為給付者，就其給付之數額，對於指示人免其債務（民法第七一三條）。又被指示人承擔與否既有自由，如被指示人對於指示證券，拒絕承擔或拒絕給付者，領取人應即通知指示人（民法第七一四條），以便指示人知悉後有所措置。

四、指示證券之讓與

指示證券係一種證券債權，當然可以轉讓他人，民法第七一六條第一、二項規定：「領取人得將指示證券讓與第三人；但指示人於指示證券有禁止讓與之記載者，不在此限。前項讓與，應以背書為之。」

五、指示證券之消滅

㈠指示證券之給付

指示證券一經被指示人向證券持有人（領取人或證券受讓人）依其內容為給付後則歸消滅。此種給付，須經持有人提示證券，並交還證券始可。領取人提示證券請求給付時，被指示人，僅得以本於指示證券之內容，或其與領取人間之法律關係所得對抗領取人之事由，對抗領取人（民法第七一一條第二項）。至於受讓人提示證券請求給付時，則被指示人，對於指示

證券之受讓人已為承擔者，不得以自己與領取人間之法律關係所生之事由，與受讓人對抗（民法第七一六條第三項）。

㈡指示證券之撤回

指示人於被指示人，未向領取人承擔所指示之給付或為給付前得撤回其指示證券。其撤回應向被指示人以意思表示為之。又指示人於被指示人未承擔或給付前，受破產宣告者，其指示證券，視為撤回（民法第七一五條）。

㈢時效完成或宣告無效

指示證券領取人或受讓人，對於被指示人因承擔所生之請求權，自承擔之時起，三年間不行使而消滅（民法第七一七條）。又指示證券遺失、被盜或滅失者，法院得因持有人之聲請，依公示催告之程序，宣告無效（民法第七一八條）。

第二十一節　無記名證券

一、無記名證券之意義

無記名證券乃持有人對於發行人得請求其依所記載之內容為給付之證券（民法第七一九條）。無記名證券亦為有價證券，其當事人有二：一、發行人：即發行證券並自為給付之人。二、持有人：即持有該券之人，此人在無記名證券上，不記載其姓名，故為不特定人。無記名證券既不記載特定權利人之姓名，又由發行人自己給付，屬於自付證券，而非委託證券，因而與票據法之無記名本票相當，但本票之給付，以金錢為限，此之無記名證券則無限制，即金錢以外之物（例如商品禮券以商品為給付標的），亦無不可，此點與本票不同。

二、無記名證券之發行

無記名證券之發行，乃發行人作成證券，以之交付於持有人之行為。此行為亦屬單獨行為。其發行人，對於持有人負有為給付之義務（民法第七二〇條）。無記名證券，不因發行在發行人死亡或喪失能力後，失其效力（民法第七二一條第二項）。

三、無記名證券之流通

　　無記名證券既為有價證券，當然可以流通。流通即由持有人讓與他人，而復輾轉讓與之謂。讓與之方法民法無規定，解釋上以「交付」為之（參照票據法第一二四條準用同法第三〇條第一項後段之規定）。無記名證券既得流通，若因毀損或變形不適於流通，而其重要內容及識別記號仍可辨認者，持有人得請求發行人，換給新無記名證券。換給證券之費用，應由持有人負擔；但證券為銀行兌換券，或其他金錢兌換券者，其費用應由發行人負擔（民法第七二四條）。

四、無記名證券之消滅

㈠無記名證券之給付

　　無記名證券一經給付，則歸於消滅。民法第七二〇條規定：「無記名證券發行人，於持有人提示證券時，有為給付之義務；但知持有人就證券無處分之權利，或受有遺失、被盜或滅失之通知者，不得為給付。發行人依前項規定，已為給付者，雖持有人就證券無處分之權利，亦免其債務。」無記名證券持有人請求給付時，應將證券交還發行人（民法第七二三條第一項）。發行人依上述規定收回證券時，雖持有人就該證券無處分之權利，仍取得其證券之所有權（民法第七二三條第二項）。又無記名證券發行人其證券雖因遺失、被盜或其他非因自己之意思而流通者，對於善意持有人，仍應負責（民法第七二一條第一項），亦即仍應給付，而不得拒絕。同時無記名證券發行人，僅得以本於證券之無效，證券之內容或其與持有人間之法律關係所得對抗持有人之事由，對抗持有人。但持有人取得證券出於惡意者，發行人並得以對持有人前手間所存抗辯之事由對抗之（民法第七二二條）。

㈡無記名證券之喪失

　　無記名證券遺失、被盜或滅失者，無記名證券持有人得向發行人為遺失、被盜或滅失之通知，為此通知後，未於五日內提出已為聲請公示催告之證明者，其通知失其效力。前項持有人於公示催告程序中，經法院通知有第三人申報權利而未於十日內向發行人提出已為起訴之證明者，亦同（民

法第七二○條之一)。法院因持有人之聲請,依公示催告、除權判決之程序,宣告證券無效。上項情形,發行人對於持有人,應告知關於實施公示催告之必要事項,並供給其證明所必要之材料(民法第七二五條)。若無記名證券定有提示期間者,如法院因公示催告聲請人之聲請,對於發行人為禁止給付之命令時,停止其提示期間之進行。上項停止,自聲請發上述命令時起,至公示催告程序終止時止(民法第七二六條)。至於利息、年金及分配利益之無記名證券,有遺失、被盜、或滅失而通知於發行人者,如於法定關於定期給付之時效期間屆滿前,未有提示,為通知之持有人得向發行人請求給付該證券所記載之利息、年金,或應分配之利益;但自時效屆滿後,經過一年者,其請求權消滅。如於時效期間屆滿前,由第三人提示該項證券者,發行人應將不為給付之情事,告知該第三人,並於該第三人與為通知之人合意前,或於法院為確定判決前,應不為給付(民法第七二七條)。又無利息見票即付之無記名證券,除利息、年金及分配利益之證券外,不適用第七二○條第一項但書及第七二五條之規定(民法第七二八條)。即①發行人縱明知持有人就證券無處分之權利或受有遺失,或被盜或滅失之通知者,亦得為給付。②持有人雖遺失證券,但不得適用公示催告程序,請求法院宣告該證券無效。蓋此等證券幾乎與現金相等,為促進其流通,允應如此也。

第二十二節　終身定期金

一、終身定期金之意義及成立

(一)終身定期金之意義

終身定期金乃當事人約定,一方於自己或他方或第三人生存期內,定期以金錢給付他方或第三人之契約(民法第七二九條)。此一契約之債務人為以金錢為給付之人;債權人則為受領該給付之他方或第三人。至給付之時期,則以給付人自己或他方或第三人之生存期為準,亦即此人之終身為準是也。其給付之標的物,則為金錢。

㈡終身定期金之成立

　　終身定期金契約之訂立，依民法第七三○條之規定，應以書面為之。故屬於要式行為。又以遺囑設定之者，則為終身定期金之遺贈，準用終身定期金之規定（民法第七三五條），而非此之所謂終身定期金。

二、終身定期金之效力

㈠終身定期金之標準期間

　　終身定期金之期間，或以債務人自己之生存期為準，或以相對人之生存期為準，或以第三人之生存期為準，均無不可，但應於契約內訂明，若未訂明時，依民法第七三一條第一項規定：「終身定期金契約，關於期間有疑義時，推定其為於債權人生存期內，按期給付。」

㈡終身定期金之金額

　　終身定期金之金額，或為月額，或為季額，或為年額，亦得自由約定，若契約所定之金額有疑義時，推定其為每年應給付之金額（民法第七三一條第二項），所謂年金是也。

㈢終身定期金之支付

　　終身定期金，除契約另有訂定外，應按季預行支付（民法第七三二條第一項）。

㈣終身定期金之移轉

　　終身定期金之權利，除契約另有訂定外，不得移轉（民法第七三四條），故終身定期金之權利，原則上有專屬性。

三、終身定期金之消滅

　　終身定期金之關係，因以其生存期為標準之人死亡而終止。但：①依其生存期間而定終身定期金之人，如在定期金預付後，該期屆滿前死亡者，定期金債權人，取得該期金額之全部（民法第七三二條第二項）。②因死亡而終止定期金契約者，如其死亡之事由，應歸責於定期金債務人時，法院因債權人或其繼承人之聲請，得宣告其債權在相當期限內仍為存續（民法第七三三條）。

第二十三節 和 解

一、和解之意義及成立

和解乃當事人約定：互相讓步，以終止爭執或防止爭執發生之契約（民法第七三六條）。和解之目的在乎終止爭執或防止爭執發生。所謂爭執乃當事人就某種法律事實之存否及其內容、效力如何，持有相反之主張之謂。其手段則為互相讓步，若僅為一方讓步，則非和解。至於互相讓步之內容如何？應依個案而有不同，要言之不外為權利之減少，或義務之增加而已。其次和解契約如何成立，法無規定，習慣上多訂有和解書，以求慎重。

二、和解之效力

和解有使當事人所拋棄之權利消滅及使當事人取得和解契約所訂明權利之效力（民法第七三七條）。亦即和解有創設之效力。

三、和解之消滅

和解契約亦為契約之一種，則一般契約消滅之原因，如解除、撤銷等，在和解自亦均有其適用，惟依民法第七三八條規定：「和解不得以錯誤為理由撤銷之；但有左列事項之一者，不在此限：一、和解所依據之文件，事後發見為偽造或變造，而和解當事人若知其為偽造或變造，即不為和解者；二、和解事件，經法院確定判決，而為當事人雙方或一方於和解當時所不知者；三、當事人之一方，對於他方當事人之資格或對於重要之爭點有錯誤而為和解者。」可見和解契約撤銷之不易，但並非絕對不得撤銷也。

▣ 案例研析 ▣

甲開車上班，不意發生事故，將機車騎士乙撞傷。二人在交通警察之協助下，同意和解。甲因係機車店主，故由甲賠給乙一輛新機車，不另再賠，經乙同意。嗣後乙感覺對甲太過便宜，擬向甲再請求三千元，可否允許？

擬　答

依民法第七三六條規定：「稱和解者，謂當事人約定互相讓步，以終止爭執或防止爭執發生之契約。」又民法第七三七條規定：「和解有使當事人所拋棄之權利消滅及當事人取得和解契約所訂明權利之效力。」在本例中，甲、乙為終止車禍爭執，同意由甲賠乙新機車，係屬和解契約。依第七三七條規定，乙取得向甲請求一輛新機車之權利，而其他權利則消滅（即除此之外，乙不得再為請求）；故乙嗣後反悔，欲向甲再多要三千元，並不合法。

第二十四節　保　證

一、保證之意義、種類及成立

㈠保證之意義

保證乃當事人約定：一方於他方之債務人不履行債務時，由其代負履行責任之契約（民法第七三九條）。其當事人有二：一、保證人，即代負履行責任之人，公司原則上不得充保證人（公司法第一六條）。二、債權人，即他方是也。此外他方之債務人，在保證契約上觀之，屬於主債務人，其與債權人之關係，或為金錢借貸，或為買賣等等，均無不可，總之其彼此間應具債之關係。至於保證人與主債務人之關係，則或為委任，或無因管理，亦屬於債之關係。

㈡保證之種類

保證應分為一般保證（簡稱保證）與特殊保證。後者尚分為：①連帶保證（民法無規定），②共同保證（民法第七四八條），③信用委任（民法第七五六條），④人事保證（民法第七五六條之一），⑤再保證（民法無規定），⑥副保證（民法無規定），⑦求償保證（民法第七五〇條第二項），⑧票據保證（票據法第五八條至第六四條）。本節論述以一般保證為主，特殊保證民法上有規定，除人事保證於次節述之外，亦略為提及。

㈢保證之成立

一般保證如何成立？民法未特設規定，解釋上經當事人之合意而成立，

故為不要式契約。但保證為信用契約，為無償契約，為免日後糾紛，舉證困難，習慣上多立有保證書。至於要否對保？四十六年臺上字第一六三號判例認為：「對保一節僅為債權人查證之程序，與保證之成立與否，並無影響。保證人不得以對保過遲為免除保證責任之論據。」

二、保證之效力

㈠保證人與債權人間之關係

保證人與債權人間之關係，有以下各點：

1.**保證人之責任**：保證人之責任，其範圍依民法第七四〇條規定：「保證債務，除契約另有訂定外，包含主債務之利息、違約金、損害賠償及其他從屬於主債務之負擔。」亦即保證債務為從債務，應與主債務之範圍同，因而民法第七四一條又規定：「保證人之負擔，較主債務人為重者，應縮減至主債務之限度。」又保證債務既為從債務，則債權人向主債務人請求履行，及為其他中斷時效之行為，對於保證人亦生效力。此乃「從隨主原則」之表現也。

2.**保證人之抗辯、抵銷**：保證人對於債權人得為抗辯。所謂抗辯，即基於正當理由，而拒絕履行債務是也。民法第七四二條規定：「主債務人所有之抗辯，保證人得主張之。主債務人拋棄其抗辯者，保證人仍得主張之。」又民法第七四三條規定：「保證人對於因行為能力之欠缺而無效之債務，如知其情事而為保證者，其保證仍為有效。」即不得以此為抗辯之理由。至於主債務人就其債之發生原因之法律行為有撤銷權者，保證人對於債權人得拒絕清償（民法第七四四條）。亦即保證人不得代主債務人行使撤銷權，僅能引為自己抗辯之事由，拒絕清償是也。至於主債務人之抵銷權，民法第七四二條之一規定：「保證人得以主債務人對於債權人之債權，主張抵銷。」以上係保證人就主債務人之事由，所得為之抗辯或行使抵銷權。其次為保證人基於保證人自己之地位，特有之抗辯，亦所謂「先訴抗辯權」是也。依民法第七四五條規定：「保證人於債權人未就主債務人之財產強制執行而無效果前，對於債權人得拒絕清償。」此即先訴抗辯權是，例如債權到期，若債權人逕向保證人請求清償時，保證人得主張上述抗辯，而不

清償。必也債權人先向主債務人請求清償，並經強制執行而無效果，再向保證人請求時，保證人始應清償。此種抗辯權之存在，對於債權人相當不利，因其係為特別保護保證人而設故也。不過依民法第七四六條規定：「有下列各款情形之一者，保證人不得主張前條之權利：一、保證人拋棄前條之權利。二、主債務人受破產宣告。三、主債務人之財產不足清償其債務。」可見先訴抗辯權不得主張之機會不少，兼以保護債權人也。

　　㈡保證人與主債務人間之關係

　　　保證人與主債務人間之關係，不外為委任或無因管理，其權利義務，本應依據委任或無因管理之規定解決之，但民法保證節特設有規定如下：

　　1.保證人之求償權及代位權：民法第七四九條規定：「保證人向債權人為清償後，於其清償之限度內，承受債權人對於主債務人之債權。但不得有害於債權人之利益。」

　　2.保證責任除去請求權：民法第七五〇條第一項規定：「保證人受主債務人之委任，而為保證者，有左列各款情形之一時，得向主債務人請求除去其保證責任：一、主債務人之財產顯形減少者；二、保證契約成立後，主債務人之住所、營業所或居所有變更，致向其請求清償發生困難者；三、主債務人履行債務遲延者；四、債權人依確定判決得令保證人清償者。」此種權利，限於因委任關係而為保證時始有之，若因無因管理關係而為保證時，則保證人無此權利。其次除去其保證責任之方法，主要者係向債權人清償，則保證責任自然除去矣。然債權如未到期，遽令債務人提前清償，未免苛酷，因而民法第七五〇條第二項乃規定：「主債務未屆清償期者，主債務人得提出相當擔保於保證人，以代保證責任之除去。」此種相當擔保如以保證為之，則屬於「求償保證」。

　　　目前社會上，甚多契約均要求保證人預先拋棄一切權利，對保證人構成過重之責任，有失公平。故民法債編修正特增訂第七三九條之一規定：「本節所規定保證人之權利，除法律另有規定外，不得預先拋棄。」所謂法律另有規定，例如民法第七四六條第一款保證人得拋棄先訴抗辯權是。

三、保證之消滅

保證債務除隨主債務之消滅，而消滅外（民法第三○七條），尚因下列事由而消滅：

1.**債權人拋棄擔保物權者**：民法第七五一條規定：「債權人拋棄為其債權擔保之物權者，保證人於債權人所拋棄權利之限度內，免其責任。」

2.**債權人於保證期間內未為審判上之請求者**：民法第七五二條規定：「約定保證人僅於一定期間內為保證者，如債權人於其期間內，對於保證人不為審判上之請求，保證人免其責任。」

3.**未定期間保證經催告而債權人不為審判上之請求者**：民法第七五三條規定：「保證未定期間者，保證人於主債務清償期屆滿後，得定一個月以上之相當期限，催告債權人於其期限內，向主債務人為審判上之請求。債權人不於前項期限內向主債務人為審判上之請求者，保證人免其責任。」

4.**法人董事、監察人或其他有代表權之人為該法人擔任保證人者**：民法第七五三條之一規定：「因擔任法人董事、監察人或其他有代表權之人而為該法人擔任保證人者，僅就任職期間法人所生之債務負保證責任。」

5.**連續債務保證之終止**：民法第七五四條規定：「就連續發生之債務為保證而未定有期間者，保證人得隨時通知債權人終止契約。前項情形，保證人對於通知到達債權人後所發生主債務人之債務，不負保證責任。」

6.**債權人允許延期者**：民法第七五五條規定：「就定有期限之債務為保證者，如債權人允許主債務人延期清償時，保證人除對於其延期已為同意外，不負保證責任。」

四、特殊保證

㈠共同保證

共同保證乃數保證人就同一債務所為之保證是也。此種保證，依民法第七四八條規定：「數人保證同一債務者，除契約另有訂定外，應連帶負保證責任。」是為「保證連帶」，與下述之「連帶保證」有所不同。

㈡連帶保證

連帶保證乃保證人與主債務人連帶負清償責任者是也。此種保證，保

證人當然無先訴抗辯權，對於債權人有利，民法上雖無規定，但判例上認之（四十六年臺上字第三八六號）。

(三)信用委任

信用委任雖無保證字樣，但委任人須對受任人負保證責任。民法第七五六條規定：「委任他人以該他人之名義及其計算，供給信用於第三人者，就該第三人因受領信用所負之債務，對於受任人負保證責任。」

第二十四節之一　人事保證

一、人事保證之意義、性質及成立

(一)人事保證之意義

人事保證（或稱職務保證）乃當事人約定，一方於他方之受僱人將來因職務上之行為而應對他方為損害賠償時，由其代負履行責任之契約（民法第七五六條之一第一項）。人事保證在我國社會上已行之有年，實務上亦迭見相關案例，故民法債編修正增訂專節明定之。人事保證之當事人有二：一、保證人，即就僱傭或其他職務關係中將來可能發生之債務代負賠償責任之人。二、僱用人，即他方是也。所謂他方之受僱人，並非僅以有僱傭契約者為限，凡客觀上被他人使用為之服勞務而受其監督者，均屬之。

(二)人事保證之性質

人事保證係保證之一種，因此，除本節有規定者外，準用關於保證之規定（民法第七五六條之九）。惟人事保證較諸一般保證具有數種特性：一、繼續性：一般保證多以一次發生之債務為保證對象，而人事保證多以繼續性之法律關係為保證對象。二、專屬性：一般保證多基於利害關係，人事保證則多以親屬、友誼等情義關係為基礎。三、獨立性：人事保證與一般保證均屬從契約，但一般保證從屬於主債務而存在，由保證人代負履行責任，人事保證則是對將來可能發生，但尚未發生之債務為保證，而獨立負擔賠償責任之一種特殊保證。

(三)人事保證之成立

人事保證契約，應以書面為之（民法第七五六條之一第二項），故為要

式契約，以求慎重。

二、人事保證之保證人責任

人事保證因具備前述特性，對保證人至為不利，故民法設有下列減輕保證人責任之規定：

1.**責任範圍**：限於受僱人因職務上之行為而應負之損害賠償責任。若係非因其職務上之行為所生（如受僱人對僱用人個人之侵權行為），或損害賠償債務　（如僱用人對受僱人之求償權或受僱人因故逃匿而代為搜尋之費用），皆不在保證範圍之內。人事保證之保證人，以僱用人不能依他項方法（例如已參加之保證保險或其他擔保）受賠償者為限，負其責任。保證人依前項規定負賠償責任時，除法律另有規定或契約另有訂定外，其賠償金額以賠償事故發生時，受僱人當年可得報酬之總額為限（民法第七五六條之二）。

2.**保證期間**：人事保證約定之期間，不得逾三年。逾三年者，縮短為三年。前項期間得更新之。人事保證未定期間者，自成立之日起有效期間為三年（民法第七五六條之三）。

3.**保證責任之減免**：有下列情形之一者，法院得減輕保證人之賠償金額或免除之：一、違反民法第七五六條之五第一項各款（如後述）之通知義務。二、僱用人對受僱人之選任或監督有疏失（民法第七五六條之六）。

4.**短期時效**：僱用人對於保證人之請求權，因二年間不行使而消滅。

三、人事保證之消滅

人事保證關係因下列事由而消滅：一、保證期間屆滿。二、保證人死亡、破產或喪失行為能力。三、受僱人死亡、破產或喪失行為能力。四、受僱人之僱用關係消滅（民法第七五六條之七）。此外，當事人協議終止或行使終止權，亦屬人事保證消滅之原因。人事保證未定期間者，保證人得隨時終止契約。前項終止契約，應於三個月前通知僱用人。但當事人約定較短之期間者，從其約定（民法第七五六條之四）。有下列情形之一者，僱用人應即通知保證人：①僱用人依法得終止僱傭契約，而其終止事由有發生保證人責任之虞者。②受僱人因職務上之行為而應對僱用人負損害賠償

責任，並經僱用人向受僱人行使權利者。③僱用人變更受僱人之職務或任職時間、地點，致加重保證人責任或使其難於注意者（民法第七五六條之五第一項）。保證人受前項通知者，得終止契約。保證人知有前項各款情形者，亦同（民法第七五六條之五第二項）。

▪️习 題

一、買賣契約中，出賣人所負瑕疵擔保責任為何？何種情形下，出賣人不必負物之瑕疵擔保責任？

二、何謂危險負擔？危險負擔於何時移轉？試就物之買賣與權利買賣，分別說明之。

三、何謂附負擔之贈與？何謂定期給付之贈與？試各舉一例說明之。

四、贈與得否任意撤銷？其撤銷權之行使是否受除斥期間之限制？

五、試述租賃契約成立之要件？又契約成立後，出租人、承租人之主要給付義務各如何？試說明之。

六、租賃物因可歸責於承租人之事由而失火者，承租人何時方須負損害賠償責任？其立法目的何在？又因承租人之同居人或承租人允許使用租賃物之第三人之原因致失火時，承租人是否負責？

七、借貸之類型有幾？試比較其異同。

八、試比較僱傭、承攬與委任三者之異同。

九、何謂承攬人之法定抵押權？其與意定抵押權有何不同？

十、委任契約中，受任人之義務為何？如委任人死亡，委任關係是否當然消滅？有無例外？

十一、經理人和代辦商有何不同？何謂經理人及代辦商之競業禁止？

十二、何謂居間？居間人得否請求報酬？有無例外？試就民法規定擇要說明之。

十三、何謂消費寄託？何謂混藏寄託？此兩者與一般寄託彼此有何不同？

十四、試述法定寄託之意義。

十五、試述倉庫營業人之權利義務。

十六、何謂提單？其性質有幾？試詳述之。

十七、試比較相繼運送（聯運）與一般運送之不同。

十八、何謂承攬運送？其與一般運送契約有何不同。

十九、合夥之內部關係與外部關係各如何？試就民法規定申述之。

二十、試說明隱名合夥與合夥之異同。

二十一、試比較指示證券與無記名證券之異同。

二十二、試述和解之意義及其效力。

二十三、保證之效力為何？請分別就保證人與債權人、保證人與主債
　　　　務人間之關係詳述之。

二十四、何謂先訴抗辯權？可否預先拋棄？

二十五、何謂人事保證？人事保證與一般保證有何異同？

二十六、試述合會契約中，會首與會員各有何權利義務？

二十七、試述旅遊營業人之瑕疵擔保責任。

二十八、試說明買賣不破租賃之意義及要件。

第三編 物　權

第一章　通　則

第一節　物權之意義與種類

一、物權之意義

　　物權乃直接支配其標的物，而可以對任何人主張之一種財產權。物權為財產權，此點與債權相同。但物權則可以直接支配其標的物，例如所有權人得自由使用、收益、處分其所有物是（民法第七六五條前段）；而債權人則須透過債務人之行為，始能支配其標的物，亦即必須向債務人請求始可（民法第一九九條），此點則物權與債權不同。又物權可以逕行排除任何他人之干涉（民法第七六五條後段），而債權則祇能向特定人（債務人）請求，此點物權與債權亦有不同。又物權有排他性，採「一物一權」主義，債權則無排他性，此點兩者亦不相同。

二、物權之種類

　　㈠物權法定主義

　　民法上對於契約，採「契約自由原則」，對於物權，則採「物權法定主義」。所謂物權法定主義，主要指物權之種類或內容，須依法律之所定，而當事人不得自由創設而言。民法第七五七條規定：「物權除依法律或習慣外，不得創設。」即明示斯旨。所謂法律，除民法外，尚包括土地法、動產擔保交易法等特別法在內。所謂習慣，係指具有法律上效力之習慣法而言。民法物權編所定之物權，共有八種：

　　1.**所有權**：民法第七六五條以下，尚分為不動產所有權與動產所有權兩類。

　　2.**地上權**：民法第八三二條以下。

　　3.**農育權**：民法第八五○條之一以下。

4.**不動產役權**：民法第八五一條以下。

5.**抵押權**：民法第八六〇條以下，尚分為普通抵押權、最高限額抵押權與其他抵押權三類。

6.**質權**：民法第八八四條以下，尚分為動產質權與權利質權兩類。

7.**典權**：民法第九一一條以下。

8.**留置權**：民法第九二八條以下。

此外尚有「占有」之一事實（民法第九四〇條）。至於其他法律所定之物權如動產擔保交易法上之「動產抵押」（同法第一五條以下）是。

（二）物權之分類

物權在學理之分類主要者如下：

1.**不動產物權與動產物權**：此係以物權之標的物之種類為區別標準而分。前者如不動產所有權、典權等是，後者如動產所有權、動產質權等是。此外以標的物為準者尚有權利物權，如權利抵押（民法第八八三條）、權利質權（民法第九〇〇條）是。以上區別之實益，於設定、移轉程序上見之。

2.**用益物權與擔保物權**：此係以物權之作用為區別標準而分。前者如典權、地上權，其作用在乎使用、收益；後者，如抵押權、質權，其作為債權之擔保，結果僅取得處分權。亦即前者注重其使用價值，後者注重其交換價值。以上兩者區別之實益，於其效力上見之。

3.**主物權與從物權**：此係以物權能否獨立存在為區別標準而分。前者如所有權、地上權是，後者，如不動產役權與抵押權是。以上兩者區別之實益，於其成立，消滅上見之。

此外尚有所謂①完全物權與定限物權，②有期限物權與無期限物權，③登記物權與不登記物權之分，因其較為次要，限於篇幅，擬從略述。

第二節　物權之取得、移轉及消滅

一、物權之取得

物權之取得，乃物權與特定主體（物權人）相結合之謂，其程序不動產物權與動產物權不同，分述之如下：

㈠不動產物權

1.**依法律行為而取得**：不動產物權依法律行為而取得、設定者，非經登記，不生效力（民法第七五八條第一項），前項行為，應以書面為之（同條第二項）。係以登記為生效要件。此種登記，學說上稱為「設權登記」。所謂登記乃將法定事項，登載於主管機關所備簿冊之上，以公示於眾（公示主義）者是也。例如設定典權，向地政機關為設定登記屬之。至所謂書面，係指物權行為之書面而言。

2.**依法律行為以外之原因而取得**：因繼承、強制執行、徵收、法院之判決（指形成判決而言，如共有物分割之判決是）或其他非因法律行為（例如自己出資興建建築物等是），於登記前已取得不動產物權者，應經登記，始得處分其物權（民法第七五九條）。此種取得物權後，所為之登記，學說上稱為「宣示登記」。此外不動產物權尚得依時效而取得，詳後述之。

㈡動產物權

1.**原始取得**：動產物權之原始取得，如善意受讓、無主物之先占、埋藏物之發見等，均屬動產所有權之取得原因，詳於動產所有權節述之。

2.**設定**：如質權之設定，則為取得之質權之原因，詳於動產質權節述之。又動產物權亦得因時效而取得，當一併於取得時效中說明之。

二、物權之移轉

物權之移轉，有廣義與狹義之分，狹義的移轉指讓與而言，廣義則包括繼承、強制執行等在內，於此採用狹義，即權利人甲，將其權利轉讓於乙是也。分不動產物權與動產物權述之：

㈠不動產物權

不動產物權，依法律行為而移轉者，非經登記，不生效力（民法第七五八條）。

㈡動產物權

動產物權之讓與，非將動產交付（現實交付），不生效力；但受讓人已占有動產者，於讓與合意時（先占後讓，乃觀念交付之一），即生效力（民法第七六一條第一項）。其次讓與動產物權，而讓與人仍繼續占有動產者，

讓與人與受讓人間，得訂立契約，使受讓人因此取得間接占有（讓後仍占，亦觀念交付之一），以代交付（民法第七六一條第二項）。又讓與動產物權，如其動產由第三人占有時，讓與人得以對於第三人之返還請求權，讓與於受讓人（指示交付或稱返還代位，亦觀念交付之一），以代交付（民法第七六一條第三項）。由於上述，可知動產物權之讓與係以交付為公示。所謂交付，乃移轉占有之謂，結果動產物權係以占有為公示，與不動產物權係以登記為公示者，有所不同。

三、登記與占有之效力

㈠登記之效力

1.**登記之推定力**：不動產物權經登記者，推定登記權利人適法有此權利（民法第七五九條之一第一項）。為貫徹登記之效力，此項推定力，應依法定程序塗銷登記，始得推翻。

2.**登記之公信力**：因信賴不動產登記之善意第三人，已依法律行為為物權變動之登記者，其變動之效力，不因原登記物權之不實而受影響（民法第七五九條之一第二項）。例如，乙所有之不動產登記在甲之名義下，甲將它賣給信賴該登記之善意第三人丙，並已辦妥移轉登記，則丙取得該不動產所有權。

㈡占有之效力

1.**占有之推定力**：占有人於占有物上，行使之權利，推定其適法有此權利（民法第九四三條）。

2.**占有之公信力**：善意受讓動產占有人，縱讓與人無讓與之權利，亦能取得其權利，真正權利人不得向其追回，詳見後述。

■ 案例研析 ■

甲將其農場之牽引機連同土地一併賣予乙，並已完成移轉登記。但在交付乙之前，甲又將其牽引機及土地賣予出價更高之丙，並當即交付，試問：該牽引機及農地由誰取得？

擬 答

依民法第七五八條規定：「不動產物權，依法律行為而取得設定、喪失、及變更者，非經登記，不生效力。」又第七六一條第一項前段規定：「動產物權之讓與，非將動產交付，不生效力。」故物權變動之要件，在不動產為登記，在動產為「交付」，須經登記或交付，物權始生變動。在本題中，關於土地部分因係依法律行為而取得不動產物權，依第七五八條規定，應經登記始有效力，故乙已因完成土地移轉登記，而取得該土地之所有權。

至於牽引機部分，因動產移轉係以交付為生效要件，所以縱然甲、乙之買賣契約成立於丙之前，但僅具有債權效力，乙並未因此而取得所有權；而丙則因甲之交付，依民法第七六一條第一項前段規定，取得牽引機之所有權。

四、物權之消滅

㈠混 同

同一物之所有權及其他物權，歸屬於一人者，其他物權因混同而消滅；但其他物權之存續，於所有人或第三人有法律上之利益者，不在此限（民法第七六二條）。例如同一土地上，甲有所有權，乙有典權，若乙死亡，甲為其繼承人而繼承其典權（其他物權），致所有權與典權歸屬甲一人時，即屬混同，於是典權消滅。但如乙曾以其典權為第三人丙設定抵押權者，則該典權之存續，對於丙即有法律上之利益，此時該典權不因混同而消滅。又所有權以外之物權，及以該物權為標的物之權利，歸屬於一人者，其權利因混同而消滅（民法第七六三條第一項）；但其權利之存續，於權利人或第三人有法律上之利益者，不在此限（民法第七六三條第二項準用第七六二條但書之規定）。

㈡拋 棄

物權，除法律另有規定外，因拋棄而消滅（民法第七六四條第一項）。拋棄乃權利人表示放棄其權利之謂。係單獨行為，屬於法律行為之一種，其效力得使所拋棄之權利消滅。物權人得自由拋棄其物權，但法律另有規

定，不得自由拋棄其權利者，例如民法第八三五條第一項（地上權定有期限，而有支付地租之約定者不得隨時拋棄）及第九〇三條（為質權標的物之權利，非經質權人之同意，出質人不得以法律行為使其消滅）所定者均是。然若無特別規定時，原則上物權得自由拋棄之。前項拋棄，第三人有以該物權為標的物之其他物權或於該物權有其他法律上之利益者（例如以自己之所有權或以取得之地上權或典權為標的物），設定抵押權而向第三人借款；或地上權人於土地上建築房屋後，將該房屋設定抵押權予第三人等是），非經該第三人同意，不得為之（民法第七六四條第二項）。拋棄之方法，在不動產物權應為塗銷登記；在動產物權並應拋棄動產之占有（同條第三項）。

習　題

一、試比較債權與物權之異同。

二、物權取得之要件為何？請就不動產與動產分別說明之。

三、動產物權之移轉須以交付為之，交付方式依民法規定有幾？試析述之。

第二章　所有權

第一節　通　則

一、所有權之意義及種類

㈠所有權之意義

所有權乃一般的全面的支配其客體，而具有彈性及永久性之完全物權也。所謂完全物權，係對定限物權而言。定限物權如地上權、抵押權等對其客體之支配皆有一定的限度，而所有權則為一般的全面的支配其客體，並無一定限度，故為完全物權。又所有權具有彈性，得因其他物權之設定，致其內容成為空虛，所謂空虛所有權是，例如所有權上設定典權，則原所有權人之所有權，即徒具其名而已，然一旦典權因回贖而消滅，則所有權即因典權之除去，而恢復圓滿，此之謂所有權之彈性。又所有權具有永久性，不可預定存續期間，與地上權、典權等得定有存續期間者，亦不相同。

㈡所有權之種類

所有權以其主體為單一或複數為區別標準，可分為單獨所有權與共同所有權兩種。前者單稱所有權即是；後者則簡稱共有，民法就此特設規定。其次所有權以其客體（標的物）之不同為區別標準，可分為不動產所有權與動產所有權兩種，民法就此分別設有規定。

二、所有權之效力

民法第七六五條規定：「所有人，於法令限制之範圍內，得自由使用、收益、處分其所有物，並排除他人之干涉。」所謂使用，例如穿衣，彈琴是；所謂收益，例如就所有物收取其天然孳息或法定孳息是。民法第七六六條規定：「物之成分及其天然孳息，於分離後，除法律另有規定外，仍屬於其物之所有人。」故所有人有收取天然孳息之權利。所謂處分，例如拆除房屋（事實上之處分），或就自己之不動產為他人設定抵押權（法律上之處分）均是。至於排除他人之干涉，詳言之，則有：

1.**所有物返還請求權**：即所有人對於無權占有，或侵奪其所有物者，得

請求返還之（民法第七六七條第一項前段）是。

2.**所有權妨害排除請求權**：即所有人對於妨害其所有權者，得請求除去之（民法第七六七條第一項中段）是。

3.**所有權妨害預防請求權**：即所有人對於有妨害其所有權之虞者，得請求防止之（民法第七六七條第一項後段）是也。

以上各請求權，於所有權以外之物權，準用之（民法第七六七條第二項）。

綜據上述，吾人可將所有權之效力，分列為九大權能如下：

(1)占有：法無規定，事屬當然 ⎫

(2)使用：民法第七六五條

(3)收益：民法第七六五條

(4)處分：民法第七六五條 ⎬ 對物

(5)保存：民法第八二〇條

(6)改良：民法第八二〇條 ⎭

(7)所有物返還請求權：民法第七六七條 ⎫

(8)所有權妨害排除請求權：民法第七六七條 ⎬ 對人

(9)所有權妨害預防請求權：民法第七六七條 ⎭

以上之權能，均須受法令之限制，例如排除他人之干涉之權能，若法令限制其排除者（如民法第七七三條），則不得排除之。斯乃顧及社會公益而然，故今日之所有權有社會化之傾向。

三、所有權之取得時效

㈠動產所有權之取得時效

取得時效，乃因占有他人之動產或不動產，繼續達一定期間，即因之而取得其權利之謂。茲先就動產所有權之取得時效言之：

1.**須占有十年者**：民法第七六八條規定：「以所有之意思，十年間和平、公然、繼續占有他人之動產者，取得其所有權。」合乎本條規定，占有人取得該動產之所有權。

2.**須占有五年者**：民法第七六八條之一規定：「以所有之意思，五年間和

平、公然、繼續占有他人之動產，而其占有之始為善意並無過失者，取得其所有權。」可見增加一「占有之始為善意並無過失」之要件，在期間上即較前者縮短五年。

㈡不動產所有權之取得時效

不動產所有權之取得時效有兩種情形：

1.須占有二十年者：民法第七六九條規定：「以所有之意思，二十年間和平、公然、繼續占有他人未登記之不動產者，得請求登記為所有人。」可見在不動產取得時效雖已完成，仍不能逕行取得其所有權，必須請求登記為所有人後，始取得所有權，此點與上述動產之情形不同。

2.須占有十年者：民法第七七○條規定：「以所有之意思，十年間和平、公然、繼續占有他人未登記之不動產，而其占有之始為善意並無過失者，得請求登記為所有人。」可見增加一「占有之始為善意並無過失」之要件，在期間上即較前者縮短十年。

上述之取得時效，即以占有為其基礎，如其占有上有變動，則時效即中斷，民法第七七一條規定：「占有人有下列情形之一者，其所有權之取得時效中斷：一、變為不以所有之意思而占有。二、變為非和平或非公然占有。三、自行中止占有。四、非基於自己之意思而喪失其占有。但依第九四九條或第九六二條之規定，回復其占有者，不在此限。依第七六七條規定起訴請求占有人返還占有物者，占有人之所有權取得時效亦因而中斷。」

以上所有權取得時效要件及中斷之規定，於所有權以外財產權（例如地上權）之取得，準用之；於已登記之不動產，亦同（民法第七七二條）。

■ 案例研析 ■

甲有古董翡翠馬一匹，價值不菲，乙深愛之。某夜，乙潛入甲家竊走該馬，並公然放在其家客廳擺設。事隔十一年，甲路過乙家，偶然發現該馬，試問：該古董翡翠馬之所有權歸屬於何人？

擬 答

按民法第七六八條規定:「以所有之意思,十年間和平、公然、繼續占有他人之動產者,取得其所有權。」在本例中,乙以所有之意思,將甲之翡翠馬擺設於自家客廳,時經十一年始為甲發現。亦即乙和平公然占有該馬,已逾十年。依本條規定,乙應取得該馬之所有權。至於乙係以竊盜方式取得該馬一事,對乙因時效而取得該馬之所有權,並無影響。故乙為翡翠馬之所有人,甲應另行尋求救濟。

第二節　不動產所有權

一、不動產所有權之範圍

㈠土地所有權之範圍

土地所有權,除法令有限制外,於其行使有利益之範圍內,及於土地之上下;如他人之干涉,無礙其所有權之行使者,不得排除之(民法第七七三條)。所謂及於土地之上下,即不僅土地之表面,即地面上之空間,與地面下之地身,亦均為土地所有權所及之範圍。不過:①須受法令之限制(如下述之相鄰關係),②須受事實之限制(行使有利益之範圍內)而已。又雖在其所有權效力範圍之內,但他人之干涉無礙其所有權之行使者,亦不得排除之,此乃為公益著眼,亦所有權社會化之表現也。

㈡建築物所有權之範圍

建築物在民法總則稱定著物,在債編稱建築物(民法第一九一條、第四九四條),在物權編亦稱建築物(民法第七九九條)。建築物雖附著於土地,但非土地之部分,而係於土地外獨立之物。申言之建築物與其基地,得同其所有人,亦得異其所有人。亦即兩者分別成立所有權。然則該建築物所有權之範圍如何?民法無規定,建築法第四條規定:「本法所稱建築物,為定著於土地上或地面下具有頂蓋、樑柱或牆壁,供個人或公眾使用之構造物或雜項工作物。」則其所有權之範圍,自當及於上述構造物或工作物之全部。

二、不動產之相鄰關係

㈠土地之相鄰關係

土地之相鄰關係，即相鄰之土地，其所有人間之權利義務關係是也。此種關係較為複雜，歸納之可得四點：

1.營建設施關係

土地所有人經營事業或行使其所有權，應注意防免鄰地之損害（民法第七七四條），於是土地所有人開掘土地或為建築時，不得因此使鄰地之地基動搖或發生危險，或使鄰地之建築物或其他工作物受其損害（民法第七九四條）。若建築物或其他工作物之全部或一部，有傾倒之危險，致鄰地有受損害之虞者，鄰地所有人得請求為必要之預防（民法第七九五條）。不過土地所有人因鄰地所有人在其地界或近旁，營造或修繕建築物或其他工作物有使用其土地之必要，應許鄰地所有人使用其土地；但因而受損害者，得請求償金（民法第七九二條）。又土地所有人建築房屋非因故意或重大過失逾越地界者（俗稱越界建築），鄰地所有人如知其越界而不即提出異議，不得請求移去或變更其房屋；但土地所有人對於鄰地因此所受之損害，應支付償金。前項情形，鄰地所有人得請求以相當之價額購買越界部分之土地及因此形成之畸零地；其價額由當事人協議定之，不能協議者，得請求法院以判決定之（民法第七九六條）。土地所有人建築房屋逾越地界，鄰地所有人請求移去或變更時，法院得斟酌公共利益及當事人利益，免為全部或一部之移去或變更；但土地所有人故意逾越地界者，不適用之。前條第一項但書及第二項規定，於前項情形準用之（民法第七九六條之一）。前二條規定，於具有與房屋價值相當之其他建築物準用之（民法第七九六條之二）。至於土地所有人非通過他人之土地，不能設置電線、水管、瓦斯管或其他管線，或雖能設置而需費過鉅者，得通過他人土地之上下而設置之；但應擇其損害最少之處所及方法為之，並應支付償金。依前項之規定，設置電線、水管、瓦斯管或其他管線後，如情事有變更時，他土地所有人得請求變更其設置。前項變更設置之費用，由土地所有人負擔；但法令另有規定或另有習慣者，從其規定或習慣。第七七九條第四項規定，於第一項

但書之情形準用之（民法第七八六條）。

2.流水用水關係

(1)關於流水者：土地所有人不得妨阻由鄰地自然流至之水。自然流至之水為鄰地所必需者，土地所有人縱因其土地利用之必要，不得妨阻其全部（民法第七七五條），以便鄰地人之用。若水流因事變在鄰地阻塞，土地所有人得以自己之費用為必要疏通之工事；前項費用之負擔，另有習慣者，從其習慣（民法第七七八條）。又土地所有人，因使浸水之地乾涸，或排泄家用或其他用水，以至河渠或溝道，得使其水通過鄰地；但應擇於鄰地損害最少之處所及方法為之。前項情形，有通過權之人對於鄰地所受之損害，應支付償金。前二項情形，法令另有規定或另有習慣者，從其規定或習慣。第一項但書之情形，鄰地所有人有異議時，有通過權之人或異議人得請求法院以判決定之（民法第七七九條）。此種排水方法，固為法之所許，但土地所有人不得設置屋簷、工作物或其他設備，使雨水或其他液體直注於相鄰之不動產（民法第七七七條），亦理所當然。又土地因蓄水、排水、或引水所設之工作物破潰、阻塞，致損害及於他人之土地，或有致損害之虞者，土地所有人應以自己之費用，為必要之修繕、疏通或預防；但其費用之負擔，另有習慣者，從其習慣（民法第七七六條）。而土地所有人，因使其土地之水通過，得使用鄰地所有人所設置之工作物；但應按其受益之程度，負擔該工作物設置及保存之費用（民法第七八〇條）。

(2)關於用水者：水源地、井、溝渠及其他水流地之所有人，得自由使用其水；但法令另有規定或另有習慣者，不在此限（民法第七八一條）。蓋水為天然資源，屬於國家所有，不因人民取得土地所有權而受影響（水利法第二條），故土地所有人祇能根據本條規定自由使用其水，並非依據水之所有權而使用其水也。水源地或井之所有人，既有權使用其水，則對於他人因工事杜絕、減少或污染其水者，得請求損害賠償。如其水為飲用或利用土地所必要者，並得請求回復原狀；其不能為全部回復者，仍應於可能範圍內回復之。前項情形，損害非因故意或過失所致，或被害人有過失者，法院得減輕賠償金額或免除之（民法第七八二條）。若自己土地缺水，而因

其家用或利用土地所必要，非以過鉅之費用及勞力不能得水者，得支付償金，對鄰地所有人請求給與有餘之水（民法第七八三條）。而水流地對岸之土地屬於他人時，水流地所有人不得變更其水流或寬度。兩岸之土地，均屬於水流地所有人者，其所有人得變更其水流或寬度；但應留下游自然之水路。惟上述兩種情形，如法令另有規定或另有習慣者，從其規定或習慣（民法第七八四條）。又水流地所有人有設堰（水壩）之必要者，得使其堰附著於對岸，但對於因此所生之損害，應支付償金；若對岸地所有人於水流地之一部屬於其所有者，則得使用上述之堰，但應按其受益之程度，負擔該堰設置及保存之費用。不過上述兩種情形如另有法令規定或習慣者，均從其規定或習慣（民法第七八五條）。

3.通行侵入關係

(1)關於通行者：土地因與公路無適宜之聯絡，致不能為通常使用時（袋地、或準袋地），除因土地所有人之任意行為（指於土地通常使用情形下，因土地所有人自行排除或阻斷土地對公路之適宜聯絡而言）所生者外，土地所有人得通行周圍地以至公路。上述情形，有通行權人應於通行必要之範圍內，擇其周圍地損害最少之處所及方法為之；對於通行地因此所受之損害，並應支付償金。第七七九條第四項規定，於前項情形準用之（民法第七八七條）。有通行權人於必要時，得開設道路；但對於通行地因此所受之損害，應支付償金。上述情形，如致通行地損害過鉅者，通行地所有人得請求有通行權人以相當之價額購買通行地及因此形成之畸零地，其價額由當事人協議定之；不能協議者，得請求法院以判決定之（民法第七八八條）。又所通行之周圍地，屬於何人固無限制，然因土地一部之讓與或分割，而與公路無適宜之聯絡，致不能為通常使用者，土地所有人因至公路，僅得通行受讓人或讓與人或他分割人之所有地；數宗土地同屬於一人所有，讓與其一部或同時分別讓與數人，而與公路無適宜之聯絡，致不能為通常使用者，亦同。前項情形，有通行權人，無須支付償金（民法第七八九條）。

(2)關於侵入者：土地所有人得禁止他人侵入其地內，但有下列情形之一者，不在此限：一、他人有通行權者，二、依地方習慣，任他人入其未

設圍障之田地、牧場、山林，刈取雜草，採取枯枝、枯幹，或採集野生物，或放牧牲畜者（民法第七九○條）。此外土地所有人遇他人之物品或動物偶至其地內者，應許該物品或動物之占有人或所有人入其地內，尋查取回。此種情形，土地所有人受有損害者，得請求賠償；於未受賠償前，並得留置其物品或動物（民法第七九一條）。至於土地所有人，於他人之土地、建築物或其他工作物有瓦斯、蒸氣、臭氣、煙氣、熱氣、灰屑、喧囂、振動、及其他與此相類者侵入時，得禁止之；但其侵入輕微，或按土地形狀、地方習慣，認為相當者，不在此限（民法第七九三條）。

4.枝根果實關係

土地所有人遇鄰地植物之枝根，有逾越地界者，得向植物所有人，請求於相當期間內刈除之；植物所有人不於上項期間內刈除者，土地所有人得刈取越界之枝根，並得請求償還因此所生之費用。越界植物之枝根，如於土地之利用無妨害者，不適用上述刈除或刈取之規定（民法第七九七條）。至於果實自落於鄰地者，視為屬於鄰地所有人（此乃民法第七六六條之特別規定）；但鄰地為公用地者（如道路），則不在此限（民法第七九八條）。

(二)建築物之相鄰關係

1.**區分所有建築物之意義**：所謂區分所有建築物，係指數人區分一建築物而各專有其一部，就專有部分有單獨所有權，並就該建築物及其附屬物之共同部分共有之建築物（民法第七九九條第一項）。前述專有部分，係指區分所有建築物在構造上及使用上可獨立，且得單獨為所有權之標的者；共有部分，則指區分所有建築物專有部分以外之其他部分及不屬於專有部分之附屬物（同條第二項）。

2.**專有部分與共有部分之使用**：專有部分得經其所有人之同意，依規約之約定供區分所有建築物之所有人共同使用；共有部分除法律另有規定外，得經規約之約定供區分所有建築物之特定所有人使用（民法第七九九條第三項）。

3.**共有部分及基地應有部分之比例**：區分所有人就區分所有建築物共有部分及基地之應有部分，依其專有部分面積與專有部分總面積之比例定之；

但另有約定者，從其約定（民法第七九九條第四項）。

4.**處分上之一體性**：專有部分與其所屬之共有部分及其基地之權利，不得分離而為移轉或設定負擔（民法第七九九條第五項）。

5.**共有部分之修繕費及其他負擔之分擔**：區分所有建築物共有部分之修繕費及其他負擔，由各所有人按其應有部分分擔之；但規約另有約定者，不在此限。前項規定，於專有部分經依第七九九條第三項之約定供區分所有建築物之所有人共同使用者，準用之（民法第七九九條之一第一、二項）。

6.**規約之約定顯失公平時之救濟**：規約之內容依區分所有建築物之專有部分、共有部分及其基地之位置、面積、使用目的、利用狀況、區分所有人已否支付對價及其他情事，按其情形顯失公平者，不同意之區分所有人得於規約成立後三個月內，請求法院撤銷之（民法第七九九條之一第三項）。

7.**規約對繼受人之效力**：區分所有人間依規約所生之權利義務，繼受人應受拘束；其依其他約定所生之權利義務，特定繼受人對於約定之內容明知或可得而知者，亦同（民法第七九九條之一第四項）。

8.**數專有部分之準用**：同一建築物屬於同一人所有，經區分為數專有部分登記所有權者，準用第七九九條規定（民法第七九九條之二）。

9.**他人正中宅門之使用**：第七九九條情形，其專有部分之所有人，有使用他專有部分所有人正中宅門之必要者，得使用之；但另有特約或另有習慣者，從其特約或習慣。因前項使用，致他專有部分之所有人受損害者，應支付償金（民法第八○○條）。

㈢相鄰關係規定之準用

相鄰關係之規定，重在不動產利用之調和，共謀發展，故不僅規範相鄰土地所有人間，即地上權人、農育權人、不動產役權人、典權人、承租人、其他土地、建築物或其他工作物利用人亦準用之（民法第八○○條之一）。

■ 案例研析 ■

甲、乙兩家相鄰，乙家之蓮霧樹枝繁葉茂，分枝蔓生至甲之庭院，甲

頗嫌惡之，試問：⑴甲得否剪除之？⑵又某日蓮霧成熟，掉落甲院，甲得否取食之？⑶若甲食之甘美，見樹上結實纍纍，乃將之搖落於院中，此舉是否合法？

⊞ 擬　答

⑴按民法第七九七條第一項規定：「土地所有人遇鄰地植物之枝根有逾越地界者，得向植物所有人，請求於相當期間內刈除之。」又同條第二項規定：「植物所有人不於前項期間內刈除者，土地所有人得刈取越界之枝根。」本例中乙家之蓮霧樹蔓生過甲院。依第七九七條第一項規定，甲應先請求竹木所有人乙刈除，如乙未刈除時，依同條第二項規定，甲始得自行剪除。

⑵按民法第七六六條規定：「物之成分及其天然孳息，於分離後，除法律另有規定外，仍屬於其物之所有人。」又民法第七九八條前段規定：「果實自落於鄰地者，視為屬於鄰地所有人。」今乙家蓮霧樹所結果實，成熟自落於甲院，依第七九八條規定，視為屬於甲所有。故甲自得取食。

⑶甲嗣後自行搖動乙之蓮霧樹，使蓮霧掉落於甲院。係以外力相加，並非果實自落，故應依第七六六條規定，蓮霧為樹之天然孳息，屬於乙所有，甲將之搖落，並不合法。

第三節　動產所有權

一、善意受讓

善意受讓亦稱善意取得或即時取得，乃動產之受讓人占有動產，而受關於占有規定之保護者，縱讓與人無移轉所有權之權利，受讓人仍取得其所有權之謂（民法第八○一條）。所謂受關於占有規定之保護，係指受民法第九四八條規定之保護而言。按該條規定為：「以動產所有權，或其他物權之移轉或設定為目的，而善意受讓該動產之占有者，縱其讓與人無讓與之權利，其占有仍受法律之保護。但受讓人明知或因重大過失而不知讓與人無讓與之權利者，不在此限。動產占有之受讓，係依第七百六十一條第二

項規定為之者，以受讓人受現實交付且交付時善意為限，始受前項規定之保護。」亦即善意受讓動產之占有，如其讓與之目的係在乎移轉該動產之所有權時，受讓人亦能取得其所有權，縱原占有該動產之讓與人並無所有權亦無影響。所以如此者保護交易之安全也。

二、無主物之先占

無主物之先占亦為動產所有權取得原因之一。乃以所有之意思，占有無主之動產者，除法令另有規定外，取得其所有權之謂（民法第八○二條）。此種因先占而取得所有權之方法，不僅民法上有之，國際公法上亦有之，乃一古老的取得所有權之方法也。

三、遺失物之拾得

㈠遺失物拾得之意義

遺失物之拾得乃發見他人遺失之動產，而占有之一種法律事實。所謂遺失，乃不本於占有人之意思，而脫離其占有，致現已無人占有之謂。所謂物於此限於動產，所謂拾得，屬於事實行為，並非法律行為，故拾得人有無行為能力，在所不問。

㈡遺失物拾得之效果

遺失物之拾得，亦為動產所有權取得原因之一，但非即時取得，尚須經一定之程序始可。易言之，拾得須先盡義務，然後始能取得權利：

1.拾得人之義務

⑴通知、報告、招領、交存：拾得遺失物者，應從速通知遺失人、所有人、其他有受領權之人或報告警察、自治機關。報告時，應將其物一併交存。前項受報告者，應從速於遺失物拾得地或其他適當處所，以公告、廣播或其他適當方法招領之（民法第八○三條）。依第八○三條第一項為通知或依第二項由公共場所之管理機關、團體或其負責人、管理人為招領後，有受領權之人未於相當期間認領時，拾得人或招領人應將拾得物交存於警察或自治機關。警察或自治機關認原招領之處所或方法不適當時，得再為招領之（民法第八○四條）。如拾得物易於腐壞或其保管需費過鉅者，招領人、警察或自治機關得拍賣或逕以市價變賣之，保管其價金（民法第八○

六條)。

(2)保管及返還：遺失物自通知或最後招領之日起六個月內，有受領權之人認領時，拾得人、招領人、警察或自治機關，於通知、招領及保管之費用受償後，應將其物返還之（民法第八〇五條第一項）。

2.拾得人之權利

(1)費用償還請求權：拾得人、招領人、警察或自治機關對於通知、招領及保管遺失物之費用，得向有受領權之人請求償還（民法第八〇五條第一項）。通知、招領及保管費用之支出者，在其費用未受清償前，就該遺失物有留置權；其權利人有數人時，遺失物占有人視為為全體權利人占有（民法第八〇五條第五項部分）。

(2)報酬請求權：有受領權之人認領遺失物時，拾得人得請求報酬；但不得超過其物財產上價值十分之一，其不具有財產上價值者，拾得人亦得請求相當之報酬（民法第八〇五條第二項）。按拾得人與有受領權之人間，應屬於一種無因管理關係。無因管理關係本不許請求報酬，但於此法律上特許之。有受領權人依前項規定給付報酬顯失公平者，得請求法院減少或免除其報酬（民法第八〇五條第三項）。第二項報酬請求權，因六個月間不行使而消滅（民法第八〇五條第四項）。得請求報酬之拾得人，在其報酬未受清償前，就該遺失物有留置權；其權利人有數人時，遺失物占有人視為為全體權利人占有（民法第八〇五條第五項部分）。但有下列情形之一者，不得請求第八〇五條第二項之報酬：一、在公眾得出入之場所或供公眾往來之交通設備內，由其管理人或受僱人拾得遺失物；二、拾得人未於七日內通知、報告或交存拾得物，或經查詢仍隱匿其拾得遺失物之事實；三、有受領權之人為特殊境遇家庭、低收入戶、中低收入戶、依法接受急難救助、災害救助，或有其他急迫情事者（民法第八〇五條之一）。

(3)遺失物所有權之取得：遺失物自通知或最後招領之日起逾六個月，未經有受領權之人認領者，由拾得人取得其所有權；警察或自治機關並應通知其領取遺失物或賣得之價金，其不能通知者，應公告之。拾得人於受前述通知或公告後三個月內未領取者，其物或賣得之價金歸屬於保管地之

地方自治團體（民法第八〇七條）。遺失物價值在新臺幣五百元以下者，拾得人應從速通知遺失人、所有人或其他有受領權之人。其有第八〇三條第一項但書之情形者，亦得依該條第一項但書及第二項規定辦理。前項遺失物於下列期間未經有受領權之人認領者，由拾得人取得其所有權或變賣之價金：一、自通知或招領之日起逾十五日；二、不能依前項規定辦理，自拾得日起逾一個月。第八〇五條至第八〇七條規定，於前二項情形準用之（民法第八〇七條之一）。

■ 案例研析 ■

　　甲、乙在街旁之垃圾堆發現一張舊椅子，甲見其造形簡潔頗有創意，乃帶回家當擺飾。隨後乙於路旁拾獲一皮夾，內有現金若干，試問：甲、乙是否各取得該物之所有權？

■ 擬　答

　　依民法第八〇二條之規定：「以所有之意思，占有無主之動產者，除法令另有規定外，取得其所有權。」此即學說上所謂之「先占」；在本題中，於垃圾堆中所拾獲之椅子，應可認為原主所拋棄之物，現為無主之狀態，可為先占之標的。故甲以所有之意思，占有該無主之椅子，依本條規定，取得其所有權。

　　至於乙拾獲之皮夾，內有現金，一般而言，當非無主物，而屬遺失物。遺失物，依民法第八〇三條規定：「拾得遺失物者，應從速通知遺失人、所有人、其他有受領權之人或報告警察、自治機關……」可見乙並不因拾得遺失皮夾，而當然取得皮夾之所有權。然其可依一定之程序而取得皮夾之所有權，則為另一問題（民法第八〇七條參照）。

四、漂流物或沈沒物之拾得

　　漂流物乃漂流於水面之物，如漂流之木材是；沈沒物乃沈沒於水底之物，如水底沈船是。漂流物、沈沒物或其他因自然力（例如颱風、大雨）而脫離他人占有之物之拾得，準用關於遺失物拾得之規定（民法第八一〇

條），即須經通知招領等程序，於六個月內無人認領時，始取得其所有權。

五、埋藏物之發見

埋藏物之發見，指發見埋藏物而占有之一種法律事實。此種法律事實亦為動產所有權取得原因之一。所謂埋藏物乃被埋藏於土地或其他物（包藏物）之中，而不易辨別其屬於何人之動產是也。所謂發見，乃開始認知該物所在之意。發見並非法律行為，因而發見人有無行為能力，在所不問。惟發見後必須占有，否則仍不能取得其所有權。民法第八〇八條規定：「發見埋藏物而占有者，取得其所有權。但埋藏物係在他人所有之動產或不動產中發見者，該動產或不動產之所有人與發見人，各取得埋藏物之半。」埋藏物之發見，雖可取得其所有權，但有例外，即發見之埋藏物足供學術、藝術、考古或歷史之資料者（如北京人骨），其所有權之歸屬，依特別法之規定（民法第八〇九條）。所謂特別法，例如文化資產保存法是。

六、添　附

添附係指因增添附加，致物之質量擴張之法律事實。包括附合、混合、加工等三種情形，均為民法上取得動產所有權之原因：

㈠附　合

附合乃所有人不同之二物，結合成為一物之謂，有不動產上附合與動產上附合之別：

1.**不動產上附合**：動產因附合而為不動產之重要成分者（如甲之白灰，粉刷於乙之牆壁上），不動產所有人（乙）取得動產（白灰）之所有權（民法第八一一條）。於是甲之所有權消滅。

2.**動產上附合**：動產與他人之動產附合，非毀損不能分離或分離需費過鉅者，各動產所有人，按其動產附合時之價值，共有合成物；不過此項附合之動產有可視為主物者，該主物所有人，取得合成物之所有權（民法第八一二條）。於是非主物所有人之所有權消滅。

㈡混　合

動產與他人之動產混合（如甲之酒與乙之酒混合）不能識別，或識別需費過鉅者，準用動產附合之規定（民法第八一三條）。即原則上共有混合

物，如有可視為主物者，則由主物之所有人取得混合物之所有權，而另一人之所有權消滅。

㈢加　工

加工於他人之動產者（如以他人之木材製成桌椅），其加工物之所有權屬於材料所有人。但因加工所增之價值顯逾材料之價值者，其加工物之所有權屬於加工人（民法第八一四條）。於此情形，該材料所有人之所有權消滅。

依上述附合、混合、加工之規定，動產之所有權消滅者，該動產上之其他權利（如動產質權），亦同消滅（民法第八一五條）。但其因前五條之規定而受損害者，得依關於不當得利之規定，請求償還價額（民法第八一六條）。

第四節　共　有

一、共有之意義及種類

㈠共有之意義

共有乃數人同時就一物之所有權，共同享有之謂。共有乃別於單獨所有而言，在一般情形，多為單獨所有（一人一物一權），故單稱所有時，通常即指單獨所有而言。共有（數人一物一權）必須特別標明，故民法上就共有另設規定。

㈡共有之種類

共有分三類，即分別共有、公同共有及準共有是也，以下分述之。

二、分別共有

㈠分別共有之意義及成立

分別共有乃數人按其應有部分，共同享有一物之所有權是也。其權利人稱為共有人，其權利之比例，稱為應有部分。此種共有屬於常態，故單稱共有時，即指此種共有而言。民法第八一七條規定：「數人按其應有部分，對於一物有所有權者，為共有人。各共有人之應有部分不明者，推定其為均等。」此種共有如何成立，不外基於法律行為及法律規定（如民法第八

一二條、第八一三條）而已。

㈡分別共有之效力

此可分共有人與共有人間之對內關係，及共有人對於第三人之對外關係兩點述之：

1.對內關係

⑴應有部分之處分：各共有人，得自由處分其應有部分（民法第八一九條第一項）。

⑵共有物之使用收益：各共有人，除契約另有約定外，按其應有部分，對於共有物之全部，有使用收益之權（民法第八一八條）。

⑶共有物之處分：共有物之處分、變更及設定負擔，應得共有人全體之同意（民法第八一九條第二項）。若共有之標的物為土地或建築改良物者，其處分、變更及設定地上權、地役權或典權，土地法第三四條之一設有特別規定，應優先適用之。

⑷共有物之管理：共有物之管理，除契約另有約定外，應以共有人過半數及其應有部分合計過半數之同意行之；但其應有部分合計逾三分之二者，其人數不予計算（民法第八二〇條第一項）。依前項規定之管理顯失公平者，不同意之共有人得聲請法院以裁定變更之。前二項所定之管理，因情事變更難以繼續時，法院得因任何共有人之聲請，以裁定變更之（同條第二、三項）。共有人依第一項規定為管理之決定，有故意或重大過失，致共有人受損害者，對不同意之共有人連帶負賠償責任（同條第四項）。但共有物之簡易修繕及其他保存行為，得由各共有人單獨為之（同條第五項）。

⑸共有物之負擔：共有物之管理費及其他負擔，除契約另有約定外，應由各共有人，按其應有部分分擔之。共有人中之一人，就共有物之負擔為支付，而逾其所應分擔之部分者，對於其他共有人，得按其各應分擔之部分請求償還（民法第八二二條）。

2.對外關係

⑴對於第三人之權利：各共有人對於第三人，得就共有物之全部為本於所有權之請求；但回復共有物之請求，僅得為共有人全體之利益為之（民

法第八二一條)。

(2)對於第三人之義務：因共有物所生對於第三人之義務，各共有人如何負其責任？法律上有不同之規定。應連帶負責者有之，如民法第一八五條是；按應有部分比例負責者有之，如海商法第一四條(船舶共有)是。

(三)分別共有物之分割

共有物之分割乃依應有部分之比例，將共有物分別劃歸各共有人單獨所有之謂。共有物之分割，屬於一種處分行為，詳述如下：

1.分割之自由

各共有人，除法令另有規定外，得隨時請求分割共有物；但因物之使用目的不能分割(如區分所有之共有部分，參照民法第七九九條)，或契約訂有不分割之期限者，不在此限(民法第八二三條第一項)。不過此項不分割之期限，不得逾五年，逾五年者縮短為五年；但共有之不動產，其契約訂有管理之約定時，約定不分割之期限，不得逾三十年，逾三十年者，縮短為三十年。上述情形，如有重大事由，共有人仍得隨時請求分割(民法第八二三條第二、三項)。

2.分割之方法

(1)協議分割：共有物之分割，依共有人協議之方法行之(民法第八二四條第一項)。協議分割，有省費、和諧、迅速之利益。

(2)裁判分割：共有物分割之方法，不能協議決定，或於協議決定後因消滅時效完成經共有人拒絕履行者，法院得因任何共有人之請求，命為下列之分配：

一、以原物分配於各共有人；但各共有人均受原物之分配顯有困難者，得將原物分配於部分共有人(民法第八二四條第二項第一款)。以原物為分配時，如共有人中有未受分配，或不能按其應有部分受分配者，得以金錢補償之(同條第三項)。又，以原物為分配時，因共有人之利益或其他必要情形(例如分割共有土地時，需保留部分土地供通行道路之用是)，得就共有物之一部分仍維持共有(同條第四項)。

二、原物分配顯有困難時，得變賣共有物，以價金分配於共有人；或

以原物之一部分分配於共有人，他部分變賣，以價金分配於各共有人（同條第二項第二款）。變賣共有物時，除買受人為共有人外，共有人有依相同條件優先承買之權，有二人以上願優先承買者，以抽籤定之（同條第七項）。

　　共有人相同之數不動產，除法令另有規定（如土地使用分區不同）外，共有人得請求合併分割（同條第五項）。共有人部分相同之相鄰數不動產，各該不動產均具應有部分之共有人，經各不動產應有部分過半數共有人之同意，得適用前項規定，請求合併分割；但法院認合併分割為不適當者，仍分別分割之（同條第六項）。

　　3.分割之效果

　　⑴單獨所有權之取得：各共有人於共有物分割後，取得各分得部分之單獨所有權（民法第八二四條之一第一項），其效力係向後發生而非溯及既往。

　　⑵對應有部分抵押權或質權之影響：應有部分有抵押權或質權者，其權利不因共有物之分割而受影響。但有下列情形之一者，其權利移存於抵押人或出質人所分得之部分：一、權利人同意分割；二、權利人已參加共有物分割訴訟；三、權利人經共有人告知訴訟而未參加（民法第八二四條之一第二項）。前項但書情形，於以價金分配或以金錢補償者，準用第八八一條第一項、第二項或第八九九條第一項規定（同條第三項）。

　　⑶不動產分割應受補償人之保護：第八二四條第三項之情形，如為不動產分割者，應受補償之共有人，就其補償金額，對於補償義務人所分得之不動產，有抵押權。此項抵押權應於辦理共有物分割登記時，一併登記，其次序優先於第二項但書之抵押權（即移存於特定應有部分之抵押權）（民法第八二四條之一第四、五項）。

　　⑷瑕疵擔保之負擔：各共有人對於他共有人因分割而得之物，按其應有部分，負與出賣人同一之擔保責任（民法第八二五條）。該項責任為瑕疵擔保（參照民法第三四九條、第三五四條）。

　　⑸證書之保存及使用：共有物分割後，各分割人應保存其所得物之證書。關於共有物之證書，歸取得最大部分之人保存之。無取得最大部分者，

由分割人協議定之。不能協議決定者，得聲請法院指定之。各分割人得請求使用他分割人所保存之證書（民法第八二六條）。

▇ 案例研析 ▇

甲、乙、丙三人合資購買一棟三層樓房屋，試問：⑴依民法之規定，甲可否單獨將該樓設立抵押予丁？⑵分割時，乙可否請求將樓梯分割？⑶若丙分得之一層漏水，可否請求甲、乙分擔其修理費？

▇ 擬　答

⑴按民法第八一七條第一項規定：「數人按其應有部分，對於一物有所有權者，為共有人。」又第八一九條第二項規定：「共有物之處分、變更、及設定負擔，應得共有人全體之同意。」今甲、乙、丙合資購買樓房，即以出資比例定其應有部分，成為共有人（二十九年上字第一○二號判例參照）。今甲欲將該樓設定抵押，即係處分共有物，依第八一九條第二項，應經乙、丙之同意，方可為之。

⑵「各共有人，除法令另有規定外，得隨時請求分割共有物。但因物之使用目的不能分割或契約訂有不分割之期限者，不在此限。」（民法第八二三條參照）在本題中，該樓房因分割而各人各有一層，但走廊、樓梯，及其他共有部分如房屋外壁，係屬整體利用所不可缺之部分，為本條所稱之「因物之使用目的不能分割者」，因為如任其分割勢必使房屋效能喪失，故乙不得請求分割樓梯。

⑶依民法第八二五條規定：「各共有人，對於他共有人因分割而得之物，按其應有部分，負與出賣人同一之擔保責任。」在本題中，丙分得之一層漏水，即屬物之瑕疵，故可依前述之規定，請求甲、乙按應有部分之比例分擔修理費用。

㈣約定、決定、裁定之效力

1.**不動產**：不動產共有人間關於共有物使用、管理、分割或禁止分割之約定或依第八二○條第一項規定所為之決定，於登記後，對於應有部分之

受讓人或取得物權之人，具有效力。其由法院裁定所定之管理，經登記後，亦同（民法第八二六條之一第一項）。

2.**動產**：動產共有人間關於共有物為前項之約定、決定或法院所為之裁定，對於應有部分之受讓人或取得物權之人，以受讓或取得時知悉其情事或可得而知者為限，亦具有效力（民法第八二六條之一第二項）。

3.**應有部分讓與時之清償責任**：共有物應有部分讓與時，受讓人對讓與人就共有物因使用、管理或其他情形所生之負擔連帶負清償責任（民法第八二六條之一第三項）。

三、公同共有

㈠公同共有之意義及成立

公同共有乃數人基於公同關係，而共有一物之謂。民法第八二七條第一、二項規定：「依法律規定、習慣或法律行為，成一公同關係之數人，基於其公同關係，而共有一物者，為公同共有人。前項依法律行為成立之公同關係，以有法律規定或習慣者為限。」則公同共有之成立，須先依法律規定或契約形成一個公同關係始可。依法律規定而形成之者，如共同繼承，在分割遺產前對於遺產全部為公同共有是（民法第一一五一條）。依契約而形成之者，為合夥契約，各合夥人之出資及其他合夥財產，為合夥人全體之公同共有是（民法第六六八條）。

㈡公同共有之效力

1.**對內關係**：各公同共有人之權利，及於公同共有物之全部（民法第八二七條第三項），而公同共有人之權利義務，依其公同關係所由成立之法律、法律行為或習慣定之。第八二〇條、第八二一條及第八二六條之一規定，於公同共有準用之。公同共有物之處分及其他之權利行使，除法律另有規定外，應得公同共有人全體之同意（民法第八二八條）。

2.**對外關係**：各公同共有人對於第三人之關係，亦應依公同關係所由規定之法律或契約定之。例如共同繼承人對於被繼承人之債務，負連帶責任（民法第一一五三條第一項）；而合夥人對合夥之債務，亦負連帶責任是（民法第六八一條）。

㈢公同共有之消滅

公同共有之關係，自公同關係之終止，或因公同共有物之讓與而消滅（民法第八三〇條第一項）。在公同關係存續中，各公同共有人雖不得請求分割其公同共有物（民法第八二九條），但公同關係終止時，自得為公同共有物之分割。其分割之方法，除法律另有規定外（如民法第六九七條以下），準用依關於共有物分割之規定（民法第八三〇條第二項）。

四、準共有

關於共有之規定，於所有權以外之財產權（如典權、地上權、股份），由數人共有或公同共有者，準用之（民法第八三一條）。

習 題

一、甲將其所有之 A 屋出賣予乙，惟遲未移轉登記，但已將該屋先交給乙使用。嗣後丙出高價向甲購買 A 屋，甲同意之，隨即辦妥 A 屋移轉登記。試問丙對乙得為何種主張？

二、試述所有權時效取得之要件。

三、試說明動產善意受讓之要件。

四、何謂附合、混合及加工？試各舉一例說明之。

五、分別共有與公同共有有何不同？試說明之。

六、共有人處分共有物或以共有物設定負擔，須具備何種要件？試就民法規定說明之。

七、試說明共有物之分割方法，及分割後之效果。

第三章 地上權

第一節 普通地上權

一、地上權之意義及種類

普通地上權乃以在他人土地之上下有建築物或其他工作物為目的而使用其土地之權（民法第八三二條）。地上權有兩大類：一、定期地上權與未定期地上權：前者定有存續期間，後者未定有存續期間。二者區別之實益於地上權之消滅上見之。二、設定地上權與法定地上權：前者係由當事人所設定，後者則由於法律之規定（如民法第八七六條）。二者之區別實益，在乎地租之有無，及地租如何決定。土地及其土地上之建築物，同屬於一人所有，因強制執行之拍賣，其土地與建築物之拍定人各異時，視為已有地上權之設定，其地租、期間及範圍由當事人協議定之；不能協議者，得請求法院以判決定之。其僅以土地或建築物為拍賣時，亦同。此項法定地上權，因建築物之滅失而消滅（民法第八三八條之一）。此外租用基地建築房屋者，應由出租人與承租人於契約成立後二個月內，聲請該管市縣地政機關為地上權之登記（土地法第一○二條），學說上稱之為「準地上權」。

二、地上權之存續期間

地上權之存續期間由當事人於設定時以契約定之。地上權未定有期限者，存續期間逾二十年時，法院得因當事人之請求，斟酌地上權成立之目的、建築物或工作物之種類、性質及利用狀況等情形，定其存續期間（民法第八三三條之一）。以公共建設為目的而成立之地上權，未定有期限者，以該建設使用目的完畢時，視為地上權之存續期間（民法第八三三條之二）。

三、地上權之效力

㈠地上權人之權利

地上權人有下列之權利：

1.**土地使用**：地上權之目的在乎使用他人之土地，故土地使用為地上權人之權利。其使用乃於他人之土地上下有建築物或其他工作物，例如建築

房屋或橋樑、隧道是。地上權人應依設定之目的及約定之使用方法，為土地之使用收益；未約定使用方法者，應依土地之性質為之，並均應保持其得永續利用；此項約定之使用方法，如經登記者，則得對抗第三人（民法第八三六條之二）。地上權人基於地上權，享有物上請求權（民法第七六七條第二項），亦準用相鄰關係之規定（民法第八○○條之一）。

2.**權利處分**：地上權人得將其權利讓與他人或設定抵押權；但契約另有約定或另有習慣者，不在此限。此項約定，如經登記者，則得對抗第三人。又，地上權與其建築物或其他工作物，不得分離而為讓與或設定其他權利（民法第八三八條）。

㈡地上權人之義務

地上權人有下列之義務：

1.**地租支付**：地上權付租者有之；不付租者亦有之。其付租者，地上權人即有支付地租之義務，並應依約支付。否則構成土地所有人終止地上權之理由（詳後述）。地上權人縱因不可抗力，妨礙其土地之使用，亦不得請求免除或減少租金（民法第八三七條）。不過，地上權設定後，因土地價值之昇降，依原定地租給付顯失公平者，當事人得請求法院增減之；未定有地租之地上權，如因土地之負擔增加，非當時所得預料，仍無償使用顯失公平者，土地所有人得請求法院酌定其地租（民法第八三五條之一）。地租之約定經登記者，地上權讓與時，前地上權人積欠之地租應併同計算；受讓人就前地上權人積欠之地租，應與讓與人連帶負清償責任（民法第八三六條第二項）。土地所有權讓與時，已預付之地租，如經登記，得對抗第三人（民法第八三六條之一）。

2.**土地返還**：地上權消滅時，地上權人有返還土地於土地所有人之義務（參照民法第八三九條）。

四、地上權之消滅

㈠地上權之拋棄

地上權無支付地租之約定者，地上權人得隨時拋棄其權利（民法第八三四條）。地上權定有期限，而有支付地租之約定者，地上權人得支付未到

期之三年分地租後，拋棄其權利（民法第八三五條第一項）。地上權未定有期限，而有支付地租之約定者，地上權人拋棄其權利時，應於一年前通知土地所有人，或支付未到期之一年分地租（同條第二項）。因不可歸責於地上權人之事由，致土地不能達原來使用之目的時，地上權人於支付前二項地租二分之一後，得拋棄其權利；其因可歸責於土地所有人之事由，致土地不能達原來使用之目的時，地上權人亦得拋棄其權利，並免支付地租（同條第三項）。

　　㈡地上權之終止

　　地上權未定有期限者，地上權成立之目的已不存在時，法院得因當事人之請求，終止其地上權（民法第八三三條之一）。地上權人積欠地租達二年之總額，除另有習慣外，土地所有人得定相當期限催告地上權人支付地租，如地上權人於期限內不為支付，土地所有人得終止地上權；地上權經設定抵押權者，並應同時將該催告之事實通知抵押權人（民法第八三六條第一項）。地上權人應依設定之目的及約定之使用方法，為土地之使用收益；未約定使用方法者，應依土地之性質為之，並均應保持其得永續利用（民法第八三六條之二第一項），地上權人違反此項規定，經土地所有人阻止而仍繼續為之者，土地所有人得終止地上權；地上權經設定抵押權者，並應同時將該阻止之事實通知抵押權人（民法第八三六條之三）。土地所有人終止地上權，應向地上權人以意思表示為之（民法第八三六條第三項）。

　　㈢存續期間之屆滿

　　地上權定有存續期間者，於期間屆滿時，地上權消滅。但地上權雖以在他人之土地，有建築物或其他工作物為目的，卻不因建築物或其他工作物之滅失而消滅（民法第八四一條）。

　　地上權消滅時，地上權人得取回其工作物；但應回復土地原狀（民法第八三九條第一項）。地上權人不於地上權消滅後一個月內取回其工作物者，工作物歸屬於土地所有人；其有礙於土地之利用者，土地所有人得請求回復原狀（同條第二項）。地上權人取回其工作物前，應通知土地所有人；土地所有人願以時價購買者，地上權人非有正當理由，不得拒絕（同條第

三項)。

　　地上權人之工作物為建築物者,如地上權因存續期間屆滿而消滅,地上權人得於期間屆滿前,定一個月以上之期間,請求土地所有人按該建築物之時價為補償;但契約另有約定者,從其約定(民法第八四○條第一項)。土地所有人拒絕地上權人此項補償之請求或於期間內不為確答者,地上權之期間應酌量延長之;地上權人不願延長者,不得請求前項補償(同條第二項)。上述時價不能協議者,地上權人或土地所有人得聲請法院裁定之,土地所有人不願依裁定之時價補償者,地上權之期間應酌量延長之,地上權人不願延長者,不得請求土地所有人按該建築物之時價為補償(同條第三項)。依前述第二項規定延長期間者,其期間由土地所有人與地上權人協議定之;不能協議者,得請求法院斟酌建築物與土地使用之利益,以判決定之(同條第四項)。此項期間屆滿後,除經土地所有人與地上權人協議者外,不許再予延長(同條第五項)。

第二節　區分地上權

一、區分地上權之意義

　　區分地上權乃在他人土地上下之一定空間範圍內設定之地上權(民法第八四一條之一)。亦即,就他人土地之上空或地下,立體的區分上下之範圍,而僅在其一部分所設定之地上權也。區分地上權,除本節另有規定外,準用關於普通地上權之規定(民法第八四一條之六)。

二、區分地上權之垂直的相鄰關係

　　區分地上權人得與其設定之土地上下有使用、收益權利之人,約定相互間使用收益之限制;其約定未經土地所有人同意者,於使用收益權消滅時,土地所有人不受該約定之拘束;此項約定,如經登記者,得對抗第三人(民法第八四一條之二)。

三、區分地上權與既存用益權人之關係

　　法院依第八四○條第四項定區分地上權延長之期間,足以影響第三人之權利(例如區分地上權為該第三人之權利標的或該第三人有使用收益權)

者,應併斟酌該第三人之利益(民法第八四一條之三)。區分地上權依第八四〇條規定,以時價補償或延長期間,足以影響第三人(例如同意設定區分地上權之第三人或相鄰之區分地上權人)之權利時,應對該第三人為相當之補償。補償之數額以協議定之;不能協議時,得聲請法院裁定之(民法第八四一條之四)。

四、區分地上權與後設定其他用益物權之關係

同一土地有區分地上權與以使用收益為目的之物權同時存在者,其後設定物權之權利行使,不得妨害先設定之物權(民法第八四一條之五)。

習 題

一、何謂地上權?其成立須否登記?試說明之。

二、試述地上權人之權利及義務。

三、何謂區分地上權?與普通地上權之根本差異何在?

第四章　農育權

一、農育權之意義

　　民國九十九年修正，刪除「永佃權」章，新增「農育權」章。農育權乃在他人土地為農作、森林、養殖、畜牧、種植竹木或保育之權（民法第八五〇條之一第一項）。農育權之期限，不得逾二十年；逾二十年者，縮短為二十年；但以造林、保育為目的或法令另有規定者，不在此限（民法第八五〇條之一第二項）。

二、農育權之效力

㈠農育權人之權利

　1.**土地之使用、收益**：農育權人對於為農育權標的之土地，自得在農作、森林、養殖、畜牧、種植竹木或保育之範圍內而為使用、收益（民法第八五〇條之一第一項）。農育權人不得出租土地而收取租金，農育工作物原則上亦不得出租，例外另有習慣者，則從其習慣（民法第八五〇條之五第一項）。農育權人應依設定之目的及方法，為土地之使用收益；未約定使用方法者，應依土地之性質為之，並均應保持其生產力或得永續利用（民法第八五〇條之六第一項）。農育權人基於農育權，享有物上請求權（民法第七六七條第二項），亦準用相鄰關係之規定（民法第八〇〇條之一）。

　2.**農育權之讓與與設定擔保**：農育權人得將其權利讓與他人或設定抵押權；但契約另有約定或另有習慣者，不在此限。此項約定，非經登記不得對抗第三人（民法第八五〇條之三第一、二項）。又，農育權與其農育工作物不得分離而為讓與或設定其他權利（同條第三項）。

　3.**資本回收**

　　(1)土地之出產物及農育工作物之回收：農育權消滅時，農育權人得取回土地上之出產物及農育工作物（民法第八五〇條之七第一項）。農育權人不於農育權消滅後一個月內取回者，土地上之出產物及農育工作物歸屬於土地所有人，惟該物如有礙於土地之利用者，土地所有人得請求回復原狀；農育權人取回前，應通知土地所有人，土地所有人願以時價購買者，農育

權人非有正當理由，不得拒絕（同條第二項準用民法第八三九條規定）。又，農育權消滅時，土地上之出產物未及收穫而土地所有人又不願以時價購買者，農育權人得請求延長農育權期間至出產物可收穫時為止，土地所有人不得拒絕；但延長之期限，不得逾六個月（同條第三項）。

　　(2)有益費用之求償：農育權人得為增加土地生產力或使用便利之特別改良，農育權人將此項特別改良事項及費用數額，以書面通知土地所有人，土地所有人於收受通知後不即為反對之表示者，農育權人於農育權消滅時，得請求土地所有人返還特別改良費用；但以其現存之增價額為限。此項請求權，因二年間不行使而消滅（民法第八五〇條之八）。

　　㈡農育權人之義務

　　1.地租之支付：農育權得為有償或無償，農育權有支付地租之約定者，農育權人即有付租義務，惟農育權人因不可抗力致收益減少或全無時，得請求減免其地租或變更原約定土地使用之目的（民法第八五〇條之四第一項）。又，農育權準用民法第八三五條之一第一項、第八三六條第二項、第八三六條之一規定（民法第八五〇條之九），因此，農育權設定後，因土地價值之昇降，依原定地租給付顯失公平者，當事人得請求法院增減之；地租之約定經登記者，農育權讓與時，前農育權人積欠之地租應併同計算，由受讓人負連帶清償責任；土地所有權讓與時，已預付之地租經登記者，得對抗第三人。

　　2.依約定方法使用收益：農育權人應依設定之目的及約定之方法，為土地之使用收益；未約定使用方法者，應依土地之性質為之，並均應保持其生產力或得永續利用（民法第八五〇條之六第一項），已如前述。

　　3.地狀之回復：農育權消滅時，農育權人取回其土地上之出產物及農育工作物者，應將土地回復原狀，返還於土地所有人；農育權人不取回者，如該物有礙於土地之利用，並經土地所有人請求者，農育權人亦應回復土地原狀（準用民法第八三九條規定），亦已如前述。

　　4.土地之返還：農育權消滅時，農育權人有返還土地於其所有人之義務，乃事之當然。

三、農育權之消滅

1. 農育權之拋棄：農育權無支付地租之約定者，農育權人得隨時拋棄其權利（民法第八五〇條之九準用第八三四條）。農育權定有期限，而有支付地租之約定者，農育權人得支付未到期之三年分地租後，拋棄其權利（民法第八五〇條之九準用第八三五條第一項）。農育權未定有期限，而有支付地租之約定者，農育權人拋棄權利時，應於一年前通知土地所有人，或支付未到期之一年分地租（民法第八五〇條之九準用第八三五條第二項）。

2. 農育權之終止：

(1)農育權未定有期限時，除以造林、保育為目的者外，當事人得隨時終止之；以造林、保育為目的而未定有期限者，存續期間逾二十年或成立之目的已不存在時，法院得因當事人之請求，斟酌成立之目的、利用狀況等情形，終止其農育權（民法第八五〇條之二）。

(2)農育權人因不可抗力致不能依原約定目的使用者，當事人得終止農育權；於此情形，如農育權無支付地租之約定者，土地所有人得終止農育權（民法第八五〇條之四第二、三項）。

(3)農育權人不得將土地或農育工作物出租於他人，違反之者，土地所有人得終止農育權（民法第八五〇條之五第二項）。

(4)農育權人應依設定之目的及約定之方法，為土地之使用收益；未約定使用方法者，應依土地之性質為之，並均應保持其生產力或得永續利用，違反之者，經土地所有人阻止而仍繼續為之時，土地所有人得終止農育權（民法第八五〇條之六第二項）。

(5)農育權人積欠地租達二年之總額，除另有習慣外，土地所有人得定相當期限催告農育權人支付地租，如農育權人於期限內不為支付，土地所有人得終止農育權（民法第八五〇條之九準用第八三六條第一項）。

農育權之終止，應向農育權人（相對人）以意思表示為之（民法第八五〇條之九準用第八三六條第三項）。

3. 存續期間之屆滿：農育權定有期限者，其存續期間屆滿時，原則上歸於消滅。惟土地上之出產物未及收穫而土地所有人又不願以時價購買者，

農育權人得請求延長農育權期間至出產物可收穫時為止，土地所有人不得拒絕；但延長之期限，不得逾六個月（民法第八五○條之七第三項），已如前述。

習 題

一、何謂農育權？其與地上權有何不同？

二、試述農育權人之權利及義務。

第五章　不動產役權

一、不動產役權之意義及種類

　　不動產役權乃以他人不動產供自己不動產通行、汲水、採光、眺望、電信或其他以特定便宜之用為目的之權（民法第八五一條）。不動產役權人使用他人之不動產，必須自己先有不動產。此不動產稱為「需役不動產」，而他人之不動產則稱為「供役不動產」，兩者缺一不可。至於使用他人之不動產，其方法如何？除法條所明定供通行、汲水、採光、眺望或電信之用而外，其他例如供取土之用或供樵採之用，均無不可。惟不得有背公序良俗耳。不動產役權，亦得就自己之不動產設定之（民法第八五九條之四），是宜注意。又，基於以使用收益為目的之物權或租賃關係而使用需役不動產者，亦得為該不動產設定不動產役權（民法第八五九條之三第一項）；此項不動產役權，因以使用收益為目的之物權或租賃關係之消滅而消滅（同條第二項）。

　　其次不動產役權有繼續不動產役與不繼續不動產役之分。前者如經常通行，後者如不時汲水是。又有表見不動產役與不表見不動產役之別。前者如通行不動產役，在表面有形跡可查是；後者如埋水管於地下之引水不動產役，或不作為不動產役（如上述之眺望不動產役，供役不動產所有人祇須不作為即可），在表面上均無何表見是。

　　以上各類之區別實益，於不動產役權是否得因時效而取得上見之。申言之，不動產役權以繼續並表見者為限，因時效而取得（民法第八五二條第一項）。於此情形，需役不動產為共有者，共有人中一人之行為，或對於共有人中一人之行為，為他共有人之利益，亦生效力；向行使不動產役權取得時效之各共有人為中斷時效之行為者，對全體共有人發生效力（同條第二、三項）。

二、不動產役權之特性

㈠共存性

　　不動產役權多不具獨占性，同一不動產上有不動產役權與以使用收益

為目的之物權同時存在者，其後設定物權之權利行使，不得妨害先設定之物權（民法第八五一條之一）。

㈡從屬性

不動產役權乃從屬於需役不動產之權，故具有從屬性，此點與其他用益物權不同。故不動產役權不得由需役不動產分離，而為讓與或為其他權利之標的物（民法第八五三條）。

㈢不可分性

此可分兩點言之，①需役不動產經分割者，其不動產役權，為各部分之利益，仍為存續；但不動產役權之行使，依其性質，祇關於需役不動產之一部分者，僅就該部分仍為存續（民法第八五六條）。②供役不動產經分割者，不動產役權就其各部分，仍為存續；但不動產役權之行使，依其性質，祇關於供役不動產之一部分者，僅對於該部分仍為存續（民法第八五七條）。

三、不動產役權之效力

㈠不動產役權人之權利義務

1.**土地之使用**：不動產役權人有使用供役不動產之權利，其使用方法及範圍，得由當事人以契約定之。

2.**得為必要之附隨行為**：不動產役權人因行使或維持其權利，得為必要之附隨行為（如通行不動產役有必要時，得架設天橋）；但應擇於供役不動產損害最少之處所及方法為之（民法第八五四條）。

3.**設置物之維持**：不動產役權人因行使權利而為設置者，有維持其設置之義務。其設置由供役不動產所有人提供者，亦同。供役不動產所有人於無礙不動產役權行使之範圍內，得使用前項之設置，並應按其受益之程度，分擔維持其設置之費用（民法第八五五條）。

4.**行使不動產役權處所或方法之變更**：不動產役權人因行使不動產役權之處所或方法有變更之必要，而不甚礙供役不動產所有人權利之行使者，得以自己之費用，請求變更之（民法第八五五條之一）。

5.**物上請求權**：不動產役權人就供役不動產亦得行使物上請求權（民法

第七六七條第二項），例如供役不動產被第三人無權占有時，不動產役權人亦得向該第三人請求返還是。

㈡供役不動產所有人之權利義務

不動產役權之設定，得為無償，亦得為有償，為有償時，則供役不動產所有人自得向不動產役權人請求該項對價，斯乃供役不動產所有人之權利。供役不動產所有人因行使不動產役權之處所或方法有變更之必要，而不甚礙不動產役權人權利之行使者，得以自己之費用，請求變更之（民法第八五五條之一）。至於供役不動產所有人之義務，僅消極地容忍使用（不作為義務）為已足，並無作為義務，惟於使用不動產役權人所設之設置時，始負分擔維持其設置之費用（民法第八五五條第二項）而已。

四、不動產役權之消滅

㈠法院宣告

不動產役權之全部或一部無存續之必要時，法院因供役不動產所有人之請求，得就其無存續必要之部分宣告不動產役權消滅（民法第八五九條第一項）。

㈡不動產滅失

不動產役權因需役不動產滅失或不堪使用而消滅（民法第八五九條第二項）。

不動產役權消滅時，不動產役權人所為之設置，準用第八三九條規定（民法第八五九條之一），取回其設置。

五、相關規定之準用

民法第八三四條至第八三六條之三規定，於不動產役權準用之（民法第八五九條之二），即，不動產役權之拋棄、租金之增減及酌定、不動產役權之終止等，準用地上權之相關規定。又，民法第八五一條至第八五九條之二規定，於前二條準用之（民法第八五九條之五），即，就基於用益物權或租賃關係而使用需役不動產所設定之不動產役權、就自己之不動產所設定之不動產役權，準用不動產役權之規定。

◾ 習 題

一、何謂不動產役權？

二、不動產役權之特性有幾？試說明之。

三、試述時效取得不動產役權之要件。

第六章　抵押權

第一節　普通抵押權

一、普通抵押權之意義

普通抵押權乃債權人對於債務人或第三人不移轉占有而供其債權擔保之不動產，得就其賣得價金優先受償之權（民法第八六〇條）。抵押權雖為物權，但係債權之一種擔保，故稱擔保物權。抵押權人即為債權人；抵押人為債務人自己或第三人均可。抵押之標的物為不動產（土地或建築物）。抵押權之設定，無須移轉標的物之占有，僅作成書面（民法第七五八條第二項），並為抵押權設定之登記（民法第七五八條第一項）即可。抵押權之作用，在乎債務屆期，債權人不獲清償時，得聲請法院，拍賣抵押物，而就其賣得之價金，優先受償（民法第八七三條、第八七七條）。

二、抵押權之特性

㈠從屬性

抵押權係從屬於債權之權利，故為從權利，亦即具有從屬性。從屬性可於以下三點表見之。

1.**成立上之從屬**：抵押權之成立，以主債權先行成立為前提，亦即主債權成立，抵押權始能成立（但最高限額抵押則為例外）。

2.**處分上之從屬**：抵押權不得由債權分離而為讓與或為其他債權之擔保（民法第八七〇條），因而讓與債權時，抵押權亦隨同移轉於受讓人（民法第二九五條）。

3.**消滅上之從屬**：抵押權所擔保之債權，如因清償、提存、抵銷、免除等原因而消滅時，則抵押權亦當然隨之消滅（民法第三〇七條）；然債權因混同而消滅時，原則上抵押權亦因之消滅，但有例外（民法第七六二條但書）。

㈡不可分性

1.以抵押權擔保之債權，如經分割或讓與其一部者，其抵押權不因此

而受影響（民法第八六九條第一項），是乃「債權分，而抵押權不分」，為抵押權不可分性之表見。此項規定，於債務分割或承擔其一部時準用之（民法第八六九條第二項）。

2.抵押之不動產，如經分割，或讓與其一部，或擔保一債權之數不動產而以其一讓與他人者，其抵押權不因此而受影響（民法第八六八條），是乃「抵押物分，而抵押權仍不分」，亦為抵押權不可分性之表見。

（三）代位性

抵押權因抵押物滅失而得受賠償或其他利益者，抵押權並不消滅，仍存於該項賠償或其他利益之上，而抵押權人對於債務人所得行使之賠償或其他請求權有權利質權，其次序與原抵押權同（民法第八八一條第一、二項），是為物上代位，亦即為抵押權之代位性。

三、抵押權之效力

（一）效力之範圍

1.**就所擔保之債權言**：抵押權所擔保者為原債權、利息、遲延利息、違約金及實行抵押權之費用；但契約另有約定者，不在此限（民法第八六一條第一項）。惟，得優先受償之利息、遲延利息、一年或不及一年定期給付之違約金債權，以於抵押權人實行抵押權聲請強制執行前五年內發生及於強制執行程序中發生者為限（民法第八六一條第二項）。

2.**就標的物言**：抵押權之效力及於抵押物之從物與從權利（民法第八六二條第一項）。第三人於抵押權設定前，就從物取得之權利，不受前項規定之影響（民法第八六二條第二項）。又以建築物為抵押者，其附加於該建築物而不具獨立性之部分，亦為抵押權效力所及；但其附加部分為獨立之物，如係於抵押權設定後附加者，準用第八七七條（併付拍賣）之規定（民法第八六二條第三項）。又，抵押物滅失之殘餘物，仍為抵押權效力所及，抵押物之成分非依物之通常用法而分離成為獨立之動產者（例如自抵押建築物拆取之「交趾陶」是），亦同；前項情形，抵押權人得請求占有該殘餘物或動產，並依質權之規定，行使其權利（民法第八六二條之一）。再者，抵押權之效力，及於抵押物扣押後，由抵押物分離，而得由抵押人收取之天

然孳息（民法第八六三條）。至於法定孳息，依民法第八六四條規定：「抵押權之效力，及於抵押物扣押後抵押人就抵押物得收取之法定孳息。但抵押權人，非以扣押抵押物之事情，通知應清償法定孳息之義務人，不得與之對抗。」例如抵押之房屋出租，抵押人每月可收租金若干元，抵押權人扣押抵押物後，可向該房屋之承租人收取之；但須事先通知承租人始可，否則承租人不知，如已向出租人（抵押人）清償者，則抵押權人向承租人收取時，承租人即得以業已交清為由，拒絕支付。

㈡對於抵押權人之效力

此可分下列數點言之：

1.抵押權之保全

⑴抵押人之侵害：抵押人之行為，足使抵押物之價值減少者（如抵押房屋之拆毀），抵押權人得請求停止其行為；如有急迫之情事，抵押權人得自為必要之保全處分，因此所生之費用，由抵押人負擔，其受償次序優先於各抵押權所擔保之債權（民法第八七一條）。若在強制執行之際，抵押人自行破壞抵押物者，尚應受刑事之制裁（刑法第三五六條）。又抵押物之價值因可歸責於抵押人之事由致減少時，抵押權人得定相當期限，請求抵押人回復抵押物之原狀，或提出與減少價額相當之擔保。抵押人不於前述所定期限內，履行抵押權人之請求時，抵押權人得定相當期限請求債務人提出與減少價額相當之擔保，屆時不提出者，抵押權人得請求清償其債權。抵押人為債務人時，抵押權人得不再為前述請求，逕行請求清償其債權（民法第八七二條第一、二、三項）。抵押物之價值因不可歸責於抵押人之事由致減少者，抵押權人僅於抵押人因此所受利益之限度內，得請求提供擔保（民法第八七二條第四項）。

⑵第三人之侵害：第三人對於抵押物加以侵害時，則抵押權人得依民法第一八四條侵權行為之規定，請求賠償。

2.抵押權之處分

抵押權得為讓與或供擔保，但須隨同其所擔保之債權，一併為之。民法第八七○條規定：「抵押權不得由債權分離而為讓與，或為其他債權之擔

保。」反之如與其債權一併讓與或為其他債權之擔保（如設定權利質權），則為法所不禁。

3.抵押權次序之處分

同一抵押物有多數抵押權者，抵押權人得以次序之讓與、次序之拋棄（包括相對拋棄與絕對拋棄）等方法調整其可優先受償之分配額；但他抵押權人之利益不受影響（民法第八七○條之一第一項）。

(1)次序之讓與

抵押權人為特定抵押權人之利益，得讓與其抵押權之次序，亦即同一抵押物之先次序或同次序抵押權人，為特定後次序或同次序抵押權人之利益，得將其可優先受償之分配額讓與該後次序或同次序抵押權人。此時讓與人與受讓人仍保有原抵押權及次序，讓與人與受讓人仍依其原次序受分配，惟依其次序所能獲得分配之合計金額，由受讓人優先受償，如有剩餘，始由讓與人受償。

(2)次序之拋棄

有相對拋棄及絕對拋棄兩種：

①相對拋棄：抵押權人為特定後次序抵押權人之利益，得拋棄其抵押權之次序，亦即同一抵押物之先次序抵押權人，為特定後次序抵押權人之利益，得拋棄其優先受償利益。此時各抵押權人之抵押權歸屬與次序並無變動，僅拋棄抵押權次序之人，因拋棄次序之結果，與受拋棄利益之抵押權人成為同一次序，將其所得受分配之金額共同合計後，按各人債權額之比例分配之。

②絕對拋棄：抵押權人為全體後次序抵押權人之利益，得拋棄其抵押權之次序，亦即先次序抵押權人並非專為某一特定後次序抵押權人之利益，拋棄其優先受償利益。此時後次序抵押權人之次序各依次序昇進，而拋棄人退處於最後之地位，但於拋棄後新設定之抵押權，其次序仍列於拋棄者之後。如為普通債權，不論其發生在抵押權次序拋棄前或後，其次序恆列於拋棄者之後，固不待言。

抵押權次序之讓與或拋棄，非經登記，不生效力，並應於登記前，通

知債務人、抵押人及共同抵押人（民法第八七〇條之一第二項）。因抵押權次序之讓與或拋棄而受利益之抵押權人，亦得實行調整前次序在先之抵押權（同條第三項）。調整優先受償分配額時，其次序在先之抵押權所擔保之債權，如有第三人之不動產為同一債權之擔保者，在因調整後增加負擔之限度內，以該不動產為標的物之抵押權消滅；但經該第三人同意者，不在此限（同條第四項）。又調整可優先受償分配額時，其次序在先之抵押權所擔保之債權有保證人者，於因調整後所失優先受償之利益限度內，保證人免其責任；但經該保證人同意調整者，不在此限（民法第八七〇條之二）。

4.抵押權之實行

抵押權之實行乃債權已屆清償期，而未受清償時，抵押權人得就抵押物取償之謂，其方法如下：

⑴拍賣抵押物：民法第八七三條規定：「抵押權人，於債權已屆清償期，而未受清償者，得聲請法院，拍賣抵押物，就其賣得價金而受清償。」此項拍賣乃非訟事件，由拍賣物所在地法院管轄（非訟事件法第七二條），其程序依強制執行法之規定為之。至於拍賣之效果，就抵押權人言之，則抵押物賣得之價金，按各抵押權成立之次序分配之，其次序相同者，依債權額比例分配之（民法第八七四條）。而此之所謂次序，係依登記之先後所定之順位是也（民法第八六五條）。又民法第八七七條第一項規定：「土地所有人於設定抵押權後，在抵押之土地上營造建築物者，抵押權人於必要時，得於強制執行程序中聲請法院將其建築物與土地併付拍賣。但對於建築物之價金，無優先受清償之權。」乃因該建築物本非抵押權之標的物，故其賣得之價金，抵押權不可就之優先受償，以免妨害一般債權人之利益，至所以許其一併拍賣者，為免減損土地之價值，而有害於抵押權人故也。又以建築物設定抵押權者，於法院拍賣抵押物時，其抵押物存在所必要之權利得讓與者（例如地上權、租賃權等是），應併付拍賣；但抵押權人對於該權利賣得之價金，無優先受清償之權（民法第八七七條之一）。其次就拍定人言之，拍定人於拍定後，即取得標的物之所有權，同時可發生法定地上權之問題。即設定抵押權時，土地及其土地上之建築物同屬於一人所有，

而僅以土地或僅以建築物為抵押者，於抵押物拍賣時，視為已有地上權之設定；又設定抵押權時，土地及其土地上之建築物同屬於一人所有，而以土地及建築物為抵押者，如經拍賣，其土地與建築物之拍定人各異時，亦視為已有地上權之設定。此兩種地上權非依當事人之意思而發生，而係基於法律之規定，故為法定地上權。其地租、期間及範圍由當事人協議定之；不能協議者，得聲請法院以判決定之（民法第八七六條）。

(2)拍賣以外之方法：抵押權人於債權清償期屆滿後，為受清償，得訂立契約，取得抵押物之所有權，或用拍賣以外之方法（例如通常之買賣），處分抵押物；但有害於其他抵押權人之利益者，不在此限（民法第八七八條）。

(3)約定於債權已屆清償期而未為清償時，抵押物之所有權移屬於抵押權人者，非經登記，不得對抗第三人（民法第八七三條之一第一項）。抵押權人請求抵押人為抵押物所有權之移轉時，抵押物價值超過擔保債權部分，應返還抵押人；不足清償擔保債權者，仍得請求債務人清償（同條第二項）。抵押人在抵押物所有權移轉於抵押權人前，得清償抵押權擔保之債權，以消滅該抵押權（同條第三項）。

㈢對於抵押人之效力

此可分下列數點言之：

1.**所有權之讓與**：不動產所有人設定抵押權後，得將不動產讓與他人；但其抵押權不因此而受影響（民法第八六七條）。

2.**其他權利之設定**：不動產所有人因擔保數債權，就同一不動產設定數抵押權者，其次序依登記之先後定之（民法第八六五條）。又不動產所有人設定抵押權後，於同一不動產上，得設定地上權或其他以使用收益為目的之物權（如典權），或成立租賃關係；但其抵押權不因此而受影響（民法第八六六條第一項）。前項情形，抵押權人實行抵押權受有影響者，法院得除去該權利或終止該租賃關係後拍賣之；不動產所有人設定抵押權後，於同一不動產上，成立第一項以外之權利者（如使用借貸關係），準用前項之規定（民法第八六六條第二、三項）。

3.代位權之發生：抵押人若為債務人以外之人時，依民法第八七九條規定：「為債務人設定抵押權之第三人，代為清償債務，或因抵押權人實行抵押權致失抵押物之所有權時，該第三人於其清償之限度內，承受債權人對於債務人之債權。但不得有害於債權人之利益。債務人如有保證人時，保證人應分擔之部分，依保證人應負之履行責任與抵押物之價值或限定之金額比例定之。抵押物之擔保債權額少於抵押物之價值者，應以該債權額為準。前項情形，抵押人就超過其分擔額之範圍，得請求保證人償還其應分擔部分。」又第三人為債務人設定抵押權時，如債務人免除保證人之保證責任者，於前條第二項保證人應分擔部分之限度內，該部分抵押權消滅（民法第八七九條之一）。

四、抵押權之消滅

㈠主債權之消滅

抵押權為從權利，隨主債權之消滅而消滅，例如主債權因清償、提存、免除、抵銷而消滅，抵押權自亦隨之消滅，惟主債權因混同而消滅時，則抵押權不消滅者亦有之（民法第七六二條但書）。又主債權罹於消滅時效時，抵押權雖不因之消滅（民法第一四五條），但抵押權人於消滅時效完成後，五年間不實行其抵押權者，其抵押權消滅（民法第八八○條）。

㈡抵押權之實行

抵押權人實行抵押權者，該不動產上之抵押權，因抵押物之拍賣而消滅。

㈢抵押物之滅失

抵押權除法律另有規定（例如民法第八六二條之一）外，因抵押物之滅失而消滅；但抵押人因滅失得受賠償或其他利益者，不在此限（民法第八八一條）。

五、共同抵押權

共同抵押權乃為同一債權之擔保，而就數個不動產上所設定之抵押權。民法第八七五條規定：「為同一債權之擔保，於數不動產上設定抵押權，而未限定各個不動產所負擔之金額者，抵押權人得就各個不動產賣得之價金，

受債權全部或一部之清償。」

(一)各抵押物賣得價金之分配次序

為同一債權之擔保，於數不動產上設定抵押權，抵押物全部或部分同時拍賣時，拍賣之抵押物中有為債務人所有者，抵押權應先就該抵押物賣得之價金受償（民法第八七五條之一）。此對已限定各個不動產所負擔之金額者，亦有適用。

(二)內部分擔擔保債權金額之計算方式

1.為同一債權之擔保，於數不動產上設定抵押權者，各抵押物對債權分擔之金額，依下列規定計算之：一、未限定各個不動產所負擔之金額時，依各抵押物價值之比例；二、已限定各個不動產所負擔之金額時，依各抵押物所限定負擔金額之比例，此時，各抵押物所限定負擔金額較抵押物價值為高者，以抵押物之價值為準；三、僅限定部分不動產所負擔之金額時，依各抵押物所限定負擔金額與未限定負擔金額之各抵押物價值之比例，此時，各抵押物所限定負擔金額較抵押物價值為高者，以抵押物之價值為準（民法第八七五條之二）。

2.為同一債權之擔保，於數不動產上設定抵押權者，在抵押物全部或部分同時拍賣，而其賣得價金超過所擔保之債權額時，經拍賣之各抵押物對債權分擔金額之計算，準用前條之規定（民法第八七五條之三）。

(三)求償權人或承受權人行使權利之範圍與方式

為同一債權之擔保，於數不動產上設定抵押權者，在各抵押物分別拍賣時，適用下列規定：一、經拍賣之抵押物為債務人以外之第三人所有，而抵押權人就該抵押物賣得價金受償之債權額超過其分擔額時，該抵押物所有人就超過分擔額之範圍內，得請求其餘未拍賣之其他第三人償還其供擔保抵押物應分擔之部分，並對該第三人之抵押物，以其分擔額為限，承受抵押權人之權利；但不得有害於該抵押權人之利益；二、經拍賣之抵押物為同一人所有，而抵押權人就該抵押物賣得價金受償之債權額超過其分擔額時，該抵押物之後次序抵押權人就超過分擔額之範圍內，對其餘未拍賣之同一人供擔保之抵押物，承受實行抵押權人之權利；但不得有害於該

抵押權人之利益（民法第八七五條之四）。

■ 案例研析 ■

　　甲將工廠設定抵押予乙，試問：⑴甲可否就同一工廠再設定抵押權予丙？⑵若法院查封工廠，甲可否主張工廠內之機器並未設定抵押而不得拍賣？⑶若其後工廠失火全毀，甲領得保險金，乙可否就保險金主張權利？

■ 擬　答

　　⑴依民法第八六五條規定：「不動產所有人，因擔保數債權，就同一不動產，設定數抵押權者，其次序依登記之先後定之。」由上可知兩點：①同一不動產可設定多數抵押權；②其相互間之效力，以登記先後定之；故甲可再將工廠設定給丙。

　　⑵民法第八六二條第一項規定：「抵押權之效力，及於抵押物之從物及從權利。」所謂「從物」，乃指非主物之成分，常助主物之效用，而同屬於一人之物（民法第六八條參照）；而工廠內之機器如同屬於甲所有，應認其為工廠之從物，而為抵押權效力所及。故本例工廠內之機器屬於工廠之從物，依第八六二條第一項規定，抵押權的效力及於機器，故甲工廠內之機器雖未為抵押權之設定，但仍為工廠抵押權所及之，甲不得為題示之主張。

　　⑶民法第八八一條第一項規定：「抵押權除法律另有規定外，因抵押物滅失而消滅。但抵押人因滅失得受賠償或其他利益者，不在此限。」此即所謂之物上代位，仍為抵押權效力所及。甲領取之保險金，係因工廠失火所受之賠償，解釋上屬於本條之賠償。故乙仍得對保險金主張之。

■ 案例研析 ■

　　甲有土地一筆，因向乙借款，遂提供該地設定抵押，日後甲在該地上興建樓房。嗣後借款到期，甲無力償還，乙遂實行抵押權。惟乙估計由於土地上已有樓房，恐拍賣所得將不足清償借款，⑴乙是否能將樓房一併拍

賣？(2)又若甲另有普通債權人丙，則乙可否就拍賣樓房之所得主張優先受償？

擬 答

(1)按民法第八七七條規定：「土地所有人於設定抵押權後，在抵押之土地上營造建築物者，抵押權人於必要時，得於強制執行程序中聲請法院將其建築物與土地併付拍賣。但對於建築物之價金，無優先受清償之權。」本例中，土地所有人甲，於設定抵押權與乙之後，在該地興建樓房，乙恐土地因樓房之興建，使價格下滑，不足清償，解釋上應可認為必要。故依本條規定，乙得將樓房併付拍賣。

(2)乙雖有權將樓房併付拍賣，惟依前述第八七七條但書規定，乙並無優先受清償之權。故乙不得就拍賣樓房之所得，向丙主張優先受償。

習 題

一、何謂抵押權？

二、抵押權之特性有幾？試舉民法規定以對。

三、抵押權所擔保之債權為何？抵押權效力所及之標的物為何？試分別述之。

四、抵押權之次序可否處分？試說明之。

五、抵押權應如何實行？

六、甲欠乙五十萬元，將其所有之Ａ屋設定抵押權予乙後，得否就Ａ屋再設定抵押權予丙或將Ａ屋出租予丁？

七、試述抵押權消滅之原因。

第二節　最高限額抵押權

一、最高限額抵押權之意義

民法第八八一條之一第一項規定：「稱最高限額抵押權者，謂債務人或第三人提供其不動產為擔保，就債權人對債務人一定範圍內之不特定債權，在最高限額內設定之抵押權。」最高限額抵押權，以抵押人與債權人間約

定債權人對於債務人就現在或將來可能發生最高限額內之不特定債權，就抵押物賣得價金優先受償為其特徵，與供特定債權擔保之普通抵押權不同，我民法原無規定，但實務上行之有年，判例、學說均承認其效力，九十六年民法物權編修正時，特仿效日本民法立法例（第三九八條之二至第三九八條之二二），並參酌我國判例及學說見解，於第六章抵押權，設專節，詳細規定之（第八八一條之一至第八八一條之一七）。

二、最高限額抵押權之功能

在現代工商業社會，銀行交易或批發商與零售商間之交易等，殆不以一次為限，通常均反覆繼續為之。此種繼續的交易，各當事人間之債權債務，反覆發生、消滅而隨時增減變動，倘就此等多數債權，逐一設定抵押權，不僅不勝其煩，而且有礙日常交易活動。為免其勞費，殊有必要將被擔保債權不限於個個特定債權，而就包括現在已發生及將來可能發生之債權在內，增減變動之多數債權，在當事人間預定一定限度額而予以擔保。最高限額抵押權即為滿足此需要而生，透過確保繼續的交易之信用授受，以促進事業順利活動，實為現代社會必要不可缺之制度。

三、最高限額抵押權之設定

最高限額抵押權，依取得抵押權之人與設定人間之最高限額抵押權設定契約設定之。此項契約應以書面為之。該契約應約定被擔保債權之範圍、最高限額，亦得約定原債權確定之期日。

最高限額抵押權，為不動產物權之一種，非經登記，不生效力（民法第七五八條）。其必要登記事項為被擔保債權之範圍、最高限額，有約定原債權確定之期日者，其確定期日。

又，被擔保債權之變更、被擔保債權債務人之變更、最高限額之變更、確定期日之變更等，均應適用民法第七五八條之規定而為登記，否則不生變更之效力。

四、最高限額抵押權之內容

㈠最高限額抵押權所擔保債權之資格

最高限額抵押權所擔保之債權，以由一定法律關係所生之債權或基於

票據所生之權利為限（民法第八八一條之一第二項）。所謂一定法律關係，例如買賣、侵權行為等是。至基於票據所生之權利，除本於與債務人間依前述一定法律關係取得者外，如抵押權人係於債務人已停止支付、開始清算程序，或依破產法有和解、破產之聲請或有公司重整之聲請，而仍受讓票據者，不屬最高限額抵押權所擔保之債權；但抵押權人不知其情事而受讓者，不在此限（民法第八八一條之一第三項）。

　　㈡最高限額抵押權之擔保範圍

　　最高限額抵押權人就已確定之原債權，僅得於其約定之最高限額範圍內，行使其權利（民法第八八一條之二第一項）。亦即已確定之債權額超過約定之最高限額時，以其最高限額為限；不及約定之最高限額時，以其實際發生之債權額為限，得就抵押物優先受償。「前項債權之利息、遲延利息、違約金，與前項債權合計不逾最高限額範圍者，亦同。」（民法第八八一條之二第二項）。所謂「亦同」乃得行使其權利之意。此項利息、遲延利息、違約金，不以前項債權已確定時所發生者為限，其於前項債權確定後始發生，但在最高限額範圍內者，亦包括在內，仍為抵押權效力所及。至於實行抵押權之費用，依民法第八八一條之一七準用第八六一條之規定，亦為抵押權效力所及，惟不計入抵押權所擔保債權之最高限額。

　　㈢最高限額抵押權所擔保之原債權確定期日

　　1.約定確定之期日：最高限額抵押權得約定其所擔保原債權應確定之期日，並得於確定之期日前，約定變更之（民法第八八一條之四第一項）。前項確定之期日，自抵押權設定時起，不得逾三十年；逾三十年者，縮短為三十年（民法第八八一條之四第二項）。此項規定係參酌我國最高限額抵押權實務現況而設，惟三十年之期限過長，對於抵押人非常不利，民法不予導正，反而向銀行、授信者傾斜，不無可議。又此三十年期限，當事人得更新之（民法第八八一條之四第三項）。

　　2.未約定確定之期日：最高限額抵押權所擔保之原債權，未約定確定之期日者，抵押人或抵押權人得隨時請求確定其所擔保之原債權。前項情形，除抵押人與抵押權人另有約定外，自請求之日起，經十五日為其確定期日

（民法第八八一條之五）。

五、最高限額抵押權之變更

㈠被擔保債權範圍之變更

原債權確定前，抵押權人與抵押人得約定變更第八八一條之一第二項所定債權之範圍，此項變更無須得後次序抵押權人或其他利害關係人同意（民法第八八一條之三）。

㈡被擔保債權債務人之變更

原債權確定前，抵押權人與抵押人得約定變更其債務人，此項變更無須得後次序抵押權人或其他利害關係人同意（民法第八八一條之三）。

㈢最高限額之變更

最高限額抵押權人與抵押人可否依合意變更最高限額，民法雖無明文規定，但解釋上應無不許之理。惟增加最高限額時，不得以其部分對抗變更登記前成立之後次序權利人。

㈣確定期日之變更

原債權確定期日，得於確定之期日前，約定變更之（民法第八八一條之四第一項）。約定變更之當事人為抵押權人與抵押人。確定期日之變更，不須得後次序抵押權人或其他利害關係人同意。

六、最高限額抵押權被擔保債權之處分

㈠債權讓與

最高限額抵押權所擔保之債權，於原債權確定前，固得經當事人（抵押權之受讓人及基礎關係之當事人）同意，與依民法第八八一條之一第二項所生之基礎關係一併讓與他人，惟如僅將該基礎關係所生之各個特定債權讓與他人，該債權即脫離擔保之範圍，其最高限額抵押權自不隨同移轉於受讓人（民法第八八一條之六第一項前段）。又第三人為債務人清償債務者（例如保證人依民法第七四九條為清償或第三人依民法第三一二條為清償後，承受債權人之債權時），其最高限額抵押權亦不隨同移轉（同項後段）。

㈡債務承擔

最高限額抵押權所擔保之債權，於原債權確定前經第三人承擔其債務，

而債務人免其責任者，抵押權人就該承擔之部分，不得行使最高限額抵押權（民法第八八一條之六第二項），蓋基於免責之債務承擔之法理，該承擔部分即脫離擔保之範圍。

七、最高限額抵押權之處分

原債權確定前，抵押權人經抵押人之同意，得將最高限額抵押權之全部或分割其一部讓與他人（民法第八八一條之八第一項）。例如，抵押人甲提供其所有之不動產設定最高限額抵押權一千萬元於抵押權人乙，嗣乙經甲同意將最高限額抵押權全部，或分割其一部即將最高限額低押權四百萬元單獨讓與第三人丙，乙、丙成為同一次序之抵押權人。又，原債權確定前，抵押權人經抵押人之同意，得使他人成為最高限額抵押權之共有人（民法第八八一條之八第二項）。例如，前例，抵押權人得使第三人丙加入成為該抵押權之共有人，此時乙丙共有抵押權之型態有二：一、丙係單純加入成為共有人；二、丙係以受讓應有部分之方式成為共有人。

八、最高限額抵押權之承繼

㈠抵押權人或債務人之合併

原債權確定前，最高限額抵押權之抵押權人或債務人為法人而有合併之情形者，抵押人得自知悉合併之日起十五日內，請求確定原債權；但自合併登記之日起已逾三十日，或抵押人為合併之當事人者，不在此限（民法第八八一條之七第一項）。抵押人已為前項之請求者，原債權於合併時確定（同條第二項）。合併後之法人，應於合併之日起十五日內通知抵押人，其未為通知致抵押人受損害者，應負賠償責任（同條第三項）。前三項之規定，於第三〇六條（營業合併）或法人分割之情形，準用之（同條第四項）。

㈡抵押權人、抵押人或債務人之被繼承

最高限額抵押權不因抵押權人、抵押人或債務人死亡而受影響，蓋其財產上之一切權利義務，因繼承之開始當然移轉於其繼承人；但經約定為原債權確定之事由者，則從其約定（民法第八八一條之一一）。

九、最高限額抵押權之共有

最高限額抵押權得由數人共有。最高限額抵押權為數人共有者，各共

有人按其債權額比例分配其得優先受償之價金；但共有人於原債權確定前，另有約定者，從其約定（民法第八八一條之九第一項）。共有人得依前項按債權額比例分配之權利，非經共有人全體之同意，不得處分；但已有應有部分之約定者，不在此限（同條第二項）。

一○、共同最高限額抵押權所擔保原債權之確定事由

為同一債權之擔保，於數不動產上設定最高限額抵押權者，如其擔保之原債權，僅其中一不動產發生確定事由時，各最高限額抵押權所擔保之原債權均歸於確定（民法第八八一條之一○）。

一一、最高限額抵押權所擔保原債權之確定

㈠確定之意義

被擔保之原債權確定者，被擔保之原債權即喪失其變動性而特定，其後發生之原債權不再為被擔保之債權。確定後，最高限額抵押權擔保不特定債權之基本性格喪失，就實際發生之債權額雖得變更為普通抵押權，但包括利息、遲延利息、違約金等在內，仍不得逾原定最高限額之範圍。

㈡原債權確定之事由

除第八八一條之四（約定確定期日）、第八八一條之五（請求確定）、第八八一條之七（請求確定）、第八八一條之一○（共同最高限額抵押權被擔保債權之確定）及第八八一條之一一但書（約定確定事由）等另有規定外，民法第八八一條之一二明定七種原債權確定之事由：①約定之原債權確定期日屆至；②擔保債權之範圍變更或因其他事由，致原債權不繼續發生；③擔保債權所由發生之法律關係經終止或因其他事由而消滅；④債權人拒絕繼續發生債權，債務人請求確定，此際準用第八八一條之五第二項之規定；⑤最高限額抵押權人聲請裁定拍賣抵押物，或依第八七三條之一之規定為抵押物所有權移轉之請求時，或依第八七八條規定訂定契約；⑥抵押物因他債權人聲請強制執行經法院查封，而為最高限額抵押權人所知悉，或經執行法院通知最高限額抵押權人；但抵押物之查封經撤銷時，不在此限，惟此但書規定，於原債權確定後，已有第三人受讓擔保債權，或以該債權為標的物設定權利者，不適用之；⑦債務人或抵押人經裁定宣告

破產；但其裁定經廢棄確定時，不在此限，惟此但書規定，於原債權確定後，已有第三人受讓擔保債權，或以該債權為標的物設定權利者，不適用之。

(三)原債權確定之效力

1.結算實際發生之債權額及變更為普通抵押權登記：最高限額抵押權所擔保之原債權確定事由發生後，債務人或抵押人得請求抵押權人結算實際發生之債權額，並得就該金額請求變更為普通抵押權之登記；但不得逾原約定最高限額之範圍（民法第八八一條之一三）。

2.被擔保債權確定：最高限額所擔保之原債權確定後，除本節另有規定外，其擔保效力不及於繼續發生之債權或取得之票據上之權利（民法第八八一條之一四）。所謂本節另有規定者，例如第八八一條之二第二項，利息、遲延利息、違約金，如於原債權確定後始發生，但在最高限額範圍內者，仍為抵押權效力所及。

3.清償最高限額為度之金額及塗銷抵押權：最高限額抵押權所擔保之原債權確定後，於實際債權超過最高限額時，為債務人設定抵押權之第三人，或其他對該抵押權之存在有法律上利害關係之人（例如後次序抵押權人），於清償最高限額為度之金額後，得請求塗銷其抵押權（民法第八八一條之一六）。

一二、最高限額抵押權所擔保債權之請求權罹於消滅時效之效力

最高限額抵押權所擔保之債權，其請求權已因時效而消滅，如抵押權人於消滅時效完成後，五年間不實行其抵押權者，該債權不再屬於最高限額抵押權擔保之範圍（民法第八八一條之一五）。

一三、最高限額抵押權準用普通抵押權之規定

最高限額抵押權，除第八六一條第二項、第八六九條第一項、第八七○條、第八七○條之一、第八七○條之二、第八八○條之規定外，準用關於普通抵押權之規定（民法第八八一條之一七）。

習　題

一、何謂最高限額抵押權？其與普通抵押權有何不同？

二、最高限額抵押權所擔保債權之資格有無限制？

三、最高限額抵押權之擔保範圍如何？

四、最高限額抵押權可否處分？

五、何謂最高限額抵押權所擔保原債權之確定？原債權確定之事由為何？

六、試述最高限額抵押權所擔保原債權確定之效力。

第三節　其他抵押權

民法第八八三條規定：「普通抵押權及最高限額抵押權之規定，於前條抵押權及其他抵押權準用之。」抵押權種類繁多，除普通抵押權及最高限額抵押權外，尚有權利抵押權、法定抵押權及特別法上所定之抵押權（例如礦業權抵押權、漁業權抵押權），此等特殊抵押權準用普通抵押權及最高限額抵押權之規定。茲僅就民法上有規定者分述之：

一、權利抵押權

民法第八八二條規定：「地上權、農育權及典權，均得為抵押權之標的物。」即地上權人得以其地上權為標的物，設定抵押權，農育權人或典權人亦各得以其農育權或典權為標的物設定抵押權。此種抵押權之標的物為權利，故稱權利抵押。權利抵押，依民法第八八三條規定，準用普通抵押權及最高限額抵押權之規定。

二、法定抵押權

即民法第五一三條所規定承攬人之法定抵押權：「承攬人之工作為建築物或其他土地上之工作物，或為此等工作物之重大修繕者，承攬人得就承攬關係報酬額，對於其工作所附之定作人之不動產，請求定作人為抵押權之登記；或對於將來完成之定作人之不動產，請求預為抵押權之登記。前項請求，承攬人於開始工作前亦得為之。前二項之抵押權登記，如承攬契

約已經公證者，承攬人得單獨申請之。第一項及第二項就修繕報酬所登記之抵押權，於工作物因修繕所增加之價值限度內，優先於成立在先之抵押權。」其他問題，依民法第八八三條規定，準用普通抵押權及最高限額抵押權之規定。

第七章 質 權

第一節 動產質權

一、動產質權之意義

　　動產質權乃債權人對於債務人或第三人移轉占有而供其債權擔保之動產，得就該動產賣得價金優先受償之權（民法第八八四條）。動產質權亦係擔保物權之一種，屬於從權利，以有主債權之存在為前提。其標的物為動產，此點與一般抵押權以不動產為標的物者有所不同；而與動產抵押相同。但動產抵押無須移轉標的物之占有，而動產質權則須移轉標的物之占有，此點與動產質權亦不相同矣。

　　其次動產質權之設定，因供擔保之動產移轉於債權人占有而生效力；質權人不得使出質人或債務人代自己占有質物（民法第八八五條）。又動產之受質人占有動產，而受關於占有規定之保護者（指受第九四八條之保護而言），縱出質人無處分其質物之權利，受質人仍取得其質權（民法第八八六條），亦即質權可因善意受讓而取得。

二、動產質權之效力

㈠效力之範圍

　1.**所擔保債權之範圍**：質權所擔保者為原債權、利息、遲延利息、違約金、保存質物之費用、實行質權之費用及因質物隱有瑕疵而生之損害賠償；但契約另有約定者，不在此限（民法第八八七條第一項）。保存質物之費用，以避免質物價值減損所必要者（例如稅捐、修繕費或其他必要之保存費用）為限（民法第八八七條第二項）。

　2.**標的物之範圍**：質權標的物之範圍，除質物本身外，尚及於其從物（已交付者為限）及孳息（民法第八八九條）。

㈡對於質權人之效力

　1.**質物之留置**：質權人於其債權受清償前，得留置其質物。

　2.**質物之使用或出租**：質權人非經出質人之同意，不得使用或出租其質

物；但為保存其物之必要而使用者（例如易生鏽之機械，偶而使用之，以防其生鏽等是），不在此限（民法第八八八條第二項）。

3.**孳息之收取**：質權人得收取質物所生之孳息；但契約另有約定者，不在此限（民法第八八九條）。質權人有收取質物所生孳息之權利者，應以對於自己財產為同一之注意收取孳息，並為計算。上述孳息先抵充費用，次抵原債權之利息，次抵原債權（民法第八九○條）。

4.**質物之轉質**：質權人於質權存續中，得以自己之責任將質物轉質於第三人，其因轉質所受不可抗力之損失，亦應負責（民法第八九一條）。

5.**質物之變賣**：因質物有腐壞之虞或其價值顯有減少，足以害及質權人之權利者，質權人得拍賣質物，以其賣得價金，代充質物。於此情形，如經出質人之請求，質權人應將價金提存於法院。質權人屆債權清償期而未受清償者，得就提存物實行其質權（民法第八九二條）。是為一種物上代位，質權人應於拍賣前通知出質人；但不能通知者，不在此限（民法第八九四條）。

6.**質權之實行**：質權人於債權已屆清償期，而未受清償者，得拍賣質物，就其賣得價金而受清償（民法第八九三條第一項）。此項拍賣，質權人亦應於拍賣前，通知出質人；但不能通知者，不在此限（民法第八九四條）。又質權之實行方法，除上述之拍賣質物外，質權人亦得於債權清償期屆滿後，為受清償，得訂立契約取得質物之所有權，或用拍賣以外之方法處分質物；但有害於其他質權人之利益者，不在此限（民法第八九五條準用第八七八條）。惟應注意者，約定於債權已屆清償期而未為清償時，質物之所有權移屬於質權人者，準用第八七三條之一之規定（民法第八九三條第二項）。

以上各點係質權人之權利，其次質權人之義務有：

1.**保管質物**：質權人應以善良管理人之注意，保管質物（民法第八八八條）。

2.**返還質物**：動產質權所擔保之債權消滅時，質權人應將質物返還於有受領權之人（民法第八九六條）。

㈢對於出質人之效力

出質人於出質後，雖不占有質物，但其所有權並不喪失，故仍得就質物為買賣、贈與等行為。至於能否再設定質權，亦即同一動產上可否有多數質權之併存，我民法無規定，但解釋上應採肯定說為妥（參照民法第八九五條準用第八七八條規定之結果）。

三、動產質權之消滅

㈠質物之返還

動產質權，因質權人將質物返還於出質人或交付於債務人而消滅。返還或交付質物時，為質權繼續存在之保留者，其保留無效（民法第八九七條）。

㈡占有之喪失

質權人喪失其質物之占有，於二年內未請求返還者，其動產質權消滅（民法第八九八條）。

㈢質物之滅失

動產質權因質物滅失而消滅。但出質人因滅失得受賠償或其他利益者，不在此限（民法第八九九條第一項）。質權人對於前項出質人所得行使之賠償或其他請求權仍有質權，其次序與原質權同（同條第二項）。

🔲 案例研析 🔲

甲積欠乙貨款，乃將其所養之名犬出質於乙，試問：⑴若約定屆期不還錢，則該犬屬乙所有，效力為何？⑵未料該犬罹有傳染病，致乙所養之犬感染死亡，則乙可為何主張？⑶若該犬於一個月後產下小犬，則該小犬屬誰所有？

🔲 擬 答

⑴按民法第八九三條第二項規定：「約定於債權已屆清償期而未為清償時，質物之所有權移屬於質權人者，準用第八七三條之一之規定。」本例中，甲出質其狗於乙，約定屆期不還，該犬即屬乙，依本條規定，乙就質

物價值超過擔保債權部分，應返還甲；不足清償擔保債權者，仍得請求甲清償。

⑵依民法第八八七條第一項規定：「質權所擔保者為原債權、利息、遲延利息、違約金、保存質物之費用、實行質權之費用及因質物隱有瑕疵而生之損害賠償。但契約另有約定者，不在此限。」故乙之犬因甲出質之犬患有傳染病，而致感染死亡，所生之損害，係質物（即甲之犬）隱有瑕疵所致，故此項損害自應由甲賠償，因此乙可請求甲賠償損失，並可依第八八七條之規定，將此列入質權擔保之範圍。

⑶民法第八八九條規定：「質權人得收取質物所生之孳息。但契約另有約定者，不在此限。」甲出質之犬所生之小犬，係屬其孳息。故依本條規定，質權人乙得收取之，故該小犬應為乙所有。

四、最高限額質權

為避免長期繼續的交易，逐一設定質權之勞費與不便，民法增訂最高限額質權，規定：「債務人或第三人得提供其動產為擔保，就債權人對債務人一定範圍內之不特定債權，在最高限額內，設定最高限額質權。」（民法第八九九條之一第一項）最高限額質權之設定，除移轉動產之占有外，並應以書面為之（同條第二項）。關於最高限額抵押權及第八八四條至前條（動產質權）之規定，於最高限額質權準用之（同條第三項）。

五、營業質

當舖或其他以受質為營業者所設定之質權，通稱「營業質」，其為一般民眾籌措小額金錢之簡便方法，有其存在價值，民法將之納入規定。質權人係經許可以受質為營業者，僅得就質物行使其權利；出質人未於取贖期間屆滿後五日內取贖其質物時，質權人取得質物之所有權，其所擔保之債權同時消滅（民法第八九九條之二第一項）。此項質權，不適用第八八九條至第八九五條、第八九九條、第八九九條之一（質權人之孳息收取權、轉質、質權之實行方法、質物之滅失及物上代位性、最高限額質權等）之規定（民法第八九九條之二第二項）。

第二節　權利質權

一、權利質權之意義

　　權利質權乃以可讓與之債權或其他權利為標的物之質權（民法第九○○條）。其與動產質權所不同者，於標的物上見之。動產質權乃以動產（其實係以動產之所有權為主）為標的物，而此則以可讓與之債權或其他權利為標的物。除此之外，二者均為債權之擔保，故權利質權除本節有規定外，準用關於動產質權之規定（民法第九○一條）。

　　其次權利質權之設定，除本節規定外，並應依關於其權利讓與之規定為之（民法第九○二條）。申言之，即以一般債權設定質權者，則依一般債權讓與之規定（民法第二九四條以下）為之；以有價證券設定質權者，則依各該證券有關之規定（例如股票依公司法上股票讓與之規定，票據則依票據法上票據讓與之規定）為之。但權利質權節設有特別規定如下：

　　㈠以債權為標的物之質權，其設定應以書面為之。如債權有證書者，出質人有交付之義務（民法第九○四條）。

　　㈡質權以未記載權利人之有價證券為標的物者，因交付其證券於質權人，而生設定質權之效力。以其他之有價證券為標的物者，並應依背書方法為之（民法第九○八條）。

二、權利質權之效力

㈠效力之範圍

　1.所擔保債權之效力：此點應準用動產質權之規定，即除當事人另有約定外，以擔保原債權、利息、遲延利息、違約金、保存質物之費用、實行質權之費用及因標的物之瑕疵而生之損害賠償為限（民法第九○一條準用第八八七條）。

　2.標的物之範圍：此點本應準用動產質權之規定，質權人得收取質物所生之孳息（於此應指法定孳息），但民法第九一○條第一項規定：「質權以有價證券為標的物者，其附屬於該證券之利息證券、定期金證券或其他附屬證券，以已交付於質權人者為限，亦為質權效力所及。」可見以有價證

券為標的之質權，質權人並不當然得收取其孳息，須出質人將其附屬證券交付始可。蓋有價證券不憑證券，不能行使，該附屬證券既未交付，質權人自無法收取該項給付也。附屬之證券，係於質權設定後發行者，除另有約定外，質權人得請求發行人或出質人交付之（民法第九一〇條第二項）。

（二）對於質權人之效力

此可分下列兩點言之：

1.一般債權質權之實行

⑴為質權標的物之債權以金錢為給付內容之實行方法：

①標的物債權之清償期在先者：為質權標的物之債權，以金錢給付為內容，而其清償期先於其所擔保債權之清償期者，質權人得請求債務人提存之，並對提存物行使其質權（民法第九〇五條第一項）；

②標的物債權之清償期在後者：為質權標的物之債權，以金錢給付為內容，而其清償期後於其所擔保債權之清償期者，質權人於其清償期屆至時，得就擔保之債權額，為給付之請求（民法第九〇五條第二項）。

⑵為質權標的物之債權以金錢以外之動產為給付內容之實行方法：為質權標的物之債權，以金錢以外之動產給付為內容者，於其清償期屆至時，質權人得請求債務人給付之，並對該給付物有質權（民法第九〇六條）。

⑶為質權標的物之債權以不動產物權之設定或移轉為給付內容之實行方法：為質權標的物之債權，以不動產物權之設定或移轉為給付內容者，於其清償期屆至時，質權人得請求債務人將該不動產物權設定或移轉於出質人，並對該不動產物權有抵押權；前項抵押權應於不動產物權設定或移轉於出質人時，一併登記（民法第九〇六條之一）。

⑷質權人於所擔保債權清償期屆至而未受清償時，除依前三條之規定，亦得依第八九三條第一項（得拍賣為質權標的物之債權）或第八九五條（訂立契約或用拍賣以外之方法）之規定實行其抵押權（民法第九〇六條之二）。

⑸為質權標的物之債權，如得因一定權利之行使而使其清償期屆至者（例如未定返還期限之消費借貸債權，貸與人依民法第四七八條之規定須定一個月以上之相當期限催告，始得請求返還是），質權人於所擔保債權清

償期屆至而未受清償時，亦得行使該權利（民法第九〇六條之三）。

2.有價證券質權之實行

質權以未記載權利人之有價證券、票據、或其他依背書而讓與之有價證券為標的物者，其所擔保之債權，縱未屆清償期，質權人仍得收取證券上應受之給付；如有使證券清償期屆至之必要者，並有為通知或依其他方法使其屆至之權利；債務人亦僅得向質權人為給付（民法第九〇九條）。

㈢對於出質人之效力

權利一經出質，出質人原則上即喪失其對於該權利之處分權，尤其有價證券質權為然，因而為質權標的物之權利，非經質權人之同意，出質人不得以法律行為使其消滅（如債之免除），或變更（如約定延長清償期），民法第九〇三條就此設有明文。蓋不如是，必妨害質權人之利益也。

㈣對於第三債務人之效力

以債權為標的物之質權，該債權之債務人，謂之第三債務人。民法第九〇七條規定：「為質權標的物之債權，其債務人受質權設定之通知者，如向出質人或質權人一方為清償時，應得他方之同意。他方不同意時，債務人應提存其為清償之給付物。」此乃一般債權質權如此，若為有價證券質權，則該證券之債務人僅得向質權人為給付（民法第九〇九條第一項末段），自無須得出質人之同意矣。

三、權利質權之消滅

權利質權如何消滅？法無特別規定，應準用動產質權之規定，例如因權利質權之實行，或質權人返還質物（證券）於出質人而歸消滅是。

▪️ 習　題

一、試述動產質權之意義。並比較其與抵押權之異同。

二、質權之實行方法如何？

三、試述動產質權之消滅原因。

四、何謂最高限額質權？何謂營業質？試分述之。

五、試分別說明權利質權中之債權質權與證券質權之設定方法。

六、權利質權之實行方法如何？

第八章 典 權

一、典權之意義及種類

㈠典權之意義

典權乃支付典價在他人之不動產為使用、收益，於他人不回贖時，取得該不動產所有權之權（民法第九一一條）。典權係一種不動產物權，亦為一種用益物權（亦有認為擔保物權者）。其標的物不僅為土地，且為房屋亦可。惟出典房屋時，如無特別約定，當然包括基地在內（司法院三十六年院解字第三七〇一號）。典權之成立以支付典價為要件，又因係不動產物權，其設定須經登記，始生效力。以不動產出典者為出典人，取得典權者為典權人。

㈡典權之種類

典權以有無存續期間為區別標準，可分為定期典權與未定期典權二種。定期典權之期限，得由當事人自由約定，但不得逾三十年。逾三十年者縮短為三十年（民法第九一二條）。又典權之約定期限不滿十五年者，不得附有「到期不贖，即作絕賣」之條款（民法第九一三條）。至於未定期典權，出典人得隨時回贖典物；但亦受最高三十年之限制。以上二者區別之實益，於回贖上見之（詳見後述）。

二、典權之效力

㈠典權人之權利義務

1.典權人之權利

(1)用益典物：典權之內容在乎使用及收益，故典權人就典物，自得占有而為使用及收益。收益不僅指收取天然孳息，即法定孳息亦可收取，亦即典權存續中，典權人得將典物出租於他人，而收取租金。但契約另有約定或另有習慣者，依其約定或習慣。惟典權定有期限者，其租賃之期限，不得逾原典權之期限；未定期限者，其租賃不得定有期限（民法第九一五條），而典權人對於典物因出租及所受之損害，負賠償責任（民法第九一六條）。又，典權人應依典物之性質為使用收益，並應保持其得永續利用（民

法第九一七條之一第一項）。典權人基於典權，享有物上請求權（民法第七六七條第二項），並準用相鄰關係之規定（民法第八○○條之一）。

(2)處分典物或典權：典權存續中，典權人得將典物轉典於他人；但契約另有約定或另有習慣者，依其約定或習慣。惟典權定有期限者，其轉典之期限，不得逾原典權之期限；未定期限者，其轉典不得定有期限。轉典之典價，不得超過原典價。土地及其土地上之建築物同屬一人所有，而為同一人設定典權者，典權人就該典物不得分離而為轉典或就其典權分離而為處分（民法第九一五條）。而典權人對於典物因轉典所受之損害，負賠償責任（民法第九一六條）。其次，典權人得將典權讓與他人或設定抵押權。典物為土地，典權人在其上有建築物者，其典權與建築物，不得分離而為讓與或其他處分（民法第九一七條）。

(3)推定有租賃關係存在：土地及其土地上之建築物同屬一人所有，而僅以建築物設定典權者，典權人與土地所有人間，推定在典權存續中，有租賃關係存在；其分別設定典權者，典權人相互間，推定在典權均存續中，有租賃關係存在（民法第九二四條之二第一項中、後段），於此情形，其租金數額當事人不能協議時，得請求法院以判決定之（同條第二項）。

2.典權人之義務

(1)保管典物：典權人對於典物應注意保管，因而典權存續中，因典權人之過失，致典物全部或一部滅失者，典權人於典價額限度內，負其責任；但因故意或重大過失致滅失者，除將典價抵償損害外，如有不足，仍應賠償（民法第九二二條）。因典物滅失受賠償而重建者，原典權對於重建之物，視為繼續存在（民法第九二二條之一）。然若典物因不可抗力致全部或一部滅失者，就其滅失之部分，典權與回贖權，均歸消滅。此項情形，出典人就典物之餘存部分，為回贖時，得由原典價扣除典物滅失部分之典價；其滅失部分之典價，依滅失時滅失部分之價值與滅失時典物之價值比例計算之（民法第九二○條）。又，典權存續中，典物因不可抗力致全部或一部滅失者，除經出典人同意外，典權人僅得於滅失時滅失部分之價值限度內為重建或修繕。原典權對於重建之物，視為繼續存在（民法第九二一條）。

(2)繳納稅捐：典權人有繳納地價稅、土地增值稅及土地改良物稅之義務（土地法第一七二條、第一八三條第二項、第一八六條，土地稅法第三條第一項第二款，房屋稅條例第四條）。

(二)出典人之權利義務

1.出典人之權利

(1)**典物所有權之讓與**：出典人設定典權後，得將典物讓與他人；典權不因此而受影響（民法第九一八條）。惟出典人將典物出賣於他人時，典權人有以相同條件留買之權。此項情形，出典人應以書面通知典權人；典權人於收受出賣通知後十日內不以書面表示依相同條件留買者，其留買權視為拋棄。出典人違反前項通知之規定而將所有權移轉者，其移轉不得對抗典權人（民法第九一九條）。

(2)**抵押權之設定**：出典人於典權設定後，能否再就典物設定抵押權？大法官會議釋字第一三九號解釋：「不動產所有人於同一不動產設定典權後，於不妨害典權之範圍內，仍得為他人設定抵押權。」是已肯定。

(3)**推定有租賃關係存在**：土地及其土地上之建築物同屬一人所有，而僅以土地設定典權者，典權人與建築物所有人間，推定在典權或建築物存續中，有租賃關係存在（民法第九二四條之二第一項前段），於此情形，其租金數額當事人不能協議時，得請求法院以判決定之（同條第二項）。

2.出典人之義務

(1)**瑕疵擔保**：典權之設定為有償契約，故出典人應負瑕疵擔保責任（民法第三四七條參照）。

(2)**費用償還**：典權人因支付有益費用，使典物價值增加，或依第九二一條之規定，重建或修繕者，於典物回贖時，得於現存利益之限度內，請求償還（民法第九二七條）。於是出典人即有返還上述費用之義務。

三、典權之消滅

(一)回贖或逾期不回贖

回贖係出典人向典權人提出原典價，以消滅典權之單獨行為。乃出典人之權利，屬於一種形成權，衹有出典人一方之意思表示即可，但須提出

原典價，否則不生回贖之效力。至回贖之期限，有下列之不同：

1.典權定有期限者：於所定期限屆滿後，出典人得以原典價回贖典物。出典人於典期屆滿後，經過二年，不以原典價回贖者，典權人即取得典物所有權（民法第九二三條），於是典權消滅。若典權附有「到期不贖，即作絕賣」之條款者，出典人於典期屆滿不以原典價回贖時，典權人即取得典物所有權（民法第九一三條第二項），無須經過二年矣。絕賣條款非經登記，不得對抗第三人（民法第九一三條第三項）。

2.典權未定期限者：出典人得隨時以原典價回贖典物；但自出典後，經過三十年不回贖者，典權人即取得典物所有權（民法第九二四條）。又出典人之回贖，應於六個月前通知典權人（民法第九二五條）。

此外，典權人應依典物之性質為使用收益，並應保持其得永續利用。典權人違反此項規定，經出典人阻止而仍繼續為之者，出典人得回贖其典物。典權經設定抵押權者，並應同時將該阻止之事實通知抵押權人（民法第九一七條之一）。又關於轉典之回贖，民法第九二四條之一規定如下：

經轉典之典物，出典人向典權人為回贖之意思表示時，典權人不於相當期間向轉典權人回贖並塗銷轉典權登記者，出典人得於原典價範圍內，以最後轉典價逕向最後轉典權人回贖典物（民法第九二四條之一第一項）。於此情形，轉典價低於原典價者，典權人或轉典權人得向出典人請求原典價與轉典價間之差額。出典人並得為各該請求權人提存其差額（同條第二項）。前二項規定，於下列情形亦適用之：一、典權人預示拒絕塗銷轉典權登記；二、典權人行蹤不明或有其他情形致出典人不能為回贖之意思表示（同條第三項）。

出典人依法回贖典物時，典權即歸於消滅。典物回贖時，典權人得取回其工作物；但應回復土地原狀。典權人不於典權消滅後一個月內取回其工作物者，工作物歸屬於出典人；其有礙於土地之利用者，出典人得請求回復原狀。典權人取回其工作物前，應通知出典人。出典人願以時價購買者，典權人非有正當理由，不得拒絕（民法第九二七條第二項，準用第八三九條）。典物為土地，出典人同意典權人在其上營造建築物者，除另有約

定外，於典物回贖時，應按該建築物之時價補償之。出典人不願補償者，於回贖時視為已有地上權之設定（民法第九二七條第三項）。出典人願依前項規定為補償而就時價不能協議時，得聲請法院裁定之；其不願依裁定之時價補償者，於回贖時亦視為已有地上權之設定（同條第四項）。前二項視為已有地上權設定之情形，其地租、期間及範圍當事人不能協議時，得請求法院以判決定之（同條第五項）。

土地及其土地上之建築物同屬一人所有，而僅以土地或僅以建築物，或分別設定典權者，於典權人依第九一三條第二項（典權附有絕賣條款者，出典人於典期屆滿不以原典價回贖時）、第九二三條第二項（出典人於典期屆滿後，經過二年，不以原典價回贖者）、第九二四條（典權未定有期限者，出典人自出典後經過三十年不回贖者）規定取得典物所有權，致土地與建築物各異其所有人時，準用第八三八條之一（法定地上權）規定（民法第九二四條之二第三項）。

㈡找　貼

出典人於典權存續中，表示讓與其典物之所有權於典權人者，典權人得按時價找貼，取得典物所有權（民法第九二六條第一項），於是典權因與所有權混同，原則上歸於消滅（民法第七六二條）。所有權既已移轉，而典權消滅，故上述找貼以一次為限（民法第九二六條第二項）。

▪️🔳 習　題

一、何謂典權？
二、試述典權人之權利及義務。
三、試述典權消滅之原因。

第九章 留置權

一、留置權之意義

留置權乃債權人占有他人之動產，而其債權之發生與該動產有牽連關係，於債權已屆清償期未受清償時，得留置該動產之權（民法第九二八條第一項）。留置權為擔保物權，因具備法定要件而成立，勿須當事人之設定，故屬於法定擔保物權。其標的物為動產，且以屬於債務人者為限。其效力在乎留置，然有時亦得變價受償。留置權除上述之一般留置權外，民法或其他法律所定之其他留置權亦為數不少，如民法第四四五條之出租人之留置權、民法第六一二條之營業主人之留置權、民法第六四七條之運送人之留置權、民法第六六二條之承攬運送人之留置權以及海商法第一二二條所定之海上運送人或船長之留置權均是。此等法定留置權除法律另有規定外，準用一般留置權之規定（民法第九三九條）。

其次留置權成立之要件，有如下列：

㈠積極要件

①須債權人占有屬於他人之動產；②須債權已屆清償期而未受清償，惟此乃原則，若債務人無支付能力，債權人縱於其債權未屆清償期前，亦成立留置權（民法第九三一條第一項）；③須其債權之發生，與該動產有牽連關係，不過法律上就商事留置權有擬制牽連關係之規定，即民法第九二九條規定：「商人間因營業關係而占有之動產，與其因營業關係所生之債權，視為有前條所定之牽連關係。」是也。有此擬制之規定，當事人即不必就牽連關係之有無，加以舉證。

㈡消極要件

①須其動產非因侵權行為或其他不法之原因而占有（民法第九二八條第二項）；②須非債權人於其占有之始明知或因重大過失而不知該動產非為債務人所有（同條第三項）；③須動產之留置不違反公共秩序或善良風俗（民法第九三〇條前段）；④須動產之留置，不與債權人應負擔之義務，或與債權人債務人間之約定相牴觸（同條後段），惟此亦原則，若債務人於動產交

付後，成為無支付能力，或其無交付能力，於交付後始為債權人所知者，其動產之留置，縱有上述所定之牴觸情形，債權人仍得行使留置權（民法第九三一條第二項）。

■ 案例研析 ■

甲將其機車，送至隔壁乙之機車行修理。修理完畢後，甲遲未支付修理費。試問：(1)乙可否留置該輛機車？(2)若甲尚欠乙會錢未還，於留置後，乙可否主張該機車之擔保範圍，除修理費外，尚及於會錢？

■ 擬 答

依民法第九二八條第一項規定：「稱留置權者，謂債權人占有他人之動產，而其債權之發生與該動產有牽連關係，於債權已屆清償期未受清償時，得留置該動產之權。」故本例中：

(1)甲將機車送乙修理，使乙占有其機車，今甲尚未支付修理費，該修理費之清償，與機車之返還，係基於同一法律關係，故依本條規定，應認乙得留置機車。

(2)就會錢部分，會錢與乙占有機車之間，並無任何牽連關係。依本條規定，並無留置權可言。故乙不得主張其留置之機車，所擔保之範圍及於會錢。

二、留置權之效力

㈠效力之範圍

1.**所擔保債權之範圍**：留置權所擔保債權之範圍，民法並未列舉，祗要該債權之發生與留置之動產有牽連關係者即可。

2.**留置權標的物之範圍**：除留置物本身外，亦及於其從物及孳息。

㈡對於留置權人之效力

1.標的物之留置：民法第九三二條之規定：「債權人於其債權未受全部清償前，得就留置物之全部，行使其留置權。但留置物為可分者，僅得依其債權與留置物價值之比例行使之。」此為留置權之主要效力。

2.留置物存有所有權以外之物權者（例如留置物上存有質權等是），該物權人不得以之對抗善意之留置權人（民法第九三二條之一）。

3.質權存續中質權人對質物之保管義務、使用或出租之限制、孳息收取權及有腐敗之虞時之變價權，於留置權準用之（民法第九三三條）。

4.債權人因保管留置物所支出之必要費用，得向其物之所有人，請求償還（民法第九三四條）。

5.留置權之實行：留置權之實行為留置權消滅之原因，詳於消滅中述之。

㈢對於留置物所有人之效力

動產一經為人留置，則其所有人即喪失使用收益之權，惟處分權不因之而喪失，仍得將其所有權讓與他人，但留置權不因此而受影響。可見留置權成立之初，該動產固須為債務人之所有，但成立後則不以繼續為債務人所有為必要，易言之債務人如將該動產之所有權，讓與第三人時，則債權人之留置權仍存於第三人之物之上。

三、留置權之消滅

㈠留置權之實行

留置權一經實行，即歸消滅。然如何實行？①債權人於其債權已屆清償期，而未受清償者，得定一個月以上之相當期限，通知債務人，聲明如不於其期限內為清償時，即就其留置物取償；留置物為第三人所有或存有其他物權而為債權人所知者，應併通知之。債務人或留置物所有人不於前項期限內為清償者，債權人得準用關於實行質權之規定，就留置物賣得之價金優先受償，或取得其所有權（民法第九三六條第一、二項）。②不能為上述之通知者，於債權清償期屆至後，經過六個月仍未受清償時，債權人亦得行使上述之權利（民法第九三六條第三項）。以上①②兩點實行方法，無論依照何者為之，則留置權歸於消滅。

㈡擔保之另提

債務人或留置物所有人為債務之清償，已提出相當之擔保者，債權人之留置權消滅（民法第九三七條第一項）。

㈢留置物之返還、占有之喪失、留置物之滅失

第八九七條（質物之返還）、第八九八條（占有之喪失）、第八九九條（質物之滅失）之規定於留置權準用之（民法第九三七條第二項）。

習 題

一、何謂留置權？其與動產質權有何不同？

二、試述留置權成立之積極要件與消極要件。

三、留置權消滅之原因有幾？試詳述之。

第十章　占　有

一、占有之意義及種類

㈠占有之意義

占有乃對於物有管領力之事實。民法對占有雖未設定義之規定，但就民法第九四〇條規定：「對於物有事實上管領之力者，為占有人。」觀之，當然應作如上之解釋。占有之標的為物，物指動產及不動產而言；若占有之標的為權利時，則稱為準占有（如民法第九六六條所定），而非此之占有。至於所謂管領乃事實上支配之意，例如房屋之居住或加鎖，衣服之穿著或收箱均是。又支配不以占有人親自為之為限，即以他人為輔助人而占有之亦可，民法第九四二條規定：「受僱人、學徒、家屬或基於其他類似之關係，受他人之指示，而對於物有管領之力者，僅該他人為占有人。」則此等受他人指示而管領之人，學說上稱為占有輔助人。

㈡占有之種類

占有以種種不同之區別標準，可分為下列各類：

1. **有權占有與無權占有**：前者係基於某種權利（例如所有權、質權）而占有，後者則不基於任何權利而占有。占有之有權或無權，本應由占有人舉證，但民法第九四三條則推定占有人係有權占有。

2. **直接占有與間接占有**：地上權人、農育權人、典權人、質權人、承租人、受寄人或基於其他類似之法律關係，對於他人之物為占有者，該他人為間接占有人（民法第九四一條）；於是此等占有他人之物之人為直接占有人。

3. **自主占有與他主占有**：以所有之意思而占有者，謂之自主占有，否則謂之他主占有。所有之意思之有無，本應由占有人舉證，但民法第九四四條則推定占有人以所有之意思而占有。亦即推定為自主占有。又民法第九四五條第一項規定：「占有依其所由發生之事實之性質，無所有之意思者，其占有人對於使其占有之人，表示所有之意思時起，為以所有之意思而占有；其因新事實變為以所有之意思占有者亦同。」如是則他主占有，變為

自主占有矣。

4.**善意占有與惡意占有**：占有人不自知其為無權占有者為善意占有，明知其為無權占有者為惡意占有。民法第九四四條推定占有人為善意占有者，於是主張善意占有者，則勿庸舉證。又善意占有可分為無過失之善意占有及有過失之善意占有兩者，前者如民法第七七〇條所定者是也。

5.**和平占有與強暴占有**：和平占有乃不藉暴力以維持其占有之謂，強暴占有指以強暴手段維持其占有者而言。民法第九四四條推定占有人為和平占有者，於是主張其係強暴占有者，應負舉證責任。

6.**公然占有與隱祕占有**：前者乃不用隱祕之方法之占有；後者乃對於特定人用隱祕之方法，以避免該人發見之占有，民法第九四四條推定占有人為公然占有者。

7.**繼續占有與不繼續占有**：前者乃在一定時間內繼續不斷的占有，而後者則否。民法第九四四條第二項規定：「經證明前後兩時為占有者，推定前後兩時之間，繼續占有。」例如占有人證明民國六十年占有該物，而現在（民國八十四年）仍占有該物，則法律上即推定由民國六十年至現在繼續占有。不必就年年占有，一一舉證也。

8.**單獨占有與共同占有**：一人單獨占有一物，謂之單獨占有，數人共同占有一物，謂之共同占有。共同占有有基於某權利（如基於所有權或典權）者，亦有不基於任何權利（無權占有）者，均不失為共同占有。

二、占有之取得

占有之取得，有原始取得與繼受取得之分：所謂原始取得，如無主物之先占是；所謂繼受取得，如占有讓與或繼承，則受讓人或繼承人之取得占有，即為繼受取得是。占有讓與即為占有之移轉，其移轉之方法，準用民法第七六一條之規定，即或現實交付，或觀念交付，均無不可。又占有由繼受而取得者，該繼承人或受讓人得就自己之占有或將自己之占有與其前占有人之占有合併，而為主張；合併前占有人之占有而為主張者，並應承繼其瑕疵（民法第九四七條）。所謂瑕疵即指惡意、強暴、隱祕，不繼續占有之謂。占有有此等瑕疵，則影響因占有而取得權利。

三、占有之效力

㈠權利之推定

占有人於占有物上行使之權利，推定其適法有此權利（民法第九四三條第一項）。例如占有人於占有物上行使所有權時，則推定其有所有權；行使租賃權時，即推定其有租賃權，因而如有爭執，占有人就其有此權利，不負舉證責任（民事訴訟法第二八一條）。權利之推定，於下列情形不適用之：一、占有已登記之不動產而行使物權；二、行使所有權以外之權利者，對使其占有之人（民法第九四三條第二項）。

㈡權利之取得

占有人憑占有而取得權利之情形如下：

1.取得時效：取得時效即以占有為要件，亦即占有達法定期間，則取得所有權，故占有為取得權利之一種方法。其詳已見前述，茲不復贅。

2.善意受讓：善意受讓亦稱即時取得，依民法第九四八條規定：「以動產所有權或其他物權之移轉或設定為目的，而善意受讓該動產之占有者，縱其讓與人無讓與之權利，其占有仍受法律之保護。但受讓人明知或因重大過失而不知讓與人無讓與之權利者，不在此限。動產占有之受讓，係依第七百六十一條第二項規定為之者，以受讓人受現實交付且交付時善意為限，始受前項規定之保護。」本條限於動產適用，因不動產須經登記始能移轉或設定權利，與動產權利之移轉或設定，僅依占有為之者，有所不同。本條原係無權處分問題之一種，無權處分依民法第一一八條規定，須經有權利人之承認，始生效力，但具備本條所定要件時，則無須有權利人之承認，其占有即受保護矣。其占有一受保護，於是以移轉所有權為目的者，則其受讓人即取得該動產之所有權（民法第八○一條）；以設定質權為目的者，則受質之人即取得該動產之質權（民法第八八六條）。

以上所述因善意受讓而取得動產之權利，是為原則，尚有例外，即占有物如係盜贓、遺失物或其他非基於原占有人之意思而喪失其占有者，原占有人自喪失占有之時起二年以內，得向善意受讓之現占有人請求回復其物（民法第九四九條第一項）。依前項規定回復其物者，自喪失其占有時起，

回復其原來之權利（民法第九四九條第二項）。惟盜贓、遺失物或其他非基於原占有人之意思而喪失其占有之物，如現占有人由公開交易場所，或由販賣與其物同種之物之商人，以善意買得者，非償還其支出之價金，不得回復其物（民法第九五〇條）。但盜贓、遺失物或其他非基於原占有人之意思而喪失其占有之物，如係金錢或未記載權利人之有價證券，則不得向其善意受讓之現占有人，請求回復（民法第九五一條），以免有礙於流通也。

㈢占有之回復

占有人於有本權之人得請求回復占有物時，則其返還之標的及範圍如何？視占有人係善意抑惡意而有不同。茲分別述之：

1.善意占有人

⑴就占有物言：善意占有人如占有之原物仍存在時，應返還原物，若不存在時，依民法第九五三條規定：「善意占有人就占有物之滅失或毀損，如係因可歸責於自己之事由所致者，對於回復請求人僅以因滅失或毀損所受之利益為限，負賠償之責。」若未受利益，則不必賠償。又因不可歸責於自己之事由（如不可抗力），則更不必賠償。

⑵就孳息言：民法第九五二條規定：「善意占有人於推定其為適法所有之權利範圍內，得為占有物之使用及收益。」可知善意占有不必返還孳息。

⑶就費用言：善意占有人因保存占有物所支出之必要費用，得向回復請求人請求償還；但已就占有物取得孳息者，不得請求償還通常必要費用（民法第九五四條），亦即與孳息互抵。又民法第九五五條規定：「善意占有人，因改良占有物所支出之有益費用，於其占有物現存之增加價值限度內，得向回復請求人，請求償還。」

2.惡意占有人

所謂惡意占有人，即明知其無權占有之人，而善意占有人自確知其無占有本權時起，為惡意占有人。善意占有人於本權訴訟敗訴時，則自訴狀送達之日起，視為惡意占有人（民法第九五九條）。惡意占有人返還之問題有：

⑴就占有物言：惡意占有人占有之原物仍存在時，亦應返還原物，若

原物不存在時，依民法第九五六條規定：「惡意占有人或無所有意思之占有人，就占有物之滅失或毀損，如係因可歸責於自己之事由所致者，對於回復請求人，負賠償之責。」即須全部賠償。

(2)就孳息言：惡意占有人負返還孳息之義務，其孳息如已消費，或因其過失而毀損或怠於收取者，負償還其孳息價金之義務（民法第九五八條）。

(3)就費用言：惡意占有人因保存占有物所支出之必要費用，對於回復請求人，得依關於無因管理之規定，請求償還（民法第九五七條）。所謂依無因管理之規定，即該項必要費用之支出，須以有利本人之方法，並不違反本人明示或可得推知之意思始可（民法第一七六條第一項參照）。

(四)占有人之自力救濟權

占有人有自力救濟權：

(1)自力防禦權：占有人對於侵奪或妨害其占有之行為，得以己力防禦之（民法第九六○條第一項）。

(2)自力取回權：占有物被侵奪者，如係不動產，占有人得於侵奪後，即時排除加害人而取回之；如係動產，占有人得就地或追蹤向加害人取回之（同條第二項）。

以上兩種權利，占有輔助人亦得行使之（民法第九六一條）。

(五)占有人之物上請求權

占有人，其占有被侵奪者，得請求返還其占有物；占有被妨害者，得請求除去其妨害；占有有被妨害之虞者，得請求防止其妨害（民法第九六二條），是為占有人之物上請求權。此等請求權，自侵奪或妨害占有或危險發生後一年間不行使而消滅（民法第九六三條）。數人共同占有一物時（即共同占有），各占有人得就占有物之全部，行使第九六○條或第九六二條之權利。依此項規定，取回或返還之占有物，仍為占有人全體占有（民法第九六三條之一）。惟數人共同占有一物時，各占有人就其占有物使用之範圍，不得互相請求占有之保護（民法第九六五條）。即占有人相互間，對於占有物之使用範圍，不得行使物上請求權。

案例研析

某甲之金項鍊，遺失於乙金飾店處，為乙拾得。某日丙至乙店選購金飾不知項鍊為甲所有，而看中該條項鍊，願出高價，乙財迷心竅，竟將其出賣，讓丙帶回。試問：甲可否向丙請求收回該金項鍊？

擬 答

按民法第九四九條第一項規定：「占有物如係盜贓、遺失物或其他非基於原占有人之意思而喪失其占有者，原占有人自喪失占有之時起二年以內，得向善意受讓之現占有人請求回復其物。」又第九五○條規定：「盜贓、遺失物或其他非基於原占有人之意思而喪失其占有之物，如現占有人由公開交易場所，或由販賣與其物同種之物之商人，以善意買得者，非償還其支出之價金，不得回復其物。」在本例中，該項鍊係甲所遺失之物，依第九四九條第一項規定，甲得自喪失占有（即遺失）之時起二年內，向善意受讓之現占有人丙請求回復。惟丙係善意自販賣與金項鍊同種之物之商人乙處買得，故依第九五○條規定，甲應先償還丙所支出之價金後，始得請求丙返還金項鍊。

四、占有之消滅

占有因下列事由而消滅：①占有物之滅失：占有物滅失，占有當然消滅。②管領力之喪失：占有，因占有人喪失其對於物之事實上管領力而消滅；但其管領力僅一時不能實行者，不在此限（民法第九六四條）。

五、準占有

準占有亦稱權利占有，乃以不因物之占有而成立之財產權為標的之占有是也。所謂不因物之占有而成立之財產權，如債權是。民法第九六六條第一項規定：「財產權，不因物之占有而成立者，行使其財產權之人，為準占有人。」如債權準占有人即是（參照民法第三一○條第二款）。關於占有之規定，於準占有準用之（民法第九六六條第二項）。

■ 習 題

一、試述占有之意義。

二、試述占有之效力。

三、占有人於其占有物被侵奪或占有被妨害時,得主張何種請求權?

四、試解釋下列名詞,並說明其區別:

　　(1)自主占有與他主占有。

　　(2)善意占有與惡意占有。

　　(3)有權占有與無權占有。

五、何謂占有人?何謂占有輔助人?

第四編 親 屬

第一章 通 則

一、親屬之意義及種類

㈠親屬之意義

何謂親屬？法無定義。解釋上基於血統或婚姻關係所發生一定身分之人，其相互間謂之親屬。故親屬法為身分法。

㈡親屬之種類

親屬有三：

1.配偶：夫妻彼此間互為配偶。配偶是否為親屬？我民法並無明文，因而說者不一。本書則認為應係親屬。蓋夫妻乃人倫之始，有夫妻而後有父母子女，故夫妻應為最基本的親屬也（並請參照刑法第三二四條）。

2.血親：血親乃依血統關係所生之親屬，有下列兩類：

⑴天然血親：天然血親乃出於同一祖先，而有血統連繫之血親。如父母、子女、兄弟、姊妹等均是。

⑵擬制血親：擬制血親乃無血統連繫，而由法律上所擬制之血親，故亦稱法定血親，如養父母之與養子，以至養子女與婚生子女相互間均是。

3.姻親：姻親乃因婚姻關係所生之親屬，依民法第九六九條規定，有下列三類：

⑴血親之配偶：如兒媳、女婿、兄弟之妻、姊妹之夫、伯母、嬸母、姑父、姨父是。

⑵配偶之血親：如夫之父母（翁姑），妻之父母（岳父岳母），夫之前妻之子是。

⑶配偶之血親之配偶：如夫之嫂（即妯娌間），妻之弟婦是。

此外對於「血親之配偶之血親」，如子之岳父岳母，女之翁姑，我民法並未列入親屬關係。但此等人相互間，俗稱兒女親家，事實上固非不屬於

親屬也。

二、親　系

親系乃親屬間彼此連繫之系別，除配偶外，可分為血親之親系及姻親之親系如下：

㈠血親之親系

1.**直系血親**：直系血親乃己身之所從出，或從己身所出之血親（民法第九六七條第一項）。前者，如父母、祖父母是，稱為直系血親尊親屬。後者，如子女、孫子女是，稱為直系血親卑親屬。

2.**旁系血親**：旁系血親乃非直系血親，而與己身出於同源之血親（民法第九六七條第二項）。如叔伯祖父、叔父伯父、兄弟姊妹、侄子女、侄孫子女是。

㈡姻親之親系

1.**血親之配偶**：血親之配偶，從其配偶之親系（民法第九七〇條第一款），如子為血親，則媳為直系姻親；兄為旁系血親，則嫂為旁系姻親是。

2.**配偶之血親**：配偶之血親從其與配偶之親系（同條第二款），如妻之父母為妻之直系血親，則己身與妻之父母即為直系姻親。妻之兄弟為妻之旁系血親，則己身與妻之兄弟即為旁系姻親。

3.**配偶之血親之配偶**：配偶之血親之配偶，從其與配偶之親系（同條第三款），如妻之兄弟之妻為妻之旁系姻親，亦為夫之旁系姻親；夫之侄媳為夫之旁系姻親，亦為妻之旁系姻親是。

三、親　等

親等乃表示親屬關係遠近親疏之尺度，其計算有羅馬法計算法與教會法計算法兩種，我民法採取前者，分血親親等之計算，與姻親親等之計算如下：

㈠血親親等之計算

民法第九六八條規定，血親親等之計算為：①直系血親，從己身上下數，以一世為一親等，如父與子為一親等，祖與孫為二親等是。②旁系血親，從己身數至同源之直系血親，再由同源之直系血親，數至與之計算親

等之血親，以其總世數為親等之數。如己身與兄計算親等時，則數至同源之父（一世），再由父數至兄（一世），共計為二世，則己身與兄為二親等是。

（二）姻親親等之計算

民法第九七〇條規定姻親親等之計算方法如下：①血親之配偶，從其配偶之親等，如子為一親等直系血親，則媳為一親等直系姻親是。②配偶之血親，從其與配偶之親等，如夫之父為夫之一親等直系血親，則為妻之一親等直系姻親是。③配偶之血親之配偶，從其與配偶之親等，如妻之兄弟之妻，為妻之二親等旁系姻親，即為夫之二親等旁系姻親是。

四、親屬關係之發生與消滅

（一）血　親

天然血親因出生、準正（民法第一〇六四條）、認領（民法第一〇六五條）而發生，因死亡而消滅。擬制血親則因收養（民法第一〇七二條）而發生。因死亡、終止收養關係而消滅。

（二）姻　親

姻親關係因結婚而發生，因離婚而消滅（民法第九七一條）。

習　題

一、試述親屬的種類。

二、解釋下列名詞：

　　(1)直系血親。

　　(2)旁系血親。

三、試述下列親屬間之親系及親等：

　　(1)甲與甲之叔父之妻。

　　(2)甲與甲妻之兄之子。

　　(3)甲與甲之祖父。

第二章 婚　姻

第一節 婚　約

一、婚約之意義及成立

　　婚約乃男女雙方預定將來結婚之契約，習慣上稱為訂婚。婚約為結婚之預約，但結婚不以先有預約為必要。故婚約之有無，與結婚之效力，並無影響。

　　婚約因男女雙方互相表示意思之一致而成立，有無書面均無不可，故為不要式契約。但必須男女親自訂定（民法第九七二條），不許他人代理。又當事人須有訂婚能力，即男未滿十七歲，女未滿十五歲，不得訂定婚約（民法第九七三條）。而未成年人訂定婚約時，應得法定代理人之同意（民法第九七四條）。

二、婚約之效力

　　婚約雖亦為契約，但其拘束力不大，不僅解約較易，而且不得請求強迫履行（民法第九七五條）。蓋婚姻為終身大事，男女之結合，須以情愛為基礎，苟感情不睦，不應以法律勉為其難也。不過婚約究為契約之一種，倘毫無拘束力，亦屬不妥。民法第九七八條規定：「婚約當事人之一方，無第九七六條之理由而違反婚約者，對於他方因此所受之損害，應負賠償之責。」此種情形，雖非財產上之損害，受害人亦得請求賠償相當之金額，但以受害人無過失者為限。上述之請求權，不得讓與或繼承；但已依契約承諾，或已起訴者，不在此限（民法第九七九條）。

三、婚約之解除

㈠解除之原因

　　婚約當事人之一方，有下列情形之一者，他方得解除婚約（民法第九七六條第一項）：

　　1.婚約訂定後，再與他人訂定婚約或結婚。

　　2.故違結婚期約。

3.生死不明已滿一年。

4.有重大不治之病。

5.婚約訂定後與他人合意性交。

6.婚約訂定後受徒刑之宣告。

7.有其他重大事由。

㈡解除之方法

婚約之解除，應向他方以意思表示為之（民法第二五八條），如事實上不能向他方為解除之意思表示時，無須為意思表示，自得為解除時起，不受婚約之拘束（民法第九七六條第二項）。

㈢解除之效果

民法第九七七條規定：「依前條之規定婚約解除時，無過失之一方得向有過失之他方請求賠償其因此所受之損害。前項情形，雖非財產上之損害，受害人亦得請求賠償相當之金額。前項請求權不得讓與或繼承；但已依契約承諾，或已起訴者，不在此限。」又民法第九七九條之一規定：「因訂婚而為贈與者，婚約無效、解除或撤銷時，當事人之一方，得請求他方返還贈與物。」而同條之二規定：「第九七七條至第九七九條之一所規定之請求權，因二年間不行使而消滅。」是為短期時效。

第二節　結　婚

一、結婚之意義及要件

結婚乃男女雙方結為夫妻之契約。一經結婚則發生夫妻之身分，而此種身分，除離婚或撤銷外，終身存在。故俗稱結婚為終身大事，允宜極端慎重。此外，司法院釋字第七四八號解釋施行法另外承認相同性別之二人，得為經營共同生活之目的，成立具有親密性及排他性之永久結合關係，此一關係並非規定於民法當中，故本書僅在此作一提點，不擬對之深入論述。現行民法規定之結婚要件如下：

㈠形式要件

民法第九八二條就結婚之形式要件，原採儀式婚主義，因儀式之公示

力薄弱，容易衍生重婚等問題，且就公開儀式之認定常有爭執，進而影響婚姻之效力，九十六年修正時，乃改採法律婚主義，規定：「結婚，應以書面為之，有二人以上證人之簽名，並應由雙方當事人向戶政機關為結婚之登記。」本條之規定自公布後一年施行（民法親屬編施行法第四條之一第一項）。

㈡實質要件

1.須有結婚能力

男未滿十八歲，女未滿十八歲者，不得結婚（民法第九八〇條），亦即此等男女尚無結婚能力。又因成年年齡與結婚年齡均修正為十八歲，故已無未成年人結婚應得法定代理人同意之情形，爰刪除民法第九八一條。

2.須無結婚之限制

結婚有下列之限制：

⑴親屬關係之限制：民法第九八三條第一項規定：「與左列親屬，不得結婚：一、直系血親及直系姻親。二、旁系血親在六親等以內者。但因收養而成立之四親等及六親等旁系血親，輩分相同者，不在此限。三、旁系姻親在五親等以內，輩分不相同者。」又同條第二項規定：「前項直系姻親結婚之限制，於姻親關係消滅後，亦適用之。」又同條第三項規定：「第一項直系血親及直系姻親結婚之限制，於因收養而成立之直系親屬間，在收養關係終止後，亦適用之。」

⑵監護關係之限制：監護人與受監護人，於監護關係存續中，不得結婚。但經受監護人父母之同意者，不在此限（民法第九八四條）。

⑶重婚之禁止：民法第九八五條規定：「有配偶者，不得重婚。一人不得同時與二人以上結婚。」相姦者結婚之禁止、及女子再婚期間之限制已於民國八十七年六月十七日予以刪除。

■ 案例研析 ■

某甲為獨子，自幼品學兼優，大學畢業後在臺北某公司擔任總經理特別助理。然某甲之雙親抱孫心切，遂在臺中私自為某甲與某乙訂立婚約。

試問：⑴此婚約是否有效？⑵若某甲見某乙氣質高雅、美艷大方，亦同意此婚約，遂與某乙二人在乙獨居之房裡交換戒指（其時並無他人在場）。婚姻是否成立？

擬 答

⑴依民法第九七二條之規定：「婚約，應由男女當事人自行訂定。」所以某甲之父母私自為某甲所訂立之婚約，依本條規定為無效。

⑵依九十六年修正前之民法第九八二條第一項之規定：「結婚，應有公開儀式及二人以上之證人。」違反此規定者，結婚無效（民法第九八八條參照）。故某甲與某乙雖已互換戒指，但係在乙之房間，且無第三人在場，亦即既無公開儀式，復缺乏二人以上之證人，此婚姻應為無效。九十六年修正之規定為「結婚，應以書面為之，有二人以上證人之簽名，並應由雙方當事人向戶政機關為結婚之登記。」違反此規定者，結婚無效（民法第九八八條第一款）。

二、結婚之無效及撤銷

㈠結婚之無效

民法第九八八條規定：「結婚有下列情形之一者，無效：一、不具備第九八二條之方式。二、違反第九八三條規定。三、違反第九八五條規定。但重婚之雙方當事人因善意且無過失信賴一方前婚姻消滅之兩願離婚登記或離婚確定判決而結婚者，不在此限。」亦即①結婚不具備「書面、二人以上證人之簽名、由雙方當事人向戶政機關為結婚之登記」者無效；②與第九八三條禁止結婚之親屬結婚者無效；③有配偶而重婚者無效；及④一人同時與二人以上結婚者無效是也。惟須注意，重婚之雙方當事人因善意且無過失信賴一方前婚姻消滅之兩願離婚登記或離婚確定判決而結婚者，其重婚為有效。於此情形，前婚姻自後婚姻成立之日起視為消滅。前婚姻視為消滅之效力，除法律另有規定外，準用離婚之效力；但剩餘財產已為分配或協議者，仍依原分配或協議定之，不得另行主張。無過失之前配偶得向他方請求賠償（詳見民法第九八八條之一）。

㈡結婚之撤銷

①結婚違反第九八○條之規定者（即未達結婚年齡者），當事人或其法定代理人，得向法院請求撤銷之；但當事人已達該條所定年齡或已懷胎者，不得請求撤銷（民法第九八九條）。②結婚違反第九八四條之規定者（監護人與受監護人結婚），受監護人或其最近親屬，得向法院請求撤銷之；但結婚已逾一年者，不得請求撤銷（民法第九九一條）。③當事人之一方於結婚時不能人道而不能治者，他方得向法院請求撤銷之；但自知悉其不能治之時起已逾三年者，不得請求撤銷（民法第九九五條）。④當事人之一方於結婚時係在無意識或精神錯亂中者，得於常態回復後六個月內向法院請求撤銷之（民法第九九六條）。⑤因被詐欺或被脅迫而結婚者，得於發見詐欺或脅迫終止後，六個月內向法院請求撤銷之（民法第九九七條）。

㈢結婚無效或撤銷之效果

①結婚無效，當然係自始無效；但結婚經撤銷者，其效力則不溯及既往（民法第九九八條）。②當事人之一方因結婚無效或被撤銷而受有損害者，得向他方請求賠償；但他方無過失者，不在此限。前項情形，雖非財產上之損害，受害人亦得請求賠償相當之金額；但以受害人無過失者為限。前項請求權，不得讓與或繼承；但已依契約承諾，或已起訴者，不在此限（民法第九九九條）。又第九九九條之一規定：「第一○五七條及第一○五八條之規定，於結婚無效時準用之。第一○五五條、第一○五五條之一、第一○五五條之二、第一○五七條及第一○五八條之規定，於結婚經撤銷時準用之。」斯乃離婚時關於子女監護，贍養費之給與及雙方財產之處理，於結婚無效或經撤銷時準用之規定也，詳請參照各該條規定，茲不贅述。

▇ 案例研析 ▇

某甲為某公立高中二年級學生，年十七歲，與某女乙（為某公立女子中學一年級學生，年十六歲）相戀，某日二人私下依法定方式結婚互許終身。試問：⑴甲、乙婚姻之效力如何？⑵若乙女之父丙聞訊後大為震怒，欲將之撤銷，不料乙女已有孕在身，丙得否將其婚姻撤銷？

擬 答

「男女未滿十八歲者，不得結婚」，在民法第九八○條訂有明文。又第九八九條規定：「結婚違反第九百八十條之規定者，當事人或其法定代理人得向法院請求撤銷之。但當事人已達該條所定年齡或已懷胎者，不得請求撤銷。」故：

(1)甲、乙二人私下結婚，因二人均為未成年人，依民法第九八○條規定，原不得結婚。今甲、乙擅自結婚，依第九八九條規定，甲或乙或其法定代理人丙得撤銷而已，尚非無效。

(2)丙欲撤銷甲、乙之婚姻，但乙女已懷孕，依前述民法第九八九條但書規定，丙不得撤銷。

案例研析

甲男與乙女為夫妻，育有一女 A，後因乙女無法生育，求子心切，遂共同收養一子 B（年五歲），二十年後，A 女 B 男因暗生情愫，思欲結婚。試問：(1) A、B 可否結婚？(2)是否因 B 終止收養而有無不同？

擬 答

(1)養子女和養父母之親生子女間，是否亦發生親屬關係？我民法上並無明文規定，但解釋上亦應發生才妥當。又依民法第九八三條第一項第三款之規定，旁系血親之輩分相同，而在八親等以內者，除六親等及八親等之表兄弟姊妹外，不得結婚（民法第九八三條參照）。是故，A、B 間既有親屬關係，依第九八三條規定，不得結婚。

(2)但 B 若已終止與甲、乙間之收養關係，則與 A 間之親屬關係自亦消滅。故大法官會議釋字第三二號解釋後段：「……至被收養為子女後，另行與養父母之婚生子女結婚者，自應先行終止收養關係。」故如 B 已終止收養，即可與 A 結婚。

第三節　婚姻之普通效力

一、夫妻之冠姓

民法第一○○○條規定：「夫妻各保有其本姓。但得書面約定以其本姓冠以配偶之姓，並向戶政機關登記。冠姓之一方得隨時回復其本姓。但於同一婚姻關係存續中以一次為限。」

二、夫妻之同居

民法第一○○一條規定：「夫妻互負同居之義務。但有不能同居之正當理由者，不在此限。」惟夫妻同居雖屬義務，但此種義務，不得強制執行（強制執行法第一二八條第二項）。

三、夫妻之住所

民法第一○○二條規定：「夫妻之住所，由雙方共同協議之；未為協議或協議不成時，得聲請法院定之。法院為前項裁定前，以夫妻共同戶籍地推定為其住所。」

四、夫妻之代理

民法第一○○三條規定：「夫妻於日常家務，互為代理人。夫妻之一方濫用前項代理權時，他方得限制之。但不得對抗善意第三人。」

五、家庭生活費用之分擔

民法第一○○三條之一規定：「家庭生活費用，除法律或契約另有約定外，由夫妻各依其經濟能力、家事勞動或其他情事分擔之。因前項費用所生之債務，由夫妻負連帶責任。」本條規定，於各種夫妻財產制均一體適用。

第四節　夫妻財產制

第一款　通　則

一、夫妻財產制之意義及種類

夫妻財產制，乃夫妻間就其財產問題，應遵循之法則也。例如就其資產

應如何享有，就其負債應如何清償，就其剩餘財產應如何分配等法則均是。

夫妻財產制，在我民法上應分兩類：

㈠約定財產制

夫妻財產屬於其私人問題，自應由夫妻自由約定，但其內容，民法規定二種類型，以供選擇，即①共同財產制；②分別財產制是也。

㈡法定財產制

夫妻間如無約定上述之財產制時，則適用法定財產制。

以上兩類財產制，依民法第一〇〇四條規定：「夫妻得於結婚前或結婚後，以契約就本法所定之約定財產制中，選擇其一，為其夫妻財產制。」而第一〇〇五條復規定：「夫妻未以契約訂立夫妻財產制者，除本法另有規定外，以法定財產制，為其夫妻財產制。」所謂本法另有規定，如民法第一〇一條所定之分別財產制，亦即學說上所稱之非常法定財產制是也，詳見下述。

二、夫妻財產制之訂立、變更及廢止

夫妻財產制契約之訂立、變更或廢止，應以書面為之（民法第一〇七條），且非經登記，不得以之對抗第三人，此項夫妻財產制契約之登記，不影響依其他法律所為財產權登記之效力，對於夫妻財產制契約登記前，夫或妻所負債務之債權人，亦不生效力（民法第一〇〇八條第一、二項）。此項登記，另以法律定之（民法第一〇〇八條第三項），現「非訟事件法」第一〇一條就此設有規定，而其登記程序，則以「法人及夫妻財產制契約登記規則」規定之。又民法第一〇〇八條之一規定：「前二條之規定，於有關夫妻財產之其他約定準用之。」所謂「其他約定」，係指第一〇三二條、第一〇四〇條第二項等約定。至於夫妻於婚姻關係存續中，得以契約廢止其財產契約，或改用他種約定財產制（民法第一〇一二條）。其程序亦依上述之規定為之。

其次民法第一〇一〇條規定：「夫妻之一方有左列各款情形之一時，法院因他方之請求，得宣告改用分別財產制：一、依法應給付家庭生活費用而不給付時；二、夫或妻之財產，不足清償其債務時；三、依法應得他方

同意所為之財產處分，他方無正當理由拒絕同意時；四、有管理權之一方對於共同財產之管理顯有不當，經他方請求改善而不改善時；五、因不當減少其婚後財產，而對他方剩餘財產分配請求權有侵害之虞時；六、有其他重大事由時。夫妻之總財產不足清償總債務或夫妻難於維持共同生活，不同居已達六個月以上時，前項規定於夫妻均適用之。」是為夫妻財產制之宣告變更。上述第六款所稱重大事由，例如臺商將財產移轉至大陸，致臺灣之配偶或其子女權益受影響時，即屬之。

第二款　法定財產制

一、法定財產制之意義及其成立

　　法定財產制有一般的法定財產制及非常法定財產制兩種。前者指民法第一〇一七條以下所定之法定財產制而言；後者指民法第一〇一〇條所定之分別財產制而言。茲所論者以前者為限。

　　法定財產制，其成立，無須夫妻訂立契約，亦無須登記，在法律上當然生效。

二、法定財產制之效力

㈠婚前財產與婚後財產及其歸屬

　　夫或妻之財產分為婚前財產與婚後財產，由夫妻各自所有。不能證明為婚前或婚後財產者，推定為婚後財產；不能證明為夫或妻所有之財產，推定為夫妻共有。夫或妻婚前財產，於婚姻關係存續中所生之孳息，視為婚後財產。夫妻以契約訂立夫妻財產制後，於婚姻關係存續中改用法定財產制者，其改用前之財產視為婚前財產（民法第一〇一七條）。中華民國九十一年民法親屬編修正前適用聯合財產制之夫妻，其特有財產或結婚時之原有財產，於修正施行後視為夫或妻之婚前財產；婚姻關係存續中取得之原有財產，於修正施行後視為夫或妻之婚後財產（民法親屬編施行法第六條之二）。

㈡財產之管理、使用、收益及處分

　　夫或妻各自管理、使用、收益及處分其財產（民法第一〇一八條），以

確保夫妻權益之平等,並保障交易安全。至於修正後之管理費用,應由夫或妻各自負擔,乃屬當然解釋,不待明定。夫妻就其婚後財產,互負報告之義務(民法第一〇二二條)。

㈢自由處分金

夫妻於家庭生活費用外,得協議一定數額之金錢,供夫或妻自由處分(民法第一〇一八條之一)。協議不成時,可由法院視實際情況酌定。

㈣剩餘財產分配請求權之保全

夫或妻於婚姻關係存續中就其婚後財產所為之無償行為,有害及法定財產制關係消滅後他方之剩餘財產分配請求權者,他方得聲請法院撤銷之。但為履行道德上義務所為之相當贈與(例如想要孝敬父母而有所餽贈,或父母因年老生活困難而按月酌給生活費),不在此限。夫或妻於婚姻關係存續中就其婚後財產所為之有償行為,於行為時明知有損於法定財產制關係消滅後他方之剩餘財產分配請求權者,以受益人受益時亦知其情事者為限,他方得聲請法院撤銷之(民法第一〇二〇條之一)。此撤銷權,自夫或妻之一方知有撤銷原因時起,六個月間不行使,或自行為時起經過一年而消滅(民法第一〇二〇條之二)。

㈤債務之清償

夫妻各自對其債務負清償之責。夫妻之一方以自己財產清償他方之債務時,雖於婚姻關係存續中,亦得請求償還(民法第一〇二三條)。

三、剩餘財產差額之分配

法定財產制關係消滅時(夫或妻之一方死亡、離婚、改用其他財產制及婚姻撤銷等情形),夫或妻現存之婚後財產,扣除婚姻關係存續中所負債務後,如有剩餘,其雙方剩餘財產之差額,應平均分配。但一、因繼承或其他無償取得之財產;二、慰撫金,不在此限。夫妻之一方對於婚姻生活無貢獻或協力,或有其他情事,致平均分配有失公平者,法院得調整或免除其分配額。法院為前項裁判時,應綜合衡酌夫妻婚姻存續期間之家事勞動、子女照顧養育、對家庭付出之整體協力狀況、共同生活及分居時間之久暫、婚後財產取得時間、雙方之經濟能力等因素。剩餘財產差額之分配

請求權，不得讓與或繼承。但已依契約承諾，或已起訴者，不在此限。此項請求權，自請求權人知有剩餘財產之差額時起，二年間不行使而消滅。自法定財產制關係消滅時起，逾五年者亦同（民法第一○三○條之一）。夫或妻之一方以其婚後財產清償其婚前所負債務，或以其婚前財產清償婚姻關係存續中所負債務，除已補償者外，於法定財產制關係消滅時，應分別納入現存之婚後財產或婚姻關係存續中所負債務計算。夫或妻之一方以其不列入剩餘財產分配之財產清償婚姻關係存續中其所負債務者，適用前項之規定（民法第一○三○條之二）。夫或妻為減少他方對於剩餘財產之分配，而於法定財產制關係消滅前五年內處分其婚後財產者，應將該財產追加計算，視為現存之婚後財產。但為履行道德上義務所為之相當贈與，不在此限。前項情形，分配權利人（即夫妻之一方依計算結果得向他方請求差額者）於義務人（即應給付剩餘差額之一方）不足清償其應得之分配額時，得就其不足額，對受領之第三人於其所受利益內請求返還。但受領為有償者，以顯不相當對價取得者為限。前項對第三人之請求權，於知悉其分配權利受侵害時起二年間不行使而消滅。自法定財產制關係消滅時起，逾五年者，亦同（民法第一○三○條之三）。夫妻現存之婚後財產，其價值計算以法定財產制關係消滅時為準。但夫妻因判決而離婚者，以起訴時為準。依第一○三○條之三應追加計算之婚後財產，其價值計算以處分時為準（民法第一○三○條之四）。

<h2 style="text-align:center">第三款　約定財產制</h2>

<h3 style="text-align:center">第一目　共同財產制</h3>

一、共同財產制之意義及成立

共同財產制乃夫妻之財產及所得，除特有財產外，合併為共同財產，而屬於夫妻公同共有之謂（民法第一○三一條）。

共同財產制之成立，須夫妻間以書面契約為之（民法第一○○七條），並須經登記，始能對抗第三人（民法第一○○八條）。

二、共同財產制之效力

㈠共同財產之範圍

夫妻之財產及所得,除特有財產外,均屬於共同財產之範圍。所謂特有財產,有三:①專供夫或妻個人使用之物、②夫或妻職業上必需之物及③夫或妻所受之贈物,經贈與人以書面聲明為其特有財產者(民法第一○三一條之一第一項)。此項特有財產,適用關於分別財產制之規定(同條第二項)。夫妻亦得以契約訂定僅以勞力所得為限為共同財產。此之所謂「勞力所得」乃指夫或妻於婚姻關係存續中取得之薪資、工資、紅利、獎金及其他與勞力所得有關之財產收入以及勞力所得之孳息及代替利益而言。不能證明為勞力所得或勞力所得以外財產者,推定為勞力所得。夫或妻勞力所得以外之財產,適用關於分別財產制之規定。第一○三四條、第一○三八條及第一○四○條之規定,於勞力所得共同財產制準用之(民法第一○四一條)。

㈡共同財產所有權之歸屬

共同財產之財產,屬於夫妻公同共有(民法第一○三一條第一項)。

㈢財產之管理及處分

共同財產由夫妻共同管理;但約定由一方管理者,從其約定。共同財產之管理費用由共同財產負擔(民法第一○三二條)。夫妻之一方對於共同財產為處分時,應得他方之同意。前項同意之欠缺,不得對抗第三人;但第三人已知或可得而知其欠缺,或依情形,可認為該財產屬於共同財產者,不在此限(民法第一○三三條)。

㈣債務之清償

夫或妻結婚前或婚姻關係存續中所負之債務,應由共同財產,並各就其特有財產負清償責任(民法第一○三四條)。

其次,共同財產所負之債務,而以共同財產清償者,不生補償請求權;共同財產之債務,而以特有財產清償,或特有財產之債務,而以共同財產清償者,有補償請求權,雖於婚姻關係存續中,亦得請求之(民法第一○三八條)。

三、共同財產之消滅

夫妻之一方死亡時，共同財產制消滅，此時共同財產之半數，歸屬於死亡者之繼承人，其他半數，歸屬於生存之他方。上述之分割，其數額另有約定者，從其約定。死亡者之繼承人，包括配偶，即生存之他方，但該生存之他方依法不得為繼承人時，其對於共同財產得請求之數額，不得超過離婚時所應得之數額（民法第一○三九條）。又共同財產制關係消滅時，除法律另有規定（例如前條規定夫妻一方死亡之情形）外，夫妻各取回其訂立共同財產制契約時之財產（民法第一○四○條第一項）。共同財產制關係存續中取得之共同財產，由夫妻各得其半數；但另有約定者，從其約定（民法第一○四○條第二項）。

第二目　分別財產制

一、分別財產制之意義及成立

分別財產制，乃夫妻各保有其財產之所有權、管理權、使用收益權及處分權之財產制（民法第一○四四條）。在此種財產制之下，無須有特有財產，因夫妻一切財產，皆各保有權利故也。此種財產制既為約定財產制之一種，其契約須以書面訂立，並經登記始能對抗第三人。又此種財產制亦有由於法律規定而採用之者，如民法第一○一○條是。

二、分別財產制之效力

㈠財產之所有、管理、使用、收益及處分

民法第一○四四條規定：「分別財產，夫妻各保有其財產之所有權，各自管理、使用、收益及處分。」從而，夫妻各自保有其財產之所有權，別無婚前財產與婚後財產之分，亦無剩餘財產差額分配問題。夫妻之財產既各分別，則各自保有其財產之管理權、使用收益權及處分權，自屬當然。

㈡債務之清償

分別財產制有關夫妻債務之清償，適用第一○二三條之規定，即，夫妻各自對其債務負清償之責；夫妻之一方以自己財產清償他方之債務時，雖於婚姻關係存續中，亦得請求償還。

第五節　離　婚

一、離婚之意義

離婚乃夫妻脫離夫妻身分，以消滅婚姻關係之謂。

二、離婚之成立

離婚之成立有兩種方式，即兩願離婚與判決離婚是也。分述之如下：

㈠兩願離婚

夫妻雙方得訂立契約而離婚，是為兩願離婚，又稱協議離婚。民法第一〇四九條規定：「夫妻兩願離婚者，得自行離婚。」又民法第一〇五〇條規定：「兩願離婚，應以書面為之，有二人以上證人之簽名，並應向戶政機關為離婚之登記。」可知離婚契約為要式契約，不過此種離婚既為兩廂情願，故不須具備任何理由。

㈡判決離婚

判決離婚乃經法院判決之離婚，又稱裁判離婚。此種離婚係於當事人未能為兩願離婚，而一方訴請法院判決其離婚，故必須有法定理由始可。法定理由如何？依民法第一〇五二條第一項規定，共列舉十大理由，然後加以概括規定，其十大理由如下：

①重婚：重婚乃指有配偶，而重為婚姻而言，至於同時與二人以上結婚，是否為重婚，學說上意見不一，應認為亦為重婚之一種較妥。一方重婚，他方有請求離婚之權；但有請求權之一方，於事前同意，或事後宥恕或知悉後已逾六個月，或自其情事發生後已逾二年者，不得請求離婚（民法第一〇五三條）。

②與配偶以外之人合意性交：九十六年將「與人通姦者」修正為「與配偶以外之人合意性交」，通姦乃與配偶以外之異性性交之謂。夫妻應互負貞操義務（大法官會議釋字第一四七號解釋參照），有配偶者自不得再與配偶以外之人合意性交，否則構成離婚之理由。惟此項離婚之行使，依民法第一〇五三條規定，亦設有限制，即有請求權之一方，事前同意，或事後宥恕，或知悉後已逾六個月，或自其情事發生後已逾二年者，則不得請求

離婚矣。

③夫妻之一方對他方為不堪同居之虐待：夫妻重恩愛，若一方竟虐待他方（如強迫令妻操業賣淫，不聽則打罵），使不堪同居，則法律上准受虐待之一方請求離婚。

④夫妻之一方對他方之直系親屬為虐待，或夫妻之一方之直系親屬對他方為虐待，致不堪為共同生活：此乃基於維護倫常及個人幸福之理由。

⑤夫妻之一方以惡意遺棄他方在繼續狀態中：此乃有背夫妻同居及扶養之義務，法律上乃准其請求離婚。

⑥夫妻之一方意圖殺害他方：此乃反恩成仇，自得准其請求離婚，以免演成悲慘之後果。惟有請求權之一方，自知悉後，已逾一年，或自其情事（指意圖殺害）發生後已逾五年者，不得請求離婚（民法第一○五四條）。

⑦有不治之惡疾：如花柳病、痲瘋病是。

⑧有重大不治之精神病：如癲瘋是。

⑨生死不明已逾三年：生死不明乃指其人業已失蹤，而生死不明之情形而言。失蹤滿十年得為死亡宣告，失蹤逾三年，即得請求離婚。

⑩因故意犯罪，經判處有期徒刑逾六個月確定：所犯之罪，不論罪名如何，祇要係出於故意，並經判處有期徒刑逾六個月確定，即構成離婚理由。但有請求權之一方自知悉後已逾一年，或自其情事發生後已逾五年者，不得請求離婚（民法第一○五四條），以示限制。

有上列以外之重大事由，難以維持婚姻者，夫妻之一方得請求離婚；但其事由應由夫妻之一方負責者，僅他方得請求離婚（同條第二項）。本項規定係維護婚姻之法律秩序及國民之法感情，優先保障無責配偶維持婚姻之權利，而限制唯一有責之配偶向法院請求裁判離婚之權利，原則上與憲法保障婚姻自由之意旨無違。不過，此一但書規定，不分難以維持婚姻之重大事由發生後，是否已逾相當期間，或該事由是否已持續相當期間，一律限制唯一有責配偶不得訴請裁判離婚，實已造成完全剝奪其離婚之機會，而可能導致個案顯然過苛之情事，於此範圍內，難謂與憲法第二二條保障婚姻自由意旨相符，而有「部分違憲」，業經憲法法庭一一二年憲判字第四

號判決限期修正。

　　具有上開任一理由，夫或妻即可向法院提起離婚之訴（家事事件法第三十七條以下設有程序之規定），乃一種形成之訴。

㈢調解離婚、和解離婚

　　調解離婚乃經法院調解而成立之離婚；和解離婚乃經法院和解而成立之離婚。民國九十八年修正，鑑於經法院調解或和解之離婚，可解決現行協議離婚過於簡單與裁判離婚過於困難之困境，爰增訂民法第一〇五二條之一，規定：「離婚經法院調解或法院和解成立者，婚姻關係消滅。法院應依職權通知該管戶政機關。」承認調解離婚及和解離婚制度。

案例研析

　　甲男、乙女結婚後，感情不合，爭吵不斷，某日兩人又大打出手，憤怒之餘，甲、乙請來鄰居丙、丁，在丙、丁面前簽下離婚協議書，並由丙、丁簽名。惟三天後，甲欲與乙協同辦理離婚登記時，乙又後悔不肯登記。甲不理，與戊結婚，問甲、戊之婚姻是否有效？

擬 答

　　按民法第九八五條第一項規定：「有配偶者不得重婚。」又第九八八條第二款規定，違反第九八五條之規定者，結婚無效（民法第九八八條參照）。故甲、戊間之婚姻是否因重婚而無效，應視甲、乙是否已離婚為斷。再依民法第一〇五〇條規定：「兩願離婚，應以書面為之，有二人以上證人之簽名，並應向戶政機關為離婚之登記。」本例中，甲、乙簽有離婚協議書，並有丙、丁之簽名，惟尚未向戶政機關辦理離婚登記，故離婚尚未生效，甲、乙間仍有婚姻關係。因而甲嗣後與戊結婚為重婚，依第九八八條規定，應為無效。

三、離婚之效力

㈠對於身分上之效力

　　兩願離婚或判決離婚，均可使夫妻身分消滅，而成陌路之人。

㈡對於子女之親權

　　不論兩願離婚或判決離婚，對於未成年子女權利義務之行使或負擔，依協議由一方或雙方共同任之，若協議不利於子女者，法院得依主管機關、社會福利機構或其他利害關係人之請求或依職權為子女之利益改定之。未為協議或協議不成者，法院得依夫妻之一方、主管機關、社會福利機構或其他利害關係人之請求或依職權酌定之。行使、負擔權利義務之一方未盡保護教養之義務或對未成年子女有不利之情事者，他方、未成年子女、主管機關、社會福利機關或其他利害關係人得為子女之利益請求法院改定之。對於上述情形法院得依請求或依職權，為子女之利益酌定權利義務行使負擔之內容及方法。又法院得依請求或依職權，為未行使或負擔權利義務之一方酌定其與未成年子女會面交往之方式及期間。但其會面交往有妨害子女之利者，法院得依請求或依職權變更之（民法第一○五五條）。另法院為第一○五五條裁判時，應依子女之最佳利益，審酌一切情狀，尤應注意下列事項：一、子女之年齡、性別、人數及健康情形。二、子女之意願及人格發展之需要。三、父母之年齡、職業、品行、健康情形、經濟能力及生活狀況。四、父母保護教養子女之意願及態度。五、父母子女間或未成年子女與其他共同生活之人間之感情狀況。六、父母之一方是否有妨礙他方對未成年子女權利義務行使負擔之行為。七、各族群之傳統習俗、文化及價值觀。前項子女最佳利益之審酌，法院除得參考社工人員之訪視報告或家事調查官之調查報告外，並得依囑託警察機關、稅捐機關、金融機構、學校及其他有關機關、團體或具有相關專業知識之適當人士就特定事項調查之結果認定之（民法第一○五五條之一）。當父母均不適合行使權利時，法院應依子女之最佳利益並審酌前條各款事項，選定適當之人為子女之監護人，並指定監護之方法，命其父母負擔扶養費用及其方式（民法第一○五五條之二）。

㈢對於財產上之效力

　　夫妻離婚時，除採用分別財產制者外，各自取回其結婚或變更夫妻財產制時之財產，如有剩餘，各依其夫妻財產制之規定分配之（民法第一○

五八條)。至夫妻之一方，因判決離婚而受有損害者，得向有過失之他方，請求賠償；前項情形，雖非財產上之損害，受害人亦得請求賠償相當之金額；但以受害人無過失者為限。此項請求權不得讓與或繼承，但已依契約承諾或已起訴者，不在此限（民法第一〇五六條）。又夫妻無過失之一方，因判決離婚而陷於生活困難者，他方縱無過失亦應給與相當之贍養費（民法第一〇五七條）。

習 題

一、婚約是否為結婚有效之必須要件？婚約得否代訂？婚約成立後得否強迫履行？理由何在，試說明之。

二、試述婚約解除之效果。

三、試述結婚之形式要件及實質要件。

四、結婚無效之情形有幾？試就民法規定列舉之。

五、結婚無效與撤銷之效果有何不同？試比較之。

六、下列情況，甲乙所締結之婚姻為無效、有效、或得撤銷，試附理由分別說明之。

(1)甲乙未舉行公開之結婚儀式，但已依戶籍法為結婚登記。

(2)乙為甲母之姊之女。

(3)乙結婚時為十五歲。

七、試說明婚姻之普通效力。

八、何謂夫妻財產制？夫妻財產制於結婚後何種情形得加以變更？

九、試述我國法定財產制之特色。

十、何謂分別財產制？其與法定財產制有何不同？試說明之。

十一、離婚之成立方式有幾？

十二、試述離婚之效力。

第三章　父母子女

一、子女之姓氏及住所

民法第一〇五九條規定：「父母於子女出生登記前，應以書面約定子女從父姓或母姓。未約定或約定不成者，於戶政事務所抽籤決定之。子女經出生登記後，於未成年前，得由父母以書面約定變更為父姓或母姓。子女已成年者，得變更為父姓或母姓。前二項之變更，各以一次為限。有下列各款情形之一，法院得依父母之一方或子女之請求，為子女之利益，宣告變更子女之姓氏為父姓或母姓：一、父母離婚者。二、父母之一方或雙方死亡者。三、父母之一方或雙方生死不明滿三年者。四、父母之一方顯有未盡保護或教養義務之情事者。」又民法第一〇五九條之一規定：「非婚生子女從母姓。經生父認領者，適用前條第二項至第四項之規定。非婚生子女經生父認領，而有下列各款情形之一，法院得依父母之一方或子女之請求，為子女之利益，宣告變更子女之姓氏為父姓或母姓：一、父母之一方或雙方死亡者。二、父母之一方或雙方生死不明滿三年者。三、子女之姓氏與任權利義務行使或負擔之父或母不一致者。四、父母之一方顯有未盡保護或教養義務之情事者。」

民法第一〇六〇條規定：「未成年之子女，以其父母之住所為住所。」是均為法定住所。

二、婚生子女

婚生子女乃由婚姻關係受胎而生之子女（民法第一〇六一條）。所謂婚姻關係受胎，指受胎期間在婚姻關係存續中，且其期間夫妻確曾同居者而言。民法第一〇六二條第一項規定：「從子女出生日回溯第一百八十一日起至第三百零二日止為受胎期間。」在此期間內受胎，而此期間有一日在婚姻關係存續中，其所生之子女即為婚生子女。惟若能證明受胎回溯在上述第一八一日以內或第三〇二日以前者，以其期間為受胎期間（民法第一〇六二條第二項）。又妻之受胎，係在婚姻關係存續中者，推定其所生子女為婚生子女（民法第一〇六三條第一項）。不過此項推定，如夫妻之一方或子

女能證明子女非為婚生子女者，得提起否認之訴；又否認之訴，夫妻之一方自知悉該子女非為婚生子女，或子女自知悉其非為婚生子女之時起二年內為之；但子女於未成年時知悉者，仍得於成年後二年內為之（民法第一〇六三條第二、三項）。

三、非婚生子女

非婚生子女，俗稱私生子，即非由於婚姻關係受胎而生之子女是也。非婚生子女與其生母，當然發生母子關係，亦即法律上視為婚生子女，無須認領（民法第一〇六五條第二項），但與其生父則須經下列程序，法律上始發生父子關係：

㈠準　正

非婚生子女，其生父與生母結婚者，視為婚生子女（民法第一〇六四條），此種情形，學說上謂之準正。例如子女於五月七日出生之私生子，其生父與生母於七月七日結婚，則該子女即視為婚生子女矣。然若婚前懷胎，於結婚後始出生者（例如於五月七日懷胎，於七月七日結婚），因非於婚姻關係存續中懷胎，與婚生子女之要件不合；又非於婚姻關係成立前出生，與上述之私生子亦不相同，此種子女之地位若何？本書認為亦可準正，因依民法第七條規定：「胎兒以將來非死產者為限，關於其個人利益之保護，視為既已出生。」故可視為婚前已出生，而成為私生子，然後適用準正之規定是也。

㈡認　領

認領者乃生父承認非婚生子女與自己有父子關係之意思表示。民法第一〇六五條第一項規定：「非婚生子女經生父認領者，視為婚生子女；其經生父撫育者，視為認領。」但非婚生子女或其生母，對於生父之認領，得否認之（民法第一〇六六條），此種情形，即無法視為婚生子女矣。又民法第一〇六七條第一項規定：「有事實足認其為非婚生子女之生父者，非婚生子女或其生母或其他法定代理人，得向生父提起認領之訴。」是為強制認領。前項認領之訴，於生父死亡後，得向生父之繼承人為之。生父無繼承人者，得向社會福利主管機關為之（民法第一〇六七條第二項）。因民法第

一○六七條之修正規定，而使非婚生子女之保護更臻於周全。

　　非婚生子女認領之效力，溯及於出生時；但第三人已得之權利，不因此而受影響（民法第一○六九條）。而非婚生子女經認領者，關於未成年子女權利義務之行使或負擔，準用第一○五五條、第一○五五條之一及第一○五五條之二之規定（民法第一○六九條之一）。又生父認領非婚生子女後，不得撤銷其認領；但有事實足認其非生父者，不在此限（民法第一○七○條）。

四、養子女

㈠養子女之意義

　　養子女者被人收養之子女也。民法第一○七二條規定：「收養他人之子女為子女時，其收養者為養父或養母；被收養者為養子或養女。」

㈡收養之要件

　　收養子女原則上須以契約為之，並須具備：

1.形式要件

　　收養應以書面為之，並向法院聲請認可。收養有無效、得撤銷之原因或違反其他法律規定者，法院應不予認可（民法第一○七九條）。法院為未成年人被收養之認可時，應依養子女之最佳利益為之（民法第一○七九條之一）。被收養者為成年人而有下列情形之一者，法院應不予收養之認可：一、意圖以收養免除法定義務；二、依其情形，足認收養於其本生父母不利；三、有其他重大事由，足認違反收養目的（民法第一○七九條之二）。收養自法院認可裁定確定時，溯及於收養契約成立時發生效力；但第三人已取得之權利，不受影響（民法第一○七九條之三）。

2.實質要件

　　⑴收養者方面：收養者之年齡，應長於被收養者二十歲以上。但夫妻共同收養時，夫妻之一方長於被收養者二十歲以上，而他方僅長於被收養者十六歲以上，亦得收養。夫妻之一方收養他方之子女時，應長於被收養者十六歲以上（民法第一○七三條）。夫妻收養子女時，應共同為之；但夫妻之一方收養他方之子女者，或夫妻之一方不能為意思表示或生死不明已

逾三年者，得單獨收養（民法第一○七四條）。

　　⑵被收養者方面：除夫妻共同收養外，一人不得同時為二人之養子女（民法第一○七五條）。夫妻之一方被收養時，應得他方之同意；但他方不能為意思表示或生死不明已逾三年者，不在此限（民法第一○七六條）。子女被收養時，應得其父母之同意；但父母之一方或雙方對子女未盡保護教養義務或有其他顯然不利子女之情事而拒絕同意者，或父母之一方或雙方事實上不能為意思表示者，不在此限。此項同意應作成書面並經公證；但已向法院聲請收養認可者，得以言詞向法院表示並記明筆錄代之。同意，不得附條件或期限（民法第一○七六條之一）。被收養者未滿七歲時，應由其法定代理人代為並代受意思表示。滿七歲以上之未成年人被收養時，應得其法定代理人之同意。被收養者之父母已以法定代理人之身分代為並代受意思表示或為同意時，得免依前條規定為同意（民法第一○七六條之二）。又「下列親屬不得收養為養子女：一、直系血親。二、直系姻親。但夫妻之一方收養他方之子女者，不在此限。三、旁系血親在六親等以內及旁系姻親在五親等以內，輩分不相當者。」（民法第一○七三條之一）

　㈢收養之無效及撤銷

　1.無效：民法第一○七九條之四規定：「收養子女，違反第一○七三條、第一○七三條之一、第一○七五條、第一○七六條之一、第一○七六條之二第一項或第一○七九條第一項之規定者，無效。」即違反年齡之差距、違反直系親屬間及輩分不相當之親屬間不得收養及違反同時不得為二人之養子女之規定、未得父母之同意、未由法定代理人代理、欠缺書面及法院認可，即屬無效是。

　2.得撤銷：民法第一○七九條之五規定：「收養子女，違反第一○七四條之規定者，收養者之配偶得請求法院撤銷之；但自知悉其事實之日起，已逾六個月，或自法院認可之日起已逾一年者，不得請求撤銷。收養子女，違反第一○七六條或第一○七六條之二第二項之規定者，被收養者之配偶或法定代理人得請求法院撤銷之；但自知悉其事實之日起，已逾六個月，或自法院認可之日起已逾一年者，不得請求撤銷。依前二項之規定，經法

院判決撤銷收養者，準用第一○八二條及第一○八三條之規定。」乃此次修正新增之規定，俾收養無效及撤銷，法有明文，以資適用。

　㈣收養之效力

　　養子女與養父母及其親屬間之關係，除法律另有規定外，與婚生子女同（民法第一○七七條第一項）。養子女與本生父母及其親屬間之權利義務，於收養關係存續中停止之；但夫妻之一方收養他方之子女時，他方與其子女之權利義務，不因收養而受影響（民法第一○七七條第二項）。收養者收養子女後，與養子女之本生父或母結婚時，養子女回復與本生父或母及其親屬間之權利義務；但第三人已取得之權利，不受影響（民法第一○七七條第三項）。養子女於收養認可時已有直系血親卑親屬者，收養之效力僅及於其未成年之直系血親卑親屬。但收養認可前，其已成年之直系血親卑親屬表示同意者，不在此限（民法第一○七七條第四項）。養子女從收養者之姓或維持原來之姓。夫妻共同收養子女時，於收養登記前，應以書面約定養子女從養父姓、養母姓或維持原來之姓。民法第一○五九條第二項至第五項之規定，於收養之情形準用之（民法第一○七八條）。

　㈤收養之終止

　1.終止之方法有二：

　　⑴合意終止：養父母與養子女之關係，得由雙方同意終止之；此項終止，應以書面為之。養子女為未成年人者，並應向法院聲請認可。法院為認可時，應依養子女最佳利益為之。養子女為未成年人者，終止收養自法院認可裁定確定時發生效力。養子女未滿七歲者，其終止收養關係之意思表示，由收養終止後為其法定代理人之人為之。養子女為滿七歲以上之未成年人者，其終止收養關係，應得收養終止後為其法定代理人之人之同意。夫妻共同收養子女者，其合意終止收養應共同為之；但有下列情形之一者，得單獨終止：一、夫妻之一方不能為意思表示或生死不明已逾三年；二、夫妻之一方於收養後死亡；三、夫妻離婚。此項單獨終止收養，其效力不及於他方（民法第一○八○條）。養父母死亡後，養子女得聲請法院許可終止收養。養子女未滿七歲者，由收養終止後為其法定代理人之人向法院聲

請許可。養子女為滿七歲以上之未成年人者，其終止收養之聲請，應得收養終止後為其法定代理人之人之同意。法院認終止收養顯失公平者，得不許可之（民法第一○八○條之一）。終止收養，違反第一○八○條第二項（欠缺書面及聲請認可）、第五項（未由收養終止後為其法定代理人之人代理）或第一○八○條之一第二項（未由收養終止後為其法定代理人之人聲請法院許可）之規定者，無效（民法第一○八○條之二）。終止收養，違反第一○八○條第七項（夫妻合意終止收養未共同為之）之規定者，終止收養者之配偶得請求法院撤銷之；但自知悉其事實之日起，已逾六個月，或自法院認可之日起已逾一年者，不得請求撤銷。終止收養，違反第一○八○條第六項（未得收養終止後為其法定代理人之人之同意）或第一○八○條之一第三項（終止收養之聲請未得收養終止後為其法定代理人之人之同意）之規定者，終止收養後被收養者之法定代理人得請求法院撤銷之；但自知悉其事實之日起，已逾六個月，或自法院許可之日起已逾一年者，不得請求撤銷（民法第一○八○條之三）。

(2)宣告終止：養父母、養子女之一方，有下列各款情形之一者，法院得依他方、主管機關或利害關係人之請求，宣告終止其收養關係：一、對於他方為虐待或重大之侮辱；二、遺棄他方；三、因故意犯罪，受二年有期徒刑以上之刑之裁判確定而未受緩刑宣告；四、有其他重大事由難以維持收養關係。養子女為未成年人者，法院宣告終止收養關係時，應依養子女最佳利益為之（民法第一○八一條）。

2.終止之效果：因收養關係經終止而生活陷於困難者，得請求他方給與相當之金額；但其請求顯失公平者，得減輕或免除之（民法第一○八二條）。養子女及收養效力所及之直系血親卑親屬，自收養關係終止時起，回復其本姓，並回復其與本生父母及其親屬間之權利義務；但第三人已取得之權利，不受影響（民法第一○八三條）。

■ 案例研析 ■

甲女與乙男結婚，多年未能生育。甲女中意其表姐丙三歲之子 A，欲

收養為其養子，以傳其後。試問：甲女與乙男可否收養Ａ？

擬　答

依民法第一○七三條之一規定：「下列親屬不得收養為養子女：一、直系血親。二、直系姻親。但夫妻之一方，收養他方之子女者，不在此限。三、旁系血親在六親等以內及旁系姻親在五親等以內，輩分不相當者。」又民法第一○七九條之四規定：「收養子女，違反……、第一○七三條之一……之規定，無效。」在本題中，Ａ為甲女之表姐丙之子，Ａ與甲女間就親屬關係而言，為輩分相當之旁系親屬。故甲女與乙男，得共同收養Ａ子。

五、父母子女之權利與義務

㈠權利義務之種類

1. **孝敬義務**：子女應孝敬父母（民法第一○八四條第一項）。

2. **保護及教養**：民法第一○八四條第二項規定：「父母對於未成年子女，有保護及教養之權利義務。」所謂權利義務，乃就保護及教養同時為權利亦為義務是也。

3. **懲戒**：民法第一○八五條規定：「父母得於必要範圍內懲戒其子女。」

4. **代理**：民法第一○八六條規定：「父母為其未成年子女之法定代理人。父母之行為與未成年子女之利益相反，依法不得代理時，法院得依父母、未成年子女、主管機關、社會福利機構或其他利害關係人之聲請或依職權，為子女選任特別代理人。」

5. **財產之管理用益**：民法第一○八七條規定：「未成年子女，因繼承、贈與或其他無償取得之財產，為其特有財產。」此項特有財產，依民法第一○八八條規定：「未成年子女之特有財產，由父母共同管理。父母對於未成年子女之特有財產有使用、收益之權；但非為子女之利益，不得處分之。」

㈡權利義務之行使及負擔

民法第一○八九條規定：「對於未成年子女之權利義務，除法律另有規定外，由父母共同行使或負擔之。父母之一方不能行使權利時，由他方行使之。父母不能共同負擔義務時，由有能力者負擔之。父母對於未成年子

女重大事項權利之行使意思不一致時，得請求法院依子女之最佳利益酌定之。法院為裁判前，應聽取未成年子女、主管機關或社會福利機構之意見。」又，民法第一〇八九條之一規定：「父母不繼續共同生活達六個月以上時，關於未成年子女權利義務之行使或負擔，準用第一〇五五條、第一〇五五條之一及第一〇五五條之二之規定。但父母有不能同居之正當理由或法律另有規定者，不在此限。」

㈢權利濫用之制裁

民法第一〇九〇條規定：「父母之一方濫用其對於子女之權利時，法院得依他方、未成年子女、主管機關、社會福利機構或其他利害關係人之請求或依職權，為子女之利益，宣告停止其權利之全部或一部。」以示制裁。

習 題

一、何謂婚生子女？其與非婚生子女有何不同？

二、非婚生子女須經何種程序方得與生父發生法律上父子關係？

三、試述收養之實質要件與形式要件。

四、試就民法規定，列舉收養無效之原因。

五、試述收養終止之方法。

六、父母得否使用、收益、處分子女之財產？試分特有財產與非特有財產二種情況說明之。

第四章　監　護

　　監護乃對於行為能力欠缺之人，為監督、保護之謂。監護之制度，自羅馬法以來各國法律均有之。監護之機關有二：一為監護執行機關，即監護人是也。一為監護監督機關，即親屬會議是也，九十七年修正後則為法院。監護因受監護人之不同，分為兩種，即未成年人之監護與成年人之監護及輔助是。未成年人依第一四條受監護之宣告者，適用本章第二節成年人監護之規定（民法第一一○九條之二）；成年人之監護，除本章第二節有規定者外，準用關於未成年人監護之規定（民法第一一一三條）。以下分節述之。

第一節　未成年人之監護

一、監護人之設置

　　未成年人無父母，或父母均不能行使、負擔對於其未成年子女之權利義務時，應置監護人（民法第一○九一條）。

二、監護人之種類

㈠指定監護人

　　最後行使、負擔對於未成年子女之權利義務之父或母，得以遺囑指定監護人（民法第一○九三條第一項）。前項遺囑指定之監護人，應於知悉其為監護人後十五日內，將姓名、住所報告法院；其遺囑未指定會同開具財產清冊之人者，並應申請當地直轄市、縣（市）政府指派人員會同開具財產清冊（民法第一○九三條第二項）。於前項期限內，監護人未向法院報告者，視為拒絕就職（民法第一○九三條第三項）。

㈡法定監護人

　　父母均不能行使、負擔對於未成年子女之權利義務，或父母死亡而無遺囑指定監護人，或遺囑指定之監護人拒絕就職時，應依下列順序，定其監護人（民法第一○九四條第一項），是為法定監護人：

　　1.與未成年人同居之祖父母。

　　2.與未成年人同居之兄姊。

　　3.不與未成年人同居之祖父母。

　　此項法定監護人，應於知悉其為監護人後十五日內，將姓名、住所報告法院，並應申請當地直轄市、縣（市）政府指派人員會同開具財產清冊（民法第一○九四條第二項）。

　㈢選定監護人

　　未能依前述之順序定其監護人時，法院得依未成年子女、四親等內之親屬、檢察官、主管機關或其他利害關係人之聲請，為未成年子女之最佳利益，就其三親等旁系血親尊親屬、主管機關、社會福利機構或其他適當之人選定為監護人，並得指定監護之方法（民法第一○九四條第三項），是為選定監護人。法院依前項選定監護人時，應同時指定會同開具財產清冊之人（民法第一○九四條第四項部分）。未成年人無第一項之監護人，於法院依第三項為其選定確定前，由當地社會福利主管機關為其監護人（民法第一○九四條第五項）。

　㈣另行選定監護人

　　民法第一一○六條，見後述。

　㈤改定監護人

　　民法第一一○六條之一，見後述。

　㈥暫時法定監護人

　　前述選定確定前與後述另行選定確定前及改定確定前先行宣告停止監護權，由當地社會福利主管機關為其監護人（民法第一○九四條第五項、第一一○六條第二項、第一一○六條之一第二項），是為暫時法定監護人。

　㈦委託監護人

　　父母對其未成年之子女，得因特定事項（如在外求學或就醫），於一定期限內，以書面委託他人行使監護之職務（民法第一○九二條），是為委託監護人。

三、法院選定或改定監護人時應依受監護人之最佳利益審酌之事項

民法第一〇九四條之一規定：「法院選定或改定監護人時，應依受監護人之最佳利益，審酌一切情狀，尤應注意下列事項：一、受監護人之年齡、性別、意願、健康情形及人格發展需要。二、監護人之年齡、職業、品行、意願、態度、健康情形、經濟能力、生活狀況及有無犯罪前科紀錄。三、監護人與受監護人間或受監護人與其他共同生活之人間之情感及利害關係。四、法人為監護人時，其事業之種類與內容，法人及其代表人與受監護人之利害關係。」

四、監護人之辭任

民法第一〇九五條規定：「監護人有正當理由，經法院許可者，得辭任其職務。」不論指定監護人、法定監護人、選定監護人或後述之另行選定監護人、改定監護人，其辭職均適用本條規定。

五、監護人之資格及人數

民法第一〇九六條規定：「有下列情形之一者，不得為監護人：一、未成年。二、受監護或輔助宣告尚未撤銷。三、受破產宣告尚未復權。四、失蹤。」至於監護人之人數，徵諸民法第一〇九七條第二項規定，得為一人或數人。

六、監護人之職務

監護人於監護權限內，為受監護人之法定代理人（民法第一〇九八條第一項）。監護人之行為與受監護人之利益相反或依法不得代理時，法院得因監護人、受監護人、主管機關、社會福利機構或其他利害關係人之聲請或依職權，為受監護人選任特別代理人（民法第一〇九八條第二項）。除法律另有規定外，監護人於保護、增進受監護人利益之範圍內，行使、負擔父母對於未成年子女之權利義務；但由父母暫時委託者，以所委託之職務為限（民法第一〇九七條第一項）。監護人有數人，對於受監護人重大事項權利之行使意思不一致時，得聲請法院依受監護人之最佳利益，酌定由其中一監護人行使之（民法第一〇九七條第二項）。法院為前項裁判前，應聽

取受監護人、主管機關或社會福利機構之意見（民法第一〇九七條第三項）。監護開始時，監護人對於受監護人之財產，應依規定會同遺囑指定、當地直轄市、縣（市）政府指派或法院指定之人，於二個月內開具財產清冊，並陳報法院（民法第一〇九九條第一項）。前項期間，法院得依監護人之聲請，於必要時延長之（民法第一〇九九條第二項）。於前條之財產清冊開具完成並陳報法院前，監護人對於受監護人之財產，僅得為管理上必要之行為（民法第一〇九九條之一）。監護人應以善良管理人之注意，執行監護職務（民法第一一〇〇條）。監護人對於受監護人之財產，非為受監護人之利益，不得使用、代為或同意處分（民法第一一〇一條第一項）。監護人為下列行為，非經法院許可，不生效力：一、代理受監護人購置或處分不動產；二、代理受監護人，就供其居住之建築物或其基地出租、供他人使用或終止租賃（民法第一一〇一條第二項）。監護人不得以受監護人之財產為投資；但購買公債、國庫券、中央銀行儲蓄券、金融債券、可轉讓定期存單、金融機構承兌匯票或保證商業本票，不在此限（民法第一一〇一條第三項）。監護人不得受讓受監護人之財產（民法第一一〇二條）。受監護人之財產，由監護人管理。執行監護職務之必要費用，由受監護人之財產負擔（民法第一一〇三條第一項）。法院於必要時，得命監護人提出監護事務之報告、財產清冊或結算書，檢查監護事務或受監護人之財產狀況（民法第一一〇三條第二項）。

七、監護人之報酬

監護人得請求報酬，其數額由法院按其勞力及受監護人之資力酌定之（民法第一一〇四條）。

八、監護人之變更

㈠監護人之另行選定

監護人有下列情形之一，且受監護人無第一〇九四條第一項之監護人者，法院得依受監護人、第一〇九四條第三項聲請權人之聲請或依職權，另行選定適當之監護人：一、死亡；二、經法院許可辭任；三、有第一〇九六條各款情形之一（民法第一一〇六條第一項）。法院依前項另行選定監

護人時，應同時指定會同開具財產清冊之人（民法第一○九四條第四項部分）。法院另行選定監護人確定前，由當地社會福利主管機關為其監護人（民法第一一○六條第二項）。

(二)監護人之改定

有事實足認監護人不符受監護人之最佳利益，或有顯不適任之情事者，法院得依第一一○六條第一項聲請權人之聲請，改定適當之監護人，不受第一○九四條第一項規定之限制（民法第一一○六條之一第一項）。法院依前項改定監護人時，應同時指定會同開具財產清冊之人（民法第一○九四條第四項部分）。法院於改定監護人確定前，得先行宣告停止原監護人之監護權，並由當地社會福利主管機關為其監護人（民法第一一○六條之一第二項）。

九、財產之移交、交還及結算

監護人變更時，原監護人應即將受監護人之財產移交於新監護人（民法第一一○七條第一項）。受監護之原因消滅時，原監護人應即將受監護人之財產交還於受監護人；如受監護人死亡時，交還於其繼承人（民法第一一○七條第二項）。前二項情形，原監護人應於監護關係終止時起二個月內，為受監護人財產之結算，作成結算書，送交新監護人、受監護人或其繼承人（民法第一一○七條第三項）。新監護人、受監護人或其繼承人對於結算書未為承認前，原監護人不得免其責任（民法第一一○七條第四項）。監護人死亡時，第一一○七條移交及結算，由其繼承人為之；其無繼承人或繼承人有無不明者，由新監護人逕行辦理結算，連同依第一○九九條規定開具之財產清冊陳報法院（民法第一一○八條）。

十、監護人之賠償責任

監護人於執行監護職務時，因故意或過失，致生損害於受監護人者，應負賠償之責（民法第一一○九條第一項）。前項賠償請求權，自監護關係消滅之日起，五年間不行使而消滅；如有新監護人者，其期間自新監護人就職之日起算（民法第一一○九條第二項）。

十一、囑託登記

　　法院於選定監護人、許可監護人辭任及另行選定或改定監護人時，應依職權囑託該管戶政機關登記（民法第一一〇條之一）。

第二節　成年人之監護及輔助

第一款　成年人之監護

一、監護人之設置

　　民法第一一〇條規定：「受監護宣告之人應置監護人。」

二、監護人之選定

　　法院為監護之宣告時，應依職權就配偶、四親等內之親屬、最近一年有同居事實之其他親屬、主管機關、社會福利機構或其他適當之人選定一人或數人為監護人，並同時指定會同開具財產清冊之人（民法第一一一條第一項）。法院為前項選定及指定前，得命主管機關或社會福利機構進行訪視，提出調查報告及建議；監護之聲請人或利害關係人亦得提出相關資料或證據，供法院斟酌（民法第一一一條第二項）。

三、法院選定監護人時應依受監護宣告之人之最佳利益審酌之事項

　　民法第一一一條之一規定：「法院選定監護人時，應依受監護宣告之人之最佳利益，優先考量受監護宣告之人之意見，審酌一切情狀，並注意下列事項：一、受監護宣告之人之身心狀態與生活及財產狀況。二、受監護宣告之人與其配偶、子女或其他共同生活之人間之情感狀況。三、監護人之職業、經歷、意見及其與受監護宣告之人之利害關係。四、法人為監護人時，其事業之種類與內容，法人及其代表人與受監護宣告之人之利害關係。」

四、監護人之資格及人數

　　民法第一一一條之二規定：「照護受監護宣告之人之法人或機構及其代表人、負責人，或與該法人或機構有僱傭、委任或其他類似關係之人，

不得為該受監護宣告之人之監護人。但為該受監護宣告之人之配偶、四親等內之血親或二親等內之姻親者，不在此限。」至於監護人之人數，依民法第一一一一條第一項規定，得為一人或數人。

五、監護人執行職務時應注意之事項

監護人於執行有關受監護人之生活、護養療治及財產管理之職務時，應尊重受監護人之意思，並考量其身心狀態與生活狀況（民法第一一一二條）。法院選定數人為監護人時，得依職權指定其共同或分別執行職務之範圍（民法第一一一二條之一第一項）。法院得因監護人、受監護人、第一四條第一項聲請權人之聲請，撤銷或變更前項之指定（民法第一一一二條之一第二項）。

六、囑託登記

法院為監護之宣告、撤銷監護之宣告、選定監護人、許可監護人辭任及另行選定或改定監護人時，應依職權囑託該管戶政機關登記（民法第一一一二條之二）。

七、未成年人監護規定之準用

成年人之監護，除本節有規定者外，準用關於未成年人監護之規定（民法第一一一三條）。

第二款　成年人之輔助

一、輔助人之設置

民法第一一一三條之一第一項規定：「受輔助宣告之人，應置輔助人。」

二、輔助人及有關輔助之職務之準用

輔助人及有關輔助之職務，準用第一〇九五條、第一〇九六條、第一〇九八條第二項、第一一〇〇條、第一一〇二條、第一一〇三條第二項、第一一〇四條、第一一〇六條、第一一〇六條之一、第一一〇九條、第一一一一條至第一一一一條之二、第一一一二條之一及第一一一二條之二之規定（民法第一一一三條之一第二項）。

第三款　成年人之意定監護

一、意定監護之意義

　　隨著高齡人口的增加，我國現已邁入「高齡社會」（即六十五歲以上老年人口占總人口比率達十四％以上），預計不久後將進入「超高齡社會」（達二〇％以上），故需要有更完善的成年監護制度，而現行成年人的法定監護制度，係於本人喪失意思能力後始啟動，無法充分顧及受監護人的意願，從而，有引進意定監護制度的必要，於一百零八年五月二十七日通過「成年人之意定監護」專節。

　　所謂意定監護制度，係指在本人之意思能力尚健全時，本人與受任人約定，於本人受監護宣告時，受任人允為擔任監護人（第一一一三條之二第一項），替代法院依職權選定監護人，使本人於意思能力喪失後，可依其先前之意思，自行決定未來的監護人，以尊重本人的意思自主及兼顧人性尊嚴，並且補充法定成年監護的不足，以及完善民法的監護制度。

二、意定監護人之設置

　　意定監護依民法第一一一三條之二規定，依當事人意思自主原則，得由意定監護之本人自由選任受任人，不必如同法定監護人必須限於民法第一一一一條所列範圍之人，而且亦可約定由一人或數人為受任人，而當受任人為數人時，參酌民法第一六八條規定之立法意旨，原則上數個受任人應共同執行職務，亦即須經全體受任人同意，方得為之；但意定監護契約另有約定數人各就受監護人之生活、護養療治及財產管理等事項分別執行職務者，自應從其約定。

三、意定監護優先

　　於本人受監護宣告時，如事前訂有意定監護契約，即應以意定監護契約所定之受任人為監護人，優先於法定監護人的適用（第一一一三條之四第一項），以尊重本人之意思自主。

　　但是，若有事實足以認為意定監護人不利於本人，或有顯不適任之情事，例如：受任人有意圖詐欺本人財產之重大嫌疑，受任人長期不在國內

致無法勝任監護職務之執行等事由，此時，法院即得依職權就第一一一一條所列之人選定為監護人，不受意定監護契約之限制（第一一一三條之四第二項）。

四、意定監護契約之公證

因為意定監護涉及本人喪失意思能力後之監護事務，影響本人權益至為重大，應以慎重為要，故明定監護契約之訂立、變更，應採由公證人作成公證書之法定要式方式（第一一一三條之三第一項前段），以加強對當事人的保護，並可避免日後爭議。另為避免法院不知監護契約存在，而誤用法定監護程序，故明定公證人於作成公證書後七日內，應以書面通知本人住所地之法院（第一一一三條之三第一項後段），以為周全。

五、意定監護契約之撤回及終止

意定監護契約成立後，須待本人發生受監護之需求時，始有由受任人履行監護職務之必要，故明定意定監護契約於本人受監護宣告時，始發生效力，為一附停止條件之契約（第一一一三條之三第三項），即意定監護契約於當事人合意後雖已成立，但於法院為監護宣告前，尚未生效，故基於委任契約之一般原則，委任人或受任人均得隨時撤回其意思表示，並作成公證書，而使監護契約不成立（第一一一三條之五第一項及第二項）。

再者，於監護契約生效後，因本人已受監護宣告而喪失意思能力，若仍允許受任人得隨時終止，對於本人利益之保護，顯然不周，故規定受任人須有正當理由，例如：受任人因疾病、長期出國或其他之情事變更而遂行職務在事實上有困難，或本人之配偶或親屬與意定監護人間之信賴關係破滅致受任人無法忠實遂行職務等情形，始得聲請法院許可終止之，終止後，法院應依職權就第一一一一條第一項所列之人選定為監護人（第一一一三條之五第三項及第四項），如屬共同監護情形，則應優先改定其他監護人執行職務（第一一一三條之六第二項）。

六、意定監護人之權限

意定監護人之主要任務係於本人受監護宣告時，擔任本人的監護人，故本人因精神障礙或其他心智缺陷，致不能為意思表示或受意思表示，或

不能辨識其意思表示之效果者，即有聲請為監護宣告之必要，故明定意定監護之受任人，亦得聲請法院為監護宣告（第一四條第一項）。

意定監護人執行職務時，如約定其得為重大財產行為，或以受監護人之財產為投資者，從其約定（第一一一三條之九）。亦即本人對其財產之管理與處分，宜有事前的指定權限，故如監護契約中有特別約定，允許受任人代理受監護人購置、處分不動產或得以受監護人財產為投資者，此時應優先落實當事人意思自主原則，從其約定，僅於監護契約未特別約定受任人得否行使第一一○一條第二項及第三項規定所列行為之權限時，才有由法院加以斟酌是否應予許可之必要。

另外，意定監護人關於監護事務的執行，應以善良管理人之注意處理監護事務（準用第一一○○條），以保護本人之利益。

七、意定監護人之報酬

意定監護受任人因處理事務繁多且複雜，故難以期待受任人無償為之，故如未約定為無償者，則應給付其報酬，報酬數額，依當事人約定，如無約定，則由監護人請求法院按其勞力及受監護人之資力酌定（第一一一三條之七）。

八、意定監護之費用

意定監護係為本人利益而為，為確保監護事務之有效遂行，意定監護無論有償或無償，相關費用皆應由本人之財產支出，故意定監護之費用負擔，準用法定監護之規定（第一一一三條之十）。

▪️ 習 題

一、應置監護人之事由為何？試說明之。

二、監護因受監護人之不同而有哪些種類？試說明之。

三、未成年人之監護人與成年人（受監護宣告之人）之監護人各如何產生？有何重大不同？

四、監護人之職務為何？試略言之。

第五章 扶 養

一、扶養之意義

扶養，乃特定人對不能維持生活而無謀生能力之特定人予以經濟上之扶助養育之謂。其扶養他人者為扶養義務人，受扶養者為扶養權利人。扶養有法定扶養與約定扶養之分，茲所述者，以法定扶養為限，亦即我民法第一一一四條以下所定者是也。

二、扶養之範圍

民法第一一一四條規定：「左列親屬互負扶養之義務：一、直系血親相互間，二、夫妻之一方，與他方之父母同居者，其相互間，三、兄弟姊妹相互間，四、家長家屬相互間。」至於夫妻是否互負扶養義務，本有疑義，民國七十四年修正時增訂第一一一六條之一規定：「夫妻互負扶養之義務，其負扶養義務之順序與直系血親卑親屬同，其受扶養權利之順序與直系血親尊親屬同。」於是夫妻互負扶養義務已見諸明文矣。另父母對於未成年子女之扶養義務，不因結婚經撤銷或離婚而受影響（民法第一一一六條之二）。

三、扶養之順序

㈠負扶養義務者之順序

負扶養義務者有數人時，應依下列順序，定其履行義務之人（民法第一一一五條第一項）：

1. 直系血親卑親屬。
2. 直系血親尊親屬。
3. 家長。
4. 兄弟姊妹。
5. 家屬。
6. 子婦、女婿。
7. 夫妻之父母。

同係直系尊親屬，或直系卑親屬者，以親屬近者為先（民法第一一一

五條第二項）。又負扶養義務者有數人，而其親等同一時，應各依其經濟能力，分擔義務（同條第三項）。

　　㈡受扶養權利者之順序

　　受扶養權利者有數人，而負扶養義務者之經濟能力，不足扶養其全體時，依下列順序，定其受扶養之人（民法第一一一六條第一項）：

　　　1.直系血親尊親屬。

　　　2.直系血親卑親屬。

　　　3.家屬。

　　　4.兄弟姊妹。

　　　5.家長。

　　　6.夫妻之父母。

　　　7.子婦、女婿。

　　同係直系尊親屬，或直系卑親屬者，以親等近者為先（民法第一一一六條第二項）。又受扶養權利者有數人，而其親等同一時，應按其需要之狀況，酌為扶養（同條第三項）。

四、扶養之要件

　　扶養之要件，除負扶養義務人與受扶養權利人彼此間具有前述之親屬關係外，尚須受扶養權利者，以不能維持生活而無謀生能力者為限。不過此項無謀生能力之限制，於直系血親尊親屬不適用之（民法第一一一七條）。其次，負扶養義務者須有扶養能力，若因負擔扶養義務，而不能維持自己生活者，免除其義務；但受扶養權利者為直系血親尊親屬或配偶時，減輕其義務（民法第一一一八條）。再者，受扶養權利者有下列情形之一，由負扶養義務者負扶養義務顯失公平，負扶養義務者得請求法院減輕其扶養義務：一、對負扶養義務者、其配偶或直系血親故意為虐待、重大侮辱或其他身體、精神上之不法侵害行為；二、對負扶養義務者無正當理由未盡扶養義務（民法第一一一八條之一第一項）。受扶養權利者對負扶養義務者有前項各款行為之一，且情節重大者，法院得免除其扶養義務（同條第二項）。前二項規定，受扶養權利者為負扶養義務者之未成年直系血親卑親屬者，

不適用之（同條第三項）。

五、扶養之程度及方法

　　扶養之程度，應按受扶養權利者之需要，與負扶養義務者之經濟能力及身分定之（民法第一一一九條）。至扶養之方法，由當事人協議定之（如供給生活費，或食住於扶養義務者之家），不能協議時，由親屬會議定之；但扶養費之給付，當事人不能協議時，由法院定之（民法第一一二〇條）。扶養之程度及方法，當事人得因情事之變更，請求變更之（民法第一一二一條）。

■❭ 習　題

　　一、試述負扶養義務者之順序。

　　二、試述扶養之要件。

第六章　家

一、家之意義

　　家之制度，在我國已有悠久之歷史，所謂國之本在家，可見其重要性。時至今日，家已非昔比，但民法仍保留此一制度，於第一一二二條規定：「稱家者，謂以永久共同生活為目的而同居之親屬團體。」家為團體之一種，故必須有二人以上之構成員，此團體既無法人資格，法律亦未規定有何財產關係，僅規定其為共同生活而同居親屬之關係而已。

二、家之組織

　　家置家長。同家之人，除家長外，均為家屬。家屬不以親屬為限，雖非親屬，而以永久共同生活為目的同居一家者，視為家屬（民法第一一二三條）。

　　其次家長如何產生？依民法第一一二四條規定：「家長由親屬團體中推定之；無推定時，以家中之最尊輩者為之；尊輩同者以年長者為之；最尊或最長者不能或不願管理家務時，由其指定家屬一人代理之。」

三、家之管理

　　家務由家長管理；但家長得以家務之一部，委託家屬處理（民法第一一二五條）。家長管理家務，應注意於家屬全體之利益（民法第一一二六條）。

四、家之分離

　　民法第一一二七條規定：「家屬已成年者，得請求由家分離。」而獨立另成一家。又家長對於已成年之家屬，得令其由家分離，但以有正當理由時為限（民法第一一二八條）。

∵ 習　題

　　一、試說明家之意義。非親屬之人得否成為家屬？試就民法規定以對。

　　二、家屬於何種情形可由家分離？

第七章　親屬會議

一、親屬會議之意義

親屬會議乃由一定之親屬為會員，所構成之議事組織。依法律之規定，行使其職權，並非經常活動。

二、親屬會議之會員

親屬會議以會員五人組織之（民法第一一三〇條）。會員應就未成年人、受監護宣告之人或被繼承人之下列親屬與順序定之（民法第一一三一條第一項）：

　　1.直系血親尊親屬。

　　2.三親等內旁系血親尊親屬。

　　3.四親等內之同輩血親。

前項同一順序之人，以親等近者為先，親等同者，以同居親屬為先，無同居親屬者，以年長者為先（同條第二項）。依前二項順序所定之親屬會議會員，不能出席會議或難於出席時，由次順序之親屬充任之（同條第三項）。依法應經親屬會議處理之事項，而有下列情形之一者，得由有召集權人或利害關係人聲請法院處理之：一、無前條規定之親屬或親屬不足法定人數。二、親屬會議不能或難以召開。三、親屬會議經召開而不為或不能決議（民法第一一三二條）。不過監護人、未成年人及受監護宣告之人，不得為親屬會議會員（民法第一一三三條），而依法應為親屬會議會員之人，非有正當理由，不得辭其職務（民法第一一三四條）。

三、親屬會議之職權

親屬會議之職權，頗為廣泛，散見於民法有關之各條，例如第一一四九條酌給遺產予受扶養人；第一一七七條選定遺產管理人；第一一九七條認定口授遺囑真偽；第一二一一條選定遺囑執行人等均是。詳請參照有關各條，茲不贅列。

四、親屬會議之開會

㈠召　集

民法第一一二九條規定:「依本法之規定應開親屬會議時,由當事人、法定代理人、或其他利害關係人召集之。」

㈡開會及決議

親屬會議,非有三人以上之出席,不得開會,非有出席會員過半數之同意,不得為決議(民法第一一三五條)。而親屬會議會員,於所議事件有個人利害關係者,不得加入決議(民法第一一三六條)。

㈢決議不服

第一一二九條所定有召集權之人,對於親屬會議之決議,有不服者,得於三個月內,向法院聲訴(民法第一一三七條),以謀救濟。

▪️❖ 習　題

一、親屬會議之組織成員如何?

二、試列舉親屬會議之職權。

第五編　繼　承

第一章　遺產繼承人

一、繼承之意義及種類

繼承乃被繼承人死亡，法律上由其繼承人，當然的概括的承受其一切權利義務之一種法律事實。繼承為取得財產之方法，其取得之財產，謂之遺產。遺產應依遺產及贈與稅法繳納遺產稅。

繼承可分為：單獨繼承與共同繼承：前者乃一繼承人繼承全部遺產；後者乃由數繼承人共同繼承全部遺產，繼承後尚有遺產分割之問題。

二、繼承人

民法第一一三八條規定：「遺產繼承人，除配偶外，依左列順序定之：

一、直系血親卑親屬。

二、父母。

三、兄弟姊妹。

四、祖父母。」

應注意者，上列順序，如有前一順序之人，則後一順序不得繼承。而上列第一順序之繼承人（直系血親卑親屬），以親等近者為先（民法第一一三九條）。例如有子時，則孫不得繼承，無子有孫時，則曾孫不得繼承。但上述第一順序之繼承人，有於繼承開始前死亡或喪失繼承權者，則由其直系血親卑親屬代位繼承其應繼分（民法第一一四〇條）。是即學說上所稱之「代位繼承」是也。

其次配偶，有相互繼承遺產之權，惟其應繼分則視與上列何順序之人同為繼承而有不同（民法第一一四四條），詳後述之。不過若無上列各次序之繼承人，則配偶得單獨繼承，自不待言。

◼ 案例研析 ◼

甲、乙為夫妻，育有二子丙、丁，某日，甲因病亡故，問此時何人得以繼承？如何繼承？

◼ 擬 答

依民法第一一三八條規定：「遺產繼承人，除配偶外，依左列順序定之：

一、直系血親卑親屬。

二、父母。

三、兄弟姊妹。

四、祖父母。」

又第一一四一條規定：「同一順序之繼承人有數人時，按人數平均繼承。但法律另有規定者，不在此限。」第一一四四條第一款規定：「配偶，有相互繼承遺產之權，其應繼分，依左列各款定之：

一、與第一一三八條所定第一順序之繼承人同為繼承時，其應繼分與他繼承人平均。」（以下略）

故本例中，甲因病死亡，依民法第一一三八條規定，應以直系血親卑親屬，即丙、丁為繼承人，又乙為配偶，依民法第一一四四條規定，亦與丙、丁同為繼承人。三人依民法第一一四一條、第一一四四條第一款規定，各為三分之一。

三、應繼分

應繼分乃繼承人為數人時，各繼承人對於遺產上之一切權利義務，所得繼承之比率。有下列數種：

1.同一順序繼承人之應繼分

民法第一一四一條規定：「同一順序之繼承人有數人時，按人數平均繼承。但法律另有規定者，不在此限。」所謂法律另有規定，即下述配偶之應繼分是也。

2.配偶之應繼分

配偶之應繼分,依下列之規定(民法第一一四四條):

①與第一一三八條所定第一順序之繼承人(直系血親卑親屬)同為繼承時,其應繼分與他繼承人平均。

②與第一一三八條所定第二順序或第三順序之繼承人(父母、兄弟姊妹)同為繼承時,其應繼分為遺產二分之一。

③與第一一三八條所定第四順序之繼承人(祖父母)同為繼承時,其應繼分為遺產三分之二。

④無第一一三八條所定第一順序至第四順序之繼承人時,其應繼分為遺產全部。

四、繼承權

㈠繼承權之意義

繼承權乃得為他人繼承人而繼承其遺產之權利。繼承權尚分兩種:①將為繼承人之權利,即繼承開始前之地位,屬於期待權之性質,民法第一一四〇條、第一一四五條所稱之「繼承權」是。②已為繼承人之權利,即繼承開始後之權利,如民法第一一四六條、第一一七四條所稱之「繼承權」是也。

㈡繼承權之取得

繼承權(指上述之②),其取得之要件為:①須被繼承人業已死亡(包括真實死亡及死亡宣告),②須被繼承人與繼承人有一定之身分關係,③須繼承人於繼承開始時(即被繼承人死亡時)生存。故繼承開始時尚未出生或已死亡者,原則上無繼承權;但胎兒受民法第七條規定之保護,以將來非死產者為限有繼承權。又繼承人於繼承開始前已死亡,若該人係民法第一一三八條所定第一順序之繼承人時,則依民法第一一四〇條規定,由其直系血親卑親屬代位繼承。其次若被繼承人與繼承人同時死亡,或被推定為同時死亡(民法第一一條)者,則不得繼承。

㈢繼承權之喪失

繼承權之喪失乃有繼承權(指前述之①,即期待權)之人,因法定事

由，而當然喪失其繼承人之地位之謂。法定事由，依民法第一一四五條第一項之規定如下：

　　1.故意致被繼承人或應繼承人於死或雖未致死因而受刑之宣告者。

　　2.以詐欺或脅迫使被繼承人為關於繼承之遺囑，或使其撤回或變更之者。

　　3.以詐欺或脅迫妨害被繼承人為關於繼承之遺囑，或妨害其撤回或變更之者。

　　4.偽造、變造、隱匿或湮滅被繼承人關於繼承之遺囑者。

　　5.對於被繼承人有重大之虐待或侮辱情事，經被繼承人表示其不得繼承者。

　　有以上情形之一，則繼承權喪失。惟上述 2.～ 4.之情形，如經被繼承人宥恕者，其繼承權不喪失（民法第一一四五條第二項）。

■ 案例研析 ■

　　甲老年喪偶，有三子乙、丙、丁。其中乙生性好賭，丙則不孝。某夜，乙賭輸回家翻找值錢物品，被甲教訓，不料乙竟毆打甲成傷。甲憤怒之餘，當場表示將不留給乙任何財產，並責罵乙和丙一樣，均為不孝之人。不料丙不滿甲遷怒於他，憤而持刀殺甲，經丁攔阻始作罷。案經法院審理，乙被判傷害，丙被判殺人未遂，兩案均確定。不久甲死亡，問何人得繼承甲之遺產？

■ 擬　答

　　按民法第一一三八條第一款之規定，遺產繼承人，以被繼承人之直系血親卑親屬為第一順位。故乙、丙、丁三人為繼承人。

　　惟民法第一一四五條第一項第一款及第五款規定:「有左列各款情事之一者，喪失其繼承權：

　　一、故意致被繼承人或應繼承人於死，或雖未致死因而受刑之宣告者。

　　……

五、對於被繼承人有重大之虐待或侮辱情事，經被繼承人表示其不得繼承者。」

在本例中，繼承人乙因毆打甲成傷，係屬對甲為重大虐待，經甲表示不留給其遺產，亦即表示不得繼承，依本條項第五款之規定，喪失繼承權。繼承人丙持刀殺甲，雖未致死，但因而受殺人未遂之宣告，依本條項第一款之規定，亦喪失繼承權。故僅餘丁能繼承甲之遺產。

(四)繼承權之回復

繼承權之回復者乃繼承權被侵害者，被害人（真正繼承人）或其法定代理人得請求回復之權利（民法第一一四六條第一項）。繼承權是否被侵害，應以繼承人繼承原因發生後，有無被他人否認其繼承資格並排除其對繼承財產之占有、管理或處分為斷（釋字第四三七號解釋）。例如甲老年喪偶，有一獨子乙，甲死亡時，其兄弟丙出而否認乙之繼承資格，自命為繼承人管理全部遺產。惟此項回復請求權，自知悉被侵害之時起，二年間不行使而消滅。自繼承開始時起逾十年者，亦同（民法第一一四六條第二項）。

■ 習　題

一、遺產繼承人之順序為何？其應繼分如何計算？

二、繼承權取得之要件為何？

三、繼承權於何種情況下喪失？

四、繼承權被侵害應如何救濟？

第二章　遺產之繼承

第一節　效　力

一、遺產繼承之意義

自然人死亡後，其所遺之財產，謂之遺產。遺產在繼承人方面言，則謂之「繼承財產」，我民法第一一四四條所稱之「繼承財產」即是。

二、遺產繼承之效力

㈠遺產繼承之開始

民法第一一四七條規定：「繼承，因被繼承人死亡而開始。」即被繼承人死亡之同時，繼承即開始。

㈡遺產繼承之標的

民法第一一四八條第一項規定：「繼承人自繼承開始時，除本法另有規定外，承受被繼承人財產上之一切權利、義務。但權利、義務專屬於被繼承人本身者，不在此限。」所謂本法另有規定，例如本法第一一七四條所定之拋棄繼承是。所謂專屬於被繼承人本身者，例如民法第一九五條第二項規定回復名譽適當處分之請求權，不得繼承是。九十八年修正，增訂第二項規定：「繼承人對於被繼承人之債務，以因繼承所得遺產為限，負清償責任。」就遺產繼承，改以「繼承人負限定責任」為原則。此乃我繼承法之重大變革。又，繼承人在繼承開始前二年內，從被繼承人受有財產之贈與者，該財產視為其所得遺產。前項財產如已移轉或滅失，其價額，依贈與時之價值計算（民法第一一四八條之一）。

㈢遺產之酌給及費用之支付

扶養義務亦為專屬義務，自不得繼承，因而負扶養義務人一旦死亡，則受扶養權利人即喪失其權利，致生活可能陷於絕境，故民法第一一四九條規定：「被繼承人生前繼續扶養之人，應由親屬會議依其所受扶養之程度及其他關係，酌給遺產。」以示救濟。又關於遺產管理、分割及執行遺囑之費用，由遺產中支付之；但因繼承人之過失而支付者，不在此限（民法

第一一五○條），即不得由遺產中支付，而應由該有過失者，自行負擔。

三、共同繼承

共同繼承乃數繼承人共同繼承一人之遺產之謂。此種繼承，繼承人為多數，因而：

㈠遺產之公同共有

繼承人有數人時，在分割遺產前，各繼承人對於遺產全部為公同共有（民法第一一五一條）。公同共有之遺產，原則上應由公同共有人全體管理（民法第八二八條參照），但民法第一一五二條規定：「前條公同共有之遺產，得由繼承人中互推一人管理之。」

㈡被繼承人債務之連帶責任

民法第一一五三條規定：「繼承人對於被繼承人之債務，以因繼承所得遺產為限，負連帶責任。繼承人相互間對於被繼承人之債務，除法律另有規定或另有約定外，按其應繼分之比例負擔之。」

共同繼承有分割遺產之問題，詳後述之。

四、財產之分離

繼承人對於被繼承人之權利義務，不因繼承而消滅（民法第一一五四條），即繼承財產與繼承人固有財產，嚴格分離。

五、遺產清冊之陳報或提出

㈠遺產清冊之陳報

繼承人於知悉其得繼承之時起三個月內開具遺產清冊陳報法院。前項三個月期間，法院因繼承人之聲請，認為必要時，得延展之。繼承人有數人時，其中一人已依第一項開具遺產清冊陳報法院者，其他繼承人視為已陳報（民法第一一五六條）。

㈡遺產清冊之提出

債權人得向法院聲請命繼承人於三個月內提出遺產清冊。法院於知悉債權人以訴訟程序或非訟程序向繼承人請求清償繼承債務時，得依職權命繼承人於三個月內提出遺產清冊。前條第二項及第三項規定，於第一項及第二項情形，準用之（民法第一一五六條之一）。

六、債務之清償

繼承人依第一一五六條、第一一五六條之一規定陳報法院時,法院應依公示催告程序公告,命被繼承人之債權人於一定期限內報明其債權。前項一定期限,不得在三個月以下(民法第一一五七條)。繼承人在第一一五七條所定之一定期限內,不得對於被繼承人之任何債權人,償還債務(民法第一一五八條)。在第一一五七條所定之一定期限屆滿後,繼承人對於在該一定期限內報明之債權及繼承人所已知之債權,均應按其數額,比例計算,以遺產分別償還;但不得害及有優先權人之利益(民法第一一五九條第一項)。繼承人對於繼承開始時未屆清償期之債權,亦應依第一項規定予以清償。前項未屆清償期之債權,於繼承開始時,視為已到期。其無利息者,其債權額應扣除自第一一五七條所定之一定期限屆滿時起至到期時止之法定利息(民法第一一五九條第二、三項)。至於被繼承人之債權人,不於第一一五七條所定之一定期限內,報明其債權,而又為繼承人所不知者,僅得就賸餘遺產,行使其權利(民法第一一六二條)。

七、遺贈之交付

繼承人非依第一一五九條規定償還債務後,不得對受遺贈人交付遺贈(民法第一一六〇條)。即債務應較遺贈為優先受償是。

八、繼承人之賠償責任及受害人之返還請求權

繼承人違反第一一五八條至第一一六〇條之規定,致被繼承人之債權人受有損害者,應負賠償之責。前項受有損害之人,對於不當受領之債權人或受遺贈人,得請求返還其不當受領之數額(民法第一一六一條第一、二項)。但繼承人對於不當受領之債權人或受遺贈人,不得請求返還其不當受領之數額(民法第一一六一條第三項)。

九、未開具遺產清冊時之債務清償

繼承人未依第一一五六條、第一一五六條之一開具遺產清冊陳報法院者,對於被繼承人債權人之全部債權,仍應按其數額,比例計算,以遺產分別償還;但不得害及有優先權人之利益。前項繼承人,非依前項規定償還債務後,不得對受遺贈人交付遺贈(民法第一一六二條之一第一、二項)。

繼承人對於繼承開始時未屆清償期之債權，亦應依第一項規定予以清償。前項未屆清償期之債權，於繼承開始時，視為已到期。其無利息者，其債權額應扣除自清償時起至到期時止之法定利息（民法第一一六二條之一第三、四項）。

　　繼承人違反上述第一一六二條之一規定者，被繼承人之債權人得就應受清償而未受清償之部分，對該繼承人行使權利。繼承人對於前項債權人應受清償而未受償部分之清償責任，不以所得遺產為限（即繼承人應以自己固有財產負清償之責）；但繼承人為無行為能力人或限制行為能力人，不在此限（即仍僅以所得遺產為限負清償責任）（民法第一一六二條之二第一、二項）。

　　又，繼承人違反第一一六二條之一規定，致被繼承人之債權人受有損害者，亦應負賠償之責。前項受有損害之人，對於不當受領之債權人或受遺贈人，得請求返還其不當受領之數額（民法第一一六二條之二第三、四項）。但繼承人對於不當受領之債權人或受遺贈人，不得請求返還其不當受領之數額（同條第五項）。

十、限定責任利益之喪失

　　限定責任原則原為繼承人之利益而設，倘繼承人不法圖害債權人，則法律上自剝奪其限定責任之利益，故民法第一一六三條規定：「繼承人中有下列各款情事之一者，不得主張第一一四八條第二項所定之利益：

　　一、隱匿遺產情節重大。

　　二、在遺產清冊為虛偽之記載情節重大。

　　三、意圖詐害被繼承人之債權人之權利而為遺產之處分。」

■ 案例研析 ■

　　被繼承人甲有乙、丙、丁、戊四子為其繼承人，乙、丙知其父負債甚多，故於知悉其得繼承之時三個月內，開具遺產清冊陳報法院，丁、戊則未為之；又戊恐甲遺留之古董抵償債務，殊為可惜，乃與丁共同隱匿之；試問：以上之法律效果為何？

🔳 擬 答

民法第一一四八條第二項規定:「繼承人對於被繼承人之債務,以因繼承所得遺產為限,負清償責任。」而民法第一一五六條第一項規定:「繼承人於知悉其得繼承之時起三個月內開具遺產清冊陳報法院。」同條第三項又規定:「繼承人有數人時,其中一人已依第一項開具遺產清冊陳報法院者,其他繼承人視為已陳報。」在本題中,乙、丙已開具遺產清冊陳報法院,則丁、戊視為已陳報,故乙、丙、丁、戊對於甲之債務,均以因繼承所得遺產為限,負清償責任。

又丁、戊共同隱匿古董,目的乃在於逃避債務,情節重大,依民法第一一六三條第一款規定:「隱匿遺產情節重大,不得主張限定責任利益。」則乙、戊不得對甲之債權人主張限定責任利益。

結果,僅乙、丙享有民法第一一四八條第二項所定之利益。

第二節　遺產之分割

一、遺產分割之意義

遺產之分割乃共同繼承人將公同共有之遺產,分割而為各繼承人單獨所有之謂。故遺產分割係於共同繼承上見之,若原為單獨繼承,則不發生遺產分割之問題。

二、遺產分割之自由及限制

繼承人得隨時請求分割遺產;但法律另有規定或契約另有訂定者,不在此限(民法第一一六四條),可見遺產分割原則有其自由,但法律另有規定或契約另有訂定限制隨時請求分割者,則受其限制。所謂法律另有規定,如民法第一一六五條第二項規定:「遺囑禁止遺產之分割者,其禁止之效力以十年為限。」於是在十年之內,即不得隨時請求分割是。又民法第一一六六條第一項規定:「胎兒為繼承人時,非保留其應繼分,他繼承人不得分割遺產。」遺產及贈與稅法第八條第一項前段規定:「遺產稅未繳清前,不得分割遺產。」亦均屬於一種限制。又當事人訂有不許分割之期限者,在

該期限內亦不得請求分割，但此項期限不得逾五年，逾五年者，縮短為五年（參照民法第八三〇條第二項準用同法第八二三條第二項）。

三、遺產分割之方法

被繼承人之遺囑，定有分割遺產之方法或託他人代定者，從其所定（民法第一一六五條第一項）。若無此項訂定時，則應依民法共有物分割之方法為之（參照民法第八三〇條第二項準用同法第八二四條）。

四、遺產分割之效力

遺產之分割，於各繼承人相互間及對於第三人之關係，則依一般共有物分割所採之移轉主義，而不依認定主義，其情形如下：

㈠各繼承人間之效力

遺產經分割者，各繼承人就其分得部分單獨取得其所有權，或其他權利（如債權）。胎兒關於遺產之分割，以其母為代理人（民法第一一六六條），於遺產分割後，各繼承人按其所得部分，對於他繼承人因分割而得之遺產，負與出賣人同一之擔保責任（民法第一一六八條），此即瑕疵擔保責任是也。又遺產分割後，各繼承人按其所得部分，對於他繼承人因分割而得之債權，就遺產分割時債務人之支付能力，負擔保之責。前項債權，附有停止條件或未屆清償者，各繼承人就應清償時債務人之支付能力負擔保之責（民法第一一六九條）。

依上述兩條規定負擔保責任之繼承人中，有無支付能力不能償還其分擔額者，其不能償還之部分，由有請求權之繼承人與他繼承人，按其所得之部分，比例分擔之；但其不能償還，係由有請求權人之過失所致者，不得對於他繼承人請求分擔（民法第一一七〇條）。

㈡對於第三人之效力

繼承人對於被繼承人之債務，以因繼承所得遺產為限，負連帶責任（民法第一一五三條第一項）。此項連帶責任，自遺產分割時起，如債權清償期在遺產分割後者，自清償期屆滿時起，經過五年而免除（民法第一一七一條第二項）。若遺產分割後，其未清償之被繼承人之債務，移歸一定之人承受，或劃歸各繼承人分擔，如經債權人同意者，各繼承人免除連帶責任（民

法第一一七一條第一項)。

五、遺產分割之計算

繼承人中如對於被繼承人負有債務者(在遺產方面言則為債權,屬於遺產之一部),於遺產分割時,應按其債務數額,由該繼承人之應繼分內扣還(民法第一一七二條)。又繼承人中有在繼承開始前,因結婚、分居或營業,已從繼承人受有財產之贈與者,應將該贈與價額加入繼承開始時被繼承人所有之財產中為應繼財產;但被繼承人於贈與時有反對之意思表示者,不在此限。前項贈與價額應於遺產分割時,由該繼承人之應繼分中扣除。贈與價額依贈與時之價值計算之(民法第一一七三條)。此種扣除,學說上稱歸扣權,僅於分割遺產,列入計算而已,並非將原贈與之財產,予以返還也。

■ 案例研析 ■

甲有子乙,生女丙,養女丁,配偶戊已死。甲死亡時有財產二百萬元,負債五十萬元;甲於生前贈與丁五十萬為營業之用,因乙結婚而贈與一百萬元之房子,因丙旅遊而贈與五十萬元之旅費,試問:甲死亡後,遺產應如何分配給乙、丙、丁?

■ 擬 答

依民法第一一七三條第一項前段規定:「繼承人中有在繼承開始前,因結婚、分居或營業,已從被繼承人受有財產之贈與者,應將該贈與價額加入繼承開始時被繼承人所有之財產中,為應繼財產。」此即特種贈與之歸扣原則,故丁之營業與乙結婚時所受贈之財產,應歸入遺產,至丙因旅遊所受之贈與五十萬元,則非歸扣之對象。所以,甲之遺產二百萬元扣除負債五十萬元為一百五十萬,再歸入特種贈與乙受贈之一百萬元,丁之五十萬元,合計一百五十萬,可結算出甲之應繼財產為三百萬元。乙、丙、丁三人平均繼承,每人應繼承一百萬元。

次依同條第二項規定:「前項贈與價額,應於遺產分割時,由該繼承人

之應繼分中扣除。」是故：

(1)乙因婚姻受贈之一百萬元，應予扣除，故乙不能再受遺產分配。

(2)丙雖因旅遊而受贈五十萬元，但非歸扣對象，毋庸扣除。故丙可取得一百萬元遺產。

(3)丁因營業而受贈五十萬元，亦應扣除，故丁扣除後，尚可受五十萬元之遺產分配。

第三節　繼承之拋棄

一、繼承拋棄之意義

繼承之拋棄乃有繼承權人拋棄其繼承權而不繼承之謂。蓋繼承既須繼承被繼承人之一切權利義務，則所繼承之財產，多於債務，固為有益繼承；若所繼承之財產，少於債務時，即成為有害繼承。此種情形，倘不許繼承人拋棄繼承權時，則不免因繼承而負債矣。故法律上乃設有繼承拋棄之規定，以資救濟。

二、繼承拋棄之方法

民法第一一七四條規定：「繼承人得拋棄其繼承權。前項拋棄，應於知悉其得繼承之時起三個月內，以書面向法院為之。拋棄繼承後，應以書面通知因其拋棄而應為繼承之人；但不能通知者，不在此限。」

三、繼承拋棄之效力

繼承之拋棄，溯及於繼承開始時，發生效力（民法第一一七五條）。拋棄後，該繼承人之應繼分，應依下列之規定：①第一一三八條所定第一順序之繼承人中有拋棄繼承權者，其應繼分歸屬於其他同為繼承之人。②第二順序至第四順序之繼承人中，有拋棄繼承權者，其應繼分歸屬於其他同一順序之繼承人。③與配偶同為繼承之同一順序繼承人均拋棄繼承權，而無後順序之繼承人時，其應繼分歸屬於配偶。④配偶拋棄繼承權者，其應繼分歸屬於與其同為繼承之人。⑤第一順序之繼承人，其親等近者均拋棄繼承權時，由次親等之直系血親卑親屬繼承。⑥先順序繼承人均拋棄其繼承權時，由次順序之繼承人繼承。其次順序繼承人有無不明或第四順序之

繼承人均拋棄其繼承權者，準用關於無人承認繼[...]
繼承而應為繼承之人，為拋棄繼承時，應於知[...]
為之（民法第一一七六條）。又民法第一一七六[...]
者，就其所管理之遺產，於其他繼承人或遺產管[...]
理自己事務為同一之注意，繼續管理之。」

■ 案例研析 ■

甲死亡後其長子乙隨即以書面向法院為拋棄[...]
知其他繼承人丙、丁、戊。而丙則以書面通知丁[...]
隨後甲遺留之土地因都市計畫而價格大漲，此時[...]
割遺產，而戊主張丁從未為繼承之主張，已自動[...]
人得為繼承？

■ 擬 答

依民法第一一七四條第一項規定：「繼承人得[...]
前段規定：「前項拋棄，應於知悉其得繼承之時起[...]
為之。」第三項規定：「拋棄繼承後，以書面通知因[...]
……」由此可知拋棄繼承為要式行為，不具備法[...]
在本題中，祇有乙符合民法第一一七四條第二項[...]
合法拋棄繼承。而丙未向法院以書面表示拋棄繼[...]
故丙仍具有繼承人之身分。再者，我國既採當然[...]
為要式行為，因此，繼承開始後，未為繼承之主[...]
拋棄繼承權（參照最高法院一〇六年度台簡上字[...]
九十六年度台上字第一〇三二號判決），故丁雖未[...]
而喪失繼承權。所以甲之遺產應由丙、丁、戊三[...]

第四節　無人承認之繼承

一、無人承認繼承之意義

　　無人承認之繼承乃繼承開始時，繼承人有無不明之狀態。所謂有無不明指有無繼承人尚不確定而言。若確有繼承人，僅其所在不明，或無繼承人之情事，業已確定者，均非此之所謂無人承認之繼承。不過前一順序之繼承人均已拋棄繼承權，而後一順序之繼承人有無不明或第四順序之繼承人均拋棄其繼承權者，準用無人承認繼承之規定處理，已見前節所述矣。

二、遺產之管理

　　民法第一一七十條規定：「繼承開始時，繼承人之有無不明者，由親屬會議於一個月內選定遺產管理人，並將繼承開始及選定遺產管理人之事由，向法院報明。」

　　遺產管理人之職務，依民法第一一七九條第一項之規定為：

　　㈠編製遺產清冊。

　　㈡為保存遺產必要之處置。

　　㈢聲請法院依公示催告程序，限定一年以上之期間，公告被繼承人之債權人及受遺贈人，命其於該期間內報明債權，及為願受遺贈與否之聲明。被繼承人之債權人及受遺贈人為管理人所已知者，應分別通知之。

　　㈣清償債權或交付遺贈物。

　　㈤有繼承人承認繼承或遺產歸國庫時，為遺產之移交。

　　前項第一款所定之遺產清冊，管理人應於就職後三個月內編製之。第四款所定債權之清償，應先於遺贈物之交付。為清償債務或交付遺贈物之必要，管理人經親屬會議之同意，得變賣遺產（民法第一一七九條第二項）。而遺產管理人，因親屬會議，被繼承人之債權人或受遺贈人之請求，應報告或說明遺產之狀況（民法第一一八〇條）。其次遺產管理人得請求報酬，其數額由法院按其與被繼承人之關係、管理事務之繁簡及其他情形，就遺產酌定之，必要時，得命聲請人先為墊付（民法第一一八三條）。

　　應注意者，遺產管理人非於第一一七九條第一項第三款所定期間屆滿

後，不得對被繼承人之任何債權人或受遺贈人償還債務，或交付遺贈物（民法第一一八一條）。又被繼承人之債權人或受遺贈人，不於第一一七九條第一項第三款所定期間內為報明或聲明者，僅得就賸餘遺產，行使其權利（民法第一一八二條）。

三、繼承人之搜尋

親屬會議依前條規定為報明後，法院應依公示催告程序，定六個月以上之期限，公告繼承人，命其於期限內承認繼承。無親屬會議或親屬會議未於前條所定期限內選定遺產管理人者，利害關係人或檢察官，得聲請法院選任遺產管理人，並由法院依前項規定為公示催告（民法第一一七八條）。繼承開始時繼承人之有無不明者，在遺產管理人選定前，法院得因利害關係人或檢察官之聲請，為保存遺產之必要處置（民法第一一七八條之一）。

四、遺產之歸屬

法院搜尋繼承人之公示催告期限內，有繼承人承認繼承時，遺產管理人在繼承人承認繼承前所為之職務上行為視為繼承人之代理（民法第一一八四條）。

若前述期限屆滿，無繼承人承認繼承時，其遺產於清償債權，並交付遺贈物後，如有賸餘，歸屬國庫（民法第一一八五條）。

▪️ 習　題

一、試述繼承開始之原因及繼承之標的。

二、何謂遺產酌給請求權？其要件為何？

三、我民法係以概括繼承為原則，抑係以限定繼承為原則？

四、繼承人於何種情形下，對於被繼承人之債務，不得主張僅以因繼承所得遺產為限，負清償責任？

五、遺產分割之限制有幾？試詳述之。

六、試說明遺產分割之效力。

七、繼承權拋棄之方法如何？

八、繼承權之拋棄產生何種效力？

九、何謂無人承認之繼承？其最後應如何處理？

第三章　遺　囑

第一節　通　則

一、遺囑之意義

遺囑乃自然人於生存中，以處置其死亡之後遺產或其他事務為目的，所為之要式的單獨行為。民法第一一八七條規定：「遺囑人於不違反關於特留分規定之範圍內，得以遺囑自由處分遺產。」遺囑乃法律行為之一，故其內容不得違背公序良俗，自不待言。

二、遺囑能力

民法第一一八六條第一項規定：「無行為能力人，不得為遺囑。」至於限制行為能力人，無須經法定代理人之允許，得為遺囑，但未滿十六歲者，不得為遺囑（民法第一一八六條第二項）。可見遺囑能力與一般行為能力，稍有不同。

第二節　遺囑之方式

遺囑係要式的單獨行為，前已言之。其方式依民法第一一八九條之規定有五：

一、自書遺囑

自書遺囑，應由遺囑人自書遺囑全文，記明年月日，並親自簽名。如有增減、塗改，應註明增減塗改之處所及字數，另行簽名（民法第一一九〇條）。

二、公證遺囑

公證遺囑，應指定二人以上之見證人，在公證人前口述遺囑意旨，由公證人筆記、宣讀、講解，經遺囑人認可後，記明年月日，由公證人、見證人及遺囑人同行簽名。遺囑人不能簽名者，由公證人將其事由記明，使按指印代之。前項所定公證人之職務，在無公證人之地，得由法院書記官行之。僑民在中華民國領事駐在地為遺囑時，得由領事行之（民法第一一

九一條)。

三、密封遺囑

密封遺囑,應於遺囑上簽名後,將其密封,於封縫處簽名,指定二人以上之見證人,向公證人提出,並陳述其為自己之遺囑,如非本人自寫並陳述繕寫人之姓名住所,由公證人於封面記明該遺囑提出之年月日及遺囑人所為之陳述,與遺囑人及見證人同行簽名(民法第一一九二條第一項)。上述公證人之職務,在無公證人之地,準用前述公證遺囑之情形而處理之(民法第一一九二條第二項)。

又密封遺囑,不具備前條所定之方式,而具備第一一九〇條所定自書遺囑之方式者,有自書遺囑之效力(民法第一一九三條)。

四、代筆遺囑

代筆遺囑,由遺囑人指定三人以上之見證人,由遺囑人口述遺囑意旨,使見證人中之一人筆記、宣讀、講解,經遺囑人認可後,記明年月日及代筆人之姓名,由見證人全體及遺囑人同行簽名。遺囑人不能簽名者,應按指印代之(民法第一一九四條)。

五、口授遺囑

遺囑人因生命危急或其他特殊情形,不能依其方式為遺囑者,得依下列方式之一為口授遺囑:一、由遺囑人指定二人以上之見證人,並口授遺囑意旨,由見證人中之一人,將該遺囑意旨,據實作成筆記,並記明年、月、日,與其他見證人同行簽名。二、由遺囑人指定二人以上之見證人,並口述遺囑意旨、遺囑人姓名及年、月、日,由見證人全體分別口述遺囑之為真正及見證人姓名,全部予以錄音,將錄音帶當場密封,並記明年、月、日,由見證人全體在封縫處同行簽名(民法第一一九五條)。惟口授遺囑係臨時之措施,故其後遺囑人若未死亡,自其能依其他方式為遺囑時起,經過三個月而失其效力(民法第一一九六條)。如已死亡,則應由見證人中之一人或利害關係人,於其死亡後三個月內,提經親屬會議認定其為真偽。對於親屬會議之認定,如有異議,得聲請法院判定之(民法第一一九七條)。

以上各種方式之遺囑,除口授遺囑須於特定情形採用外,其他四種遺

囑，得由當事人選用之。惟除自書遺囑外，其他所有遺囑均有見證人二人或三人不等。見證人原則上任何人皆得充之，但下列之人，不得為遺囑見證人（民法第一一九八條）：

一、未成年人。

二、受監護或輔助宣告之人。

三、繼承人及其配偶或其直系血親。

四、受遺贈人及其配偶或其直系血親。

五、為公證人或代行公證職務人之同居人、助理人或受僱人。

第三節　遺囑之效力

一、效力之發生時期

遺囑，自遺囑人死亡時發生效力（民法第一一九九條）。故遺囑係生前所為而死後生效之行為。

二、遺　贈

(一)遺贈之意義

遺贈乃遺囑人於遺囑中，表示對於他人無償給與財產利益之謂。例如某甲於遺囑中表示將某筆財產，死後贈與某乙是。「遺贈」與「贈與」雖均為無償行為，但二者仍不相同，蓋贈與為契約，遺贈為單獨行為；贈與為不要式行為，遺贈則為要式行為（須於遺囑中表示之），贈與為生前行為，遺贈為死後行為。

(二)遺贈之種類

遺贈分下列各種：

1.**單純遺贈與附款遺贈**：單純遺贈即未加附款之遺贈。附款遺贈即附有條件、期限、負擔等附款之遺贈。此外有「終身定期金遺贈」，準用關於終身定期金之規定（民法第七三五條）。又民法第一二○四條所定之遺贈，亦屬以終身為期之遺贈，詳見後述。

2.**包括遺贈與特定遺贈**：概括的以遺產之全部或一部為標的之遺贈，因係包括權利與義務，謂之包括遺贈；若個別的以特定財產為標的之遺贈，

謂之特定遺贈。

㈢遺贈之效力

遺贈既書於遺囑之中，則遺囑生效時，遺贈亦隨之生效，是為原則。但遺囑所定之遺贈，附有停止條件者，自條件成就時，發生效力（民法第一二〇〇條）。遺贈一經發生效力，受遺贈人即取得請求交付遺贈之權利。至於遺贈附有義務者（附負擔遺贈），受遺贈人以其所受利益為限，負履行之責（民法第一二〇五條）。

㈣遺贈之標的物

遺囑人以特定物或權利，為遺贈之標的物時，遺囑如無特別表示者，則應以遺贈發生效力時為準，決定標的物之範圍。惟遺囑人因遺贈物滅失、毀損、變造或喪失物之占有，而對於他人取得權利時（例如：取得損害賠償請求權、占有物之返還請求權），推定以其權利為遺贈。因遺贈物與他物附合或混合而對於所附合或混合之物，取得權利時亦同（民法第一二〇三條）。此外以遺產之使用、收益為遺贈，而遺囑未定返還期限，並不能依遺贈之性質，定其期限者，以受遺贈人之終身為其期限（民法第一二〇四條）。此種遺贈與終身定期金遺贈相類似，惟其標的不同耳。

㈤遺贈之無效及失權

1.**無效**：受遺贈人於遺囑發生效力前死亡者，其遺贈不生效力（民法第一二〇一條）。又遺囑人以一定之財產為遺贈（特定遺贈），而其財產在繼承開始時，有一部分不屬於遺產者，其一部分遺贈為無效；全部不屬於遺產者，其全部遺贈為無效；但遺囑另有意思表示者（例如表示另以其他財產交付），從其意思（民法第一二〇二條）。

2.**失權**：受遺贈人在遺囑人死亡後，得拋棄遺贈。一經拋棄，則遺贈交付請求權消滅。遺贈之拋棄溯及遺囑人死亡時，發生效力（民法第一二〇六條）。至於拋棄之時間，法無限制，但繼承人或其他利害關係人，得定相當期限，請求受遺贈人於期限內為承認遺贈與否之表示。期限屆滿，尚無表示者，視為承認遺贈（民法第一二〇七條）。其次受遺贈人如對於遺囑人有不法或不道德之行為時，則應準用民法第一一四五條喪失繼承權之規定，

喪失受遺贈之權（民法第一一八八條）。遺贈無效或拋棄時，其遺贈之財產仍屬於遺產（民法第一二〇八條）。仍歸繼承人繼承之。

第四節　遺囑之執行

一、遺囑之執行人

遺囑之執行，應由何人為之？民法第一二〇九條規定：「遺囑人得以遺囑指定遺囑執行人，或委託他人指定之。受前項之委託者應即指定遺囑執行人，並通知繼承人。」未成年人及受監護或輔助宣告之人，不得為遺囑執行人（民法第一二一〇條）。遺囑未指定遺囑執行人，並未委託他人指定者，得由親屬會議選定之。不能由親屬會議選定時，得由利害關係人聲請法院指定之（民法第一二一一條）。除遺囑人另有指定外，遺囑執行人就其職務之執行，得請求相當之報酬，其數額由繼承人與遺囑執行人協議定之；不能協議時，由法院酌定之（民法第一二一一條之一）。

二、遺囑之提示及開視

遺囑保管人知有繼承開始之事實時，應即將遺囑交付遺囑執行人，並以適當方法通知已知之繼承人；無遺囑執行人者，應通知已知之繼承人、債權人、受遺贈人及其他利害關係人。無保管人而由繼承人發現遺囑者，亦同（民法第一二一二條）。有封緘之遺囑非在親屬會議當場或法院公證處，不得開視。前項遺囑開視時，應製作紀錄，記明遺囑之封緘有無毀損情形，或其他特別情事，並由在場之人同行簽名（民法第一二一三條），藉防作弊。

三、遺囑執行之程序

遺囑執行人就職後，於遺囑有關之財產，如有編製清冊之必要時應即編製遺產清冊，交付繼承人（民法第一二一四條）。遺囑執行人有管理遺產並為執行上必要行為之職務。遺囑執行人因前項職務所為之行為，視為繼承人之代理（民法第一二一五條）。因而繼承人於遺囑執行人，執行職務中，不得處分與遺囑有關之遺產，並不得妨礙其職務之執行（民法第一二一六條）。至於執行之方法，遺囑執行人如僅一人時，由其單獨決定；然若有數人時，其執行職務，以過半數決之；但遺囑另有意思表示者，從其意思（民

法第一二一七條)。

四、遺囑執行人之更換

遺囑執行人怠於執行職務,或有其他重大事由時,利害關係人,得請求親屬會議改選他人;其由法院指定者,得聲請法院另行指定(民法第一二一八條)。以免誤事。

第五節　遺囑之撤回

一、遺囑撤回之意義

遺囑之撤回乃遺囑人使其遺囑將來不發生效力之意思表示也。

二、遺囑撤回之方法

㈠明示撤回

遺囑人得隨時依遺囑之方式,撤回遺囑之全部或一部(民法第一二一九條)。是為明示的撤回,其方式須依遺囑之方式為之。

㈡擬制撤回

①前後遺囑有牴觸者,其牴觸之部分,前遺囑視為撤回(民法第一二二〇條)。②遺囑人於為遺囑後所為之行為與遺囑有相牴觸者,其牴觸之部分,遺囑視為撤回(民法第一二二一條)。③遺囑人故意破毀或塗銷遺囑,或在遺囑上記明廢棄之意思者,其遺囑視為撤回(民法第一二二二條)。

第六節　特留分

一、特留分之意義

特留分乃遺囑人以遺囑無償處分遺產時,法律上為法定繼承人所保留之部分。此部分為抽象的比率,並非具體指定保留某項財產。特留分為法定繼承人之權利,僅於遺囑人於遺囑中無償處分遺產時(如遺贈、捐助)始有之。

二、特留分之數額

繼承人之特留分,依民法第一二二三條之規定為:

㈠直系血親卑親屬之特留分,為其應繼分二分之一。

㈡父母之特留分，為其應繼分二分之一。

㈢配偶之特留分，為其應繼分二分之一。

　以上三者均為應繼分之二分之一。

㈣兄弟姊妹之特留分，為其應繼分三分之一。

㈤祖父母之特留分，為其應繼分三分之一。

　以上兩者均為其應繼分之三分之一。

三、特留分之算定

特留分，由依第一一七三條算定之應繼承財產中，除去債務額，算定之（民法第一二二四條）。例如甲死亡，其現有之資產為二百萬元，負債為五十萬元，其長女出嫁時甲曾贈與三十萬元，此項依民法第一一七三條規定，應加入甲之資產中，於是繼承財產為 2,000,000 + 300,000 = 2,300,000 即二百三十萬元，再減除負債五十萬元，結果為一百八十萬元。設甲除已嫁之長女外，尚有配偶及長子一人，三人平均繼承時，其應繼分為六十萬元，則其特留分即為三十萬元。

四、特留分之扣減

被繼承人雖得以遺囑自由處分遺產，然若為無償處分，而侵害及於特留分時，則特留分權利人得予扣減，民法第一二二五條規定：「應得特留分之人，如因被繼承所為之遺贈，致其應得之數不足者，得按其不足之數，由遺贈財產扣減之。受遺贈人有數人時，應按其所得遺贈額比例扣減。」例如：①甲死亡，其遺產為一八〇萬元，除去債務額三十萬元，尚餘一五〇萬元。甲之配偶與子女各一，應繼分各為五十萬元，特留分各為二十五萬元。如甲以遺囑表示將其全部遺產遺贈與乙（受遺贈人一人）時，則甲之配偶及子女，各得保留二十五萬元，共計為七十五萬元，於是乙所受之遺贈本為一五〇萬元（遺產全部），但應扣減七十五萬元與甲之配偶及子女，結果乙淨得七十五萬元。②上例如甲以遺囑表示將其遺產之三分之一贈與乙，三分之二贈與丙時（受遺贈人有數人），則乙所受之遺贈本應為五十萬元，丙本應為一百萬元。此種情形，扣減特留分時，應按所得之遺贈比例扣減，即甲之配偶及子女之特留分總額七十五萬元，得乙扣減三分之一，

為二十五萬元，向丙扣減三分之二，為五十萬元。

　　以上係遺贈之扣減，若為捐助而侵害配偶之特留分時，亦得準此扣減之，自不待言。

■ 習　題

　　一、何人有遺囑能力？

　　二、口授遺囑得以何種方式行之？於何情形下失其效力？

　　三、遺囑得否撤回？其方法有幾？

　　四、何謂特留分？其數額如何計算？

　　五、特留分如遭侵害，應如何主張權利？

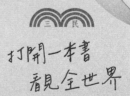

國家圖書館出版品預行編目資料

民法概要／鄭玉波著;黃宗樂,楊宏暉修訂.——修訂
十六版二刷.——臺北市: 東大,2024
　　面; 　公分

　　ISBN 978-957-19-3352-8 （平裝）
　　1.民法

584　　　　　　　　　　　　　　　112009322

民法概要

作　　者	鄭玉波
修 訂 者	黃宗樂　楊宏暉
創 辦 人	劉振強
發 行 人	劉仲傑
出 版 者	東大圖書股份有限公司 (成立於 1974 年)

三民網路書店
https://www.sanmin.com.tw

地　　址	臺北市復興北路 386 號　　（復北門市）　(02)2500–6600
	臺北市重慶南路一段 61 號（重南門市）　(02)2361–7511
出版日期	初版一刷 1980 年 2 月
	⋮
	修訂十五版三刷 2022 年 5 月
	修訂十六版一刷 2023 年 8 月
	修訂十六版二刷 2024 年 9 月
書籍編號	E580930
I S B N	978-957-19-3352-8